# 이슬람과
# 민주주의

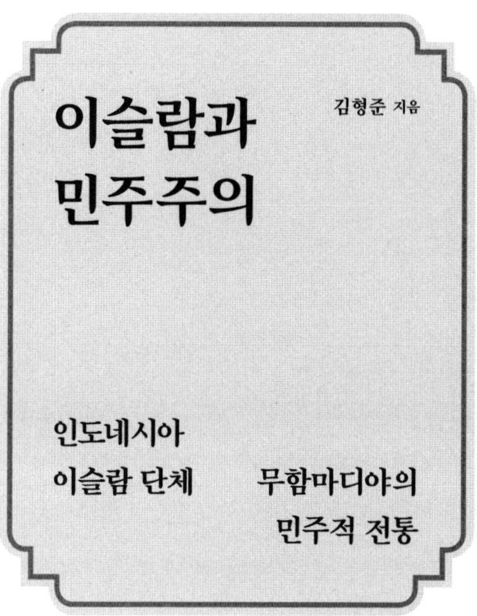

# 이슬람과 민주주의

김형준 지음

인도네시아 이슬람 단체 무함마디야의 민주적 전통

## 머리말

2010년, 인도네시아의 이슬람 단체 무함마디야Muhammadiyah에서 현지조사를 할 때 이 단체와의 인연이 이렇게까지 오래 지속되리라 예상하지 못했다. 조사 자료를 정리하고 글을 쓰기까지 삼사 년의 시간이면 충분하리라 생각했다. 그랬기 때문인지 무함마디야에 관한 연구를 완결한 후 연구할 대상에 관해 고민하기까지 했다. 하지만 현실은 예상과 달리 흘러갔다. 자료 일부를 정리해 짧은 논문을 몇 편 쓰기도 했지만, 저술 작업은 지연되었고 십여 년이 흐른 지금에야 이 일을 끝마칠 수 있었다.

저술 작업을 끝내지 못했기에, 현지조사를 마쳤지만 그것을 계속하는 상황이 최근까지도 이어졌다. 2010년 이후 인도네시아를 방문할 때마다 무함마디야 활동에 참여했고 무함마디야 활동가를 만났다. 이런 과정을 거치며 이들을 연구대상자informant라 부르기에 민망한 상황이 전개되었다. 이들은 인도네시아에 있는 내 지인이자 친구였고, 이들의 삶에 관한 관심이 때로 연구에 관한 관심을 압도했다. 문화인류학자의 현장 연구에서 중시되는 라포rapport, 즉 연구자와 연구대상자 사이에 형성된 친밀한 관계라는 틀에서 본다면, 라포가 과도하게 형성되었다고 할 수 있다.

인류학적 연구에서 내부인과 외부인의 구분은 중요한 함의를 가진다. 타문화에서 연구하면서 문화인류학자는 내부인의 시각으로 현실을 바라보고자 노력한다. 이렇게 이해된 현실을 외부인의 시각으로 바라봄으로써, 일상을 살아가는 사람이 자연스럽게 여기는 상황을 객관화하고 그 특징을 분석할 수 있게 된다. 내부인과 외부인의 시각 모두를 활용하는 인류학적 연구의 장점은 무함마디야에 대한 조사를 지속함에 따라 조금씩 사라져 갔다.

이러한 상황을 악화시킨 요소는 글이었다. 몇 년 동안 꾸준히 조사하는 모습을 보이자 무함마디야 연구자로서의 내 이미지 역시 확고해졌다. 어느 순간 무함마디야와 관련된 글을 써달라는 요청을 받았다. 칼럼 형식의 짧은 글이기에 큰 부담이 되지 않았다. 또한, 학술적이 아닌 가벼운 형식의 글을 통해 내 연구에 대한 연구대상자의 견해를 알아볼 기회이기도 했다. 몇 편의 칼럼을 썼고, 무함마디야 활동가에게서 호의적인 평가를 받았다. 내 연구가 연구대상자에게 받아들여짐을 확인하는 순간이었다.

이런 활동이 이어지자 상상하지 못했던 상황이 벌어졌다. 글 이외의 형식으로 무함마디야에 대한 내 생각을 전달해달라는 요청을 받았던 것이다. 2015년 술라웨시Sulawesi 마까사르Makassar에서 열린 무함마디야 총회는 새로운 국면을 집약적으로 경험한 기회였다.

5년에 한 번씩 열리는 무함마디야 총회는 단체 활동에 있어 매우 중요한 의미가 있다. 내게도 총회는 자료 수집을 위한 중요한 장소였다. 마까사르에 도착했을 때 내게는 연구자 외에 또 다른 역할이 부여되어 있었다. 단체 외부인에게 무함마디야를 설명해주는 일이 그것이었다. 방송에 출연해 총회의 의미에 관해 말하고 총회 활동에 대한 기자들의 질문에 답해주었다. 이 역할을 제안받았을 때, 나는 내 연구에 대한 소개가 주요 목적인 줄 알았다. 하지만 이야기하는 과정에서 내 연구에 대한 소개와 무함마디야에 대한 소개를 구분하기는 쉽지 않았다. 결과적으로 외부인인 내가 또 다른 외부인에게 무함마디야를 설명하는 모습이 연출되었다.

총회 이후에도 상황은 크게 달라지지 않았다. 무함마디야 활동가를 만나면 강연회나 간담회에 참가해달라는 요청을 받았다. 조사 기회를 제공해 준 고마운 사람들에게 일종의 부채의식을 지니고 있었기에 이들의 요청을 거절할 수 없었다. 강연 대상은 무함마디야 소속 학교에 다니는 고등학생과 대학생, 무함마디야 산하단체 회원, 무함마디야 지부 활동가 등이었다. 현지조사를 집중적으로 했던 족자까르따Yogyakarta 주 지부에서 강연할 때에는 황망하고 아이러니한 상황이 전개되었다. 강연회에 참석한 사람 중 일부는 현지조사 과정에서 내가 자료를 얻고자 인터뷰를 했던 활동가였다. 연구의 원자료를 제공한 사람에게 이들의 조직 활동에 대한 내 생각을 들려 준 셈이었다.

현지조사에서 연구자와 연구대상자의 관계는 쌍방향적인 성격을 띤다. 조사 후에도 이러한 관계의 유지가 권장되어서, 연구결과물을 연구대상자에게 제공하고 그 적절성을 확인받을 수 있다. 최근의 내 상황은 지극히 쌍방향적이라고 할 수 있다. 연구 결과를 연구대상자 앞에서 발표함으로써, 연구 내용을 속속들이 전달했기 때문이다. 물론 완전히 쌍방향적이라고 말할 수는 없었다. 품위 있는 행동을 강조하는 자바 문화로 인해 강연에 참여한 연구대상자 누구도 내게 비판적인 태도를 보이지 않았기 때문이다.

연구대상자에게 연구결과를 전달하는 상황이 마냥 즐겁게 느껴지지는 않았다. 무엇보다 연구자로서의 내 정체성이 불명확해졌기 때문이다. 내 역할은 사람들의 말을 듣는 것이지만, 내가 말을 많이 함에 따라 이 작업이 제대로 이루어질 수 없었다. 연구 결과 전체를 분석하지 못한 상태에서 그 일부만을 선택적으로 전달하는 것 역시 적절해 보이지 않았다.

이런 즐겁지 않은 상황으로 인해 무함마디야에 대한 글쓰기 작업을 서둘러야 한다는 내적 강제가 강해졌다. 코로나19로 인해 인도네시아에 갈 수 없게 된 상황에서 이 작업에 박차를 가했고 드디어 글을 완성할 수 있었다.

* * *

현지조사가 끝난 후 저술 작업이 지연된 이유 중 하나는 연구 주제 때문이었다. 무함마디야를 조사하면서 내 관심을 끈 소재는 조직 운영 방식이었다. 무함마디야가 이슬람 단체임을 고려해보면, 종교적 차원이 아닌 조직 운영에 관한 연구는 일반적인 접근법이 아니었다. 무함마디야와 관련된 선행 연구 역시 이 문제를 중점적으로 취급하지 않았다.

조직 운영에 관심을 두게 된 이유는 그 독특함 때문이었다. 이슬람 단체라는 말이 전해주는 인상과 달리 무함마디야는 5년에 한 번씩 선거를 통해 지도자를 선출했다. 선출하는 지도자는 한 명이 아닌 여럿이었고, 이들이 집단지도체제를 구성하며 단체를 운영했다. 이러한 리더십 체계에 맞추어 단체의 의사결정은 협의와 합의에 기반을 두었다. 선거와 협의는 이전까지 막연히 알고 있던 이슬람 단체의 특징인 일인지도체제, 특히 종교적 권위를 축적한 신성한 종교 지도자가 이끌어가는 지도체제와 차이를 보였다.

현지조사를 하면서, 그리고 이를 정리하는 과정에서 무함마디야의 조직 운영 방식을 설명할 개념이 민주주의임을 알게 되었다. 이런 관점에서 무함마디야를 분석하고자 했을 때 문제가 발생했다. 내가 정치 체계로서의 민주주의에 대해 연구해 본적이 없었기 때문이다.

민주주의에 대한 학문적 논의, 특히 정치학에서 진행된 논의를 어느 정도 이해해야 했지만 그리 만만한 작업이 아니었고 이는 저술 과정을 지연시켰다. 그렇다고 해서 민주주의에 대한 논의를 만족할 만큼 이해해서 이 글을 완성한 것은 아니다. 이에 대해 논의할 최소한의 지식만을 가지고 글을 작성했다고 말하는 편이 적절하다. 이러한 제한된 지식으로 인해 무함마디야의 민주적 관행과 전통을 보다 포괄적이고 비교문화적인 시각에서 분석하지 못했다는 사실은 큰 아쉬움이라 할 수 있다.

* * *

몇 년 전 무슬림 여성의 복장인 히잡에 관한 책을 출판한 적이 있었다. 책 제목은 출판사에서 제안한 "히잡은 패션이다"였다. 내가 전달하고자 했던 의도에 더욱 가까운 제목은 "히잡은 패션일 수도 있다"였지만, 출판사에서 선호하는 종류가 아니었다.

결과적으로 보면 제목의 서술어가 '이다'이든 '일 수도 있다'이든, 책에 대한 반응은 다르지 않았을 것이다. 책에 대한, 더 정확히 말하면 책 제목에 대한 거부감이 여러 채널을 통해 제기되었고, 그 부적절함을 직접 전달받는 경우도 있었다. 이를 단순화하면, 히잡에 대해 알지도 못하는 학자가 히잡에 대해 말도 안 되는 글을 써서 히잡, 나아가 이슬람에 관한 왜곡된 시각을 전달하려 한다는 것이다.

이슬람과 민주주의적 전통이라는 주제 역시 "히잡은 패션이다"와 같은 반응을 도출할지도 모르겠다. 이슬람과 민주주의를 연결하는 것에 거부감을 느낄 독자가 많을 것이며, 이들에게 있어 이 글은 이슬람에 대한 편향된 시각을 유포하기 위한 것으로 비쳐질 수 있다. 히잡 책의 제목을 기억하는 독자가 있다면 내가 이슬람을 전파하려는 사악한 의도를 지니고 있다고 평가할 것이다.

본문을 읽고 그 내용에 공감할 독자조차 이슬람과 민주주의의 연결에 대해 석연치 않음을 느낄 수 있다. 무함마디야라는 하나의 사례를 통해 이 관계를 설명하는 것이 적절하지 않기 때문이다. 나 역시 이 의견에 공감한다. 하나의 사례로 이슬람 단체 전체를 설명하려는 시도는 부적절하다. 하지만 하나의 사례가 가진 특징을 무시하는 일 역시 적절하지 않다. 전체의 특징을 부분이 내포하고 있기 때문이다. 하나의 사례를 예외적이라고 단정하는 순간, 우리는 전체를 이해하기 위해 부분이 가진 중요성과 의미를 간과하게 된다.

무함마디야는 이슬람과 민주주의의 관계를 보여줄 하나의 사례일 뿐이다. 하지만, 무함마디야에서 나타나는 특징은 그 온전한 형태는 아닐지라도 다른 이슬람 단체나 무슬림 집단에서 찾아질 수 있다. 민주주의와 관련하여 이슬람이 외현화할 수 있는 여러 가능성 중 하나를 무함마디야가 보여주기 때문이다. 무함마디야에 대한 이해가 이슬람 단체 일반, 나아가 이슬람에 대한 이해와 동일시될 수 없지만, 이슬람을 매개로 한 집단적 활동이 현실에서 표현될 수 있는 모습 중 하나를 무함마디야가 드러내며, 그에 대한 검토가 이슬람과 무슬림에 대한 이해를 심화하는데 일조할 수 있음은 의문의 여지가 없다.

* * *

처음 쓴 원고와 이 책의 형식은 차이가 난다. 그 중 특히 언급하고 싶은 점은 각주와 인용이다. 처음 쓴 초고는 전형적인 학술서를 지향했기에 본문과 연관된 다양한 내용이 각주에 포함되어 있었다. 인용 방법 역시 일반적인 학술 논문의 형식을 따랐다.

초고 작업이 완결된 2019년 봄, 문득 고민이 떠올랐다. 이 책의 독자에 대한 문제였다. 인도네시아, 이슬람, 비교정치를 연구하는 학자 정도가 이 범주에 속할 듯했다. 더 많은 독자에게 이 글이 다가갈 방법을 고심하기 시작했다. 글쓰기 스타일을 바꾸기는 불가능했다. 내용 역시 크게 변화할만한 것이 없어 보였다. 현지조사와 관련된 경험을 일부 추가하는 것 정도가 최선으로 느껴졌다.

그때 떠오른 것이 형식이었다. 학술 논문과는 차별적인 형식을 취할 때 학자가 아닌 독자에게 이 글이 보다 쉽게 받아들여질 수 있으리라는 생각이 떠올랐다. 왜인지 모르겠지만, 이 생각이 나를 지배했고 이를 초고 수정 과정에 적용하게 되었다. 각주를 거의 없앴고, 인용 표시를 본문에서 제거한 후 최소한의 것만을 삽입했다. 이러한 형식 변화가 어떻게 받아들여질지 알 수 없다. 단지 이런 고민으로 인해 학술서도 아닌, 그렇다고 해서 대중서라고도 할 수 없는 어정쩡한 형식의 글이 결과했다는 점을 언급하고 싶다.

무함마디야와 관련된 자료를 정리했던 기간이 짧지 않기에 이 글의 내용 중 상당수는 학술지 논문으로 발표되었다. 이 글이 기반을 두고 있는 학술지 논문은 아래와 같다.

- "Praxis and Religious Authority in Islam: The Case of Ahmad Dahlan, Founder of Muhammadiyah." *Studia Islamika* (2010)

- "인도네시아 이슬람 조직 무함마디야의 민주주의적 전통: 지도체제와 선거를 중심으로." 『한국이슬람학회논총』 (2014)
- "무샤와라: 인도네시아 자바의 분쟁해결방식." 『한국문화인류학』 (2014)
- "까움안 공동체에서 느슨하게 연결된 개인으로: 인도네시아 이슬람 단체 무함마디야의 리더십 변화와 그 영향." 『동남아시아연구』 (2019)
- "이슬람식 근대주의: 인도네시아 무함마디야의 사례." 『동아연구』 (2021)

이 연구를 지원한 한국연구재단, 이 책의 출판을 수락하고 지금의 모습으로 만들어준 눌민 출판사에 감사한다. 인도네시아에서 조사하고 글을 쓰는 동안 내 일에 전념할 수 있게 도와준 현희와 민지에게 고마움을 전하고 싶다. 마지막으로 나에게 기꺼이 가르침을 주고 자신들의 삶에 내가 끼어들도록 허락한 무함마디야 활동가에게 감사를 전한다.

2021년 3월 31일

춘천에서 저자

# 차례

**일러두기**

이 책에 주요 용어 및 단체의 간략한 설명은 아래와 같다.

- 국민수권당Partai Amanat Nasional: 아민 라이스를 주축으로 1998년에 창립된 정당. 약자는 PAN.
- 까움안Kauman: 마따람의 종교 관리가 거주하는 지역.
- 끼야이kiyai: 전통 이슬람 지도자.
- 마따람Mataram: 인도네시아 자바의 이슬람왕국.
- 마슈미Masyumi: 1950년대 활동한 인도네시아의 이슬람 정당.
- 무함마디야의 목소리Suara Muhammadiyah: 20세기 초부터 발간된 무함마디야의 기관지. 약자는 SM.
- 무함마디야의 젊은 지식인연대Jaringam Intelectual Muda Muhammadiyah: 2003년에 결성된 이삼십대 청년 조직. 약자는 JIMM.
- 빠산뜨렌pesantren: 끼야이가 설립한 이슬람 기숙학교.
- 아말 우사하amal usaha: 무함마디야가 설립한 교육, 보건, 의료, 경제 기관.
- 사레깟 이슬람Sarekat Islam: 20세기 초에 결성된 사회정치 단체. 약자는 SI.
- 아이시야Aisyiyah: 무함마디야 소속 여성 자치단체.
- 나흐다뚤 울라마Nahdlatul Ulama: 인도네시아에서 가장 규모가 큰 이슬람 조직으로서, 무함마디야와 경쟁 관계에 있다. 약자는 엔우.
- 울라마ulama: 이슬람 학자를 부르는 말로 끼야이라고도 한다.
- 탄위르Tanwir: 무함마디야의 중앙 본부 최고위 위원, 주 지부 대표자, 자치단체 대표자로 구성된 의사결정기구.
- 하디스Hadith: 선지자 무함마디야의 언행을 정리한 글로서 이슬람 제2의 경전.

# 1

# 무함마디야

## 세계에서 두번째로
## 큰 이슬람 단체

이 글의 소재는 1912년 인도네시아에서 결성된 이슬람 단체 무함마디야Muhammadiyah이다. 무함마디야는 이슬람의 선지자 무함마드Muhammad에 아랍어 접미사 '-iyy(ah)'를 연결해 만든 이름으로, '무함마드의 추종자'를 의미한다. 자바섬 중부의 도시 족자까르따Yogyakarta, 이하 족자에서 출범한 이 단체는 100년 이상 존속하며 인도네시아 전역으로 영향력을 확대해왔다.[1] 3,000만 명 정도의 지지자와 함께 수만 개의 교육, 보건 의료, 복지, 경제 기관을 운영하면서 무함마디야는 인도네시아, 나아가 세계에서 두번째로 큰 이슬람 단체로서의 위상을 확보했다.

무함마디야를 소개할 가장 손쉬운 방식은 이 단체가 운영하는 교육 기관이다. 2014년 말 무함마디야 소속 어린이집과 유치원은 1만 4,346곳에 달했다. 인도네시아 인구가 우리의 다섯 배를 넘어서는 2억 7,000여만 명임을 고려해도 그 수가 적은 편에 속한다고 할 수 없다. 초중등 교육 기관 역시 만만치 않아서 2,604곳의 초등학교, 1,772곳의 중학교, 1,143곳의 고등학교가 설립되어 있다. 무함마디야가 운영하는 고등교육 기관은 176곳이고 이중 종합대학이 57곳로서, 웬만한 규모의 도시라면 무함마디야 이름을 딴 대학이 건립되어 있다.

교육뿐 아니라 의료와 복지 분야에서도 무함마디야의 활동은

---

1 인도네시아어의 자음 k,p,t,c는 무기음으로 한국어 'ㄲ', 'ㅃ', 'ㄸ', 'ㅉ'에 가깝게 발음된다. 이 글에서 인도네시아어 표현은 현지발음에 가깝게 표기할 것이다. 'Yogyakarta'는 현지 발음에 따라 '족자까르따'로 표기될 것이다.

**그림 1** 12개의 햇살이 있는 태양의 모습을 형상화한 무함마디야 로고. 중앙에는 무함마디야라는 말이, 둥근 원을 따라서는 "알라 외에 신은 없고, 무함마드는 알라의 선지자"라는 신앙고백이 아랍어로 쓰여 있다.

활발해서, 2014년 말 현재 457곳의 병·의원, 421곳의 보육원, 268곳의 복지 기관을 보유했다. 최근 급성장한 경제 분야에서는 762곳의 지역 은행과 437곳의 신용협동조합이 운영되고 있다.

인도네시아 어디에서라도 무함마디야와 관련된 기관을 쉽게 찾을 수 있다. 이는 기독교도 밀집 지역에도 해당한다. 인구 200만 명 중 97퍼센트가 천주교도인 서西띠모르 꾸빵Kupang시를 예로 들면, 2,000명 정원의 무함마디야대학이 설립되어 학생의 대부분을 차지하는 가톨릭 신자를 교육하고 있다.

양적 자료만을 놓고 본다면, 무함마디야는 그 어떤 민간 단체도 구축하지 못한 거대한 왕국을 인도네시아에 건설했다고 말할 수 있다. 비교 대상을 이슬람권 전역으로 확대해도 그 위상은 독보적이다. 역사상 어떤 이슬람 단체도 무함마디야에 필적할 만한 사회경제적 네트워크를 구축하지 못했다.

## 무함마디야와의 첫 만남

내가 무함마디야를 처음 접한 시기는 1990년대 초중반 족자의 농촌마을에서 현지조사를 할 때였다. 마을의 이슬람 지도자 중 상당수가 무함마디야와 직간접적인 관계를 맺었고, 조사 마을이 속한 면의 유일한 종교 조직이 무함마디야였으며, 이 단체가 운영하는 유치원과 초등학교가 면에 설립되어 있었다. 조사 마을이 속한 군 소재지의 무함마디야 중학교나 쪽자시의 무함마디야 고등학교에 다니는 학생도 있어서 이 학교의 교복이 낯설게 느껴지지 않았다.

"무함마디야 마을"이라 불릴 정도로 이 단체의 위상은 굳건했지만, 무슬림 주민의 일상에서 그 영향력을 찾아보기는 쉽지 않았다. 무함마디야 이름으로 행해지는 종교 활동이 거의 없었으며, 자신이 무함마디야와 연관되었다고 여기는 주민 역시 극소수였다. 일반 주민의 입장에서 본다면, 자신도 모르는 사이에 무함마디야 지지자로 규정되는 형국에 놓여 있다고 할 수 있었다. 주민들의 의식과 행동에 뚜렷이 자리 잡고 있지 않았음에도 이들의 삶에서 무함마디야를 떼어내기는 불가능했다. 모순적으로 들리는 이 말이 가능한 이유는 예배 방식 때문이었다.

우리에게도 알려져 있듯이 무슬림의 의무 중 하나는 하루 다섯 차례의 예배이다. 모든 무슬림이 예배하지는 않지만, 무슬림으로서의 정체성이 뚜렷한 사람에게 있어 일상적 예배는 종교 활동의 핵심이다. 예배는 매일 정해진 시간대에 진행되어서, 대략 새벽, 정오, 오후, 일몰 후, 저녁이 그 기준점이 된다. 새벽 예배라면 여명이 시작할 때부터 다음 예배 시간인 정오 사이에 행해야 한다는 식이다.

예배 과정에서 무슬림은 일련의 몸동작과 기도문 낭송으로 구성되는 하나의 행동 주기를 반복하는데, 이러한 예배의 기본 단위를 아랍어로 '라카앗rakaat'이라 부른다. 흥미로운 점은 기본 단위의 반복 횟수가 예배마다 차이를 보인다는 것이다. 현지조사 과정에서 처음 알게 되어 외우려 했지만, 지금까지도 2-4-4-3-4라는 횟수를 선뜻 떠올리기는 쉽지 않다.

기본 단위의 횟수는 거의 모든 지역에서 동일하게 나타나지만, 여기에 포함된 몸동작과 기도문은 차이를 보였다. 외부인에게 사소한 것으로 비추어질 차이는 무슬림에게 있어서는 그렇지 않다. 의무 예배와 함께 추가 예배가 권장되기에 매일 다섯 차례 예배에서 최소 17번 이상 행하며, 일 년이면 수천 번을 반복하는 라카앗을 어떻게 행할지는 개인의 종교적 정체성을 규정하는 핵심 요소일 수밖에 없다.

무함마디야의 라이벌로서 세계에서 가장 큰 이슬람 단체인 나흐다뚤 울라마Nahdlatul Ulama, 이후 엔우와 무함마디야는 서로 다른 예배 방식을 지지한다. 선지자 무함마드의 예배 방식이 구전 과정에서 다르게 이해되었고, 무함마디야와 엔우가 서로 차이나는 근거에 기반을 두어 그 방식을 정했기 때문이다. 따라서 어떤 예배 방식을 이용하는지는 어떤 이슬람 단체의 영향력이 강한가를 그대로 보여주었다. 조사 마을에서 무함마디야 예배 방식만이 이용된다는 사실은 이 지역과 무함마디야 사이의 떼려야 뗄 수 없는 연관성을 드러냈다.

조사 마을과 무함마디야의 관계를 극적으로 보여주는 상황이 매년 금식월을 앞두고 발생했다. 금식월 기간은 이슬람식 음력에 맞춰 정해진다. 금식월 첫날을 정하는 데에도 엔우와 무함마디야는 서로 다른 방식에 의존했다. 전통에 따라 엔우는 초승달을 지평선에서 처음 볼 수 있는 시점을 금식월의 첫날로 정하지만, 무함마디

그림 2 운동장에서 행해지는 무함마디야의 금식 후 공동 예배. 엔우는 이를 모스크에서 보통 행
한다.

**그림 2** 운동장에서 행해지는 무함마디야의 금식 후 공동 예배. 엔우는 이를 모스크에서 보통 행한다.

야는 천문학적 계산을 활용했다. 두 방식이 때로 같은 결과를 낳기도 하지만, 보통 하루 정도의 차이가 발생했다. 따라서 금식월이 시작되기 전 주민들은 그 시작 날짜에 대해 촉각을 곤두세웠다.

금식월을 며칠 앞둔 어느 날 오후, 내가 마을 주민과 모스크에서 한담을 나누고 있을 때였다. 한 젊은 친구가 다급하게 들어오더니 금식월 시작 날짜를 알려주었다. 인터넷이 없던 시절 유일한 정보의 원천인 저녁 뉴스가 시작되기 전이었기에 이를 알게 된 경로가 궁금했다. 그 친구는 면에 있는 무함마디야 지부를 지목했다. 무함마디야 중앙 본부에서 오전에 발표한 날짜가 오후에 면 지부에 도달했고, 이를 자신이 전달했다는 것이다. 이러한 전달 과정을 놓고 본다면, 무함마디야가 구축한 네트워크의 끝자락에 조사 마을이 위치하고 있음은 확실했다.

예배와 금식월에서 무함마디야의 위상을 발견했지만, 마을 사람들의 삶에서 동일한 영향력을 찾아보기는 쉽지 않았다. 이런 이유로 인해 당시 내 연구에서 무함마디야는 그리 중요한 소재가 아니었다. 일요일 아침에 열리는 무함마디야 강연회에 몇 번 참가하고, 면 지부 모임에 두어 차례 방문한 것이 관련 활동의 전부였다. 다행스럽게도 자료 수집차 도시에 있는 중앙 본부를 방문함으로써 무함마디야 마을을 연구한 학자로서의 체면을 지켰다고 자위할 수 있었다.

첫 조사가 끝나고 10여 년이 지난 2004년, 인도네시아에서 연구할 두번째 기회가 주어졌다. 처음에는 조사 마을의 변화 양상을 추적할 계획이었다. 이전에 연구한 경제적, 종교적 변동 추이가 어떻게 지속되고 있는지를 알아보는 작업은 흥미를 자극했다. 하지만 인도네시아에 도착하고 몇 달이 흐른 뒤 연구 주제를 변경하게 되었다. 당시의 정치 상황이 내 관심을 빨아들였기 때문이다.

1998년 민주화가 시작했다. 1960년대 중반부터 30여 년 동안 이어진 수하르또 대통령의 철권통치가 막을 내리고 다양한 정치적 실험이 이루어졌다. 6년이라는 짧은 기간에 세 명의 대통령이 나타났다 사라졌다. 민주화의 결실인 헌법 개정에 맞추어 대통령 선출을 위한 직접선거가 2004년에 예정되어 있었다. 정치적 격변기에 인도네시아에서 조사할 수 있음은 행운이었고 나는 정치 문제를 연구하기로 마음먹었다.

다섯 명의 후보가 출마했다. 민주화 운동을 추동한 정당, 군부 출신이 급조한 정당, 세 개의 이슬람 정당에서 후보를 배출했다. 이슬람 정당 중 둘은 각기 무함마디야와 엔우의 지지를 등에 업고 창설되었다.

문화인류학자의 연구는 집단을 대상으로 한 장기간의 참여 관찰과 심층 인터뷰를 통해 진행된다. 이를 당시의 정치 환경에 적용할 때 두 가지 접근 방식이 떠올랐다. 하나는 마을과 같은 지역을 연구하는 것이며, 다양한 정치 활동과 집단간 역학을 분석할 수 있었다. 다른 하나는 특정 정치집단을 연구하는 것으로써 한 집단의 특징을 깊이 있게 조사할 수 있었다. 첫 조사를 마을에서 행했기에 두 번째 조사는 집단을 중심으로 진행해보기로 했다.

이 결정에 맞추어 대선 참여 정당 중 하나를 선택해야 했는데, 여기에 첫 조사 경험이 결정적인 영향을 미쳤다. 무함마디야 마을에서 2년 동안 살았던 경험이 이 단체와 일정한 유대감을 맺고 있다는 느낌을 주었기 때문이다.

무함마디야에서의 현장 연구는 대선을 전후로 여섯 달 남짓 이루어졌다. 선거운동의 전과정을 조사했고, 선거 후에는 무함마디야 활동에 대한 단편적인 자료를 수집했다. 이를 통해 이전까지 생각해보지 못했던 무함마디야의 특성을 일부 발견했고, 이는 무함마디야를 계속 연구할 동력이 되었다.

선거운동에 관한 연구는 무함마디야의 여러 조직 수준에서 이루어졌다. 면 지부는 선거운동이 실제 이루어지는 곳으로서 일반 지지자들의 정치참여 방식을 보여주었다. 선거운동을 계획하고 지원하는 군 지부, 도 지부, 주 지부에서는 선거운동의 전반적 흐름을 파악했다. 이 중 가장 많은 시간을 보낸 곳은 주 지부였다. 족자 전체를 대상으로 선거운동을 기획함으로써 하위 지부에서 볼 수 없는 다양한 활동이 전개되었기 때문이다. 선거가 가까워 올수록 나 역시 바빠졌다. 아침에 주 지부에 출근해서 그곳 활동가들을 좇아 다니다 보면 하루가 쏜살같이 흘러갔다.

**그림 3** 무함마디야에서 주도한 운동장 유세

문화인류학자에게 여러 활동이 동시다발적으로 이루어지는 장소는 꿈에 그리는 연구 현장이다. 선거라는 빅 이벤트를 준비하는 주 지부에서의 조사 덕분에 이전까지 경험하지 못했던 긴박감과 역동성을 느낄 수 있었다. 흥미로운 점은 주 지부에서의 조사가 일상화하자 내게도 일정한 역할이 암묵적으로 주어졌다는 것이다. 무함마디야를 연구하는 외국인 학자라는 지위는 선거와 같은 급박한 상황에서 나름의 쓰임새가 있었다.

내가 정치적 중립을 지키는 학자라는 점을 주지시켰음에도 무함마디야가 지지하는 아민 라이스Amien Rais 후보 선거캠프를 조사한다는 사실의 의미를 주 지부 활동가들은 간파하고 있었고, 때로 나를 선거 캠페인의 한 요소로 활용했다. 선거자금 모금 모임에 불려나가 아민 라이스를 지지하는 취지의 연설을 해야 했고, 주 지부에서 열린 기자회견 중 갑작스레 소개되어 기자들과 인터뷰를 해야 했다. 몇천 명의 군중이 운집한 운동자 유세에서는 경찰서로 끌려갈 위기를 넘기기도 했다. 사회자의 소개로 어쩔 수 없이 연단에 올라 짤막한 인사말을 하고 내려오자 누군가가 내 팔을 잡아당겼다. 얼굴을 보는 순간 경찰임을 직감할 수 있었다. 유세장을 감시하는 정보 경찰이었다. 다행스럽게도 내 가방에는 인도네시아 정부가 준 연구허가증이 있었다. 이를 확인한 후에도 못내 아쉬웠던 그 경찰은 앞으로 자신에게 연락한 후 선거유세를 조사하라고 명령하며 훈방 조치했다.

선거 날이 되었다. 첫 조사 마을에서 선거 과정을 관찰한 후, 면 지부, 군 지부, 도 지부를 거쳐 늦은 오후 주 지부에 도착했다. 선거 전과 달리 주 지부에서는 활력을 찾을 수 없었다. 그도 그럴 것이 아민 라이스가 족자에서 월등한 득표를 하지 못했다는 소식이 퍼져 있었기 때문이다. 어둑해진 후에도 변함이 없던 분위기는 한 통의 전화로 인해 순식간에 전환되었다. 아민 라이스로부터의 전화였다. 마을의 선거 결과가 면, 군, 도 단위로 집산되는 과정에서 그의 득표가 축소되고 있다는 제보가 들어왔다는 것이다.

주 지부는 순식간에 활기로 가득찼다. 신속한 회의를 거친 후 군 지부를 직접 방문하여 선거 결과를 확인하자는 결정이 내려졌다. 족자가 4개 도와 1개 시로 구성되어 있기에 다섯 팀이 급조되었고, 나는 반뚤Bantul로 향하는 차에 올라탔다. 저녁 8시경에 출발한 우리 팀이 17개 선거팀을 방문하고 돌아왔을 때 하늘에는 여명이 밝아오고 있었다.

## 무함마디야에 관심을 두다

초점이 제대로 맞지 않는 이 사진(그림 4)은 개표 부정을 확인하기 위해 떠난 여정 중 마지막 장소에서 촬영되었다. 사진 속 주인공은 무함마디야 주 지부 지도자이며 선거캠프에서 핵심적인 역할을 하던 하르디Hardi였다.[2]

캠프에서 만난 사람은 크게 세 부류로 나뉘었다. 첫번째는 현실

**그림 4** 마지막으로 방문한 군 지부에서 예배하는 하르디

정치에 발을 담근 사람들로서, 승리를 통해 직접적인 이익을 챙길 수 있는 그룹이었다. 두번째는 정치 활동을 하지 않았지만 선거 승리로 일정한 이익을 기대할 수 있는 그룹으로서, 대학교수 중 일부가 여기에 속했다. 세번째는 정치적 이익에 관심 없이 아민 라이스의 승리를 무조건적으로 원하던 집단이었다. 고등학교 교사인 하르디는 세번째 그룹에 속했다.

선거운동을 열정적으로 하는 이유를 하르디에게 몇 차례 물어보았지만 대답은 한결같았다. 아민 라이스가 최적의 대통령 후보이며, 그를 위한 선거운동이 올바른 일이라는 것이다. 그에게 있어 선거운동은 무함마디야에서 해왔던 종교 활동의 연장선상에 있었고, 여기에 참여함으로써 그는 알라로부터의 보상만을 기대할 뿐이었다. 이러한 교과서적 답변을 뛰어넘는 이유를 찾으려 했지만 그리 만만치 않았다. 선거 승리를 통해 그가 얻을 종교외적 이익을 밝힐 수 없었기 때문이다. 적극적인 선거 참여로 인해 그의 조직 내 위상이 변할 것 같지도 않았다. 선거운동을 위해 방문한 곳에서 그가 특별 대접을 받았던 것 역시 아니었다.

예배하는 하르디의 모습을 보면서 나는 '익라스iklas'라는 표현을 떠올릴 수 있었다. 아랍어에 기원한 이 표현은 오직 신을 위해, 다른 식으로 말하면 신으로부터의 보상만을 기대하며 행동할 때의 마음가짐을 가리킨다. 우리식으로 말하면 사심 없는, 진실하고 진

---

2 연구대상자의 이름은 실명 거론이 불가피할 경우를 제외하고는 모두 가명이다.

정한 태도와 유사하다고 할 수 있다. 무함마디야 활동가들은 이 표현을 자주 사용했는데, 하르디를 통해 그 의미를 실감할 수 있었다.

아민 라이스의 전화를 받고 반뚤로 떠날 때 하르디를 포함한 일행 모두는 의기충천했다. 개표 부정 사례를 찾는다면 그리 좋아 보이지 않는 선거 결과를 뒤집을 물증을 확보할 수 있었기 때문이다. 차에 오르자 이들은 군 지부와 바쁘게 연락하며 우리의 방문 사실을 알렸다.

그날 밤 찾아간 군 지부의 상황은 각양각색이었다. 많은 사람이 모여 개표 결과를 정리하는 곳도 있던 반면, 지부 사무실이 닫혀 있어 자는 사람을 깨워야 했던 경우도 있었다. 호기롭게 시작된 여정은 시간이 지남에 따라 점점 더 침묵으로 채워졌다. 시간이 흘러 밤이 깊어졌기 때문이기도 하지만, 그보다는 군 지부에서 확인한 선거 결과가 썩 좋지 않았기 때문이다. 아민 라이스가 압도적으로 승리한 곳은 눈에 띄지 않았고, 이는 개표 부정의 증거를 찾아내기가 수월하지 않음을 의미했다.

절반 정도의 지부를 방문하자 결과는 명확해졌다. 하지만 여정을 멈출 수는 없었고 예정된 길을 기계적으로 쫓아갔다. 도시 인근의 군 지부에 마지막으로 도착했을 때 시간은 새벽 네 시에 근접해 있었다. 밤새 돌아다닌 탓도 있지만, 선거 결과 때문에 일행의 사기는 완전히 바닥에 떨어져 있었다. 우리를 이끌던 하르디 역시 마찬가지여서 묵묵히 걸음을 떼고 있을 뿐이었다. 지부에 들어서자 바닥에 누워 잠을 자는 청년의 모습이 나타났다. 이에 아랑곳하지 않고 하르디는 한편으로 나아가 예배를 드리기 시작했다. 예배가 끝나고서도 그는 한참이나 그 자리에 앉아 있었다. 사진에 있는 그의 뒷모습을 보며 여러 생각이 떠올랐다.

저렇게 온 힘을 다해 선거운동을 하는 이유가 무엇일까? 답은 명확한 듯했다. 신을 위해, 무함마디야를 위해 그는 자신을 기꺼이 헌신하고자 했다. 이런 이유로 그는 학교 일이 끝나자마자 선거캠프로 달려왔고, 때로는 직장을 빼먹으면서까지 선거운동을 했다. 그는 두세 시간이 걸리는 지역을 마다지 않고 방문했으며 아침부터 저녁까지 선거 교육을 하면서도 피곤하다는 말 한 마디 던지지 않았다. 계속된 활동에 힘들고 지친 모습이 역력했지만, 그에게서는 항상 긍정의 기운이 펴져 나왔다. 이런 모습 모두는 그가 자신의 활동에 삶의 궁극적인 의미를 부여할 수 있었기에 가능했다.

피곤함과 상실감으로 가득한 뒷모습을 보며 상념에 잠겨 있던 내게 하르디가 다가왔다. "김 선생, 우리 맛있는 국수나 먹으러 가자"라고 그가 말했을 것이다. 우리는 국수를 파는 노점 식당으로 갔고 곧이어 종착지인 주 지부에 도착했다.

주 지부에서 나와 집으로 돌아올 때 어둠은 이미 사라졌다. 밤새 이어진 여정에 대해 생각해보자 무함마디야를 본격적으로 연구하고 싶다는 의지가 강해졌다. 신을 위해, 종교를 위해, 무함마디야를 위해 사심 없이 희생하는 활동가들의 모습에는 형용하기 힘들지만 나를 끌어드리는 흡입력이 있었고 그 원천이 무엇인지 알아보고 싶은 욕망이 솟구쳤다.

## 무함마디야 연구를 결심하다

선거가 끝나고 무함마디야 주변을 어슬렁거릴 시간이 두어 달 남았다. 선거캠프에서 알게 된 활동가들을 만나고 이런저런 무함마디야 모임에 참가하며 시간을 보냈다. 이 과정에서 흥미를 자극하는 연구 주제를 구체화할 수 있었는데, 바로 민주주의 전통이었다. 막연하게 알고 있던 민주주의라는 개념을 무함마디야 운영 방식에 적용해 보는 것이 가능해 보였다. 이런 인상을 받게 된 데에는 내가 경험한 몇몇 단편적인 상황이 주요한 역할을 했다. 그 중 특히 두 사례를 잊을 수 없다.

첫번째는 음식 먹기와 관련되었다. 인터뷰를 하러 주 지부에 갔을 때 중앙 본부에서 개최될 세미나 소식을 들었다. 마침 그곳에 가는 사람이 있어 주 지부 차를 얻어 타고 중앙 본부로 향했다. 세미나 발표자는 의장을 포함해 중앙 본부에서 활동하는 활동가였고, 젊은이들이 청중의 다수를 차지했다. 세미나가 거의 막바지에 이르렀을 때였다. 잠시 회의장에서 나왔다 들어가는 나를 누군가 복도 맞은편에서 불러 세웠다. 주 지부에서 타고 온 차를 몰던 운전기사 마리오Maryo였다.

세미나가 졸리지 않느냐는 질문에 옅은 미소로 답하자 마리오는 세미나실 앞방으로 나를 이끌었다. 중앙에 놓인 뷔페 음식은 그곳이 세미나 참석자들이 모여 식사할 장소임을 알게 했다. 음식 근처로 다가간 그는 내게 빈 접시를 건넸다. 그것이 무슨 의미인지는 명

그림 5  족자의 무함마디야 중앙 본부 건물

백했지만, 순간 멈칫하지 않을 수 없었다.

우리도 그렇지만, 이런 상황에 적용되는 인도네시아의 예절 중 하나는 행사의 호스트나 주요 참석자가 음식을 먼저 담는 것이다. 때때로 핵심 관계자를 위해 음식 일부를 미리 담아 독립된 공간에 배치할 때도 있었다. 이러한 관행을 알고 있던 내게 마리오의 제안은 도발적이었다. 현지 예절을 전적으로 따르려 하는 문화인류학자에게 잔치 음식에 맨 처음 손을 댄다는 것은 상상할 수 없는 행동이었다.

순간 마리오의 정체성이 떠올랐다. 지위고하를 막론하고 연구대상자를 동등하게 대해야 한다는 원칙을 지키려 했지만, 이곳은 무함마디야 중앙 본부였고 여기에서 그는 객에 불과했다. 인도네시아의 일반적 상황에 대해서도 생각해보았다. 2000년대 초중반만 하더라도 승용차를 가진 사람 대다수가 운전기사를 고용했는데, 고용주가 기사와 함께 식사하는 경우는 거의 찾아볼 수 없었다. 여기에 생각이 미치자 그의 행위에 뭔가 불순한 의도가 담겨 있는 것처럼 느껴지기도 했다. 외국인 손님을 접대한다는 핑계를 대며 먼저 밥을 먹는 행동을 합리화할 수 있다는 것이다.

이런저런 생각에 찜찜했지만, 마리오의 제안을 눈앞에서 거절할 정도로 무례하게 행동할 수는 없었다. 어쩔 수 없이 밥과 반찬을 담았고 벽을 따라 배치된 의자 중 구석으로 가서 자리를 잡았다. 곧바로 그에게 초미의 관심사에 관해 물었다. 음식을 먼저 먹는 행동이 예의에 벗어나지 않느냐는 질문에 마리오는 그렇지 않다고 답했다. 필요에 따라 먼저 먹을 수 있다고 말하면서 그는 '실용적인pragmatic'이라는 영어 어휘의 인도네시아식 표현인 '쁘라그마띠스pragmatis'를 언급했다. 무함마디야는 격식을 따지지 않고 실용적인 면을 중시한다는 것이다. 초조해 하는 내 마음이 전달되었는지 그는 세미나가 끝난 후 참석자들의 식사 방식을 두고보자는 말을 덧붙였다.

얼마 지나지 않아 세미나가 끝나고 왁자지껄하는 소리와 함께 참석자들이 들어왔다. 음식 접시가 있는 곳 앞에서 서로 양보하는 모습이 나타나기도 했지만, 마리오의 예상대로 먼저 온 사람이 먼저 음식을 담는 방식이 일반적이었다. 조금 있으니 발표자 중 한 명인 무함마디야 의장이 들어왔다. 그 역시 뒤에 가서 줄을 섰고 자기 차례가 되자 음식을 담았다. 같이 서 있던 사람과 빈자리로 이동한 그는 여느 참석자처럼 식사했다. 이런 모습에서 생경함을 느끼는 사람은 나뿐이었다. 누구도 식사 순서나 방식에 대해 신경 쓰지 않았고, 연배가 있어 보이는 참석자를 대상으로 무언가 대접한다고 말할 만한 행동이 나타나지 않았다.

무함마디야 활동가들에게 이 사건을 이야기하자 지극히 호의적인 반응을 얻어낼 수 있었다. 이들 모두 내 질문을 좋아했고, 내가 무함마디야의 특징을 제대로 이해하기 시작했다는 칭찬을 아끼지 않았다. 음식 먹기에 관해 설명하면서 이들은 평등성을 강조했다. 무함마디야는 평등성에 기반을 두고 있기에 누구든지 동등한 대우를 받는다는 것이다. 이렇게 말한 후 이들 대다수는 라이벌 단체 엔

그림 6 주 지부에서 조직한 선거운동

우를 거론했다. 엔우에서는 지도자에 대한 특별대우가 일반적이어서, 지도자와 일반 활동가가 같은 자리에서 식사하는 모습을 상상할 수 없다는 것이다. 이런 대조를 통해 이들은 무함마디야의 우월함을 부각하고자 했다.

신의 피조물로서 모든 인간이 동등한 존재라는 교리가 있음을 알고 있었지만, 그것이 현실에 적용되리라 생각해본 적은 거의 없었다. 하지만, 눈앞에서 벌어진 식사 장면을 부정하기는 쉽지 않았다. 음식 먹기에 관한 관심으로 인해 이후에도 식사 장면을 유심히 바라봤지만 큰 차이를 발견할 수 없었다. 말이 아닌 실천을 통해 평등성 교리를 구현해내는 듯한 모습은 이 단체가 연구할 만한 가치가 있는 대상임을 보여주었다.

무함마디야에 대한 연구 주제를 구체화한 두번째 경험은 선거캠프에서 가장 많이 참여한 활동인 회의였다. 캠프 활동가들이 모여 거의 매일 회의를 했는데 인도네시아 사람의 회의 사랑이 그대로 드러나는 듯했다. 짧게 끝나는 회의도 있었지만, 보통 두세 시간 이어졌고, 길게는 네다섯 시간까지도 계속되었다.

몇 차례 참석하자 회의형식에 일정한 공통점이 있는 듯한 인상을 받았다. 그러던 어느 날, 점심 직후 시작된 회의가 오후 늦게까지 이어진 경우가 있었고, 이전까지 구체화할 수 없던 특징을 찾아낼 수 있었다. 캠페인 방식에 대한 회의였기에 심각한 문제가 논의되지는 않았지만 열 명 남짓한 참가자의 의견은 세 갈래로 나뉘었다.

회의의 첫 파트는 서로 다른 의견을 가진 참가자들이 격론을 벌이는 시간이었다. 그리고 난 후 회의는 긴장과 이완의 국면을 반복했다. 누군가의 말에 반대 의견이 제기되어 한동안 논쟁이 벌어진 후 서로의 발언에 집중하지 않은 채 딴짓을 하는 시간이 이어졌다. 회의가 지속할수록 긴장의 시간은 줄어들고 이완의 시간은 늘어났다. 핸드폰 메시지를 보내는 사람, 옆 사람과 잡담하는 사람, 요란하게 소리 내며 음식을 먹는 사람, 회의장을 나갔다 들어오는 사람이 많아졌다. 회의 주제와 관계 없는 이야기가 오랫동안 이어지기도 했다.

늘어지는 회의를 보며 지쳐 갔고 밖으로 나가 잡담하는 시간 역시 늘어났다. 초점 없이 계속되는 회의에 화가 나기도 했고 언제 끝날지 몰라 초조해 하기도 했다. 회의장을 떠나 집으로 돌아가고 싶었지만, 회의 참가를 허락해준 호의에 반하는 일이라 쉽게 자리를 뜰 수 없었다.

별일 없이 지루하게 이어지던 회의가 어느 순간 긴박하게 돌아가기 시작했다. 한 참가자가 제안한 이전과 조금 다른 절충안에 다른 참가자들이 호의를 표했고 얼마 지나지 않아 합의가 도출되었다. 다섯 시간 이어진 회의가 10분 정도의 짧은 시간에 갑자기 끝났다는 사실에 허탈감이 몰려왔다. 잠시 밖에 나가 있던 사이에 이 상황이 전개되었다면 회의가 어떻게 끝났는지 알 수조차 없을 지경이었다. 이런 식의 회의 진행에 대해 '음모론'이 떠오르기도 했다. 참가자를 피곤하게 만든 후 재빨리 원하는 대로 의사결정을 하려 했다는 것이다. 우스워 보이지만 이 해석이 완전히 틀린 것은 아니었다. 핵

1. 무함마디야: 세계에서 두번째로 큰 이슬람 단체

심은 아니었지만, 참가자의 피로도 역시 무함마디야 회의를 설명하기 위해 고려해야 할 요소였다.

오랫동안 이어지는 회의에 대해 무함마디야 활동가들은 합의라는 면을 부각했다. 조직 내 의사결정이 합의를 지향하기 때문에 여기에 도달할 때까지 회의가 계속된다는 것이다. 합의가 이루어지지 않을 때 어떻게 하는지를 묻자 이들은 같은 답을 반복했다. 합의가 이루어질 때까지 기다린다는 것이다. 그래도 합의가 도출되지 않는다면? 이 질문에 대한 대답 역시 동일했다. 합의가 이루어질 때까지 회의를 몇 차례 더 한다는 것이다. 어떤 활동가는 자주 일어나지는 않지만 몇 년에 걸쳐 동일한 문제가 계속 논의되는 일도 있다고 말했다. 이들이 다수결과 같은 방식이나 합의를 지향하는 회의의 비효율성을 인지하지 못한 것은 아니었다. 합의된 결정이 지닌 장점이 단점보다 많기에 합의를 지향하며, 이런 이유로 그것이 무함마디야의 전통이 되었다는 것이다.

의사결정에 있어 합의를 중시하는 관행은 마을에서 조사하면서 상상해보지 못한 주제였다. 인도네시아, 특히 자바의 전통 사회가 전제적 술탄에 의해 통치되었고 수하르또의 독재가 30년 이어졌음을 고려해보면, 합의를 우선시하는 태도는 독특했고 그것이 광범위하게 적용될지에 대해 의구심을 갖게 했다.

조사하면서 커져가는 궁금증 때문에 연구해야겠다는 마음이 더욱 굳어졌다. 권력자의 일방적인 결정을 받아들이는 데 익숙한 사회에서 합의를 중시하는 의사결정 전통이 어떻게 형성되고 유지될 수 있었는지 알아보고 싶은 욕망이 강해졌다.

## 연구대상과 연구주제

무함마디야 마을이라 불릴 첫 조사지에서의 경험, 선거캠프에 참여하면서 생긴 궁금증, 무함마디야 모임에 참여하면서 경험한 놀라움, 이 정도면 무함마디야를 연구 대상으로 설정하기에 충분했다. 학문적으로 보았을 때에도 무함마디야에 대한 내 관심은 참신한 연구주제에 속했다. 무함마디야에 관한 연구가 꽤 많이 이루어졌지만,[3] 대부분이 종교적 이념과 해석에 초점 맞춘 것이어서, 조직 운영 상의 특징은 거의 연구되지 않았다. 관심받지 않던 주제를 연구하면 의미 있는 연구 결과를 얻을 수 있을 것 같았다.

무함마디야에 대한 현지조사는 2010년 초부터 8월까지 족자 주 지부를 중심으로 이루어졌다. 2004년 선거캠프에 참여하면서 몇몇 활동가와 친숙하게 된 점이 주 지부를 선택한 이유였다. 처음에는 주 지부에서 조사를 시작한 후 한편으로는 중앙 본부, 다른 한편으로는 시도·군·면 지부로 조사를 확대하고자 했지만 그렇게 하지는 못했다. 다른 지부를 집중적으로 연구할 시간이 모자랐고, 주 지부에서 조사하면서 본부나 하위 지부 방문이 가능했기 때문이었다.

---

3 무함마디야에 관한 대표적 연구에는 Alfian(1989), Arifin(2016), Federspiel(1970), Jainuri (1997), Nakamura(2012), Peacock(1978) 등이 있다.

창립 100주년을 기념하는 2010년 총회의 주관기관이 주 지부였다는 사실 역시 이곳을 활동 근거지로 삼을 이유가 되었다.

현지조사 과정에서 초점 맞춘 주제는 무함마디야의 민주적 전통이었다. 민주주의라는 주제를 연구한 경험은 없었지만, 현장에서 얻은 자료를 묶어낼 핵심 분석틀이 민주주의임을 직감할 수 있었다. 무함마디야에 관한 연구는 현지조사가 끝난 후에도 이어져서 이 후 10여 년 동안 자료를 모으고 정리하는 작업을 계속했다. 이 결과물이 본문의 주요 내용을 구성한다.

무함마디야와 관련된 사람은 정말 많다. 3,000만 명, 나아가 4,000만 명 이상이 무함마디야와 관련된다고 이야기된다. 이렇게 큰 규모를 고려하면, 이들이 무함마디야와 맺는 관계 역시 다양할 수밖에 없다.

무함마디야와의 공식적 관계는 회원 등록을 통해 성립된다. 공식 회원 규모는 100만 명 정도로 추산되지만, 이들 중 일부는 무늬만 무함마디야이다. 무함마디야 소속 기관의 일자리에 지원하기 위해서 회원 등록이 요구되기 때문이다. 반면에, 무함마디야에서 활발하게 활동하는 사람 중 회원이 아닌 경우도 많다. 회원 가입이 활동의 전제 조건이 아니기 때문이다.

무함마디야와 맺는 또 다른 관계는 조직 내 직책을 통해서이다. 모호한 면이 있지만, 직책은 무함마디야와의 특별한 관계를 의미한다. 직책 없이 활동하는 경우가 많지 않으며, 특정 활동을 중심으로 한시적 직책이 보통 부여되기 때문이다.

직책을 가진 사람과 그렇지 않은 사람이 무함마디야와 관계 맺는 방식에는 차이가 있다. 직책을 가진 사람은 무함마디야를 운영하고 관련 활동을 추진하는 데에 중추적인 역할을 하는 반면, 직책이 없는 사람은 활동에 단순 참여하며 재정적이고 도덕적인 지원을 한다. 이런 의미에서 전자를 활동가, 후자를 지지자라 부를 수 있다.

관련 기관을 제외하고 무함마디야만을 놓고 본다면 중앙 본부와 하위 지부에서 활동하는 활동가의 직책은 크게 둘로 나뉜다. 첫번째는 각 지부를 이끄는 지도자로서 '13명+알파'로 구성된다. 다른 하나는 산하위원회 위원으로서 위원회의 종류와 수는 지부별로 차이를 보인다. 직책은 차이나지만, 한 사람을 특정한 직책을 가진 활동가로 규정하기는 불가능하다. 하위 지부의 지도자이면서 상위 지부 위원회의 위원을 맡기도 하고, 상위 지부 위원회 위원이면서 하위 지부 지도자나 위원을 맡기도 하기 때문이다. 또한 5년에 한 번 치르는 선거를 통해 지도자가 위원으로, 위원이 지도자로 직책을 바꾼다. 이런 의미에서 현 직책과 관계없이 무함마디야 활동가 대다수는 지도자이면서 위원이다. 이런 이유로 이 글에서는 무함마디야에서 직책을 가지고 활동하는 사람 모두를 활동가라는 말로 지칭할 것이다. 연구대상자의 직책을 거론할 필요가 있을 때에만 지도자와 위원을 구분하여 사용할 것이다.

이 글의 연구 대상은 무함마디야에서 직책을 가지고 활동하는 활동가이다. 이들이 무함마디야를 주도하기에, 그리고 연구 기간이 제약되었기에 지지자에 대한 조사는 제한적으로만 이루어졌다. 현

**그림 7** 무함마디야 족자 주 지부를 방문한 학생들과 함께

지조사 과정에서 주로 만난 활동가는 중앙 본부와 족자 주 지부에서 활동하는 활동가였다. 연구 과정에서 내가 정기적으로 참석한 모임은 족자 주 지부 지도자위원회, 주 지부 산하 두 개의 위원회, 중앙 본부 산하 두 개의 위원회였고, 이곳에서 만난 활동가가 핵심 연구대상자key informant가 되었다. 여기에 더해 중앙 본부와 다양한 하위 지부에서 개최하는 정기적, 부정기적 활동에도 참여하여 자료를 수집했다.

무함마디야의 중앙 본부는 족자와 자까르따 두 곳에 위치한다. 이 연구가 족자에서 주로 이루어졌기에, 수집된 자료 대다수는 족자에서 얻어진 것이다. 이런 의미에서 좁게 말하면 이 글은 족자에서 활동하는 무함마디야 활동가에 관한 연구라 할 수 있다.

제한된 연구 대상으로 인해 이 연구 결과를 족자 이외의 무함마디야에 직접 적용하기에는 한계가 있다. 하지만, 단체의 탄생지로서 족자 활동가들이 무함마디야를 주도하고 있고, 모든 무함마디야 관련 기관이 족자에 위치하기에, 이 연구의 결과는 전체로서의 무함마디야의 성격을 이해하는 데 일조할 수 있을 것이다.

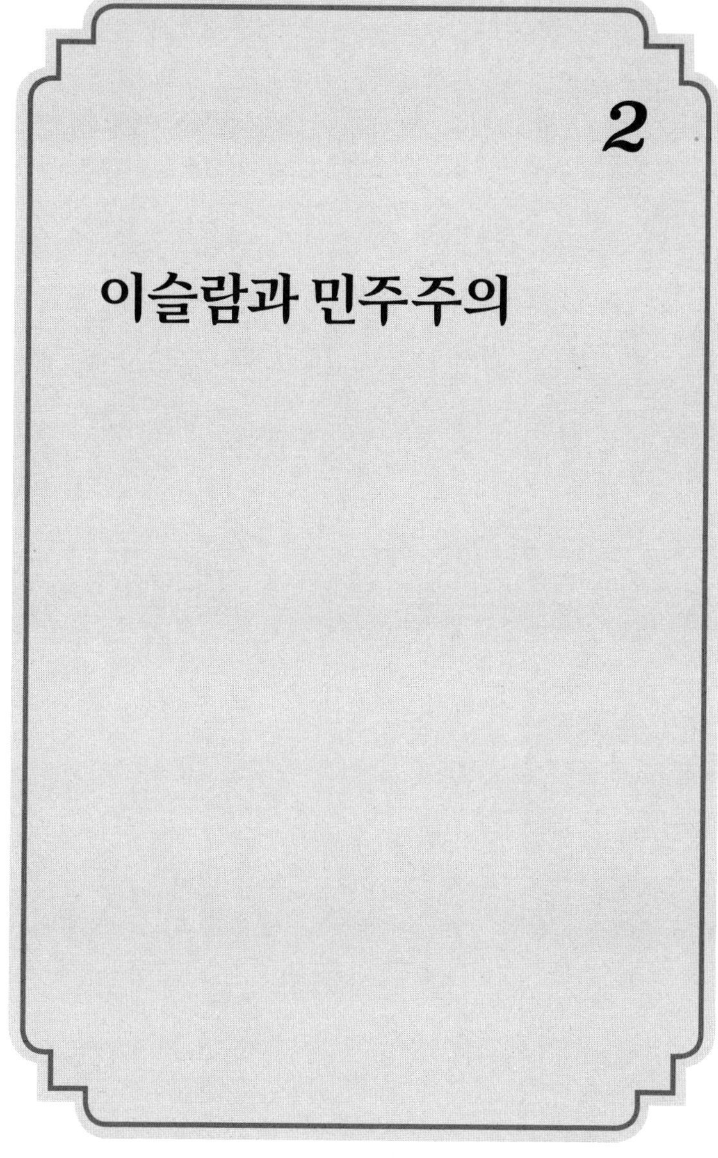

# 2

# 이슬람과 민주주의

## 민주주의와 종교

우리는 민주주의라는 표현을 자주 말하고 듣는다. 현대 사회를 살아가는 대다수의 사람이 열망하는 정치 체제가 민주주의이기 때문이다. 자본주의 국가뿐 아니라 사회주의 국가에서도 민주주의는 정치적 이상으로 설정되어서, 북한을 포함한 몇몇 사회주의 국가의 명칭에도 민주주의라는 말이 들어간다. 무슬림이 다수를 차지하는 이슬람권 역시 예외가 아니다. 지금은 실패한 것처럼 보이지만 한때 '아랍의 봄'이라는 표현을 유행시킬 정도로 낙관적 전망을 가능케 했던 북아프리카 이슬람권 국가에서의 정치적 움직임은 민주화를 목표로 했다.

흔히 사용하는 말이기에 그에 대해 고민할 기회가 많지 않지만 민주주의는 다양한 원리에 의해 뒷받침된다. 정치 체계로서의 민주주의는 국가의 주권이 국민에게 부여되어 있다는 이념에 기반을 둔다. 국민 모두에게 주권이 평등하게 주어져야 함은 자연스러운 귀결이다. 이와 함께 고려할 요소는 자유이다. 개인적 의사를 자유롭게 표현하고 자유롭게 결사할 권리가 보장되지 않는다면 민주주의는 제대로 작동할 수 없다. 이 외에도 민주주의를 뒷받침할 원리와 가치는 다양하다. 관련 논의를 찾아보면, 공정하고 자유로운 선거, 소수자 보호, 인권 존중, 법치, 자치, 권력분립, 정의, 참여, 타협과 계약, 관용 등 많은 요소가 언급된다.

민주주의의 원리와 가치를 생각해보면, 이를 종교와 연결 짓는 작업이 그리 적절해 보이지 않는다. 인간의 자유의지에 최고의 가치가 부여되는 상황에서 인간 외적 요소를 절대화하는 종교에 민주주의를 적용하는 일은 자연스럽지 않다. 이념적 차원과 함께 고려할 점은 역사적 경험이다. 민주주의 모델이 출현한 서구 사회에서 민주주의는 그리스도교와 대립하며 성장했다. 정치와 종교의 분리를 열망하는 시민 사회의 입장에서 본다면, 그리스도교의 정치적 배제는 민주주의 발전을 위한 선행조건이었다. 이런 인식으로 인해 민주주의의 실현 정도를 국가별로 수량화하여 평가하는 '민주주의 지수democracy index'의 측정기준 중 하나에 국가와 종교의 분리가 포함되어 있다.

서구 사회에서 민주주의는 종교와 연결지어 설명되지 않는다. 그런데 이슬람권 국가의 정치 체계를 바라볼 때에는 상이한 모습이 나타난다. 대다수의 학자가 이슬람을 핵심 요소로 취급한다. 이 지역에서 민주주의가 뿌리내리지 못한 현실을 설명할 때에도, 민주화의 전망과 가능성을 이야기할 때에도 이슬람이 등장한다. 기독교와 같은 종교임에도 이슬람이 이슬람권 국가의 민주주의 담론과 긴밀하게 연결되는 이유는 무엇일까?

먼저 '오리엔탈리즘Orientalism'의 영향을 지적할 수 있다. 18세기 후반부터 본격적으로 활동한 오리엔탈리스트들은 저술, 보고서, 여행기, 예술 작품 등을 통해 이슬람과 중동에 대한 유럽의 인식 형성에 지대한 영향을 미쳤다. 이슬람과 정치 체계에 대한 담론 역시 오리엔탈리즘에 기반을 두고 형성되었고 그것을 강화하는 데에 일조했다. 이 관점에 따르면 그리스도교의 역할이 축소된 유럽과 달리 이슬람권 지역에서 종교는 여전히 지배적인 힘을 유지하고 있다. 따라서 이슬람권 국가의 정치, 나아가 민주주의 문제는 이슬람과 뗄 수 없는 관계에 놓이게 된다.

현실의 다양성을 고려하지 못한 채 오리엔탈리즘은 유럽과의 이분법적 대비를 통해 이슬람권 국가의 정치 체계를 단순화한다고 비판받았다. 또한, 교리적 차원에만 주목함으로써 종교적 가르침의 다양한 해석과 실천 가능성을 무시한다고 비난받았다. 하지만 간과할 수 없는 사실은, 오리엔탈리스트에게 영향을 미친 이슬람 학자가 존재했고 이들 역시 다의적 교리 해석 가능성을 중시하지 않았다는 점이다.

교리를 통해 정치적 삶을 설명하려는 이슬람 학자에게 민주주의는 받아들일 수 없는 제도였다. 그것이 서구에서 발전했다는 사실 자체부터 그에 대한 논의가 의미 없음을 시사하는 근거로 여겨졌다. 한 걸음 나아가 그 원리를 고려할 때에도 민주주의가 이슬람 사회에 수용될 수 없음은 자명한 것처럼 생각되었다. 신의 뜻에 따라 살아야 하는 무슬림에게 인간의 자유 의지와 주권을 바탕으로 한 민주주의를 받아들일 여지가 있을 수 없었다. 현대 이슬람 사상에 커다란 영향을 미친 마우두디Mawdudi는 양자 간의 관계를 간결하게 정리했다.[1] "민주주의는 무슬림의 신앙과 반대되며 [...] 무슬림이

---

1 Goddard(2002: 5–6)

믿는 이슬람은 형편없는 민주주의 체제와 완전히 다르다. 이슬람과 민주주의는 서로 모순되므로 양자 간에 어떤 조화도 있을 수 없다."

## 이슬람과 민주주의의 양립 불가능함

오리엔탈리즘적 시각과 이슬람 학자의 교리중심적 해석은 이슬람과 민주주의를 바라보는 주도적 담론을 구성했다. 이들의 주장은 이후 학계의 논의 과정에서 새로운 국면에 놓이게 되는데, '양립(불)가능함(in)compatibility'이라는 개념을 중심으로 논쟁이 벌어졌다.

양립 불가능함 테제는 오리엔탈리즘적 시각과 같은 선상에 놓여 있다. 이슬람이 삶의 모든 영역을 포괄하는 사회에서 정교 분리는 불가능하며, 여기에 민주주의가 침투할 가능성은 없다는 것이다. 최고 권력이 신에게서 나오며 신의 계시에 기초하여 법이 만들어지는 사회에서 인간이 최고 권력을 가지고, 인간의 합의에 의해 법을 만드는 체계가 수용될 수 없다. 버나드 르위스Bernard Lewis는 이를 황제와 교황에 빗대어 설명했다. 이슬람 세계에서 황제와 교황은 하나의 단일한 실체이기에 양자가 서로 분리될 수 없다는 것이다.[2]

교리의 차원뿐 아니라 역사적이고 현실적인 차원에서도 이슬람

---

2 Lewis(1987: xvi–xvii)

과 민주주의의 양립 불가능함이 지적되었다. 문명의 충돌을 제기한 헌팅턴Huntington은 이슬람 사회와 서구 사회의 내적 차이에 주목했다. 서구식 자유민주주의의 발전 과정에서 형성된 개인이라는 개념이 이슬람 사회에서는 발달하지 않았기에 시민 사회의 형성이 불가능하다는 것이다. 그는 이슬람권 사회의 역사적 현실도 고려하는데, 민주주의를 받아들이려 했던 이슬람권 국가에서 근대적 의미의 민주주의 체계가 성립된 적이 없었다. 이러한 주장에 따르면, 민주화를 열망하는 무슬림이 있을지라도 이슬람을 포기하지 않는 한 민주적 체계의 확립은 불가능하다.[3]

오리엔탈리즘적 담론 형성 과정에서도 그랬듯이 양립 불가능함 테제를 공고히 하는 데에는 이슬람 학자의 역할 역시 중요했다. 이들은 정교 분리, 국민 주권, 인간에 의한 통치와 같은 민주주의 원칙이 이슬람과 조화될 수 없음을 주장했다. 이러한 입장을 선도한 이집트 학자 꾸뜹Qutb은 인간 사회가 인간이 아닌 신에 의해 통치된다고 주장했다. 따라서 신의 명령에 기반을 두지 않는 대의제나 선거제, 참정권 같은 민주적 제도는 받아들여질 수 없다. 이란 혁명을 이끈 호메이니Khomeini 역시 국가와 종교의 분리가 가능하지 않음을 지적하며, 이슬람 사회의 유일한 정치 체계로 신의 대리인에 의해 통치되는 신정 체계를 제시했다.[4]

신에 의한 정치를 강조하는 이슬람 학자들은 선지자 무함마드

---

3 양립 불가능함 테제에 대해서는 Fukuyama(1992), Huntington(1996), Lewis(2003) 등을 참조할 것.

4 Brown(2000: 153–159); Goddard(2002)

의 생전에 이슬람 국가체계 모델이 확립되었다고 주장한다. 이를 뒷받침하는 꾸란 구절 중 하나는 22장 41절로, "만일 내(신)가 이러한 자들이 땅에 자리 잡도록 하였다면, 기도를 준수하고 자캇을 납부하여 선을 펀들고 악을 금하는 자"로 구성된다고 서술되어 있다.[5] 이는 신이 인간으로 하여금 정치 체계를 만들게 했고, 그 목적이 종교적 가르침의 실현이라고 해석되었다.

무함마드가 신의 의지를 실현하기 위해 정치적 공동체를 구성했음은 이슬람에서 요구되는 정치 체계가 정교일치이며 국가가 종교적 목적을 위해 존재함을 의미하는 것으로 이해되었다. 이는 이슬람 사회의 정치 체계가 서구식 민주주의와 차별적일 수밖에 없다는 견해를 뒷받침했다.

### 이슬람과 민주주의의 양립 가능함

이슬람과 민주주의에 대한 학계의 논의가 오리엔탈리즘 담론과 차이를 보인 점은 양자의 양립 가능함 역시 제기되었다는 것이다.[6] 이 주장을 지지한 학자들은 이슬람식 정치 체계가 경전에 명확하게 규정되어 있지 않음에 주목했다. 앞서 언급한 꾸란 22절 41절은 정

---

5 이 글에서 이용하는 꾸란의 내용은 최영길(1988)에서 인용한 것임.

6 양립 가능함 테제에 대해서는 Ahmed(1963); Bayat(1992), Esposito & Voll(1996); Filali-Ansary (2003), Khatab & Bourma(2007), Tibi(2008), Wright(2003) 등을 참조할 것.

치 공동체의 필요성만을 언급할 뿐 그 구체적 형식을 지정하지 않는다고 해석되었다. 따라서 군주제, 과두제, 전제주의부터 민주주의까지 다양한 체계가 무슬림 사회에 적용될 수 있다. 이슬람을 대표하는 것으로 여겨지는 술탄Sultan제나 칼리프Caliph제는 역사적 필요에 따라 형성된 것으로 이슬람 교리를 실현하는 유일한 제도라 말할 수 없다고 평가되었다.

선택 가능한 정치 체계의 다양성을 지적한 후 이들은 민주주의를 뒷받침하는 핵심 원리와 가치가 이슬람 교리에 내포되어 있음을 지적했다. 자유, 평등, 계약과 같은 개념이 이들의 관심을 끌었다.

신의 뜻이라는 말의 절대성을 생각해보면, 그에 따라 살아가려는 무슬림에게 자유 개념을 적용하기는 쉽지 않다. 하지만, 신이 창조한 세계에서 신의 명령을 좇아 살아가려 한다고 해서 신의 뜻을 결정론적으로만 해석할 필요는 없다. 인간에게는 신의 명령을 좇거나 그렇지 않을 자유가 주어졌고 바로 이러한 선택의 자유가 계시의 이유이기 때문이다. 모두 다 신의 뜻에 따라 살아간다면 종교가 존재해야 할 이유가 명확하지 않다고까지 말할 수 있다.

선택의 자유를 설명하면서 일부 학자들은 아담과 이브의 사례를 들기도 했다. 금단의 과실을 취하여 신의 명령에 불복종한 최초 인간의 모습은 자신의 행동을 선택할 자유가 인간에게 주어졌음을 보여준다는 것이다. 신은 인간에게 자기 의지에 따라 복종하기를 명령했고, 이를 지키는 사람에게는 천국을, 그렇지 않은 사람에게는 지옥을 약속했다. 이는 신이 세상의 주인이지만, 인간에게는 신과의 약속을 지키거나 거부할 자유가 주어져 있음을 의미한다. 이러한 해석에 따르면, 서구와는 다른 원리에 기반하고 있지만, 자유 개념을 이슬람에 내재한 특징으로 바라볼 수 있게 된다.

자유는 평등을 내포한다. 누구도 다른 사람의 행동에 책임지지 않고 자기 행동에 대해서만 책임지는 평등한 존재가 인간이라는 것이다. 이슬람의 평등성은 다른 종교보다 더욱 뚜렷하게 나타난다고 지적되었다. 이를 보여주는 예는 선지자 무함마드로서, 그는 신성을 지닌 특별한 존재가 아닌 보통의 인간이었다. 성직자 집단이 부재하다는 사실 역시 같은 맥락에서 설명되었다. 무슬림 사회에는 존경받는 종교 지도자나 학자가 존재하지만, 이들이 성직자처럼 성스러움을 독점하고 분배하는 역할을 맡지 않는다. 특권적 집단의 부재는 이슬람에 내재한 평등 지향적 가치의 반영으로 해석되었다.

이슬람 교리에 내포된 계약 개념 역시 민주적 가치와 친화적인 것으로 설명되었다. 학자들에 따르면 전통 무슬림 사회의 정치 체제인 칼리프제는 전제가 아니었고 계약적 성격을 취했다. 통치자와 피통치자에게 각기 다른 의무가 주어졌는데, 이를 충족하지 못할 때 둘 사이의 계약 관계가 해제될 수 있었다. "신에 반하는 인간에게 복종하지 말라"라는 꾸란 구절은 신의 뜻을 좇지 않는 통치자에 대한 불복종의 필요성, 나아가 불복종의 의무를 지시하는 것으로 이해되었다. 이런 해석에 따르면 정치적 계약이라는 개념이 이슬람 교리에서 중시되었고 이는 민주주의의 운용 원리와 이슬람이 조화될 수 있음을 시사한다.

이슬람과 민주주의의 양립 가능함을 지지하는 학자들은 가치의 차원뿐 아니라 제도의 차원 역시 거론했다. 민주적 제도와 유사한 관행이 이슬람 교리에 존재한다는 것이다. 이들이 언급한 관행은 협의를 통한 의사결정 방식이며, 이를 수행하는 협의체는 보통 슈라syura라 불린다. 꾸란 42장 38절에는 신이 상호협의를 통해 일을 처리하는 사람을 좋아한다는 계시가 제시되어 있다. 무함마디야의 언행록인 하디스Hadith 기록 역시 선지자가 "공동체는 오류에 동의하지 않을 것이다"라고 말했다고 전한다.

협의를 통한 의사결정은 선지자에 의해서도 실천되어서, 전쟁에서 싸울 때조차 그는 주변과 협의를 했다고 한다. 선지자를 계승할 지도자 선임 과정에서도 상호 협의의 원칙이 적용되었다. 무함마드의 뒤를 이어 칼리프가 된 아부 바카르Abu Bakr는 공동체 구성원의 협의를 통해 선택되었다. 이슬람 학자 간 협의와 합의에 기초한 의사결정 방식을 일컫는 이즈마ijama 역시 수니Sunni파 법 해석에 있어 꾸란과 하디스 다음으로 중요성을 가진 절차로 인정된다.

협의와 합의를 중시하는 분위기는 집단적 결정에 권위를 부여하고 개인을 집단에 매몰시키는 결과를 초래할 수 있다. 이는 중세 이슬람 사회에서 나타나서 새로운 사고의 출현을 억제하고 과거의 집합적 결정에 대한 복종을 강요하는 상황을 야기했다. 학자들은 집단에 대한 복속으로부터 개인이 벗어날 교리가 이슬람에 내재한다고 주장했다. 이를 위해 주목한 개념은 합리적이고 독립적인 사고를 의미하는 이즈티하드ijtihad였다. 이 개념의 중요성은 기부금을 받

고자 파견된 무아즈라는 관료와 선지자 사이의 대화를 통해 확인 될 수 있다.[7]

선지자: 무아즈여, 당신은 어떤 규정을 이용할 것입니까?

무아즈: 꾸란의 법입니다.

선지자: 만약 꾸란에서 규정을 찾을 수 없다면?

무아즈: 그렇다면 선지자의 언행에 부합하는 규정을 찾을 것입니다.

선지자: 만약 거기에서도 찾을 수 없다면?

무아즈: 그렇다면 저는 이즈티하드를 행한 후 그에 따라 행동할 것입니다.

신의 계시를 특정한 상황에 맞게 해석하고 적용하는 방법인 이즈티하드와 슈라와 이즈마를 연결하면 대의제를 뒷받침할 기반이 완성된다. 특정 집단을 대표하는 사람에 의한 이즈티하드의 결과가 모여 협의가 진행되고 합치된 결정을 찾는다는 것이다.

정리하면, 이슬람과 민주주의의 양립 가능함을 지지하는 학자들은 자유, 평등, 계약 개념이 이슬람 교리의 근저에 놓여 있음에 주목했다. 또한 협의와 합의가 이슬람식 의사결정 과정의 핵심이며, 개인의 합리적이고 이성적인 판단이 존중되고 있음을 강조했다. 이러한 교리를 통합하면, 이슬람을 민주주의의 제 원칙과 조화시킬 수

---

**7** Hughes(1994: 198)

있으며, 이는 이슬람과 민주주의가 양립 가능하다는 주장을 뒷받침할 수 있게 된다.

새로운 시각을 제시한 이들 학자의 입장에도 한계가 나타났다. 먼저 지적할 점은 슈라, 이즈마, 이즈티하드 등이 무슬림에게 오랫동안 알려져 있었지만, 현실에서는 민주적인 방식으로 운용되지 않았다는 사실이다. 이즈티하드는 과거에 정립된 이즈티하드의 범위 내에서만 용인되었다. 이즈마의 권리는 소수의 권위 있는 학자에게만 부여되었다. 슈라 역시 비슷한 운명에 처해서, 이슬람 사회의 슈라는 전제적 통치자의 결정을 보완하는 장치로 작동했다. 이는 민주주의와 연관된 이슬람식 제도와 가치가 현실 세계에 적용될 수 없는 이념적 차원의 것임을 시사한다.

다음으로 지적할 문제는 교리만을 대상으로 한 접근의 한계이다. 교리적 접근을 통해 얻은 결론은 역사적으로 변하지 않는 성격을 취하게 된다. 이는 양립 가능함을 주장하는 학자들 역시 오리엔탈리즘의 틀에서 벗어나지 못하고 있음을 지적한다. 즉, 교리만을 통해 본 이슬람은 변화하지 않는 실체처럼 탈역사적 공간에 놓인다.

우리에게 요구되는 시각은 이슬람과 민주주의의 관계를 하나의 단일한 실체가 아닌 다차원적인 성격을 가진 현상으로 접근하는 것이다. 이는 역사적 현실에서 그것의 전개 과정을 검토하도록 요구한다. 현실을 중시한다고 해서 교리의 중요성을 무시하는 것은 아니다. 다양한 사회문화적 맥락에서 그것이 해석, 재해석, 변용, 실천되는 과정으로 관심을 전환함으로써 우리는 민주주의의 이슬람식 적용 가능성에 대한 논의의 지평을 확장할 수 있다.

### 이슬람권 지역의 민주주의: 국가

이슬람과 민주주의의 관계를 현실 세계에서 검토하려는 시도는 무슬림이 국민의 다수를 구성하는 북아프리카, 중동, 서남아시아, 동남아시아의 국가를 대상으로 진행되었다. 역사적, 지역적, 정치경제적, 사회문화적 차이에도 불구하고 이들 국가에 대한 연구결과는 상당 부분 일치한다. 무슬림이 다수를 이루는 국가에서 제대로 작동하는 민주주의를 찾아보기가 쉽지 않다는 것이다.

2000년대 이슬람권 국가를 대상으로 한 거시적 분석을 통해 르위스Lewis는 이슬람 국가에 적용되는 다섯 범주의 정치 체계를 제시했다. 이를 살펴보면 표 1과 같다.[8]

르위스가 구분한 이슬람권 국가의 정치 체계에는 민주주의라는 범주 자체가 존재하지 않는다. 다수의 국가가 전통적 전제주의와 근대적 전제주의에 속하는데, 후자는 서구식 근대화와 민주화 요소를 일부 포함하지만 전제주의적 성격이 주도적인 정치 체계를 지시한다. 중동의 일부 국가, 서남아와 동남아의 국가가 여기에 속한다. 공화주의는 소비에트 연방에 속했던 지역에서 나타나는 정치

8 Lewis(2003: 214-6)

**표 1 르위스가 구분한 이슬람 국가에 적용되는 다섯 범주의 정치 체계**

| 정치 형태 | 지리적 분포 |
|---|---|
| 전통적 전제주의 (traditional autocracy) | 사우디아라비아, 걸프 만 주변의 왕조 국가 |
| 근대적 전제주의 (modernizing autocracy) | 이집트, 요르단, 모로코, 서남아 및 동남아 국가 |
| 파시스트적 독재 (fascist-style dictatorship) | 시리아, 이라크 |
| 급진적 이슬람 정권 (radical Islamic regime) | 이란, 아프가니스탄 |
| 공화주의 (republic) | 중앙아시아 |

체계로서 형식적으로는 민주적 체계를 유지하지만 하나의 정당이 지배적 영향력을 행사함으로써 민주주의와 차별적인 형태로 이해된다.

르위스는 터키를 예외적 국가로 분류했다. 하지만 이는 터키에 민주적 정치 체계가 확립되어 있기 때문이 아니라 20세기 초 전제주의 왕조를 무너뜨린 경험을 지니고 있기 때문이다. 이를 다른 식으로 표현하면, 잠시나마 민주화를 경험한 국가조차도 2000년대 이슬람권에서 찾기가 쉽지 않다는 것이다. 민주주의 발전에 대한 루이스의 비관적 견해는 다른 연구에서도 반복되는 경향을 보였다. 서구식 민주주의 제도를 형식적으로나마 수용한 국가조차 많지 않으며, 이를 실질적으로 운용하는 국가를 찾아보기가 힘들다는 것이다.

민주주의를 확립한 이슬람권 국가를 쉽게 찾을 수 없음은 '민주주의 지수'를 통해서도 확인될 수 있다. 매년 발표되는 이 지수는 선거 절차 및 다원주의, 시민의 권리, 정부의 기능, 정치 참여, 정치 문화 등 다섯 영역을 대상으로 국가의 민주주의 정도를 평가한다. 높은 점수를 받는 그룹은 서구적 전통의 국가인데, 2019년 1위에 오른 국가는 10점 만점에 9.87점을 받은 노르웨이였다. 우리 나라는 8.0점으로 세계 23위였지만 아시아에서는 상위권에 속했다.

민주주의 지수를 통해 본 이슬람권 국가의 상황은 열악하다. 리스트에 포함된 47개 이슬람권 국가 중 100위권에 진입한 국가는 7개이다. 이 중 가장 높은 순위에 오른 국가는 말레이시아로 43위이며, 53위의 튀니지와 64위의 인도네시아가 그 뒤를 이었다. 수량화의 한계를 고려하더라도 이러한 낮은 순위는 민주주의가 이슬람권 국가의 현실 정치에 제대로 적용되지 못하고 있음을 지적한다.[9]

이슬람권 국가의 정치 체계를 연구한 학자들은 이슬람과 민주주의의 관계에 대해 대체로 부정적인 시각을 제시했다. 이슬람권 국가에서 민주주의가 제대로 작동하지 않으며, 이슬람이 민주주의의 발전에 호의적인 조건으로 작용하지 않는다는 것이다. 하지만, 이러한 연구가 가진 한계 역시 지적되어야 한다.

첫번째 한계는 국가를 대상으로 한 연구가 내재한 단순화의 문제로서, 현실 정치의 복잡성과 구체적 정치과정을 고려하지 못한다는 것이다. 국가 전체를 아우르는 정치 체계가 전제주의적인 성격을

---

9 Economist Intelligence Unit(2019)

띠더라도 민주적 전통과 관행이 부분적으로 작동할 수 있지만, 이는 무시될 수밖에 없다. 이란을 예로 들면, 신정 체제가 작동함에도 대중의 정치참여는 정부와 반정부 세력 모두에 의해 일정 정도 인정되었다. 이는 이란에서 간헐적으로 발생하는 대규모 대중시위를 통해 확인할 수 있다. 따라서 국가 전체를 논의의 대상으로 할 때, 현실정치에 개입하는 민주적 전통과 관행이 간과된다.

국가를 분석 단위로 설정하는 접근의 또 다른 문제점은 국가적 정치 체계를 이슬람과 직접 연결한다는 것이다. 이슬람권 국가의 정치 체계가 전적으로 이슬람의 영향을 받아 형성되었다는 식의 가정은 적절하지 않다. 민주화가 진행되고 있는 최근 인도네시아의 상황은 국가적 정치 체계를 이슬람과 연결하는 것이 적절한지 고민해 볼 좋은 사례이다.[10]

이슬람을 국교로 인정하지 않지만 인구의 87퍼센트가 무슬림인 인도네시아는 세계 최대의 이슬람 국가이다. 1998년 독재 체제 와해 후 형식적 민주주의 체제가 확립되었다. 이러한 상황이 20년 남짓 지속되면서 절차적 민주주의에 더해 실질적인 민주주의 체제가 강화되는 모습이 나타났다. 선거를 통한 정권교체가 두 차례나 평화적으로 이루어졌고, 금권정치가 작동할지라도 정치 집단간 협의 과정이 활발하게 진행되었다. 실질적 민주주의에 대한 전망이 어느 때보다 밝아진 현재를 기계적으로 해석한다면, 인도네시아 사례가

---

10 인도네시아 정치상황과 관련해서는 Arjomand(2013)와 Buehler(2009)를 참조할 것.

이슬람과 민주주의의 양립 가능함을 뒷받침할 수 있다.

하지만 인도네시아 상황을 구체적으로 살펴보면 이런 해석의 부적절함을 확인할 수 있다. 지난 20여 년 동안 인도네시아 민주화를 추동한 집단이 민족주의적 성격의 정당이었기 때문이다. 이 정당의 주요 구성원은 무슬림이지만 이들의 정치적 이념과 지향은 이슬람에 기반을 두고 있지 않다. 따라서 실질적 민주주의로의 전환을 이슬람과 직접 연결하는 작업은 적절하지 않다.

국가적 수준에서의 연구가 가진 단순화의 문제, 종교적 요인과 종교 외적 요인을 구분하기 힘든 한계 등을 극복할 방법 중 하나는 자발적 결사체 수준에서 나타나는 정치적 전통과 관행에 주목하는 것이다. 미시적 수준으로 관심을 돌릴 때, 우리는 이슬람 교리가 특정 집단의 운영 방식과 의사결정, 집단 내 권력과 권위의 분배, 집단 내 상호작용과 의사소통 양식, 집단 내 갈등해결에 어떻게 적용되고 있는가를 밝힐 수 있다. 이는 이슬람 교리에 내재한다고 주장되는 민주적 가치와 제도가 현실 세계에서 활용되는 과정을 이해하고, 이슬람과 민주주의의 관계에 대한 균형 잡힌 시각을 제공하는데 일조할 수 있다.

### 이슬람에 기반을 둔 종교·시민사회단체

이슬람권 지역의 공동체, 이슬람 정당이나 단체를 대상으로 한 연구는 많지 않다. 이는 미시적 연구에 집중하는 문화인류학자의 참여가 활발하게 이루어지지 않았기 때문이다. 인류학적 시각을 통해 우리는 규범적 차원에서 일상적 실천의 차원으로 관심을 전환할 수 있으며, 이슬람식 가치와 제도가 현실에서 어떻게 적용되는지에 주목할 수 있다.

이슬람 단체의 정치과정에 대한 연구는 인도의 '자마앗 이슬라미 힌디Jamaat-e-Islami Hindi'를 대상으로 이루어졌다.[11] 이 단체는 급진적 이슬람주의Islamism를 주창한 마우두디Mawdudi에 의해 설립되었고, 신정 정치에 기반을 둔 정치 체계 구축을 지향했다. 이로 인해 이 단체 회원은 선거 참여와 공공부문 진출을 거부하는 등 세속적 정치와 거리를 두었다.

마우두디 사망 후 변화가 일어났다. 이전까지 마우두디의 의견을 추인하는 역할을 담당했던 슈라가 제대로 작동하기 시작했다. 슈라의 구성원은 선거를 통해 선출된 위원으로 채워졌고, 슈라에서의 협의 결과가 단체의 결정으로 받아들여졌다. 슈라는 세속적 민주주의가 이슬람에 반하지 않는다는 해석을 제시했고, 인도의 현실 정치에 적극 참여할 것을 회원에게 요구했다. 슈라가 제대로 운영됨에 따라 자마앗 이슬라미는 인도에 있는 어떤 정당보다 민주적인 운영 체제를 확립할 수 있었고, 카스트, 지역, 가족과 같은 요인에 영향 받지 않는 인적 충원 체제를 구축할 수 있었다.

---

11 Ahmad(2009)

자마앗 이슬라미에서 이슬람에 기반을 둔 슈라는 일인 중심 체계와 민주적 체계 모두를 지원할 수 있었다. 이는 이슬람과 민주주의의 문제를 교리의 틀 내에서만 논의할 때 결과하는 한계를 명확하게 드러낸다. 이슬람식 제도가 현실에서 어떻게 적용되는가에 따라 전제적 체계와 민주적 체계 모두를 뒷받침하는 기초로 작동할 수 있음을 이 사례는 확인해주었다.

이슬람식 제도 운영에 외부의 정치적 환경 변화가 미친 영향을 파악할 수 있는 연구가 인도네시아에서 이루어졌다. 권위주의 정부가 와해된 후 수마뜨라Sumatra의 이슬람 단체에서도 권위주의가 축소하는 경향이 나타났다. 조직 운영과 활동 방향에 대한 치열한 논쟁, 상이한 이익과 시각에 대한 인정, 협의의 자세가 이들 단체에서 가시화되었다. 이러한 '민주주의적 습관habits of democracy'은 아래와 같이 정리될 수 있었다.[12]

> 평등 원칙에 기반을 두고 다양한 프로그램이 진행되었다. 이들 단체에서는 무슬림의 상호 신뢰에 기반을 둔 연대가 형성되었고, 공공의 목적을 위해 공동으로 행동할 수 있는 사회적 자본의 형성 능력이 갖추어졌다.

무슬림 여성을 지원하는 터키의 시민 단체에서도 유사한 상황이

---

**12** Collins(2004)

전개되었다.[13] 이 단체에서는 서로의 차이를 인정하고, 상충되는 의견을 협의를 통해 해결하려는 시도가 이루어졌다. 이 사례는 이슬람에 기반을 둔 시민 사회 운동이 민주적 가치를 구현하는 다원주의적 활동을 전개할 수 있음을 예시한다.

이슬람 정당 역시 외부 환경 변화에 맞추어 혁신을 추동하는 모습을 보였다.[14] 엘리트 남성 중심적이던 방글라데시의 이슬람 정당은 여성 유권자의 지지를 절실히 필요로 하는 상황에 처했다. 이에 남성과 여성의 동등한 지위, 나아가 이슬람 교리에서 여성이 남성보다 우등한 존재로 간주되고 있음을 강조하는 경향이 나타났다. 교육받지 못한 여성이 접근할 수 있도록 교리를 지역의 믿음 체계에 맞추어 재해석하려는 노력 역시 진행되었다. 이러한 과정을 거치며 가정으로 제한되었던 여성에게 적극적 사회참여의 역할이 부여되었다.

사회적 변화에 대한 이슬람 단체의 유연한 대응은 민주주의에 대한 무슬림의 대응 역시 가변적이고 역사적이며 상황적임을 시사한다. 오리엔탈리즘적 주장과 달리 민주주의에 대한 무슬림의 태도는 역사적 진공상태에 놓여 있지 않으며, 교리의 재해석과 일상적 실천을 통해 사회정치적 변화에 능동적으로 대응하는 행보를 취할 수 있다.

이러한 연구결과에도 불구하고 지역적 수준의 결사체나 공동체

---

**13** Kadioglu(2005)

**14** Shehabuddin(2008)

에서 전개되는 정치과정, 민주적 태도와 가치의 현실적 적용 과정에 주목한 연구는 광범위하게 이루어지지 않았다. 따라서 무함마디야의 민주적 전통을 검토하는 이 글은 이슬람식 가치가 민주적 가치로 전환되어 적용되는 방식, 이슬람 교리가 민주적 레토릭과 제도로 전환되는 과정, 이슬람 교리와 민주주의 원리가 경합, 충돌, 공존하는 방식에 대한 이해를 심화할 것이다. 이를 통해 이슬람과 민주주의의 관계에 대한 균형 잡힌 시각을 제시할 수 있을 것이다.

## 이슬람과 종교 권위: 전통 사회

이슬람과 민주주의의 관계에 대해 생각할 때 초점 맞추어야 할 또 다른 문제는 종교적 권위이다. 신이라는 절대적 존재가 있다면 신의 뜻을 더 잘 이해하고 신의 명령을 더 잘 따르는 무슬림이 신의 사랑과 은총을 더 많이 받을 것이다. 특별한 자질을 지녔다고 여겨지는 무슬림에게 대중적 신임과 존경이 부여될 때, 신과의 관계는 세속적 권위의 원천으로 작용하게 된다.

막스 베버Weber에 따르면 권위는 타인을 자발적으로 복종하게 만드는 힘이다. 원하는 것을 강제할 능력을 권력이라 할 때, 권위는 정당한 것으로 인정되는 권력이나 지배를 의미한다. 권위를 뒷받침하는 정당성의 성격에 따라 베버는 합리적-법적 권위, 전통적 권위,

카리스마적 권위를 구분했다. 종교적 권위의 경우 카리스마에 의해 뒷받침될 개연성이 높지만, 전통과 관습, 합리성과 법 역시 종교적 지배를 정당화할 수 있다.

베버의 권위 개념을 이슬람에 적용하기는 언뜻 단순해 보이지 않는다. 신과 인간을 매개하는 성직자가 교리 상 인정되지 않기 때문이다. 무슬림 모두가 신 앞에 동등하고, 공동체를 구성하는 동등한 구성원이며, 동일한 권리와 의무를 부여받았다고 여겨진다.

하지만 현실에서 모든 무슬림이 동등하게 취급되는 것은 아니다. 종교적으로 높이 평가되는 자질을 보유한 무슬림은 그렇지 않은 무슬림보다 신에 더욱 가까운 존재로 인정될 수 있다. 신과의 가까운 거리는 자발적 복종을 이끌어낼 종교적 권위의 원천으로 작동한다.

신과의 거리를 구분할 핵심 수단은 꾸란과 하디스이다. 시대적, 지역적, 분파적 다양성과 관계없이 모든 무슬림은 신의 말을 담고 있는 꾸란, 그리고 선지자 무함마드의 언행을 담고 있는 하디스가 차지하는 절대적인 위상을 인정했다. 그런데, 아랍어로 쓰인 꾸란과 하디스에 대한 이해도가 같을 수 없다. 따라서 아랍어 문법·어휘·의미론·수사에 대한 이해력, 경전의 내용을 현실에 맞게 해석할 능력 차이가 생기는 것은 불가피한 일이다.

경전을 읽고 해석할 능력을 혼자서 습득하기는 불가능했고, 이를 위해 종교를 가르치는 학교가 세워졌다. 이슬람권 사회에서 보통 개인에 의해 설립된 종교 학교는 근대식 교육이 도입되기 전까

지 일반인이 접근할 수 있는 거의 유일한 교육기관이었다.[15]

경전 해석에 필요한 아랍어 능력을 갖추기 위해서는 십여 년 이상의 교육이 요구되었다. 교육 방식은 과거 우리가 한자를 배우던 시절의 학습 방식과 비슷했다. 교육기관의 설립자로서 보통 울라마ulama라 불리는 선생이 아랍어 텍스트를 읽고 설명해주면 학생들이 따라하며 외우고자 노력했다. 주입식 교육에서 질문은 허용되지 않았고, 울라마가 말한 내용을 정확하게 암기하는 것이 목표였다. 선생과 다른 의견을 표현하거나 교육 내용을 중심으로 토론할 기회는 주어지지 않았다.

종교적 지식 습득이 반복적 암기를 통해서만 가능한 것으로 이해되었기에 학생들은 울라마의 교육을 일방적으로 수용했다. 따라서 유일한 지식 전수자로서 울라마의 권위는 절대적이었고, 학생들은 그에 대해 존경과 복종을 표현했다. 울라마는 때로 오류가 없는 존재로 비쳐졌고, 그의 말은 최종적인 것으로서 논의의 대상이 아니었다.

높은 명성을 지닌 울라마의 영향력은 학생뿐 아니라 주변 지역으로까지 확산되었다. 일반인이 울라마를 방문하여 존경을 표하고, 울라마가 일반인을 방문하여 은총을 베풂으로써 양자 간의 유대 관계가 지속되었다. 영향력이 큰 울라마는 일상적인 문제에 간여할 수 있어서, 마을의 갈등을 중재했고, 지역 정치에 개입했으며,

15 전통 이슬람 교육기관에 대해서는 Gilsnan(1982: 31-2), Hefner(2007: 4-7), Horikoshi(1976), Kumar(1985) 등을 참조할 것.

**그림 8** 전통적인 이슬람 교육 방식. 교습자가 경전을 읽고 학생이 이를 따라하는 방식을 취했다.

개인적 문제를 해결해주었다.

전통 사회에서 경전을 읽고 그 의미를 해석할 능력은 종교 권위를 획득하는 주요 경로였다. 여기에 더해 신비적이고 정신적인 힘 역시 중시되었다. 숨겨진 진리에 접근할 능력을 제공하는 이 힘은 신의 언어를 인간의 언어로 바꿀 또 다른 수단으로 간주되었다.

신비적 힘은 다양한 방식을 통해 획득된다고 믿어졌다. 금욕적 수련은 가장 보편적인 방식이었다. 선지자나 신비적 힘을 축적한 유명 종교 지도자와의 혈연 관계, 사제 관계 역시 중요했다. 신이 내린 축복을 통해서도 신비적 힘을 보유할 수 있었다.

개인이 획득한 신비적 힘은 초월적 능력으로 표현되었다. 그 소유자는 다른 사람과 비교할 수 없는 뛰어난 힘, 용기, 위엄, 기술, 아름다움, 지식을 지녔고, 나아가 기적을 행할 수도 있었다. 신비적 힘이 광범위하게 인정될 때, 북아프리카의 사례에서처럼 그 소유자는 성스러운 존재인 성인으로 간주되었다.[16]

> 알라의 대리자로서 이들은 세상의 모든 지식을 마스터했다. 이들은 다른 세계와의 관계를 중재하는 존재였다. […] 이들의 기적은 타인의 사고를 읽고, 미래를 점치고, 숨겨진 비밀을 드러내는 것과 같은 비범한 지식의 형태로 표출되었다.

---

16 Cornell(1998: 272)

**그림 9** 인도네시아에서 성인으로 추앙받은 수난 구농 자띠Sunan Gunung Jati의 묘에서 은총을 구하는 무슬림

절대적 종교 권위에 바탕을 둔 종교 지도자가 존재했음은 이슬람에서 원론적으로 거론하는 평등성이 일상에서 쉽게 적용될 수 없음을 시사한다. 신에 의해 선택되었고, 신에 더 가까운, 나아가 신의 대리인으로 인정되는 종교 지도자와 일반 무슬림 사이에는 뛰어넘을 수 없는 간극이 존재했다.

전통 사회에서 당연시되었던 종교 지도자와 일반인 사이의 간극은 근대 사회의 도래와 함께 변화의 흐름 속에 놓이게 되었다. 새로운 사회문화적 조건에서 전통 사회와는 차별적인 종교 지도자의 출현 가능성이 높아졌다.

### 이슬람과 종교 권위: 현대적 변화

근대 사회에 접어들어 종교적 권위의 성격 변화를 촉진한 요인은 대중 교육의 확산이다. 전통 교육과 달리 근대 교육에서는 교재의 암기에 더해 그것을 이해하고 적용할 수 있는 능력을 중시한다. 이를 종교 교육에 적용하면, 암기를 통해 소유될 수 있는 것으로 여겨졌던 종교 지식은 이해할 수 있는 글로 쓰여지고 그 의미가 해석되어야 하는 것으로 전환되었다. 경전의 번역은 이런 변화를 촉진했다. 아랍어로 쓰인 경전이 현지어로 번역되자 쉽게 접할 수 없던 경전의 내용을 이해할 수 있게 되었다. 오랜 기간 동안 배워야 다다를 수 있는 아랍어 능력을 갖추지 않아도 현지어를 구사한다면 경전의 내용에 접근할 수 있었다.

지식의 성격이 암기에서 이해로 전환되고, 다수가 경전에 접근할 수 있게 됨에 따라 종교에 대한 접근방식 역시 변화했다. 이를 설명할 개념 중 하나가 객관화objectification이다.[17] 즉, 종교를 있는 그대로 받아들이는 것이 아니라 종교를 상대화하고 대상화하여 바라볼 수 있게 된 것이다. "왜 특정한 종교를 믿어야 하는가? 종교가 왜 삶에 중요한가? 어떻게 종교를 믿어야 하는가?"와 같은 질문에 대해 고민할 기회가 더 많은 무슬림에게 주어짐에 따라 이슬람 교리를 재해석하고 이슬람식 가치를 일상의 삶에 적용하는 과정이 중시되었다. 이는 소수에 독점되었던 종교적 지식이 많은 무슬림에게 확대되었음을 의미한다.

종교적 객관화는 종교적 권위의 성격에도 영향을 미쳤다. 유명 종교 지도자와의 도제식 교육이나 신비적 힘을 보여줄 기적과 같은 요소보다 일상의 문제를 이슬람식으로 설명하고 해결할 능력, 그리고 교리의 실천 능력이 권위의 원천으로 부상할 수 있었다.

정보화 사회의 도래는 종교적 권위 형성에 새로운 차원을 부여했다. 이슬람을 다루는 수많은 홈페이지와 블로그가 만들어졌고 소셜미디어를 통해 이슬람과 관련된 정보가 대규모로 유통되었다. 이를 주도한 집단은 전통적 의미의 종교 지도자가 아닌 보통 무슬림이었다. 과거 특정한 자격을 갖춘 사람만이 이슬람 담론 형성에 참

---

**17** 종교적 객관화와 관련해서는 Eickelman(1978; 1992)을 참조할 것.

여했다면, 이제는 일반인들의 참여가 가능해졌다. 새로운 담론 형성의 장은 특정한 지역적 경계를 벗어나 초국가적 영역에서 이루어졌다. 이러한 변화는 이슬람식 담론 형성의 민주화를 뒷받침했고, 그에 비례하여 전통적 종교 지도자와 전문가의 독점적 위상은 위협받았다.

대중교육의 확대와 정보화는 새로운 종교적 환경을 요약하는 개념이다. 이를 포함한 다양한 근대적 변화와 세계화의 흐름이 이슬람 사회에 영향을 미쳤고, 전통적 의미의 종교 권위가 작동할 기반을 약화시켰다. 경전에 대한 이해에 기반하여 현실 상황과 현실 문제를 해석하고 그에 대한 대안을 제시할 능력, 이슬람의 가르침을 실천할 능력은 종교적 권위를 뒷받침할 요소로 부상했다.

종교적 권위의 성격 변화는 민주주의와 이슬람의 관계를 이해하는 데에 중요한 의미를 가진다. 종교 지도자와 일반 무슬림 사이에 넘을 수 없는 간극이 존재했던 과거와 달리 일반인 역시 새로운 성격의 종교적 권위에 접근할 잠재력을 부여받았다. 이러한 환경에서 어떠한 성격의 종교적 권위가 등장할 수 있고, 어떠한 자질이 이를 뒷받침하는지, 그리고 그것이 다원화된 현대 사회의 특징과 어떻게 연관될 수 있는지와 같은 질문은 이슬람 사회를 이해하기 위한 문제로 대두했다.

이런 질문에 대한 답을 모색하는 과정을 통해 이슬람과 민주주의의 관계에 대한 새로운 접근이 가능해진다. 종교적 권위를 축적할 기회가 더 많은 무슬림에게 열려 있고, 그것이 상대적 성격을 가진 것으로 이해될 때, 무슬림 사이의 관계는 과거와 다른 모습을 취하게 된다. 이 관계는 평등적이고 상대적인 성격의 것으로 이해될 수 있는데, 이러한 상황은 이슬람과 민주주의의 양립 (불)가능함이라는 테제를 새로운 각도에서 조망하도록 요구한다.

3

# 무함마디야의 탄생

아흐마드 다흐란

## 무함마디야의 회원

인도네시아 제2의 이슬람 단체라고는 하지만 무함마디야의 회원 규모를 특정하기는 쉽지 않다. 회원 등록을 하지 않는 경우가 많고, 회원 관리 역시 체계적이지 않기 때문이다. 이로 인해 다양한 추산치가 난무하며, 최대 추산치는 4,000만 명이다. 2010년경 처음 제시된 이 수치는 이전까지 통용되던 3,000만 명에서 1,000만 명을 일거에 올려버린 것인데, 그 배경을 들여다보면 쉽게 신뢰할 수 없음을 알 수 있다. 라이벌 단체 엔우가 회원수를 4,000만 명에서 5,000만 명으로 올리자 무함마디야 역시 3,000만 명을 4,000만 명으로 변경했던 것이다.

1940년대 초반에 만들어진 명부에 등록된 회원 수는 120여만 명이다. 이 명부의 회원 가운데 사망자가 많아 현재 회원 수는 이보다 적다. 따라서 등록 회원을 기준으로 할 때 무함마디야는 몇십만 정도의 회원을 거느린 보통의 종교 단체라 할 수 있다. 이런 문제를 해결하기 위해 추가된 표현이 무함마디야 '가족', '동조자', '지지자'이다. 이들은 무함마디야와 정서적 유대감을 가지고 그 활동에 참여하는 무슬림을 일컫는다. 그 의미가 시사하듯, 무함마디야 지지자는 명확하게 구분된 집단은 아니다. 지지자 규모를 최대로 설정하려 한다면 무함마디야 학교 졸업생, 나아가 졸업생의 가족까지도 이 범주에 포함할 수 있다.

무함마디야 지지자의 규모는 등록 회원인 몇십만 명과 최대치인

4,000만 명 사이 어딘가에 있다. 이를 구체화하기 위해 이용할 자료 중 하나는 2004년 대통령 선거 결과이다. 무함마디야 의장을 역임한 아민 라이스가 후보로 출마했고 무함마디야가 전력을 다해 선거운동을 했기 때문이다. 그의 득표는 지지자 규모를 어림잡을 단서를 제공해준다.

선거에서 아민 라이스는 1,700여만 표를 얻었다. 그의 득표 모두를 무작정 무함마디야와 연결 할 수는 없다. 거의 모든 유권자가 아민 라이스와 무함마디야 사이의 특수 관계를 알았지만, 당시 그에게는 민주화를 추동한 정치가로서의 이미지 역시 부가되었기 때문이다. 이를 고려하면 무함마디야 지지자는 1,700만보다 적은 규모로 추산할 수 있다.

하지만 선거에는 18세 이상 유권자만이 참여한다. 전체 인구의 33퍼센트가 19세 이하이기에 대선 득표에는 전체 인구의 3분의 1이 배제되어 있다. 무함마디야 지지자를 부모로 둔 아이의 상당수가 무함마디야에 친화적일 수밖에 없기에, 18세 이하 인구를 더할 경우 무함마디야 지지자 규모는 증가한다.

아민 라이스의 득표, 그리고 플러스와 마이너스 요인을 고려할 때 무함마디야 지지자 규모를 1,000만 명 이상으로 추정할 수 있다. 최대치를 정하기는 쉽지 않지만, 18세 이하 인구를 포함할 경우 2,000만 명 정도로 추정하는 것에 큰 무리가 있어 보이지 않는다.

인도네시아에서 가장 큰 대중적 영향력을 지닌 단체 중 하나인 무함마디야가 어떻게 출발해서 성장해왔고, 어떤 활동을 전개했으며, 어떤 원리에 기반을 두고 어떻게 운영되었는가를 밝히는 것이 이 글의 목표이다. 100년도 넘는 역사를 추동한 가장 중요한 요인은 종교적 믿음이지만, 조직 운영 방식과 활동 역시 무함마디야의 성장을 견인했다.

무함마디야는 인도네시아 전역에 하위 지부를 두고 있다. 행정단위에 맞추어 지부가 구축되었기에 중앙 본부를 정점으로 하여 주, 시도, 구군, 면동 지부가 설립되었다. 중앙 본부와 하위 지부 산하에는 종교 문제를 전담하는 위원회, 학교와 병원 운영을 담당하는 위원회와 같은 다수의 위원회가 설립되었다. 또한, 연령, 성, 활동에 맞추어 7개의 자치단체(여성, 젊은 여성, 청년, 대학생, 청소년, 전통무예, 스카우트)가 구성되었다.

2015년 현재 중앙 본부 산하에 34개의 주 지부, 515개의 시도 지부, 3,566개의 구군 지부, 1만 3,570개의 면 지부가 존재했다. 중앙 본부 산하에는 22개의 위원회가 있으며, 이들 중 상당수는 하위 지부에도 설치되었다. 또한, 7개의 자치단체 역시 최소 구군 지부까지 하위 지부를 구축했고, 산하 위원회를 두고 있다. 이는 전체가 어느 정도인가를 쉽게 가늠할 수 없을 정도로 많은 수의 하부 조직이 인도네시아 전역에 산재해 있음을 시사한다.

여기에 추가해야 할 조직은 교육, 보건 의료, 복지, 경제 기관이다. 아말 우사하amal usaha라고 불리는 이들 기관 역시 수만 개에 달할 정도로 그 수가 많다.

그림 10은 개괄적으로 만든 무함마디야의 조직도이다. 가장 위

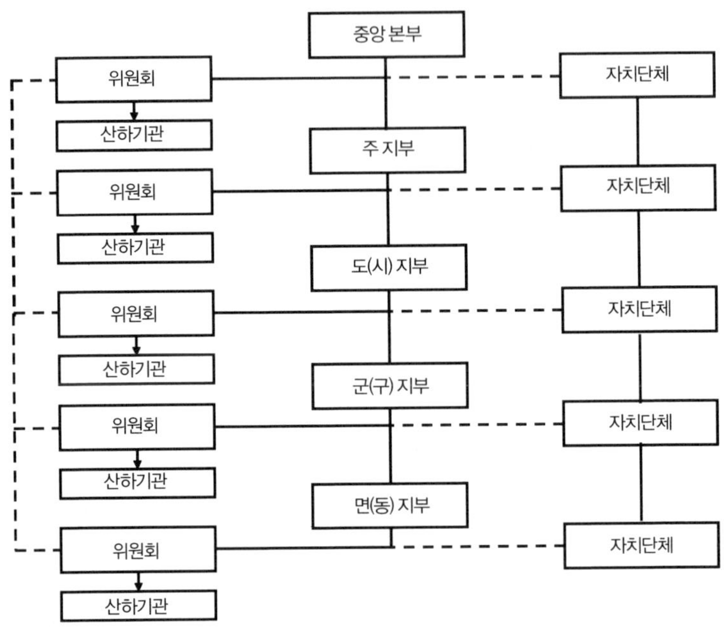


**그림 10 무함마디야 조직도**

쪽이 중앙 본부Pimpinan Pusat, 그 밑이 주 지부PWM이다. 중앙에 표시된 도 지부PDM 밑에는 군 지부Pimpinan Cabang와 면 지부Pimpinan Ranting가 있으며, 면 지부 밑에 일반 회원Anggota과 가족Warga이 위치한다. 중앙 본부와 하위 지부 산하에 각종 위원회가 있으며, 위원회를 통해 산하기관을 관리한다. 실선은 직접적 관리감독, 점선은 보조적 관리감독 관계를 의미한다.

무함마디야 중앙 본부는 족자와 자까르따 두 곳에 설치되어 있다. 수도인 자까르따로 중앙 본부를 단일화하자는 주장이 간헐적으로 제기되었지만, 단체의 탄생지로서의 족자의 의미, 족자라는 지역 자체의 중요성으로 인해 두 개의 중앙 본부 체계가 확립되었다. 중앙 본부 최고위 위원들이 족자와 자까르따에서 번갈아가며 회의해야 하는 번거로움에도 이원화된 체계가 유지된 배경은 아래 절에서 설명될 것이다.

## 무함마디야의 탄생지: 족자까르따

무함마디야가 출범한 족자는 인도네시아 자바섬 중부에 위치한다. 거의 1억 5,000만 명이 거주하는 자바섬에는 6개의 행정구역이 있다. 서부, 중부, 동부 자바주의 인구가 3~4,000만 명에 달하는 반면, 족자주의 인구는 350여만 명이다. 족자의 면적 역시 동부 자바의 15분의 1에 불과하다. 다른 주와의 차이는 족자의 공식 명칭에 투

**그림 11** 족자의 위치와 마따람 왕국의 궁전

영되어 있다. 족자의 공식 명칭인 '족자까르따 특별지역Daerah Istimewa Yogyakarta'에는 '특별'이라는 표현이 추가되어 있다.

족자의 특별함이 인정된 이유는 이곳이 이슬람 왕국 마따람Mataram의 수도이기 때문이다. 네덜란드 식민화 이전 마따람은 자바를 중심으로 인도네시아 전역에 영향력을 행사했으며, 네덜란드 식민지 치하에서도 자치령으로서 독립적 지위를 유지했다. 이러한 위상은 현재까지도 이어져서, 족자는 자바 전통, 나아가 인도네시아 전통을 응축적으로 표현하는 곳이라 여겨진다. 또한, 인도네시아에서 첫번째 대학이 설립된 곳으로서 사회적 담론 형성의 중심지로서의 역할을 유지해왔다.

마따람은 이슬람을 이념으로 세워진 왕국이었고, 국왕에게는 술탄이라는 명칭이 부여되었다. 그럼에도 마따람의 종교가 이슬람뿐이었다고 말할 수는 없다. 족자 술탄의 다른 명칭은 이를 보여준다. 족자 술탄은 '우주의 소유자'라는 의미를 갖는 '하믕꾸부워노Hamengkubuwana'라 불린다. 이는 인간 세계에 현신한 신이라는 힌두불교적 믿음에 기반을 둔 것으로써 신의 대리인 역할을 하는 술탄과 차이를 보인다. 마따람의 왕이 '술탄 하믕꾸부워노'라 불릴 수 있음은 이슬람뿐만 아니라 이슬람 이전의 종교전통인 힌두불교, 그리고 토착종교를 아우르는 혼합적 성격의 종교가 주도적이었음을 시사한다.[1]

---

1 자바의 전통 종교와 마따람 술탄에 관해서는 Geertz(1968), Moertono(1963), Selosoemardjan (1962) 등을 참조할 것.

16세기 후반에 세워진 마따람은 17세기에 황금기를 맞이했다. 하지만 18세기에 접어 들어 네덜란드와 대립하면서 약화되었고, 곧이어 족자와 솔로Solo 왕국으로 분할되었다. 19세기 초 네덜란드의 직접 통치가 시작되자 마따람의 영향력은 족자와 솔로 인근을 명목상으로 통치하는 수준으로 축소되었다.

네덜란드는 원주민의 토지와 노동력을 강제 동원하여 사탕수수, 담배, 커피 등을 경작하며 수탈을 본격화했다. 토착민을 대상으로 한 억압 정책은 19세기 후반에 접어들어 조금씩 변화했다. 가혹한 식민 통치에 대한 비판이 본국에서 제기되었고 효율적인 식민지 경영을 위해 값싼 현지 노동력을 동원할 필요성 역시 높아졌다. 토착민을 대상으로 한 대중교육 기회가 확대되었고, 토착민의 사회정치적 활동을 제한적으로나마 용인하는 '윤리정책'이 시행되었다. 이로 인해 20세기 초 인도네시아 사회는 과거에 경험하지 못한 역동성이 분출하는 새로운 시대에 진입했다.

새로운 환경에서 변혁을 주도한 인물 중 한 명이 아흐마드 다흐란Ahmad Dahlan이었다. 그는 민족주의나 공산주의가 아닌 이슬람을 변혁의 씨앗으로 선택했고 그의 투쟁은 무함마디야를 통해 구체화되었다.

## 아흐마드 다흐란: 전통에서의 탈피

다흐란은 1868년 마따람 왕궁 인근의 까움안Kauman에서 태어났다.[2] 까움안이라는 명칭 그리고 그곳에 세워진 '마스지드그데Masjid Gedhe'는 이 지역의 성격을 요약적으로 보여준다.

자바어로 '까움'은 이슬람과 관련된 일을 전담하는 인물을 일컫는다. 까움은 일반인보다 높은 종교적 이해도와 아랍어 독경 능력에 기반을 두고 통과의례를 포함한 종교 관련 일을 전담했다. '까움안'은 까움의 거주지를 의미하는데, 왕궁 옆이라는 위치 그리고 왕국의 모스크인 '마스지드그데'가 세워져 있다는 사실은 이곳에 거주하는 까움의 차별성을 드러냈다. 이곳의 까움은 개인이나 마을이 아닌 왕국의 종교 문제를 담당하는 관료였다.

다흐란은 까움의 가정에서 태어났다. 그는 어려서부터 이슬람과 관련된 공부를 했고, 성인이 된 후 아버지의 자리를 이어받으리라 기대되었다. 식민지 지배를 받았지만 마따람 왕국의 영향력은 족자 내에 강하게 남아 있었고, 자바인을 대상으로 문화적 지배력을 행사했다. 이런 조건에서 왕국의 중간 관료인 까움은 사회문화적 지위를 보장해주는 자리였다. 다흐란이 전통에 따라 살아가기로 마음먹었다면 무함마디야로 대표되는 개혁적 종교운동은 인도네시아에 뿌리를 내리기 어려웠을 것이다.

---

2 다흐란에 대한 전기적 서술에는 Hadjid (n.d.), Junus(1968), Mulkhan(1990), Solichin(1963), Yusron(1990) 등이 있음.

**그림 12** 까움안에 있는 마따람 왕궁의 모스크(마스지드그데)

전통을 지키는 임무를 부여받은 까움안에서 성장한 다흐란이 전통에서 벗어나 새로운 종교운동을 시작할 수 있었던 데에는 중동에서의 유학 경험이 중요한 역할을 했다. 마따람 왕국의 까움에게 중동은 낯선 지역이 아니었다. 중동에서 습득한 아랍어 독경 능력과 이슬람 경전에 대한 지식은 종교 담당 관료로서 반드시 갖추어야 할 덕목이었다. 메카Mecca로의 순례는 하지hajj라는 명칭 사용을 가능하게 함으로써 높은 지위를 보장했다. 이로 인해 19세기 중반에 접어 들면 매년 수천 명의 인도네시아 사람이 중동으로 유학이나 순례 길에 올랐고, 귀국 후에는 종교 지도자로서의 위상을 보장받았다.

중동으로 간 다흐란은 전통과 차별적인 종교적 흐름에 빠져들었다. 이집트를 중심으로 확산하던 개혁주의reformism에 관심을 갖게 된 것이다. 그가 어떤 경로로 개혁주의를 접했는지는 명확하지 않다. 개혁주의를 소개하는 출판물, 개혁주의를 신봉하는 인물과의 만남을 통해 이를 받아들였으리라 추정할 뿐이다. 2년 남짓한 중동 체류를 마치고 인도네시아로 돌아왔을 때 그는 종교적으로 완전히 다른 사람이 되어 있었다. 그는 마따람 왕국의 까움에 임명되었지만 왕국의 전통을 지키는 까움이라는 옷은 더 이상 그의 종교적 이상을 담아낼 수 없었다.

## 다흐란의 개혁주의: 예배 방향의 수정

다흐란의 사상을 글로 정리한 자료는 많지 않다. 그가 직접 쓴 자료의 존재 여부는 오랫동안 논란거리였으며, 그가 작성했다고 하는 자료 역시 짧은 메모 수준의 글일 뿐이다. 그의 사상을 정리한 자료가 부족한 것은 무함마디야 활동가들이 그의 말을 문자화하는 데에 소극적이었기 때문이었다. 그가 사망하고 삼십여 년이 지난 후에야 그의 전기가 처음 출판될 정도였다. 다흐란의 사상을 체계화한 자료가 부족했기 때문에 그의 종교관은 이야기 형식으로 전승되었다. 그 중 그의 새로운 종교해석을 함축적으로 드러내는 것이 예배 방향이다.

예배는 무슬림의 의무이다. 예배 시 무슬림은 사우디아라비아 메카 모스크에 있는 정방형의 건축물, 즉 카바kaaba를 향해야 한다. 이 규칙은 세계 모든 지역의 무슬림에게 적용되며 이슬람의 통일성과 보편성을 상징한다.

마따람 궁전 옆 까움안에는 왕국의 모스크가 세워져 있다. 모스크에 들어간 사람은 보통 정면을 향해 예배하는데, 까움안 모스크가 서향으로 건축되었기에 예배 방향 역시 서쪽을 향한다. 족자는 적도 아래 남위 7도 상에 위치한다. 이는 서쪽을 향해 예배할 경우 그 방향이 메카 쪽을 향할 수 없음을 의미한다. 모스크가 메카를 향해 건립되지 않은 이유는 마따람 왕국의 수도를 건축하는 데 적용된 원리 때문이었다.

**그림 13** 화산과 인도양을 남북 축으로 하여 설계된 마따람의 수도 배치

캄보디아에 있는 앙코르와트Angkor Wat, 중부 자바에 있는 보로부두르Borobudur 유적이 그러하듯, 중세 동남아 사원은 동서남북의 방위에 맞추어 건립되었다. 이는 힌두불교적 세계관에 기반을 둔 것으로써, 동서남북을 지키는 수호신이 불법을 통해 사원을 보호했다.

마따람 왕궁은 힌두불교적 원리에 기반을 두고 세워졌다. 네 방위 중 특히 남북을 잇는 방위가 중시되어서, 족자 북쪽의 머라삐Merapi 화산, 궁전과 머라삐를 일직선으로 잇는 곳에 세워진 돌기둥Tugu, 궁전의 건축물, 궁전 남쪽의 정방형 건축물Panggung Krapyak이 남북으로 일직선을 이루도록 건축되었다. 이러한 양식에 따를 때, 궁전의 부속건물인 모스크 역시 메카가 아닌 서향으로 건립될 수밖에 없었다. 이는 그곳에서 예배하는 무슬림이 이슬람 교리에 부합하지 않는 방식을 취했음을 의미했다.

메카를 향해 기도해야 한다는 교리는 잘 알려져 있었다. 서양식 지도에 익숙한 사람 역시 적지 않았다. 따라서 기도 방향이 잘못되었음을 인식한 무슬림이 있었을 것이지만, 아무도 이를 문제 삼지 않았다. 왕국의 모스크는 술탄에 의해 건립된 것이며, 술탄의 전통을 그 무엇보다 우선시해야 한다는 생각이 확고했기 때문이다. 이로 인해 족자, 나아가 자바에 건립된 대다수의 모스크는 메카가 아닌 서향으로 지어졌다. 이러한 전통은 지금까지도 이어져오고 있다.

중동에서 돌아온 다흐란은 예배 방향에 대해 고심했다. 그가 택한 첫 방법은 모스크 바닥에 사선을 긋는 것이었다. 모스크 정면이

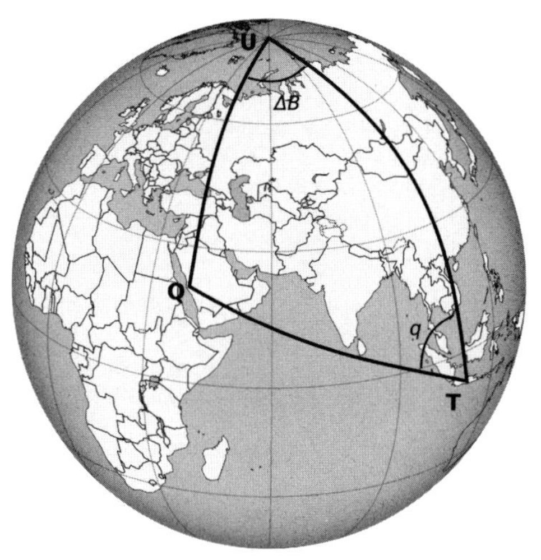


**그림 14** 쪽자와 메카의 방위도. 서향이 아닌 서북쪽을 향해야 기도 방향이 메카의 카바를 향할 수 있다.

아닌 사선에 맞추어 예배를 하면, 그 방향이 서쪽이 아닌 메카 쪽으로 향해질 수 있음에 착안한 방식이었다. 이처럼 절충안을 통해 문제를 해결해보려 했지만 그의 시도는 다른 종교 관리에 의해 받아들여지지 않았다. 그들은 다흐란이 바닥에 그은 사선을 지워버렸다.

첫번째 시도가 실패했지만 다흐란은 굴하지 않았다. 곧이어 그는 개인 예배당을 메카를 향하도록 건축했다. 이를 알게 된 왕국의 관리들은 격분했고, 그 예배당을 파괴했다. 이는 그에게 커다란 충격을 주었던 것 같다. 파괴된 예배당을 본 후 그는 족자를 떠나고자 기차역으로 향했지만, 그를 쫓아간 주변의 만류로 그 뜻을 접었다.

예배 방향과 관련된 일화는 다흐란의 개혁주의적 사상을 전형적으로 예시했다. 그는 전통이라는 이름으로 행하지만 이슬람 교리에 어긋나는 관행, 후대의 무슬림에 의해 새로 추가된 관행을 꾸란과 하디스에 기초하여 바로잡으려 했다.

이 일화가 시사하듯, 마따람 왕국의 종교 관행은 이슬람과 이슬람 이전의 종교 전통이 혼합된 기초 위에 만들어졌다. 이로 인해 다흐란의 개혁주의적 시각은 당시 존재하던 거의 모든 종교적 믿음과 관습을 대상으로 하여 진행되었다. 그의 노력은 기존의 종교적 체계와 권위에 대한 도전이었고, 전통을 지지하는 무슬림의 강한 반발을 초래했다.

**그림 15** 다흐란이 세운 예배당의 실내 모습. 예배 방향이 메카 쪽으로 향할 수 있도록 바닥의 매트를 사선으로 깔아 놓았다.

## 다흐란의 근대주의: 학교

다흐란은 경전에 부합하지 않는 종교적 관행과 믿음을 개혁하고자 했다. 이와 유사한 사상은 개혁주의 이전에도 중동에 존재했다. 18세기에 활동한 와합Wahhab이라는 사람의 이름에서 유래한 '와하비즘Wahhabism' 역시 경전의 내용에 의존하여 기존 관행을 재평가하고 비이슬람적인 요소를 제거하려 했다.

와하비즘이 유명세를 탄 이유는 급진적인 실행 방식 때문이었다. 예를 들어, 이슬람 지도자의 묘지 방문을 비이슬람적이라 규정한 와합은 묘지를 파괴해서 이 관행을 근절하려 했다. 이러한 급진적 행동으로 인해 와하비즘은 주류 이슬람의 공격을 받았고, 사우디아라비아를 중심으로 제한적으로만 수용되었다.

와하비즘과 다흐란의 개혁주의는 경전에 근거를 두지 않는 관행에 반대한다는 공통점을 지녔다. 그럼에도 개혁주의가 와하비즘으로 귀착되지 않은 데에는 근대적 변화에 대한 호의적인 태도가 중요한 역할을 했다. 이로 인해 개혁주의는 근대주의modernism라고도 불렸다.

개혁주의자들이 이슬람 개혁을 지지한 이유 중 하나는 근대적 변화를 쫓아가기 위함이었다. 이들은 이슬람 사회의 후진성을 종교에서 찾았다. 이슬람의 가르침을 제대로 실천하지 못한 탓에 무슬림이 서구의 지배에 놓이게 되었다는 것이다. 이들은 서구의 발전을 쫓아가기 위해서는 경전으로 되돌아가 이슬람의 가르침을 있는 그대로 실천해야 한다고 주장했다. 이런 태도로 인해 이들은 근대적 변화에 호의적이었다.

다흐란의 개혁주의 역시 근대주의를 내포했다. 그는 근대적 제도를 이슬람식으로 변용함으로써 서구의 진보를 좇아갈 기틀을 마련할 수 있다고 믿었다. 이런 태도는 전통 이슬람 지도자들한텐 완전히 배척되었다. 그리스도교가 지배하는 서양에서 출현했다는 이유로 이들은 서구적인 것에 반감을 표하며 서구적 제도를 거부했다.

다흐란의 근대주의는 교육과 관련된 두 차원을 통해 설명될 수 있다. 첫번째는 제도적, 외형적 차원이다. 그는 서구식 제도가 효과적인 교육을 가능하게 한다고 생각했고 서구식 방식을 차용한 학교를 자기 집에 설립했다. 칠판, 책상, 의자 등이 구비되었고, 학생들은 공책과 필기도구를 이용했다.

서구식 교육 시설은 주변의 강한 반발을 불러왔다. 다흐란은 그리스도교 지도자이며, 다흐란의 학교는 이교도 학교라고 비판되었으며, 학생들은 이웃으로부터 조롱과 비난에 시달려야 했다. 전통이 강하게 유지된 까움안에서 그가 착용한 서양식 복장 역시 문제시되었다. 그가 자주 입은 서양식 재킷과 안경은 그를 식민 지배에 호의적이며 이슬람 전통에 반하는 인물로 비쳐지게 했다.

다흐란의 또 다른 혁신은 교육 내용과 방식이었다. 그는 종교만을 가르치던 전통 교육에 반대하며 종교와 비종교 분야가 함께 교육되어야 한다고 주장했다. 그가 설립한 학교에서는 종교뿐만 아니라, 언어, 수학, 과학과 같은 과목이 동시에 교육되었다. 이는 근대

**그림 16** 다흐란의 초상화. 안경과 서구식 재킷은 근대적 변화에 호의적인 경향을 상징했다.

사회의 변화를 쫓아가기 위해서는 종교 이외의 과목 역시 필수적이며, 이슬람 교육이 세속 과목 교육과 모순되지 않는다는 신념에 기반을 두고 있었다.

교육 방식 역시 전통 이슬람 교육과 달랐다. 전통 교육에서는 경전의 암기가 중시되었다. 반면 다흐란은 경전의 이해에 강조점을 두어서, 경전의 내용을 가르치고, 한 발 더 나아가 경전의 현실 적용을 중시했다.

인도네시아에서 서구식 교육은 19세기 후반에 시작되었다. 식민지에서 특권을 누리던 집단에게 교육 기회가 처음 주어졌고, 이후 중산층으로 확대되었다. 서구식 교육은 세속주의에 기반을 두어서 종교만을 가르치던 전통 교육기관과 명확하게 구분되었다. 이러한 상황에서 다흐란의 학교는 둘 사이의 간극을 메울 수 있었다. 서구적인 것에 반감을 가졌지만 근대 교육의 필요성을 절감하던 사람, 서구 교육의 세속적 성격에 만족하지 못하던 사람 모두에게 다흐란의 교육은 새로운 기회로 받아들여졌다.

근대적 변화에 대한 호의적 태도는 교리 해석에도 영향을 미쳤다. 다흐란은 경전의 내용을 문자 그대로 이해하는 것이 아니라 역사적이고 현실적인 상황에 맞추어 재해석해야 한다고 주장했다. 이로 인해 와하비즘과 기본적 인식을 공유함에도 다흐란의 개혁주의는 형식적 차원을 강조하는 방향으로 나아가지 않았고, 현실에 대한 유연하고 개방적인 태도를 유지할 수 있었다.

## 다흐란의 사상적 지향: 실천

중동의 이슬람 학자들이 처음 주창한 개혁주의는 경전으로의 회귀, 근대적 변화의 수용, 이슬람 사회의 후진성 극복과 같은 측면을 강조했고, 이는 다흐란에게 직접적이고 강력한 영향을 미쳤다. 이와 동시에 개혁주의 일반과 다흐란의 사상을 구분해줄 요소 역시 존재했다. 실천에 대한 강조가 그것이다.[3]

이슬람 학자와 달리 다흐란은 교리의 실천을 종교적 삶의 핵심으로 간주했다. 학교를 직접 세우고 운영한 것, 무함마디야를 창립한 것, 셀 수 없을 정도로 많은 선교 활동을 펼친 것 등은 그의 실천 중심적 시각을 드러냈다. 그의 사상을 요약적으로 보여주는 일화는 꾸란의 107장인 알마운[al-Maun]과 관련되었다. 이 장은 7개 구절로 이루어져 있으며, 무슬림의 위선적인 삶을 비판하고 있다.

내세를 부정하는 자를 그대는 알았느뇨
그는 고아를 학대하고
불쌍한 자에게 음식을 제공하지 아니한 자이니
위선적인 기도를 행하는 자들에게 재앙이 있을 것이라
이들은 그들의 기도생활을 태만히 하면서
남에게 보이기 위해 위선적으로 기도하는 자들로

---

3 다흐란 사상에 있어 실천이 차지하는 중요성에 관해서는 Kim(2010)을 참조할 것.

필요로 하는 사람들에게 인색한 자들이다.

다흐란이 한동안 알마운만을 반복해서 가르친 적이 있었다. 이에 한 학생이 새로운 내용을 가르쳐주지 않는 이유를 묻자, 다흐란은 알마운을 진정으로 이해했는지 반문했다. 완전히 암기할 정도로 이 구절을 공부했다는 답을 들은 후 다흐란은 그것을 실천했는지 물었다. 그 학생은 이 구절을 예배 과정에서 수차례 암송했다고 답했다. 학습한 내용을 종교 활동에 활용함으로써 실천의 단계로 나아갔다는 것이다. 대답을 들은 다흐란은 아래와 같이 훈계했다.[4]

실천에 옮긴다는 것은 현실에서 행동하는 것을 의미합니다! 내가 보기에 여러분은 아직까지 알마운을 실천하지 못했습니다. 오늘부터 거리로 나가 가난한 사람을 찾아봅시다. 만났다면, 집으로 데려와 좋은 비누로 목욕하게 해주고 깨끗한 옷과 음식을 주십시오. 그리고 여러분의 집에 머물 장소를 제공하십시오. 여기에서 오늘의 수업을 끝낼 테니 알마운의 내용을 실천하십시오.

다흐란에게 있어 이슬람 교리는 암기되고 해석되어야 할 뿐만 아니라 현실에서 실천되어야 했다. 실천은 종교적 영역만이 아니라 비종교적 영역, 즉 일상의 삶 속에서 이루어져야 했다.

---

4 Junus(1968: 57)

학생들에게 요구한 것처럼 다흐란은 종교적 가르침을 실천하고자 노력했다. 학교 운영이 어려워지자 집안의 가재도구를 팔아 그 비용을 충당했고, 자기 집을 학교 부지로 기증했다. 약자에 대한 관심과 사랑 역시 특별해서 길에서 우연히 마주친 거지를 집에 데려와 자립할 수 있을 때까지 돌봐주는 정성을 기울였다.

실천에 대한 강조는 교리 해석에 있어서 맥락성과 유연성을 유지할 수 있게 했다. 현실에 맞게 경전의 내용을 이해해야 한다는 측면이 강조됨으로써 문자 그대로의 형식적 해석이 득세할 환경이 형성되지 않았다.

실천은 다흐란 사상의 확산에도 중요한 역할을 했다. 그의 헌신적이고 자기희생적인 행동, 그 과정에서 표현되는 용기와 단호함은 존경을 받았고, 대중적 공감대를 이끌어 낼 수 있었다. 이러한 다흐란의 실천을 이해하기 위해서는 자바의 사회문화적 특성이 고려되어야 한다. 그의 행동이 어떻게 비추어지고 받아들여졌는지가 까움안, 나아가 족자와 불가분의 관계를 가지고 있었기 때문이다.

## 다흐란의 실천 방식: 책임감과 용기

인도네시아어를 처음 배웠을 때 내가 기억하는 단어 중 하나는 '버르땅궁자왑bertanggungjawab'이다. 16개 음소, 5개 음절로 구성된 이 어휘는 교재 앞쪽에 배치되어 있었다. 새로운 언어를 접했기에 한두 음절의 단어조차 외우기 힘들던 초기에 이렇게 긴 단어를 만나자 궁금증이 생겼다.

여기에 대해 물었을 때 선생님이 했던 답변을 잊을 수 없다. 이 단어는 "책임 있게 행동하다"를 의미하는데, 인도네시아 사람에게 이런 태도가 부족해서 이 단어를 교재 초반부에 넣었다는 것이다. 인도네시아 상황을 모르던 내게 이 대답은 황당 그 자체였다. 지극히 부정적인 속성을 인도네시아 사람에게 부여하고 있었기 때문이다. 그 선생님이 인도네시아 사람이 아니었다면 그를 인종주의자로 낙인찍으며 비난할 수 있을 정도였다.

인도네시아 사람에 대해 어느 정도 알게 되면서 이 단어에 대해 생각하지 않을 수 없었다. 어떤 이유에서인지 이 단어의 적절성을 느끼는 경우가 간간히 있었기 때문이다. 책임감이 적은 사람은 어디에나 존재한다. 이런 사람이 인도네시아에 더 많은지는 판단하기 불가능하다. 그럼에도 이 단어가 의미 있었던 이유는 책임감 없는 사람에 대한 주변의 태도 때문이었다. 책임감 없는 행동에 대해 인도네시아 사람은 부정적 평가를 내리기보다는 그 상황을 이해하려는 태도를 먼저 취했다. 이런 모습은 자기 자신의 상황을 반영한 것일 수 있다. 책임지지 못할 행동을 할 가능성이 있기에 그에 대해 관용적인 평가를 한다는 것이다.

갑자기 이 이야기를 꺼낸 이유는 다흐란의 실천을 맥락적으로 이해하기 위해서이다. 책임지지 않는 사람에 대한 부정적 평가가 강하게 가해지지 않는 사회에서 누군가 자신의 언행에 책임지려는 태도를 보일 때 이는 중요한 의미를 전달할 수 있다.

앞에서 살펴본 다흐란의 일화에는 자신의 언행에 책임지려는 태도가 드러나 있다. 다흐란의 동시대인은 이에 서로 다른 반응을 보였다. 어떤 사람들은 그의 행동을 확립된 전통을 거부하는 것으로 여겼다. 그는 그리스도교 지도자와 같다는 지극히 부정적인 평가를 받았다. 그런가 하면 비판에 굴하지 않고 실천을 계속하자 전혀 다른 평가를 받았다. 자신의 말에 책임지는, 일반인이 범접할 수 없는 자질을 가진 인물로 평가되었다.

다흐란의 행동이 자바 사람에 의해 쉽게 상상할 수 없는 방식으로 표현되었을 때 그에 대한 평가는 더욱 호의적으로 변할 수 있다. 그의 일화에는 과감하고 파격적이어서 무모하리라고 여겨질 행동이 포함되어 있는데, 그 대상은 족자의 술탄이었다.[5]

> 다흐란은 천문학적 계산과 관찰을 통해 계산한 금식월의 마지막 날이 술탄이 공포한 날보다 하루 빠르다는 사실을 알게 되었다. 이는 자바 사람이 이슬람의 가르침에 부합하지 않는 방식으로 금식을 행하고 있음을 의미했다. 오랫동안 고심한 후, 그는 늦은 밤 궁정으로 가서 술탄과의 알현을 요청했다. 그는 궁전의 중급 관료에 불과했다. 하지만 그의 일탈적 행동이 내포한 사안의 시급성과 중요성이 궁정의 관리를 움직였고 그는 술탄을 대면할 수 있었다. 다흐란은 자신의 견

5 Arifin(1987: 93–101)

해를 술탄에게 전했고, 술탄은 다음과 같은 결정을 내렸다. "너는 네 계산에 맞추어 금식월을 종료해라. 하지만, 족자 사람은 전통에 따라 금식을 끝마칠 것이다."

이 일화를 이해하기 위해서는 20세기 초반 술탄의 위상과 왕국의 정치에서 종교 의례가 가진 역할을 알아보아야 한다. 앞서 지적한 것처럼 술탄은 힌두불교적 세계관에 따라 우주의 소유자였고 이슬람적 세계관에 따라 신의 대리인이었다. 이러한 개념에 기초하여 그는 절대적인 정치적·종교적 권위를 행사했고, 일반인은 그에 대해 거의 무조건적으로 복종했다.

마타람 왕국에서 종교의례는 우주의 중심인 술탄의 위상이 확인되는 자리였다. 이러한 의례가 효력을 얻고 정당성을 확보하기 위해서는 전통에 따라 진행되어야 했다. 따라서 의례의 과정, 음식, 의복 등 모든 측면에는 준수되어야 하는 엄격한 절차가 존재했고 그것에 맞추어 의례가 수행되었다.

술탄의 위상과 의례의 중요성을 고려해 볼 때 다흐란의 행동은 지극히 무모하고 극단적인 것이었다. 금식월 종료일 변경을 요청함으로써 그는 술탄에 대한 무조건적 복종이라는 규범을 위반했다. 왕국이 기반하고 있는 의례 과정을 문제 삼음으로써, 그는 전통에 기반을 둔 왕국의 정당성에 대해 의문을 제기했다. 이러한 무모한 행동은 자신의 신념을 실천하려는 의지가 얼마나 강력했는지를 보여준다.

**그림 17** 족자 술탄을 알현하는 의식Ngabekten Kakung. 술탄에 대한 복종의 표현으로 신하는 무릎을 꿇고 낮은 자세로 다가가야 한다.

다호란의 전기에서는 이 일화를 통해 그의 불굴의 의지가 강조되었다. "다호란의 의지가 얼마나 굳고 용감했는지가 이 사건을 통해 드러났다." 무함마디야 연구자 피콕Peacock은 이와 결이 다른 해석을 제시했다.[6] 다호란이 극도로 예의를 갖춰 술탄을 알현했음을 지적한 후 그는 다호란의 투쟁을 기존 체계 안에서 진행된 온건한 성격의 것으로 규정했다. 이를 뒷받침하기 위해 피콕은 다호란을 루터Luther와 비교했다. 루터는 면죄부를 비판하는 문서를 전격 발표함으로써 공개적이고 직설적으로 권위에 도전했고, 파문이라는 결과를 초래했다. 반면 다호란은 기존 체제를 전면적으로 비판하지 않았고 술탄으로부터 인정받으려는 소극적인 행보를 펼쳤다.

다호란의 행위를 이해하기 위해서는 당시의 상황이 다시 한 번 강조되어야 한다. 술탄의 절대적 권위와 그에 대한 절대적 복종이라는 규범을 고려할 때, 다호란의 행동은 부드러워 보이지만 실상 자신의 생명을 내던진 행위였다. 그의 행동은 조용하게 이루어졌지만, '혁명적'이라고 규정될 정도로 극단적인 성격을 띠었다. 이런 이유로 전기의 작가는 그를 혁명가로 묘사했다.

자신의 신념을 주저하지 않고 실천한 다호란은 특별한 존재로 비추어졌다. 그에 대한 놀라움은 경외감과 존경으로 전환되었고, 그의 신념에 공감하는 지지자를 증가시킬 수 있었다. 까움안을 중심으로 그와 혈연 및 이웃 관계로 연결된 열렬한 지지자 집단이 형성

6 Peacock(1978: 34–38)

되었다. 이 중 가장 핵심적인 집단은 그에게서 직접 교육을 받은 젊은이들이었고, 이들과 함께 형성한 집단적 힘은 무함마디야의 설립을 결과했다.

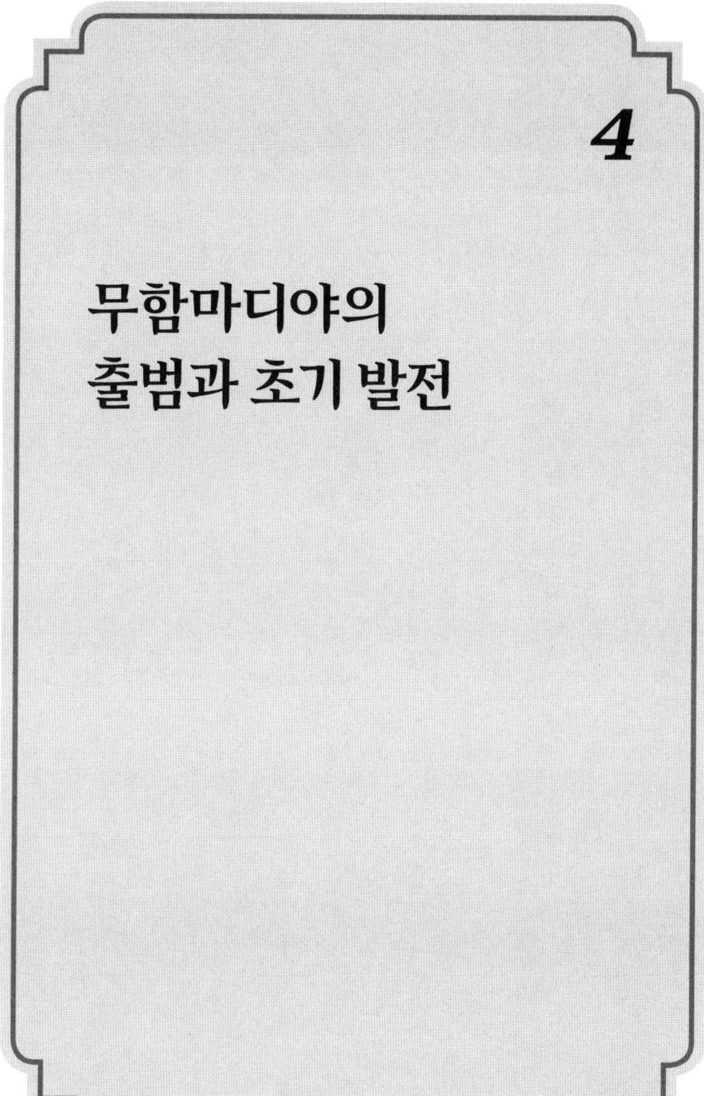

# 4

# 무함마디야의 출범과 초기 발전

## 20세기 초 다흐란의 행보

20세기 초 인도네시아에서는 근대적 성격의 사회정치적 단체가 다수 출현했다. 민족주의, 계몽주의, 사회주의, 이슬람은 이들을 결집한 이념이었다. 가장 먼저 결성된 단체 중 하나는 토착민을 대상으로 교육확대를 주장한 부디 우또모Budi Utomo였다. 젊은 의사들을 중심으로 처음 결성된 이 단체의 주요 회원은 공무원과 지식인이었고, 강한 계몽주의적 성향을 바탕으로 학교 설립에 주력했다.

대중조직으로 급성장한 단체는 1912년에 설립된 '사레깟 이슬람Sarekat Islam, 이하 SI'이었다. SI는 1905년에 설립된 '사레깟 다강 이슬람Sarekat Dagang Islam'을 확대 개편한 단체였고, 이후 식민지에서 가장 영향력 있는 정치 단체로 성장했다.

'사레깟 다강 이슬람'에서 '다강dagang'은 상업을 일컫는다. 이 단체가 설립된 솔로Solo는 바띡batik 산업이 발달한 곳이었다. 중국 상인의 영향력 확대에 위협을 느끼던 바띡 제작자와 사업가가 단체의 중추를 구성했다. 단체명에 상인뿐 아니라 이슬람이 추가된 이유는 토착민을 무슬림과 동일시하는 인식 때문이었다. '다강 이슬람'은 민족주의적 성향을 드러내는 표현이었다.

SI로 개편되면서 상인이라는 표현이 삭제되었다. 이를 통해 SI는 모든 인도네시아 사람을 활동 대상으로 하고 있음을 천명했다. SI는 이슬람의 중요성을 부각했는데, 이는 단체를 주도한 지도자 쪼끄로아미노또Cokroaminoto를 통해 확인될 수 있다. 그는 이슬람에 대

그림 18 족자에서 열린 부디 우또모의 첫 총회

해 깊은 조예를 가지고 있었고, 대중적 힘을 결집할 이슬람의 잠재력을 인지했다. 그렇다고 해서 SI가 종교 활동에 집중한 단체는 아니었다. SI의 주요활동은 정치사회적 영역에서 이루어졌고 이슬람은 대중적 참여를 이끌어낼 요소로 활용되었다.

설립 후 SI는 급속히 팽창했다. 식민지 상황에 불만을 품은 토착민에게 SI는 현실의 불만을 분출하고 밝은 미래를 약속해주는 단체로 이해되었다. 매년 수십 개의 지부가 만들어졌고 회원 수 역시 수십만 명에 달했다. 1913년 수라바야에서 개최된 첫 SI 총회는 대중적 영향력을 과시하는 자리였다. 만여 명에 이르는 회원이 총회에 참석함으로써 토착민을 결집할 단체가 설립되었음을 만천하에 드러낼 수 있었다.

부디 우또모와 SI의 본거지는 아니었지만 족자는 두 단체의 활동에 있어 중요한 의미를 지녔다. 마따람 왕국의 수도라는 상징성을 지녔고 근대식 교육을 받은 토착민이 상당수 존재했던 족자는 전략적 요충지였다. 부디 우또모의 첫 총회와 SI의 두번째 총회가 족자에서 개최된 후 족자는 격동의 시기로 빠져들었다.

다흐란은 이들 단체의 활동가와 개인적 네트워크를 맺고 있지 않았다. 하지만 근대적 변화에 호의적이던 그는 이들 단체의 활동에 호감을 보였다. 족자에 지부가 설립되자 그는 회원이 되었고 자신의 장점인 이슬람을 활용하여 단체의 중심부로 이동했다.

다흐란은 부디 우또모 지도자에게 종교 교육의 필요성을 역설했다. 이러한 주장이 받아들여져서 그는 부디 우또모 학교에서 희망하는 학생을 대상으로 이슬람을 교육했다. SI에서 그는 이슬람 강연을 대중 집회에 추가하자고 제안했다. 이 요청이 받아들여지자 그는 고문 자격으로 SI 대중 집회에 참석해 종교적 이상을 설파했다.

부디 우또모와 SI에서의 활동은 근대적 성격의 단체를 결성하고자 하는 욕망을 그에게 심어주었다. 그의 전기에는 자신이 건립한 학교가 사후에도 지속되기를 원했던 그가 이를 제도적으로 뒷받침하기 위해 무함마디야를 결성했다고 서술되어 있다.

네덜란드 식민지 정책에 따라 새로운 단체 등록을 위해서는 정관, 지도자, 회원이 필수적이었다. 다흐란은 부디 우또모의 도움을 받아 정관을 만들었다. 단체의 최고위원회를 구성할 지도자 9명은 그는 지인으로 채웠다. 이 중 3명은 그와 함께 마따람 궁전에서 일하는 종교 관리였다. 이 중 8명이 이용한 '하지Haji'라는 명칭은 무함마디야 설립을 전후하여 다흐란의 사상에 공감하는 종교 지도자 집단이 일정 정도 형성되었음을 시사한다. 그렇다고 해서 무함마디야가 호의적으로 받아들여진 것만은 아니었다. 1912년 족자 중심부에서 열린 창립총회에 초대된 150여 명의 하객 중 절반 이하만이 참석했을 뿐이었다.

까움안에서 주변의 비난과 반대를 무릅쓰고 시작한 다흐란의 개혁적 행보는 무함마디야 설립과 함께 새로운 국면에 접어들었다. 그는 개혁·근대주의를 정치사회적 변화를 추동할 역동적 이념으로 재해석했고, 까움안과 족자를 넘어서 인도네시아 전역으로 이를 확산할 기틀을 마련했다.

## 무함마디야의 팽창

1912년 창립 후 무함마디야는 다흐란의 이념에 맞추어 활동을 전개했다. 실천중심적 교리 해석에 따라 무함마디야는 2년제나 5년제 초등학교뿐 아니라 중학교 수준의 학교를 개설했다. 고아원과 병원을 세웠고, 종교 서적을 출판하는 출판사를 만들었다. 개혁주의적 이념을 전파하기 위해 다흐란을 포함한 핵심 활동가들은 대중 모임에 적극 참여하여 자신들의 종교관을 설파했다.

무함마디야 활동이 지속되자 그에 대한 주변의 의구심이 점차 해소되었다. 무함마디야가 단기간에 활동하다 사라질 단체가 아닐 수 있다는 믿음이 확산되자 거기에 동참하고자 하는 움직임이 확산되었다. 첫 정관에 따르면 무함마디야의 활동지는 족자였다. 이에 맞추어 1910년대 무함마디야는 족자 도심과 인근 농촌 지역을 중심으로 팽창했다. 1920년 정관 개정에 따라 활동지가 자바 전역으로, 이후 인도네시아 전역으로 확대하자, 지부 설치를 희망하는 지역이 늘어났다. 10명 이상의 회원으로 설립할 수 있던 하위 지부는 1921년 3곳에 불과했다. 이후 지부의 수는 1923년 15개, 1926년 51개, 1932년 153개로 증가했다.

무함마디야의 급속한 팽창은 다흐란에 기인했다. 그와 무함마디야가 동일시되는 상황에서 그의 열정과 용기, 부지런함과 사려 깊음은 주변을 움직였고 조직을 안정화했다. 그의 역할과 관련해서 주목할 점 중 하나는 탁월한 연설 능력이었다.

대중 연설은 전통 사회에 존재하지 않던 관행이었다. 이슬람이 전승되던 학교에서 교육 방식은 소규모 학생을 대상으로 한 선생의 강론이었다. 품위 있는 행동을 강조하는 자바 문화의 맥락에서도 자기 의견을 뚜렷하고 극적으로 표현하는 연설은 친숙한 방식이 아니었다. 따라서 대중 연설은 근대적 성격을 지닌 행동으로 이해되었고, 대중 단체가 근대성을 표현하기 위해 이용하는 핵심 수단이었다.

다흐란의 연설 능력이 타고난 것인지는 불확실하다. 하지만 명확한 사실은 그가 연설을 좋아했고, 그의 연설이 무함마디야에 대한 관심을 도출하는 데에 중요한 역할을 했다는 점이다. 그의 일화는 이를 예시한다.[1]

> 다흐란의 연설을 듣고 감동한 반유왕이Banyuwangi 주민들이 그를 다시 연설회에 초대했다. 하지만 그곳에는 다흐란에 대해 반감을 가진 사람들 역시 많았다. 이들은 그에게 편지를 보내 반유왕이를 재차 방문한다면 그의 부인이 과부가 될 것이라 경고했다. 이에 굴하지 않고 다흐란이 기차역으로 향하자 그의 친구와 지지자들이 눈물을 흘리며 그를 전송했다. 반유왕이에 도착한 그에게 경찰이 강연 철회를 요구했지만 그는 단호히 거부했다. 강연이 시작되었다. 그를 반대하는 사람들이 강연장 지붕에 돌을 던져 그의 목소리가 제대로 들리지 못

---

1 Juus(1968: 57)

**그림 19** 1918~1921년 무함마디야 최고지도자 위원회 위원. 정중앙에 앉아 있는 인물이 다흐란이다.

할 정도였다. 하지만 시간이 흐름에 따라 그에게 적대적이던 사람들이 그의 연설에 감화되었다. 이들은 가지고 있던 무기를 던져버리고 그의 연설에 귀를 기울였을 뿐 아니라 연설이 끝날 즈음 열렬한 추종자로 변해 있었다.

이 일화는 다흐란의 신념과 용기뿐 아니라 그의 뛰어난 연설 능력을 보여준다. 훌륭한 연설가임과 동시에 그는 부지런한 선교사였다. 그는 SI의 대중 집회가 열리는 곳을 빠지지 않고 찾아가 연설했다. 그의 명성이 퍼진 후 그는 자신을 초대하는 곳이 어디든 가리지 않고 방문해서 연설했다. 당시의 열악한 교통 상황에도 불구하고 그는 사망 직전까지 연설할 수 있는 기회를 포기하지 않았다.

무함마디야의 팽창을 이해하기 위해서는 다흐란의 노력과 함께 당시의 종교적 상황 역시 고려되어야 한다. 중동에서 시작한 개혁주의는 19세기 후반 인도네시아로 유입했고, 새로운 사상에 감화된 무슬림이 인도네시아 곳곳에 퍼져 있었다. 무함마디야의 조직적 안정성이 확인되자, 개혁주의에 공감했던 무슬림을 중심으로 무함마디야 지부가 결성되었다.

여기에는 무함마디야의 조직 구성 방식 역시 중요한 역할을 했다. 설립 초기부터 무함마디야는 중앙집권적 조직이 아닌 분권형 연합체를 지향했다. 이는 단체의 초기 명칭인 '무함마디야 연합persyarikatan Muhammadiyah'이라는 표현에도 반영되어 있다. 이처럼 연합체를 지향함에 따라 무함마디야의 이념과 활동에 동조하는 사람이 손쉽게 지부를 설립할 수 있었다.

분권형 조직구성 원칙에 따라 지부설립 기준은 최소한으로 규정되었다. 무함마디야 이념에 동조하는 10명의 무슬림이 있으면 중앙 본부의 허가를 받아 지부를 설립할 수 있었다. 중앙 본부와 지부 사이에는 재정적 권리와 의무가 존재하지 않아서, 중앙 본부는 지부에 재정적 지원을 하지 않았을 뿐 아니라 지부에 대해 재정적 요구를 하지 않았다. 요즘 식으로 말하면, 프랜차이즈 가맹을 원하는 사람이 본부의 허가를 받으면 스스로 가맹점을 설립, 운영하는 식이었다.

분권형 체제를 수용한 이유는 뚜렷하지 않다. SI 역시 분권형 모델에 기반을 두었음을 고려해보면, 이 모델을 모방한 것이라 추정할 수 있다. 그 이유가 무엇이든, 분권형 조직구조는 중앙 본부의 노력 없이 지부 설립을 가능하게 함으로써 급속한 조직 팽창을 뒷받침했다.

무함마디야의 확산을 설명할 또 다른 요소는 탈정치 원칙이었다. 20세기 초 설립된 대중단체 다수는 민족주의적 성향을 띠었고, 이는 정치 활동을 필수적인 요소로 만들었다. 이러한 분위기 속에서도 무함마디야는 정치적 중립을 고수했다. 이는 식민지 체제를 인정하는 타협적인 행보로 비쳐졌고, 반민족주의자라는 낙인을 무함마디야에 씌우는 근거가 되기도 했다.

정치적 중립은 다흐란이 정치의 분열적 성격을 간파했기 때문에 유지되었다. 정치적 입장 차이가 파국적 분열로 나아갈 수 있음을 인지한 그는 탈정치를 통해 조직의 통합성을 유지하고자 했다. 탈정치는 불만과 비판의 대상이었지만 동시에 지지자를 유인하는 요소였다. 반정부적, 반식민지적 정치 활동의 위험을 감수하지 않으려 하는 사람한테 무함마디야는 대안적 단체로 여겨졌다. 또한, 탈정치적 행보는 식민지 정부의 감시에서 벗어날 수 있게 함으로써 조직 활동을 용이하게 만들었다.

다흐란의 신념과 의지, 실천적 행보, 대중과 소통할 능력, 개혁주의 자체의 흡입력, 분권형 조직체계, 탈정치적 행보 등이 합쳐져 무함마디야는 1920년대 중반 대중 단체로서의 기반을 확고히 했다. 무함마디야의 영향력 강화는 SI와의 관계에도 반영되었다. 1920년대 초반 다흐란을 포함한 활동가들은 SI의 조직과 모임을 통해 무함마디야를 선전했다. 1920년대 중반을 지나며 대중적 기반이 확고해지자, 무함마디야에 대한 불만이 SI 활동가들 사이에서 쌓였고 곧이어 폭발했다. 1927년 SI가 회원들에게 무함마디야 탈퇴를 요구했던 것이다. 하지만 이 정책은 오히려 SI에게 불리하게 작용했다. SI의 영향력은 축소된 반면, 무함마디야는 계속 팽창했기 때문이다. SI와 무함마디야의 긴장 관계는 이후에도 지속되었지만, 최종 승자는 무함마디야로 판명되었다.

## 카리스마의 죽음

막스 베버는 권위를 정당화하는 근거로 전통, 합리성과 법, 그리고 카리스마를 거론했다. 카리스마는 대중을 사로잡는 특별하고 뛰어난 자질을 의미하는데, 종교적 카리스마는 신의 은총이 가져다 준 기적이나 초자연적·초인간적 능력에 의해 뒷받침되었다.

다흐란이 카리스마적 권위를 가졌는지에 대해서는 논란의 여지가 있다. 무엇보다 그가 지지한 개혁주의가 신비적이고 초월적인 힘을 거부했기 때문이다. 또한 그는 종교 지도자에 대한 숭배를 강하게 비판했다. 이런 이유로 인해 다흐란에 대한 평가에서 지지자의 감정적 차원이 드러난 경우를 찾기는 쉽지 않다. 그와 관련된 담론의 주도적 형식은 그의 말과 행동을 단순 제시하는 것이다. 다흐란의 언행에 대한 사실 중심적 서술은 그의 죽음에도 적용되었다. 아래는 무함마디야 기관지에 실린 다흐란의 장례식 관련 기사이다.[2]

> 슬픈 마음으로 우리는 1923년 2월 23일 금요일 밤 11시 45분 경 끄뗍 아민ketib Amin, 궁정 직위의 하나이고, 무함마디야 의장이며, SI 중앙 본부의 고문인 끼야이 아흐마드 다흐란이 영면에 들어갔음을 […] 알립니다. 돌아가신 끼야이 다흐란의 영혼이 천국에 들어가기를 우리 모두 알라에게 기도합시다. […] 토요일 아침 10시, 그의 시신은 까랑 까젠

2 SM(1923: 74~77)

Karang Kajen에 있는 묘지로 옮겨졌습니다. 수백 명의 사람이 슬퍼하며 장례식 행렬을 따라갔습니다. 그리고 12시경 그의 시신을 안치했습니다.

장례 관련 기사는 그의 사망을 애도하는 26개의 전보, 11개의 전화 통화, 10개의 편지를 언급하며 끝을 맺는다. 이 기사는 흔히 볼 수 있는 추도사와 차이를 보인다. 망자에 대한 슬픔이나 상실감, 업적에 대한 평가가 포함되지 않았고, 관련 사실에 대한 서술이 주를 이루었다. 이는 다흐란의 사망을 감정적으로 대응한다면 그가 신성화되어 그가 지지한 사상을 훼손할 수 있으리라는 우려에 기인했다.

명시적으로 표현되지는 않았지만, 다흐란에 대한 필자의 존경심을 이 기사에서 엿볼 수 있다. 다흐란은 마따람 궁전의 중급 관리였지만, 식민지 정부 관료를 비롯하여 다양한 단체의 대표가 그의 사망을 애도하는 편지와 전보를 보냈을 뿐더러 수백 명이 장례식에 참가했음을 지적함으로써 그 성대함을 표현하고자 했다.

개혁주의적 이념으로 인해 다흐란에 대한 존경은 적절하게 표현될 수 없었다. 그럼에도 그가 주변을 사로잡는 지도자였음은 확실하다. 그의 일화를 통해 드러난 용기, 신념, 불굴의 의지는 당시 쉽게 찾아보기 힘든 개인적 자질이었다. 그가 지지자로부터 획득한 강한 정서적 권위는 의도치 않은 상황에서 표출되었다. 이를 보여줄 좋은 사례가 무함마디야 의장을 이후 맡은 마스 만수르Mas Mansur

의 전기에 등장한다. 다흐란을 처음 만난 순간을 그는 아래와 같이 기억했다.[3]

(아랍에서 돌아와) 다흐란을 방문해 나를 소개했다. 그를 만나고 몇 분 지나지 않아 내 마음이 그에게 끌리고 있음을 느꼈다. 곧이어, 진정한 마음에서 '기품 있음'이라는 단어가 떠올랐다. 나는 그에게 완전히 복종했다.

이 글은 다흐란에 대한 태도가 솔직히 표현된 경우이다. 만수르는 다흐란을 처음 보자마자 그의 특별함을 발견했고, 자신도 모르게 그에게 순종하고 싶은 인상을 받았다. 전기에 사용된 '진정한 마음', '기품 있음', '복종'과 같은 표현은 그가 다흐란의 권위를 받아들였음을 시사한다. 게다가 그를 만난 직후 이런 태도가 형성되었음을 말함으로써 다흐란에 대한 무한한 존경을 표현하고 있다.

다흐란은 일반적으로 거론되는 신비적, 초월적 차원의 카리스마를 갖지 않았다. 하지만 그의 언행은 주변을 사로잡았고 자발적 순종을 이끌어냈다. 이런 측면에서 그가 카리스마적 권위를 행사했다고 평가할 수 있으며, 그것은 무함마디야의 확산을 가능하게 한 디딤돌이 되었다.

---

3 Aqsha(2005: 31)

## 카리스마의 죽음과 카리스마의 일상화

카리스마적 권위에 기반을 둔 집단은 내적 불안정성을 가진다. 지도자가 사망했을 때 집단의 권위구조가 와해될 수 있기 때문이다. 이와 다른 가능성도 생각해 볼 수 있는데, 기존의 체계가 다른 체계로 대체되는 것이 그것이다. 베버는 이를 '카리스마의 일상화 routinization of charisma'라는 말로 표현했다.

카리스마의 일상화는 전통이나 법을 통해 이루어질 수 있다. 전통에 의존한 체제로 전환하기 위해서는 카리스마의 계승이 관습적으로 용인되어야 한다. 혈연이나 신비적 방식을 통해 카리스마의 전승이 가능하다고 인정될 때 후계자는 카리스마적 지도자의 자질을 승계할 수 있다. 합리적, 법적 체계에서는 법과 규정이 후계자의 정당성을 뒷받침할 수 있다.

현실에서 카리스마의 일상화는 두 방식을 혼합하여 진행되기 쉽다. 카리스마적 지도자의 위치를 획득함으로써 후계자는 지도자가 가졌던 권위를 소유한 것으로 받아들여진다. 이때 후계자는 개인적 자질과 관계없이 성스러운 존재로 인정되며, 법과 규정은 성스러움과 연결되어 카리스마적 체제를 뒷받침한다.

다흐란 사후 무함마디야 역시 카리스마의 일상화 문제에 직면했다. 다행스럽게도 몇몇 상황적 이유로 인해 이 문제는 자연스럽고 갈등 없이 해결될 수 있었다. 무엇보다 다흐란 자신이 카리스마적 권위를 부정하고 법과 규정을 강조했음이 고려되어야 한다. 카리스마적 지도자가 법과 규정에 따른 조직 운영을 강조함으로써, 카리스마, 전통, 법 사이의 충돌이 야기될 상황이 회피될 수 있었다.

승계 과정에 개입한 우연적 요소 역시 중요했다. 다흐란은 사망 직전 이브라힘Ibrahim을 의장에 선임했다. 이러한 절차는 자신이 강조한 규정에 어긋났지만 큰 문제 없이 활동가들에게 수용되었다. 그가 다흐란의 매제였고 무함마디야를 꾸준히 지원해왔기 때문이다. 그런데 이브라힘은 근대적 단체를 이끌고 갈 자질을 갖추지 못했다.

다흐란은 이브라힘의 약점을 충분히 알고 있었을 것이다. 그럼에도 그가 이브라힘을 후계자로 선임한 이유가 흥미롭다. 다흐란을 승계할 만한 카리스마적 지도자가 있었기 때문이다. 다흐란의 제자인 파흐루딘Fachruddin은 다흐란의 자리를 이을 만한 자질을 갖춘 지도자였다. 그는 탁월한 연설 능력으로 유명세를 탔고, 사회정치적 문제에 적극 참여하여 자기 목소리를 냈다. 요즘 식으로 말하면 그는 여론 주도층 인물, '셀러브리티'로서의 위상을 확보하고 있었다.

파흐루딘이 있었음에도 다흐란이 이브라힘을 선택한 이유에는 연배의 문제가 개입했던 것 같다. 1890년에 출생한 파흐루딘은 다흐란의 사망 시점에 30대 초반이었던 반면 이브라힘은 다흐란과 동년배였다. 연배가 중시되던 자바의 맥락에서 본다면 나이가 중요한 변수로 고려되었을 개연성은 충분하다.

이브라힘의 선임 이유는 확실치 않지만, 그것이 미친 영향은 확실했다. 혁명적 활동가 대신 관리자형 지도자가 선택됨으로써 법과 규정에 따른 조직 운영이 실현될 수 있었다. 파흐루딘이 후계자로 선임되었다면, 그는 다흐란의 유제에 더해 자신의 색채를 무함마디야에 첨가할 수 있었을 것이다. 이는 조직을 더욱 활성화했을 것이지만 동시에 조직 내 불협화음을 야기할 수 있었다. 반면 관리형 지도자가 선임됨으로써, 갈등의 가능성이 축소하고, 다흐란의 행보를 그대로 이어가려는 경향 그리고 규정에 맞추어 조직을 운영하려는 전통이 자리 잡을 수 있었다.

관리형 지도자로서 이브라힘의 역할은 다흐란 사후에 열린 첫 총회 연설에서 그가 제안한 내용을 통해 확인할 수 있다. 그는 다음과 같이 말했다.[4]

> 무함마디야 회원 여러분! 우리가 지금까지 얻은 성과가 다흐란 때문이었습니까, 아니면 알라 때문이었습니까? 만약 그 성과가 다흐란 때문이라면, 이제 그는 세상을 떠났고 [...] 우리가 활동을 계속할 이유는 사라졌습니다. [...] 하지만 우리의 성과가 알라 때문이라면, 알라는 영원히 세상을 떠나지 않습니다.

이브라힘의 승계는 카리스마의 일상화 과정에서 법과 규정을 부각하는 방향으로 조직 운영이 이루어질 수 있도록 했다. 카리스마적 지도자를 기억하는 사람이 다수인 상황에서 이 과정이 손쉽게 이

---

4 SM(1923: 113)

루어지지는 않았다. 하지만, 시간이 흐름에 따라 법과 규정에 기반을 둔 조직 운영이 공고화될 환경이 구축되었고, 규칙에 의한 지배라는 민주적 성격의 조직 운영이 실현될 기반이 강화되었다.

### 이념적 공고화: 이슬람의 후진성, 시릭과 탁리드[5]

무함마디야 활동이 일정 궤도에 오르자 다흐란은 종교서적 출판에 많은 노력을 기울였다. 근대적 변화에 호의적인 사람이 글을 읽고 쓸 수 있는 사람들이었기에 출판물은 무함마디야 확산을 견인할 활동가를 충원하는 데에 중요한 역할을 했다.

1910년대 후반부터 간헐적으로 출판되던 단체의 기관지 '무함마디야의 목소리*Suara Muhammadiyah*, 이후 SM'는 1920년부터 매월 발행되었다. 이후 SM은 무함마디야의 이념을 구체화하는 매체로 작동했다. 무함마디야의 이념이 어떻게 문자화되고 체계화되었는가를 알아보기 위해 SM에 게재된 글을 중심으로 그 특징을 파악해보도록 한다.

1920년대에 발행된 SM에는 진보와 퇴보, 밝음과 어두움이라는 이분법적 구분이 자주 나타났다. 이는 무함마디야 활동가들이 당시 인도네시아 사회를 주도한 민족주의 담론에 영향받았음을 시사

5 아래 내용은 무함마디야 기관지 SM의 1922~1925년 자료에 기초하여 작성되었다. 직접 인용된 내용을 제외한 자료의 출처는 김형준(2021)에 제시되어 있다.

**그림 20** 1915년에 처음 발간된 것으로 추정되는 수아라 무함마디야 표지. 현재 사용되는 로마자 표기가 아닌 자바 문자로 표기되어 있다

한다. 하지만, 민족주의자들과 달리 이들은 후진성의 문제를 인도네시아라는 틀 속에서 바라보지 않았다. 인도네시아의 상황은 모든 무슬림 국가에 적용되는 것이었다. SM은 당시 이슬람 세계의 상황을 아래와 같이 진단했다.[6]

> 이슬람을 믿는 사람의 삶의 질은 이슬람을 믿지 않는 사람에 비해 열악하다. 많은 경우 이슬람 국가는 이슬람에 입각하지 않고 꾸란에 기반을 두지 않은 지배자에 의해 통치되고 있다. 지식의 차원에서도 무슬림이 이슬람을 믿지 않는 사람보다 우위에 있지 않다.

민족주의자들은 인도네시아의 후진성의 원인으로 이슬람을 지목했다. 내세에만 집중함으로써 현세의 진보를 추동할 동력을 잃어버렸다는 것이다. 무함마디야 활동가들 역시 후진성의 원인을 이슬람에 돌렸다. "우리가 세상의 변화를 이해하지 못했기에 [...] 우리의 삶에 문제가 발생"한 것이다. 하지만, 이들에게 있어 문제의 근원은 이슬람 자체가 아니라 잘못 이해되고 실천된 이슬람이었다. 무슬림이 놓인 후진성을 설명하기 위해 이들은 '시릭syirik'과 '탁리드taklid'에 주목했다.

시릭은 이슬람 도래 이전에 존재하던 종교 전통에 연원한 행동과 믿음을 일컫는다. 인도네시아의 맥락에서 이는 애니미즘적, 힌두불

6 Peacock(1978: 34–38)

교적, 토착적 종교전통과 이슬람을 혼합한 것이다. 이를 보여줄 대표적 관행은 죽은 사람의 무덤에서 축복을 구하는 행동이었다. 개혁주의적 해석에 따르면 죽은 사람으로부터 현세의 이득이나 신비적 힘을 얻고자 하는 행동은 이슬람 교리에 부합하지 않는다.

시릭은 인도네시아 무슬림의 일상 전반에 침투해 있었다. 귀신에 대한 믿음, 색이나 숫자에 신비적 힘이 부여되어 있다는 믿음, 금기와 관련된 관습 등은 경전에 어긋나는 것이다. 이러한 관행을 제거하고 유일신에 대한 믿음을 회복할 때 이슬람 사회의 진보가 가능하다고 무함마디야 활동가들은 주장했다.

인도네시아 무슬림이 혼합적 관행과 믿음을 유지한 이유는 올바른 이슬람 교리에 노출될 기회가 없었기 때문이었다. 전통을 무조건 따라하려는 태도로 인해 일반 무슬림이 독립적으로 사고하지 못하고 우매하게 살아왔다고도 비판되었다. 시릭을 야기한 또 다른 원인은 종교적 실천에 대한 경시였다. 매일 예배하는 사람보다 신비적 힘을 가진 사람이 알라에 더욱 가깝다는 식의 인식이 무슬림을 후진적 상태에 몰아넣었다는 것이다.

시릭에 대한 비판은 기존의 종교적 질서를 대표하는 전통 이슬람 지도자로 향했다. 이들이 대중의 행동을 교화하려 하지 않고, 전통 믿음을 통해 자신들의 권위를 행사하고 이익을 좇는 데에만 주력했다는 것이다. 이러한 부정적 평가는 종교 지도자의 의견을 맹목적으로 좇는 관행을 의미하는 탁리드에 대한 비판으로 이어졌다.

무슬림은 이슬람 교리에 따라 현실의 제 문제에 대처해야 한다. 선지자 무함마드가 살아있을 때 그는 현실 문제에 대한 가르침을 직접 제시해주었다. 그가 죽은 후 그의 언행을 기록하는 작업이 진행되었고, 그 결과물인 하디스는 제2의 경전으로 자리 잡게 되었다.

꾸란과 하디스의 내용을 현실에 적용하기 위해서는 해석이 요구되었다. 사회적 변화와 지역적 차이로 인해 특정한 교리를 현실에 그대로 적용하기가 쉽지 않았기 때문이다. 현실 적용 문제를 해결하기 위해 노력하는 학자들이 등장했고, 주요 학자를 중심으로 율법학파가 성립되었다. 이들 중 하나피Hanafi, 말리키Maliki, 샤피이Syafi'i, 한발리Hanbali를 중심으로 네 개의 학파가 이후 정통성을 획득했다.

종교 해석에 있어 차이가 인정되었기에 상이한 학파가 형성될 수 있었다. 이들 학파는 모순되는 것처럼 보이는 교리를 어떻게 조화시킬지, 종교 해석 과정에 이성과 합리성을 어느 정도까지 적용해야 할지, 경전의 내용과 구체적인 현실 문제를 어떻게 연결해야 할지 등의 문제에 대해 고민하고 토론하면서 창의적인 지적 환경을 만들었다. 하지만 시간이 지남에 따라 이러한 환경에 변화가 발생했다. 학파에서 제시한 시각이 전통으로 고착되기 시작했고 이를 암기하고 따라하는 것이 강조되었다. 자유로운 지적 활동의 결과물인 학파는 이후 종교해석을 화석화하고, 새로운 해석을 억압하는 기제로 작동했다.

전통으로 굳어져 새로운 해석의 여지가 극도로 축소된 이슬람 교리가 인도네시아에 유입되었다. 이로 인해 율법학파의 해석을 암기할 수 있는 능력은 종교 지도자의 핵심 자질로 여겨졌다. 이는 일반 무슬림에게도 적용되었다. 종교 지도자의 해석은 최종적인 것으로서 의문의 대상이 아니었다.

개혁주의는 율법학파의 입장을 그대로 따르는 태도인 탁리드에 반대했다. 경전으로 돌아가자는 주장은 율법학파의 권위를 등에 업고 전통에 따른 해석을 반복하는 이슬람 지도자의 독점적 위상에 대한 비판이었다. 무함마디야는 이슬람 지도자의 해석이 최종적인 것이 아니며, 비판적으로 검토되고, 철저하게 비교되고, 맥락적으로 이해되어야 한다고 주장했다. 그 이유는 사회가 끊임없이 변화하기 때문이다.[7]

> 과거에는 어떤 특정한 규칙을 적용할 필요가 있었다. 하지만 현재의 상황은 매우 다르다. 사회가 운용되는 방식이 바뀌었고, 삶을 살아가는 방법이 더 이상 과거와 같지 않다. […] 우리는 오늘날 우리에게 요구되는 것이 과거와 다르고, 그렇기에 과거의 종교해석이 현재에도 동일하게 적용될 수 없다고 확신한다.

탁리드는 현실의 변화를 고려하지 못할 뿐 아니라 무슬림의 지적 발전 역시 포용할 수 없다고 비판되었다. 즉, 교리에 부합한 것으로

---

**7** SM(1923: 71)

인정되던 내용이 새롭게 해석, 재해석될 가능성을 배제한다는 것이다. 교리의 단순 암기만을 강조하는 탁리드는 교리 해석 과정에서 중시되어야 하는 이성의 작동을 가로막았다.

일반 무슬림에게 탁리드는 종교 지도자에 대한 맹목적인 추종과 복종, 나아가 신격화로 표현되었다. 이런 태도는 이슬람을 퇴보시킨 원인이라 평가되었다. 무함마디야 활동가들에 따르면 종교 지도자는 이슬람을 소유할 수도, 종교해석을 독점할 수도 없다. 신과 가까운 존재, 신에게 사랑받는 존재, 신에 의해 선택된 존재, 신과 인간의 중재자라는 종교 지도자의 특권적 지위 역시 거부되었다. 일반인의 기도가 종교 지도자를 통해서만 신에게 전달될 수 있다는 생각은 신을 인간의 수준으로 끌어내리고 무슬림을 우민화하는 믿음이라 평가되었다. "이슬람은 종교 지도자에 의해 소유되지 않는다. 이슬람 지도자는 종교적 규정을 만들 수도, 축복을 가져다줄 수도 없다. 이들이 아닌 알라가 천국과 지옥을 소유한다"라는 지적은 탁리드에 대한 문제 제기를 요약한다.

시릭과 탁리드로 인해 무슬림은 제대로 된 이슬람 교리가 무엇이고, 이슬람을 어떻게 믿고 실천해야 할지 몰랐다. 경전으로 되돌아가 올바른 이슬람을 믿고 실천하기 위한 매개로 무함마디야 활동가는 이성을 제시했다.

종교적 문제의 해결책으로 이성을 지목하는 것은 우리에게 그리 익숙하지 않다. 아래 절에서는 이성에 기반을 둔 종교해석이 개혁과 진보를 가져올 수 있는 이유가 무엇인지에 대한 무함마디야의 주장이 검토될 것이다.

### 이념적 공고화: 이성과 합리적 해석

무함마디야 활동가들은 근대를 이성의 시대라 규정했다. 이들에게 있어 이슬람은 이성의 종교였다. 두 명제를 합치면, 이슬람을 근대적 진보를 뒷받침하는 요소로 이해할 수 있다. SM에 실린 '이슬람, 진보의 정신'이라는 제목의 글은 이슬람, 이성, 진보의 관계를 아래와 같이 설명했다.[8]

> 이슬람은 포위되었고 진보를 필요로 한다. 진보를 성취하지 못하면 이슬람은 인도네시아에서 사라질 위협에 놓일 것이다. 서구식 교육을 받은 이들은 이슬람을 멀리하면서 이슬람이 이성을 무시하기 때문이라고 이야기한다. 하지만 이들의 견해는 잘못된 것이다. 이슬람은 이성의 종교이며 이성 없이 이슬람도 존재할 수 없다.

이슬람, 이성, 진보의 연관성을 보여주기 위해 무함마디야 활동가들은 두 가지 역사적 사실을 부각했다. 첫째는 선지자 무함마드 시대에 성취되었다고 믿어지는 진보였다. 이슬람 도래 이전 아랍 사회에

---

8 SM(1924: 109)

서는 크고 작은 전쟁이 끊이지 않았고, 사람들의 삶은 피폐했다. 하지만 이슬람이 확립된 후 안정과 번영이 찾아와서 당시 사회를 향기로 가득하고 달콤하게 변화시켰다. 이러한 분위기 속에서 종교뿐만 아니라 철학, 천문학, 화학, 의학 분야에서의 발전이 가속화되었고 아랍 사회는 세계적 진보의 선봉에 설 수 있었다.

두번째 역사적 사실은 중동에서 유럽으로의 지식 이전이었다. 중세 암흑기를 보내던 유럽인이 이슬람에서 기원한 지식을 바탕으로 계몽하여 유럽 문명을 진보시켰다는 것이다. 유럽에서의 근대적 변화를 이슬람에서 기원한 것으로 규정함으로써, 무함마디야 활동가들은 이슬람을 진보의 원천으로 이해할 수 있었을 뿐 아니라 서구적 발전을 따라가는 행동을 정당화할 수 있었다.

이슬람 사회에서 유럽으로 전파되어 진보를 야기한 핵심 요인은 이성이었다. 알라가 인간에게 준 선물인 이성은 눈, 코, 입과 함께 인간을 인간답게 만드는 요소이다. 이성은 인간을 둘러싼 현실을 이해하기 위해 활용되어야 하는데, 신의 존재, 이슬람의 진실성과 같은 종교적 문제 역시 예외가 아니다. 이처럼 이성을 강조함으로써 무함마디야 활동가들은 "이슬람 경전에 제시된 구절에 대해 문제제기할 자유"가 무슬림에게 주어져 있고, "이성과 조화되지 못한 종교적 가르침을 받아들일 필요가 없다"는 식의 대범한 주장을 제기할 수 있었다. 이성을 강조함에 따라 이슬람을 믿는 이유 역시 이성에 기초한 것이라 설명되었다. 즉, 다양한 종교와 이념을 비교한 결과 이슬람이 이성적 사고에 가장 부합하기에 그것을 받아들였다는 것이다.

종교와 이성의 분리에 친숙한 우리가 이성을 이슬람의 특징으로 규정하는 무함마디야식 논리를 이해하기 쉽지는 않다. 우리에게 있어 이성적 접근은 과학적 증명을 포함하는 것이다. 따라서 경험적으로 증명할 수 없는 현상인 종교를 이성적으로 판단하는 일은 불가능해 보인다. 우리와 같은 방식으로 사고했다면 무함마디야 활동가들 역시 같은 결론에 도달했을 것이다. 하지만 이들에게 이성의 작동은 서구식 경험주의에서 강조하는 검증 가능성이나 반증 가능성에 기초하지 않았다. 이들은 실증적 증거 없이도 이성적 판단을 내릴 수 있다고 생각했다. 이들의 이성 활용에서는 추론과 유추, 비유가 연역적이고, 귀납적이며, 환원론적으로 적용되었다.

예를 들어 신이 존재함을 보여주기 위해 무함마디야 활동가들은 신이 실제로 존재한다는 증거를 제시하는 대신 인간의 본성을 거론했다. 인간은 욕망과 이기주의로 가득 찬 존재로서 신과 종교가 없다면 갈등과 전쟁, 고통과 괴로움으로 인해 인간 사회가 존속할 수 없다는 것이다. 따라서 인간 사회가 유지되어왔다는 사실은 역설적으로 신의 실재함을 보여준다고 해석되었다. 무함마드를 거짓 선지자로 비판하는 견해에 대해서는 무함마드가 가짜라면 무슬림 수가 꾸준히 증가했고 기독교를 믿던 유럽 사람조차 이슬람으로 개종했음을 설명할 수 없다는 점을 부각하며 논박했다. 꾸란의 진실성을 의문시하는 경우 간접적인 증거가 이용되었다. 꾸란과 같은 독특한 구성의 글을 인간의 힘으로 창작할 수 없다거나 계시 당시 무함마드가 문맹자였다는 사실을 통해 꾸란이 신의 언어임을 확증할 수 있다는 것이다.

무함마디야 활동가들의 이성 적용에는 비유analogy 역시 자주 활용되었다. 특정한 교리를 이성적으로 이해할 수 있을지 판단할 때, 이를 보여줄 직접적 증거가 아닌 유사한 역사적 사례를 이용하는 식이다. 예를 들어 무함마드가 빛의 속도로 움직였다는 일화를 설명하기 위해 이들은 비행기가 소리만큼 빠르게 이동할 수 있음을 거론했다. 7세기 아랍인이 합리적으로 이해할 수 없는 소리의 속도만큼 빠른 이동이 지금 당연시되는 것처럼, 빛의 속도만큼 빠르게 사람이 이동할 수 있다는 주장 역시 미래에 실현가능하다는 것이다.

종교 교리는 때로 실용적 가치에 근거하여 설명되었다. 돼지고기 금기를 기생충과, 할례를 의학적 효과와, 금식과 기도를 건강과 연결지어 설명함으로써 이슬람 교리가 과학적 발전을 예견한다고 주장할 수 있었다. 궁극적으로 이는 이성을 통한 합리적 설명이 종교 교리에 적용될 수 있음을 드러내는 것으로 이해되었다.

무함마디야의 이성 적용 방식은 과학적 의미에서 논증이라 할 수 없다. 하지만, 이러한 설명의 타당성이나 이슬람 교리의 검증 가능성보다 더욱 중요한 측면은 특정한 근거나 논리에 따라 교리를 설명하고자 노력한다는 사실로서, 이는 이성을 통해 종교에 접근하는 모습으로 이해되었다.

추론 과정에 오류가 있고, 실증적 근거를 제시하지 않으며, 제한적인 논리를 아전인수 격으로 이용할지라도 근거를 제시하며 교리를 설명하려는 시도는 탁리드와 대비되는 것으로 받아들여졌다. 종교 지도자의 견해를 아무 생각 없이 수용하는 태도가 이슬람 퇴보를 가져온 원인이었기에 근거 제시를 통한 교리 해석은 이성을 활용한 것으로 인정되었고, 이슬람 사회의 진보를 추동할 필수적인 태도라 여겨졌다.

교리에 대한 이성적 접근은 또 다른 효과를 가졌다. 이러한 접근이 이슬람 교리의 취지와 의도를 찾아내는 과정으로 이해되었기 때문이다. 그 결과 이들의 종교해석은 맥락적이고 유연한 성격을 유지할 수 있었다. 무덤 방문에 대한 해석은 이를 예시한다.

무함마디야는 무덤 방문 관행에 반대함으로써 와하비즘을 추종한다는 비판을 받았다. 이에 대해 무함마디야 활동가들은 무덤 방문 자체가 아니라 방문의 의도가 중시되어야 함을 주장했다. 죽은 사람을 기억하고 추모하기 위한 목적의 방문은 용인될 수 있지만, 죽은 이로부터 현세의 축복을 구하려는 목적은 용납될 수 없다는 것이다. 이러한 설명에는 외적으로 표현되는 행동에 대한 절대적인 평가가 아닌 상황을 고려한 맥락적 종교해석이 내포되어 있다.

무함마디야 활동가들은 이성을 통해 이슬람 사회의 후진성의 원인인 탁리드를 타파하고 진보의 길로 나아갈 수 있으리라 생각했다. 또한 교리에 대한 합리적 접근을 강조함으로써 형식적이고 이분법적인 해석에서 벗어나 상황적이고 유연한 해석을 제시할 수 있었다.

이성을 강조한다고 해서 무함마디야 활동가들이 그것에 무한한 신뢰를 보낸 것은 아니었다. 이들은 신에 대한 믿음의 차원을 간과하지 않았다. 믿음은 무슬림이 지녀야 하는 중요한 요소로 여겨졌고, 특히 이성이 과도하게 적용되어 선악을 구별하지 못하는 상황에서 믿음이 가진 중요성이 부각되었다.

이슬람 사회의 후진성을 가져온 원인으로 탁리드를 비판하는 과정에서 무함마디야 활동가들이 이성을 과도하게 강조했다고 말할 수 있다. 믿음을 굳건하게 만든 후 이성을 통해 종교 교리에 접근해야 한다는 주장이 양자의 관계에 대한 이들의 입장을 균형적으로 보여준다고 평가할 수 있다.

### 이념적 공고화: 평등

이성에 기반을 둔 합리적 교리 해석을 통해 무함마디야 활동가들이 재평가한 개념은 평등이다. 신의 피조물로서 모든 인간이 근본적으로 동등한 가치를 갖는다는 것이다. 평등성을 중시한다고 해서 개인 간 차이를 부정하지는 않는다. 개인적 능력, 잠재력, 부, 지식 등에서 개인은 차이를 보인다. 하지만 이런 차이를 절대적인 것으로 간주할 수 없는데, 이는 알라에게 있어 유의미한 차이가 오직 신앙심이기 때문이다. 신에 대한 믿음을 얼마나 강하게 유지하는지, 종교적 의무를 얼마나 충실하게 실천하는지 등에서만 진정한 의미의 차이가 존재할 수 있다. 물론 이는 신에 의해서만 평가될 수 있다.

인간의 평등성을 설명하기 위해 무함마디야 활동가들은 다양한 꾸란 구절을 이용했는데, 꾸란 49장 14절이 그중 하나이다.

> 오 인간들아! 나는 너희들을 한 쌍의 남녀로부터 창조하였으며 너희들을 족과 아족으로 하였느니, 이는 너희들이 서로 알아볼 수 있도록 함이니라. 진실로 너희들 중에서 가장 하나님을 경외하는 자가 하나님이 보시기에는 가장 고귀한 자이니라. 참으로 하나님께서는 전지하시고 모든 것을 통찰하시는 분이시니라.

평등성에 대한 믿음은 교리 해석 과정을 통해 확립되었다. 이 과정에서 이용된 논리를 살펴보면 아래와 같다.[9]

- 인간은 알라에 의해 창조되었다.
- 아담과 이브라는 공통의 조상에서 기원한 인간은 공통점을 갖는다.
- 알라는 피조물에게 공정하다. 알라는 나이, 종교, 인종에 따라 인간을 구분하지 않는다.
- 인간이 어떤 것을 가지고 태어나지 않고, 죽을 때 어떤 것도 가져갈 수 없음을 통해 볼 때 인간은 평등하다.
- 알라는 인간을 믿음과 행동으로 평가한다.

---

9 SM(1925: 351)

• 알라는 모든 인간에게 동일한 존엄성을 부여한다.

평등성을 설명하기 위해 무함마디야 활동가들은 교리뿐 아니라 종교의식을 이용했다. 모스크에서의 예배와 순례는 가장 빈번하게 거론된 소재였다. 모스크 예배에서 개인적 차이는 사라지고 동등함이 부각된다. 모스크에 온 사람은 지위고하를 막론하고 순서에 따라 자리를 잡고 앉는다. 먼저 온 사람이 앞줄에, 늦게 온 사람이 뒷줄에서 예배함으로써 세속적 차이가 무시된다. 메카로의 순례자 모두는 같은 복장을 착용하도록 요구된다. 이는 모든 무슬림이 동등하다는 점을 극적으로 표현한다.

무함마디야 활동가들은 평등성에 대한 강조를 통해 전통 종교 지도자들과 차이나는 자신들만의 정체성을 부각했다. 이 과정에서 종교 지도자의 절대적 권위, 특권적 위상은 아래와 같이 강하게 비판되었다.[10]

> 전통 이슬람 지도자가 무함마디야를 받아들이지 않는 이유는 자신의 지위와 이익이 위협받기 때문이다. 이들은 학생으로부터 존경받음으로써 자신의 지위와 위신이 매우 높다고 생각한다. 이들은 학생을 종복처럼 취급해서 [...] 목욕 물을 채우고, 논을 지키고, 시장에서 장을 보게 하는 등 자신이 원하는 것을 거리낌 없이 시킨다.

---

**10** SM(1925: 37)

종교 지도자의 특권적 인식은 사익 추구의 틀 속에서 설명되었다. 이들은 학생을 착취하고, 주변에서 기부한 재물을 통해 부를 축적하는 존재로 비쳐졌다. 이런 모습은 무함마디야 활동가의 희생과 대비되었다. 자기 재산을 헌납하면서까지 종교활동을 펼친 다흐란의 정신이 무함마디야에서 이어지고 있다는 것이다.

전통 이슬람 지도자와 달리 다흐란이 숭배의 대상이 되지 않았다는 점 역시 평등성을 드러내는 것으로 이해되었다. 이를 보여주기 위해 거론되는 대상은 다흐란의 묘지였다. 종교 지도자의 묘지를 은총을 얻을 성스러운 장소로 간주했던 전통 이슬람 지도자와 달리 다흐란의 무덤은 무함마디야 회원의 관심사가 아니었다. 이는 다흐란과 다른 무슬림을 동등한 인간으로 여기고, 이를 현실에서 직접 실천한 결과로 해석되었다.

무함마디야가 강조한 핵심 이념은 이성과 합리적 해석 그리고 평등성이다. 무함마디야 활동가들은 미신적 관행과 종교 지도자에 대한 무조건적 복종으로 인해 이슬람 세계가 퇴보했다고 인식했다. 이를 변화하기 위해서는 이성의 중요성을 회복하고, 교리에 대한 합리적 접근과 인간의 평등함을 재인식할 것이 요구되었다. 이에 기반을 두고 이슬람이 올바로 실천된다면 근대 사회의 진보를 좇아갈 수 있으리라 믿어졌다.

무함마디야 활동가들이 강조한 이념은 교리 해석뿐 아니라 조직 운영 과정에도 적용되었다. 이성의 집합적 활용을 통해 조직을 운영하고, 활동가들의 관계를 평등한 것으로 인식함으로써 민주적으

**그림 21** 단출하게 관리되는 다흐란과 가족의 묘역. 국가 영웅이라고 쓰인 표지판을 보면, 이를 지방 정부에서 관리한다고 추정할 수 있다.

로 조직을 운영할 제도가 형성되고 작동했다. 선거를 통한 지도자의 선출, 동등한 지위를 가진 지도자들이 참여하는 집단지도체제, 동등한 활동가들의 협의와 합의에 기반을 둔 의사결정 방식과 같은 조직 운영의 핵심 제도는 합리성과 평등성에 뒷받침되어 작동할 수 있었다.

조직 운영 상의 특징과 민주적 성격을 알아보기 전에 다음 장에서는 무함마디야 조직의 급속한 팽창 과정과 배경에 대해 알아볼 것이다.

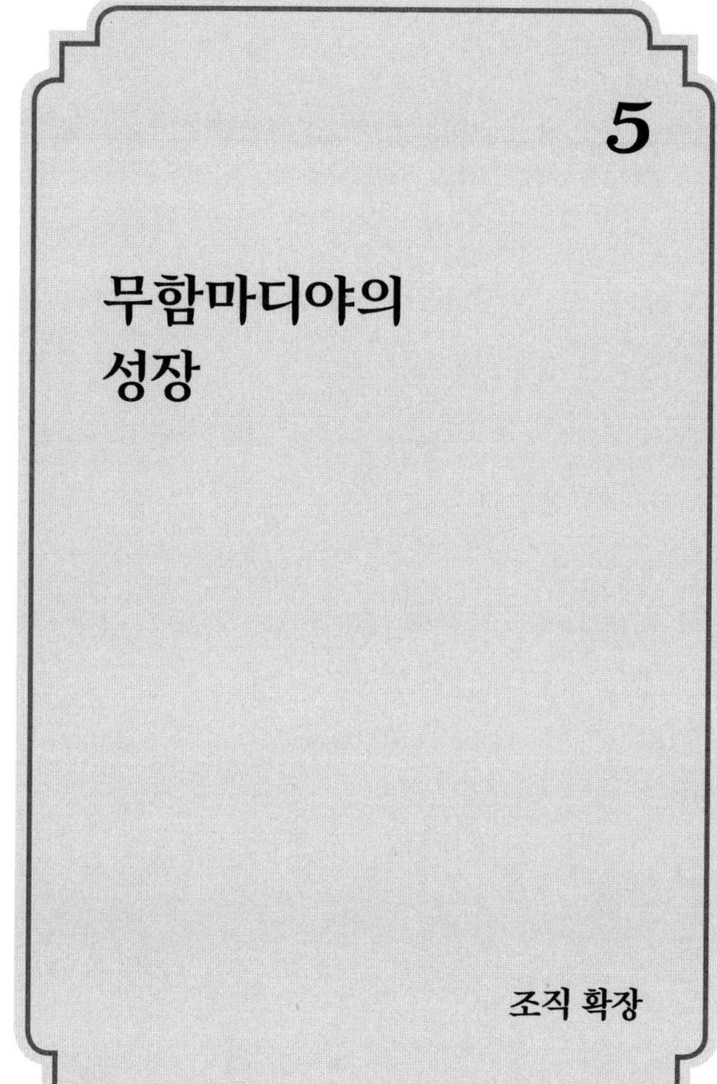

5

# 무함마디야의 성장

조직 확장

## 조직 확장: 하위 지부의 팽창

설립 초기 무함마디야는 하나의 중앙 본부로 구성되었다. 9명의 최고위원회가 의결기구였고, 활동 분야에 맞추어 교육위원회, 복지위원회 같은 산하 위원회가 구성되었다. 다음으로 추가된 조직은 여성과 스카우트 같이 특정 집단이나 활동을 중심으로 결성된 자치단체였다. 이들 단체에는 자치권이 주어져서, 무함마디야의 종교적 지향과 활동을 준수한다는 전제 하에 독자적인 활동을 추진할 수 있었다.

중앙 본부가 지부 확장을 직접 계획하고 추진하지 않았으며, 이는 하위 지부에 의해 주도되었다. 1912년 정관에 따르면 족자 내 10명 이상의 회원이 있는 곳에 '그룹grup'을 만들 수 있었다. 1921년 정관 개정에 따라 10명 이상의 회원이 있는 족자 외부지역에 '지부cabang'가, 5명 이상의 회원이 있는 곳에 '그룹'이 설치되었다.

족자 내 그룹은 다흐란이 심혈을 기울여 조직한 소규모 종교모임에 기반을 두었다. 다양한 이름으로 활동하던 이 모임은 무함마디야 설립 후 자연스럽게 그룹으로 재편되었다. 이러한 그룹이 까움안 인근에 위치했다면, 지부 확장의 두번째 단계는 족자 농촌 지역을 중심으로 진행되었다.

농촌 지역으로 확산하면서 그룹은 균등하고 순차적으로 결성되지 않았다. 하나의 군에 복수의 그룹이 조직되기도 했고, 도시에서 먼 지역에 그룹이 먼저 만들어지기도 했다. 이런 분포가 가능한 이

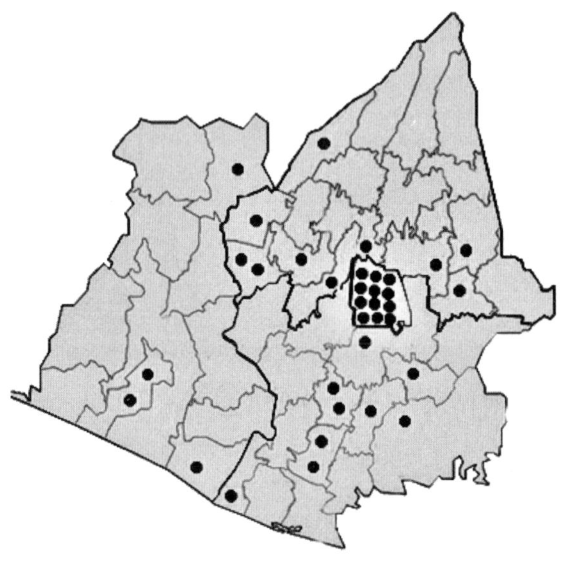

**그림 22** 1927년 족자 내 하위 지부. 중앙에 위치한 구역이 족자의 도시 지역, 외부가 농촌 지역이다.

유는 중앙 본부의 계획이 아니라 활동가의 인적 네트워크에 의존하여 그룹이 결성되었기 때문이다. 그림 22는 1927년 족자 내 그룹 분포 양상이다. 12개 그룹이 족자시에, 25개 그룹이 세 개의 도에 위치했다.

족자 외부에 지부 설립이 가능해진 1921년 정관 개정 이후, 인도네시아 제2의 도시인 수라바야에 처음 하위 지부가 만들어졌다. 이후 지부의 수는 급증해서 1922년 11곳, 1923년 15곳으로 증가했다. 1920년대 중반 이후 지부와 그룹의 팽창은 가히 폭발적이라 할 수 있었다. 1927년과 1933년 자료는 이러한 추세를 확인할 수 있도록 한다.

**표 2 1927년과 1933년 무함마디야 지부와 그룹**

| | 1927년 | | 1933년 | |
|---|---|---|---|---|
| | 지부 | 그룹 | 지부 | 그룹 |
| 족자* | 0 | 36 | 0 | 76 |
| 자바 | 43 | 54 | 53 | 199 |
| 수마뜨라 | 11 | 7 | 33 | 262 |
| 술라웨시 | 2 | 2 | 3 | 44 |
| 깔리만딴 | 1 | 0 | 6 | 23 |
| 기타 | 0 | 0 | 9 | 4 |
| 합 | 57 | 99 | 104 | 608 |

* 족자에 설립된 지부는 모두 그룹이라 불렸다.

출처: SM(1927; 1933)

1927년 57개와 99개이던 지부와 그룹은 6년 후, 104개와 608개로 늘었다. 지부의 팽창은 지역적 다변화를 결과했다. 1933년에는 자바, 수마뜨라, 술라웨시, 깔리만딴 외에도 9곳의 지역에 지부가 설립되었다. 수마뜨라에서의 팽창세 역시 주목할 만하다. 1927년 18개이던 지부와 그룹은 1933년 295개로 급증하여 수적으로 자바를 뛰어넘었다. 전체적으로 이 자료는 족자에서 시작된 무함마디야가 설립 20여 년 만에 인도네시아 전역을 아우르는 전국 조직으로 성장했음을 보여준다.

조직 확장세가 꾸준히 이어짐에 따라 무함마디야는 식민지 시대 가장 영향력 있는 대중 조직으로 성장했다. 이러한 위상은 1945년 독립을 전후로 하여 자연스럽게 표현되었다. 독립 준비과정에서 무함마디야 활동가들은 이슬람 세력을 대표하여 민족주의자들과 협상을 벌였다. 1945~49년 독립 전쟁이 끝나고 실질적인 독립이 이루어지자 무함마디야는 이슬람 정당을 통해 현실 정치에 참여했다.

무함마디야의 사회정치적 영향력은 1940~50년대에 절정에 이르렀다. 당시 입법부와 행정부의 구성은 이를 확인해준다. 1955년 선거에서 2위에 오른 마슈미Masyumi당 소속 국회의원 대다수는 무함마디야와 직간접적으로 연결되었다. 장관 자리 중 일부가 무함마디야에 할당되어야 한다는 인식이 형성될 정도로 상당수 활동가가 장관에 임명되었다.

주요 정치 플레이어로서의 무함마디야의 역할은 마슈미당이 불법화된 1950년대 후반 막을 내렸다. 정치 활동에서 철수했지만 무함마디야의 기반이 된 하위 지부와 교육, 의료보건 기관은 사라지지 않았다. 이러한 인적, 조직적 네트워크를 바탕으로 무함마디야는 굳건한 사회정치적 위상을 계속 유지할 수 있었다.

### 하위 지부의 팽창 배경: 다흐란

까움안에서 시작된 종교운동이 급속하게 팽창한 이유를 밝히기는 쉽지 않다. 다양한 종교적, 시대적 상황이 종합적으로 고려되어야 하기 때문이다. 3장에서 무함마디야가 가진 대중적 흡입력의 기반을 알아보았다. 다흐란의 뛰어난 자질, 실천과 헌신, 개혁주의가 내포한 변혁적 성격, 근대적 변화를 열망하는 집단의 형성, 탈정치적 지향, 족자의 특수성 등이 지적되었다.

족자 내 하위 지부의 확산 과정에서는 활동가의 네트워크 역시 중요하게 작동했다. 다흐란이 조직한 종교모임은 이를 예시한다. 족자 남부 꼬따 그데Kota Gedhe 사례는 혈연 및 인척 관계의 중요성을 보여준다. 다흐란의 질녀와 결혼한 인물이 중심이 되어 지부가 설립되었고, 열렬한 활동가 집단을 만들어낼 수 있었다.

족자 외부로 하위 지부가 확산된 첫 단계에서는 다흐란의 역할이 핵심적이었다. 다흐란에게 감명을 받은 사람이 그를 종교 강연회에 초대한 후 지부를 세우는 경우가 대부분이었다. 종교 관료이면서 바띡 상인이던 다흐란은 족자 외부 지역을 자주 방문했는데, 이 과정에서 새로운 관계가 형성되었다. 다흐란에 대한 기억은 그의 특별함을 부각하는 경향을 보였는데, 아래는 동부 자바 숨버르뿌쭝sumberpucung지부의 설립 사례이다.[1]

> 동부 자바에서 일을 마치고 족자로 돌아오던 중 다흐란은 숨버르뿌쭝에서 기차를 놓쳤다. 역장의 집에서 하루를 묵게 된 그는 이 기회를 무함마디야 소개에 이용했다. 다흐란의 신념에 감명 받았지만 그 진실성을 확인하고 싶었던 역장은 한참이 지난 후 족자를 방문하여 다흐란을 찾아갔다. 여행을 하다 노잣돈이 떨어져 하루 머물 곳을 찾고 있다는 그를 다흐란은 자신의 집으로 데려갔다. 얼마 지나지 않아 예배시간이 되었다. 그는 예배에 입을 옷을 빌려달라고 말했다. 이에 다흐란은 그를 옷장으로 데려가 원하는 옷을 고르게 했다. 그는 가장 좋은 옷을 택했다. 자신이 아끼는 물건이지만 다흐란은 곧바로 옷을 빌려주었다. 고향으로 돌아온 그는 이 일화를 주변에 알렸고 곧이어 무함마디야 지부를 설립했다.

일반인이 다흐란의 태도와 행동에 감명을 받았다면 이슬람 지도자들은 그의 설득력과 의지에 감복하는 경향을 보였다. 장시간에 걸친 종교적 토론, 어려움에 굴복하지 않는 모습을 통해 무함마디야를 받아들였다는 식이다. 이를 보여줄 사례는 중부 자바 뿌르워꺼

---

1 http://malang.muhammadiyah.or.id/content-3-sdet-sejarah.html

르또Purwokerto 지부의 설립 과정이다.[2]

> 근대적 활동에 관심을 가지고 있던 인물이 다흐란을 강연회에 초대했다. 이를 위해 종교담당 최고관료의 허가를 받았고, 도시 중심부 모스크에서 강연회를 열었다. 지역에서 내로라하는 종교 지도자들이 참석한 자리에서 다흐란은 개혁주의에 관해 강연했다. 하지만, 강연을 듣던 청중의 항의로 인해 강연회가 혼란에 빠졌다. 이들은 다흐란을 와하비즘의 추종자로 여기며 강하게 비판했다. 강연회를 망친 후 다흐란은 종교담당 최고관료의 집으로 갔고, 그곳에 모여 있던 사람들과 다시 한 번 격렬한 논쟁을 벌였다. 일 년 후 다흐란에게 초청장이 다시 전달되었다. 두번째 방문에서 그가 무함마디야에 대해 소개하자 즉석에서 지부가 결성되었다. 처음 그를 초대한 사람이 지부의장이 되었고 종교담당 최고관료의 전폭적인 지지 하에 참석자들이 회원으로 등록했다.

무함마디야 활동에 관심을 가지고 다흐란을 초대한 사람들은 뚜렷한 공통점을 가지고 있지 않았다. 이들의 직업은 이슬람 지도자, SI 활동가, 관료, 상인 등 다양한 영역에 걸쳐 있었다. 이들은 근대식 교육에 많은 관심을 가지고 있었지만, 그렇다고 해서 다흐란을 선뜻 초대할 수 있었던 것은 아니다. 뿌르워꺼르또의 사례처럼 다흐

---

2 Junus(1968: 63)

**그림 23** 다흐란이 강연했던 뿌르워꺼르또 모스크의 현재 모습

란은 전통 종교 지도자로부터 강한 비판을 받았다. 따라서 이러한 비판을 감수할 의지와 역량을 갖춘 경우에만 다흐란을 초대해 종교 강연회를 열 수 있었다.

이는 무함마디야 확산과 관련하여 중요한 의미를 가졌다. 무함마디야에 동조한 인물이 안정된 사회경제적 지위를 가졌을 가능성이 높음을 시사하기 때문이다. 지부 설립이 쉽게 이루어지지는 않았지만, 일단 결정이 이루어지면 이들은 지부 활동에 필요한 인적, 물적, 사회적 자본을 동원할 수 있었다.

지부 설립 첫 단계에서 다흐란이 중요한 역할을 했다면, 다흐란의 사후 새로운 요소가 첨가되었다. 이 시기에도 다흐란의 뒤를 이을 만한 지도자는 있었다. 높은 인지도를 가진 활동가들 역시 다흐란처럼 지방을 순회하며 무함마디야를 선전했고 지부 설립을 독려했다. 하지만 이 시기 무함마디야 성장의 핵심 요소는 기존에 설립된 하위 지부였다. 지부가 어느 정도 안정화된 후 지부 활동가들이 주변을 대상으로 한 선교 활동을 강화하며 그룹 결성을 추진했다. 이렇게 만들어진 그룹은 일정 기간 후 지부로 전환했고, 다시 주변 지역을 대상으로 그룹 설립을 독려했다.

하위 지부가 무함마디야 확산의 주역으로 기능할 수 있었던 이유는 지부와 중앙 본부 사이의 분권화된 관계였다. 중앙 본부는 지부 설립을 허가하는 권한을 가졌지만, 지부 활동은 자율적이고 자족적으로 이루어졌다. 조직적 자율성은 새로운 지부 형성을 용이하게 만듦으로써 무함마디야의 팽창을 견인할 수 있었다.

### 하위 지부의 팽창 배경: 지부의 자율성

무함마디야의 중앙 본부와 지부는 느슨한 연합을 유지했고, 지부를 자율적이고 자족적으로 운영할 권리가 지부 활동가에게 주어졌다. 이러한 상황이 가능했던 데에는 조직에 대한 무함마디야 활동가들의 인식이 중요한 역할을 했다. 이들은 중앙 본부의 역할을 단체의 방향성 제시로 제한하여 이해했고 지부의 자율성을 중앙의 무기력함으로 받아들이지 않았다. 이러한 태도는 무함마디야 연합이라는 표현에 반영되었는데, 활동가들에게 있어 무함마디야는 같은 이상을 지니고 활동하는 사람의 연합체였다. 따라서 중앙집권적 구조가 아닌 분권적 구조, 위계적인 피라미드 형식이 아닌 거미줄 형식의 체계를 이상적 조직모델로 설정했다.

활동가들의 인식은 정관에도 표현되어 있다. 중앙과 지부의 재정 문제를 다루는 13절은 아래와 같이 구성되었다.[3]

> 본부와 지부의 공동의 필요를 위한 경비를 모든 지부에서 함께 모아야 하며 그 규모는 정해져 있지 않다. 공동의 경비 모집은 기부하려는 순수한 마음에 의존해야 하기 때문이다. 특정 지역의 필요, 즉 각 지부 운영에 필요한 모든 것은 [...] 지부 스스로 획득해야 한다.

---

3 Jaldan(1998)

규정에 따르면 각 지부는 운영 경비를 스스로 조달해야 하며, 조직 전체를 위한 활동에도 재정적 지원을 해야 했다. 재정적 자치를 다른 식으로 표현하면 중앙 본부가 지부를 재정적으로 지원하지 않는다는 것이다. 각 지부에 인적 구성의 자율성, 즉 지부 지도자를 선출할 권한 역시 부여되었기 때문에 중앙 본부와 지부는 이념은 공유하되 자체적으로 활동을 수행하는 느슨한 연대를 구축했다.

중앙 본부와 지부의 느슨한 연합이 유지되었던 데에는 다음과 같은 요인 역시 중요하게 작용했다. 첫째, 중앙 본부는 지부 활동을 통제할 만한 수단과 자원을 가지고 있지 않았다. 주기적 방문조차 쉽지 않은 상황에서 지부를 간섭할 직접적인 수단이 존재할 수 없었다. 둘째, 지부는 무함마디야의 확산을 가능하게 할 핵심 요소로 이해되었다. 과도한 요구가 부과될 때 발생할 수 있는 지부의 해체나 탈퇴를 중앙 본부 활동가들은 회피하고자 했다. 셋째, 지부 간 격차가 컸기에 일률적인 지침을 부가하기가 불가능했다.

자율적 지부 형성의 역사, 지부에 대한 중앙 본부의 태도, 본부의 제한된 자원, 지부의 해체를 막아야 할 필요성, 지부간 격차 등으로 인해 본부와 지부의 관계는 비대칭적이지만 위계적이지 않은 상태로 유지될 수 있었다.

자족적 성격의 지부와 중앙 본부는 간헐적인 교류를 통해 연결되었다. 가장 중요한 수단은 총회로서 중앙과 지부의 연대를 확인하고 공동의 정체성을 강화하는 장이었다. 다음으로는 부정기적인 교류를 들 수 있다. 지부에서 대규모 강연회를 열거나 학교를 개설할 때 중앙 본부에 참석을 요청했고 소수의 활동가들이 지부를 방문했다. 지방을 방문할 기회가 있는 활동가가 개인 용무에 더해 지부를 방문하는 경우도 있었다. 마지막으로 지적할 매개는 지부 활동을 기록한 보고서이다. 매년 보고서 제출이 요청되었지만, 강제되지 않았기에 정기적으로 제출하는 경우는 많지 않았다.

중앙 본부는 지부와의 제한된 교류를 통해 종교적, 도덕적 권위를 확보해야 했다. 클리포드 기어츠Geertz의 표현을 빌리면,[4] '모범적 중심exemplary center'으로서의 중앙 본부의 역할이 지부에 의해 인정될 때 자발적 복종을 이끌어낼 수 있었다. 그렇지 못할 경우엔 원심력이 강해지고 지부가 비활성화되거나 해체되는 결과가 초래했다.

흥미로운 점은 무함마디야에서 전개된 중앙 본부-지부의 관계가 자바 왕국, 나아가 동남아시아 전통 왕국의 정치 체계와 표면적 유사성을 보인다는 점이다. 우리와 달리 동남아 왕국은 중앙집권적 통치체제를 구축하지 않았다. 중앙은 군사력과 같은 물리적 힘과 함께 종교적, 문화적 영향력을 통해 지방을 복종시켰다. 중앙의 정통성을 인정한 지방은 자율적으로 자기 영역을 통치할 수 있었다.

학자들은 이러한 동남아의 전통 왕국의 특징을 '만달라mandala', '위성국가satellite', '극장국가theater state' 등으로 설명했다. 이러한 개념 모두 문화적 지배를 강조했는데, 세계의 중심이라는 중앙의 위상이

---

4 Geertz(1980)

지방에 의해 받아들여질 때 왕국의 통일성이 유지될 수 있다고 설명했다.

동남아 전통 왕국의 정치 체계와 무함마디야의 조직 체계 사이에는 표면적인 유사성이 존재했다. 중앙 본부는 지부를 직접 통제하지 않았고 지부의 자발적 복종에 근거하여 조직적 통일성을 유지했다. 자발적으로 복종을 표명한 지부에는 스스로를 운용할 자율성이 부여되었다.

이러한 체계 하에서 지부를 중심으로 한 또 다른 중앙-지부 관계가 구축될 수 있었다. 지부 주변에 지부를 중심으로 한 그룹이 설립되었다. 이 경우에도 지부는 그룹을 직접 지원하지 않았고, 지부 활동에 공감한 지역 활동가들에 의해 그룹이 만들어졌다. 이런 상황이 지속됨으로써 1920년대 초 수십여 개였던 지부와 그룹은 십여 년 만에 수백 개로 증가할 수 있었다.

## 지부의 활동

중앙 본부의 지원을 기대할 수 없었음에도 하위 지부를 설립하려 한 이유는 무엇일까? 동남아 전통 왕국의 상황을 무함마디야에도 적용할 수 있을 듯하다. 무함마디야는 이슬람의 개혁적, 근대적 경향을 상징했고, 이러한 시대적 흐름에 공감하는 사람을 끌어들이는 구심점으로 작용했다.

그림 24 1930년대 초 수마뜨라 빠당 빤장Padang Panjang의 지부 사무실

무함마디야의 종교적 권위를 수용한 10명 이상의 회원이 지부를 설립했다. 초기에 설립된 지부의 회원 수는 10명을 훨씬 초과했는데, 기존 종교모임이 지부로 재편된 경우가 많았기 때문이다. 설립 허가를 받은 지부는 다양한 활동을 전개하도록 요청되었다. 그것이 의무로서 부과되지 않았고 자율성이 주어졌기에 지부 간 활동 편차는 상당히 컸다.

지부에 요청된 가장 중요한 활동은 정기적인 종교모임이었다. 이는 다흐란의 경험에 기인한 것으로, 지속적인 모임을 통해서만 인적 자원을 유지, 확대할 수 있었기 때문이다. 종교모임을 큰 부담이 가지 않는 활동이라 여길 수도 있지만 실제로는 그렇지 않았다. 모임 참가자에게 음식을 제공해야 했기 때문이다. 개최자가 보통 음식비용을 부담했는데 수십 명에게 음식을 제공하기 위해서는 상당한 비용이 들었다. 이는 지부 활동이 유력인사의 지원 없이 지속될 수 없음을 시사한다. 때로 유력인사 자신이 지부의 핵심 인물이었고, 때로 핵심 활동가들이 유력인사와 네트워크를 구축했다.

지부의 필수 활동은 아니지만, 모두가 관심을 가졌고 지부 결성 후 첫번째 목표로 설정된 것은 학교 설립이었다. 활동가 모두가 원했지만 만만치 않은 비용으로 인해 학교 설립은 쉽지 않은 작업이었다.

학교 설립의 가장 큰 걸림돌은 건축 비용이었다. 교재와 교구 구입에도 상당한 비용이 요구되었는데, 근대식 학교라는 정체성을 표현하기 위해 의자, 책상, 칠판과 같은 시설이 필요했기 때문이다. 교사 채용 비용 역시 만만치 않았다. 교사를 초빙하기 위해서는 1920년대 일인당 25루삐아Rupiah 정도가 소요되었다. 정상적인 학사 운영을 위해 서너 명의 선생을 고용하려면 인건비로 매달 100루삐아 정도가 필요했다. 당시 공장 노동자 일당이 0.4루삐아 내외였음을 고려해보면 인건비가 적지 않은 부담이었음을 알 수 있다.[5]

학교 운영경비의 일부는 수업료로 충당되었다. 하지만, 대도시인 수라바야 지부에서 매달 2루삐아, 중소도시인 빼깔롱안 지부에서 0.5루삐아 정도로 책정되었고 가난한 학생에게는 이마저도 다 받을 수 없었다. 이러한 상황에서 요구되는 것이 기부금이었다.

지부 설립 초기 기부금 모집은 상대적으로 어렵지 않았던 듯하다. 근대식 단체를 설립했다는 자부심에 더해 활동가들의 열의가 강했고, 교육활동이 긍정적으로 평가되었기 때문이다. 하지만 지부 활동이 계속됨에 따라 상황은 변했고, 지속적인 기부금 모집이 쉬운 일은 아니었다.

끄빤젠Kepanjen 하위 지부의 사례를 살펴보면, 설립 첫 해 지부는 60명에게서 2,091루삐아라는 거금을 모금했다. 기부자 중 8명은 지부의 핵심 활동가였고 이들의 기부액이 전체의 절반을 넘었다. 지부 활동가가 기부자가 되는 상황은 다른 곳에서도 나타났다. 자까르따 지부 회의에서 기부금 모집 과정은 아래와 같이 진행되었다.[6]

---

5 1920년대 후반 플랜테이션에서 일하던 노동자의 일당은 0.38루삐아, 공장노동자는 0.4루삐아, 사무직 노동자가 0.8루삐아 정도였다(Kano et al. 1996: 71).

6 SM(1923: 78-9)

> 10명이 참여한 지부 회의에서 기부금의 필요성이 거론된 후 지도자들이 모범을 보이기로 결정했다. 이에 지부 의장이 5루삐아, 비서가 2.5루삐아, 서기가 2루삐아, 나머지 참가자 5명이 1루삐아를 기부했다. 곧이어 의장이 선교사 훈련 과정에 대해 설명했다. 강사 초빙 경비로 지부 지도자들이 매달 1루삐아를 기부하자는 의견이 받아들여졌다. 다음 안건은 아랍어 강좌였다. 수강료로 2.5루삐아를 걷는 것으로 의견이 모아졌다.

다음 달 회의에서도 같은 상황이 반복되었다. 지부 지도자들이 14루삐아의 기부금을 약정했다. 학교경비 보조를 위해 매달 0.5루삐아를 추가하기로 했다. 또한 도서관 경비 충당을 위해 0.25루삐아를 기부하기로 의결했다. 두 달에 걸쳐 자까르따 지부 지도자 10명은 28.5루삐아를 기부했고, 여기에 더해 일인당 매달 1.75루삐아의 기부금을 약정했다. 평균하면, 일인당 한 달에 3루삐아를 기부했다. 당시 노동자 일당과 비교하면, 매달 일주일 치 정도의 일당을 기부한 셈이었다.

지부 운영 경비는 아니지만 필수 경비로 여겨진 것이 총회 참석 비용이었다. 설립 후 무함마디야는 매년 총회를 개최했다. 총회 준비에 심혈을 기울였기에 1920년대 중반에 접어들어 그 규모가 점점 커졌다. 참석 인원이 수천 명에 달했고, 기간 역시 열흘 남짓으로 확대되었다. 많은 시간과 노력이 투여됨으로써, 총회는 의견교환이나 의사결정의 장뿐만 아니라 축제의 성격을 띠었고, 무함마디야

그림 25 자바 외부에서 처음 개최된 1930년 서부수마뜨라 부낏띵기bukittinggi 총회

를 대중에게 알리는 기회로 자리 잡았다. 족자에서 열리던 총회는 1927년부터 족자 외부에서 주로 개최되었으며 1930년에는 자바를 벗어나 수마뜨라에서 열렸다.

여행이 쉽지 않던 시절, 지부 대표로 총회에 참석하는 일은 근대성을 경험하는 기회였다. 족자뿐 아니라 인도네시아 전역에서 온 대표를 만남으로써 총회는 무함마디야의 대중적 영향력을 실감하는 자리이기도 했다.

총회 참석 기회는 일부에게 국한되었지만, 그 경험은 지부 구성원 모두에 의해 공유되었다. 총회 이전, 주요 아젠다가 지부에 전달됨으로써 이에 대한 논의가 지부에서 선행되었다. 또한, 총회를 참석하고 돌아온 활동가를 통해 그 결과를 확인할 수 있었다.

총회에 대한 관심은 1927년 족자 총회를 통해 확인해볼 수 있다. 전체 57개 지부 중 44개 지부, 63개 그룹 중 20개 그룹이 총회에 참석했다. 한 지부에서 보통 2~3명의 대표가 참석했지만, 족자를 제외하고 가장 많은 대표를 파견한 스마랑 지부에서는 17명이, 11개 지부에서는 5~10명이 참가했다. 족자 외부에서 온 지부 대표자는 203명에 이르렀다.[7]

지부 대표를 총회에 파견하기 위해서는 상당한 경비가 요구되었다. 교통비뿐만 아니라 열흘 이상 총회 장소에 머물 경비가 필요했기 때문이다. 이 경비가 참가자를 포함한 지부 구성원 모두에 의해

---

7 SM(1928: 18–19)

충당되었기에 그것은 지부가 준비해야 하는 필수 경비에 해당했다.

지부 운영 경비가 만만치 않았기에 지부 활동이 와해되는 경우가 보고되었다. 블로라Blora의 경우, 설립 2~3년 후 활동이 멈추어 유명무실한 지부로 전락했다. 와해까지는 아니지만 구성원의 급격한 변화를 경험한 지부도 있었다. 빼까장안Pekajangan 지부에서는 17명의 지도자위원회 위원 중 12명이 일거에 교체되는 상황이 발생했다.[8]

재정적 어려움에도 대다수 하위 지부는 활동을 유지했다. 이는 중앙 본부의 지원 부재가 장기적으로 하위 지부의 자족적 운영에 부정적인 영향을 미치지 않았음을 보여준다. 지부 활동가들의 노력을 통해 조직 운영의 노하우가 축적되고 인적 네트워크가 확대되었다. 외부로부터의 지원 부재가 내적 역량을 강화시켜 자족적이고 독립적인 지부 운영 역량을 제고하는 데 도움을 준 셈이었다.

### 교육 및 의료복지 기관: 설립의 역사와 다양성

다흐란의 핵심 사상 중 하나는 실천이다. 실천은 다흐란의 이념을 이슬람 개혁주의 일반과 구분되도록 했다. 그의 실천은 도움이 필요한 주변을 대상으로 이루어졌지만, 무함마디야 설립 이후 교육,

---

8 SM(1923: 158)

**그림 26** 족자에 건립된 무함마디야의 교사 양성 학교

보건의료, 복지기관의 형식으로 구체화되었다.

교육에 대한 다흐란의 관심은 자신의 집에 설치한 학교를 통해 확인될 수 있다. 이 학교는 1916년 2년제 학교로 바뀐 후, 곧이어 7년제 초등학교로 재편되었다. 그는 중학교 수준의 교육을 전담할 학교 역시 건립했다. 그가 사망한 1923년, 족자에는 2년 과정의 초등학교 4개, 5년 과정의 초등학교 1개, 중학교 1개가 세워져 있었다.

식민지 정부나 그리스도교 선교사가 건립한 학교와 무함마디야 학교의 차이는 종교 교육이었다. 무함마디야 학교에서는 일반 교과목뿐 아니라 종교가 교육되었는데, 이는 종교 교육만을 제공하던 전통 교육기관 빠산뜨렌pesantren과도 차이를 보이는 특징이었다. 서양 문물과 이슬람에 대한 지식을 동시에 갖춘 학생을 키우겠다는 다흐란의 신념으로 인해 서구식 교육에 종교 교육을 추가하는 커리큘럼이 만들어졌다.

십여 개에 불과하던 무함마디야 학교는 1920년대 중반을 거치며 폭발적인 증가세를 보였다. 하위 지부의 핵심 목표 중 하나가 교육기관 설립이었기 때문이다. 1932년 자바에 설립된 지부와 그룹, 그리고 학교를 살펴보면 아래와 같다.

1932년 자바에 설치된 지부와 그룹은 153개, 학교는 207개였다. 이 중 초등 3년 과정의 학교가 126개, 초등 6년 과정이 23개, 중학교 수준이 58개였다. 중부자바의 경우 112개 지부와 그룹이 111개의 3년 과정 초등학교를 운영했는데, 이는 거의 모든 지부가 초등학교를 설립했음을 시사한다. 이처럼 학교는 지부 설립 후 가장 먼저

**표 3 1932년 자바의 무함마디야 지부와 그룹, 교육기관**

| | 구분 | 서부자바 | 중부자바 (족자포함) | 동부 자바 | 합 |
|---|---|---|---|---|---|
| 지부와 그룹 | | 7 | 112 | 34 | 153 |
| 학교 | | | | | |
| | Volkschool (3년제 초등학교) | 9 | 111 | 6 | 126 |
| | HIS (6년제 초등학교) | 0 | 17 | 6 | 23 |
| | MULO, HIK, Kweekschool(중학교) | 9 | 37 | 12 | 58 |
| 합 | | 25 | 277 | 58 | 360 |

출처: Majelis Pendidikan Tiunggi Penelitian dan Pengembangan(2010: 70)

추진되는 활동이었고 무함마디야의 정체성을 요약하는 상징이었다.

학교는 독특한 설립 방식으로 인해 쉽게 증가할 수 있었다. 건물과 시설, 교사 등을 완비한 후 학교를 여는 것이 아니라 학교를 먼저 열고 추후 필요한 부분을 채워나가는 방식이 채택되었다. 이는 무함마디야 발전 초기에만 적용된 것이 아니며, 이후에도 학교 설립 전통으로 자리 잡았다. 술라웨시 북부 지부의 학교 설립 사례를 통해 이를 살펴보면 아래와 같다.[9]

> 지부 설립 후 학교 건립을 위한 논의가 이루어졌고, 지부 지도자들이 10루삐아씩을 기부하기로 결정했다. 그리고 나서 얼마 지나지 않아 교육 활동이 시작되었다. 책상 두 개, 긴 의자 두 개, 칠판을 구입하여

9 SM(1937: 232–234)

지부 지도자의 집에 설치했고, 학교를 다닌 경험이 있는 활동가가 한 두 시간씩 로마자와 산수를 가르쳤다. 공부하러 오는 학생이 조금씩 증가하면서 학교에 대한 호의적인 반응이 확산했다. 몇 달 지나지 않아 학교 건물을 세울 토지를 기부하겠다는 주민이 나타났다. 여기에 목재 건물을 짓기 위해 지부 회원에게 매달 5루삐아의 기부금을 의무화했다. 학생에게도 형편에 맞추어 수업료를 받았다. 교육을 시작하고 1년여가 흐른 후 기증된 토지 위에 목재 건축물을 완성할 수 있었다. 지부에서는 이슬람 강연회를 개최하여 2년제 학교의 설립을 공식화했다.

이 사례는 무함마디야 지부의 학교 설립 방식을 요약적으로 드러낸다. 뚜렷한 청사진 없이 일단 학생을 가르쳐보자는 식으로 교육이 시작되었고, 기부금이 모여 학교의 모습이 조금씩 갖춰져 갔다. 건물 건축보다 그 운영은 더욱 힘든 과정을 거쳐야 했다. 학생 증가에 따라 정식 교사를 초빙해야 했지만 인건비를 포함한 고정 경비를 부담하지 못해 이를 미루거나 초빙한 교사를 돌려보내는 상황이 자주 발생했다.

학교 설립과 운영은 지부 활동가들의 희생에 기반을 두었다. 따라서 학교가 일정 궤도에 오르게 될 즈음이면 이를 뒷받침할 내적 역량이 확보되었다. 학교 운영의 노하우가 축적되고 학교를 이끌 인력이 구비되고, 운영비를 충족할 방식이 확립되었다.

지부와의 관계와 마찬가지로 중앙 본부는 지부가 설립한 학교 운영에 간여할 역량도 명분도 가지고 있지 않았다. 하지만, 지부와 달리 학교 운영에는 일정 정도의 통일성이 요구되었다. 이에 중앙 본부에서는 교육위원회를 통해 커리큘럼과 학교 운영 일반에 대한 지침을 제정했다.

지침에 따르면 2년제 학교에서는 종교교육, 토착문자, 라틴문자, 아랍문자를 읽고 쓸 수 있는 언어 교육, 산수, 미술, 글쓰기 교육을 제공해야 했다. 하루에 5시간 반 동안 수업을 진행하고 일주일에 하루를 휴일로 정하도록 규정되었다.

중앙 본부의 지침은 학교 간 격차로 인해 쉽게 받아들여질 수 없었다. 중앙 본부에서 운영하는 학교에 버금갈 만한 시설을 갖춘 학교도 있었지만, 가정집에서 부정기적으로 학생을 가르치는 곳도 있었기 때문이다. 따라서 지침은 가장 이상적 수준의 교육 방식을 제시하는 것으로 받아들여졌다.

자신의 집에 고아를 데려와 키워주고 일자리를 찾아주었다는 일화가 있을 정도로 다흐란은 의료 복지 영역에서의 실천을 중시했다. 이로 인해 중앙 본부에서는 고아원과 소규모 클리닉을 운영했다.

중앙 본부의 행보를 지부가 따라 하기에는 어려움이 많았다. 병원의 초기 시설투자 비용이 학교보다 훨씬 높았고, 토착인 의사를 초빙할 비용을 감당할 수 없었기 때문이다. 그 결과, 자까르따나 수라바야 같은 대도시 지부에서만 병원을 건립했고, 일부 지부에서 약국이나 조산소 같은 소규모 시설을 운영했을 뿐이다. 고아원 설립은 보다 용이했지만, 활동을 전개하기가 쉽지 않았다. 고아 양육

그림 27 수라바야에 세워진 무함마디야 의료 기관

이 친족의 의무로 여겨지는 상황에서 고아원이 일반 대중에 의해 쉽게 받아들여지지 않았기 때문이다.

의료, 복지 기관이 더디게 설립되었다고 해서 이 분야의 활동이 경시된 것은 아니었다. 약자에 대한 배려 역시 교육과 마찬가지로 무함마디야의 정체성을 보여주는 핵심 활동으로 이해되었기 때문이다. 지부에서는 나름의 활동을 펼쳤는데, 쪽자의 그룹을 통해 이를 확인할 수 있다.

쪽자의 그룹은 기부금이나 생필품을 빈민에게 나누어주고, 교육비와 의료비를 지원해주는 활동을 펼쳤다. 여기에 더해 지역 특화적인 활동이 시도되었다. 우물과 양어장 만들기, 연고자 없는 사망자 장례 지원, 장례 용품 대여, 할례식 개최, 독거인 돕기 등이 하위 지부의 형편에 맞추어 시도되었다. 사회복지 활동의 다양성은 지부 활동의 결정 권한이 지부에 부여되어 있음을 다시 한 번 확인해 준다. 약자에 대한 지원이라는 큰 방향성 속에서 각 지부는 계획을 세우고 실행할 권리를 가졌다.

무함마디야의 교육, 보건 의료, 복지, 경제 기관이 수만 개로 성장한 데에는 지부의 자율성과 자족성이 핵심적 역할을 했다. 중앙의 간섭과 통제가 최소화되고 지부 자체의 결정에 따라 기관이 운영됨으로써 기관 운영을 둘러싼 갈등이 발생할 가능성이 축소되었다. 또한, 지역 상황에 맞게 운영됨으로써 지역 밀착형 활동이 가능했고, 이는 기관의 생존 가능성을 높이며 확대 재생산을 용이하게 했다.

6

# 집단지도체제와 선거

### 과도한 조사: 첫 연구의 경험

문화인류학자의 현지조사는 장기간에 걸쳐 이루어진다. 심혈을 기울이는 박사 과정의 현지조사는 보통 일 년을 넘어선다. 이렇게 오래 조사하는 이유는 맥락적 자료 분석의 필요성 때문이다. 타문화에서 조사하면서 어떤 사건의 맥락을 파악하기 위해서는 다양한 자료 수집이 요구되며, 이는 장기간의 연구를 필요로 한다.

장기간의 조사를 어느 정도까지 계획적으로 수행할지는 문화인류학자의 성향과 역량에 달려 있다. 일별로, 주별로, 월별로 계획을 세운 후 추진상황과 자료를 확인하면서 연구를 진행하는 경우도 있다. 상황에 맞추어 활동하며 조사의 세부 문제에 대해 고민하지 않는 경우도 있다. 계획적인 조사는 효율적 자료수집과 정리를 가능하게 하며, 자료의 바다에서 헤매지 않고 지름길을 찾아가도록 돕는다. 그럼에도 무계획적인 조사가 적절하지 않다고 말하기에는 무언가 아쉬운 점이 있다. 느긋한 태도를 취할 때 연구지 상황에 순응하면서 조사할 가능성이 커질 수 있다. 또한 여유 있는 태도는 조사지에서의 삶의 질을 높여준다. 이런 점을 굳이 거론하는 이유는 내가 현지조사를 하는 방법이 후자이기 때문이다.

무계획적이라고 해서 계획을 전혀 세우지 않는 것은 아니다. 연구의 개괄적 방향에 대해서는 고민하되 매일 혹은 매주 단위로 조사 과정을 계획하지 않는다고 말하는 편이 더 적절하다. 이런 방식을 취함으로써 스트레스를 덜 받고 과도한 자책을 하지 않으며 물 흐르듯 유연하게 조사할 수 있다.

계획적이지 않게 조사하면서 부딪힌 문제 중 하나는 '과도한 조사'이다. 이 표현은 내가 만든 것이다. 이 문제를 다른 학자와 이야기한 적이 많지 않기에 문화인류학자의 공통적인 문제인지는 불확실하다. 하지만 내게 있어 이는 종종 경험할 수 있던 문제였다.

'과도한 조사'는 어떤 주제와 관련되어 지나칠 정도로 많은 시간과 노력을 투입하여 연구하는 행동이다. '조사'라는 말이 이용되지만, 이 문제는 보통 조사가 끝나고 나서 인식하게 된다. 현장에서 얻은 자료를 분석 과정에서 적절하게 활용하지 못할 때 이 표현을 떠올리게 된다. 과도한 조사의 결과물은 용도 폐기는 아닐지라도 보통 세상으로 나와 빛을 볼 기회를 잃게 된다.

농촌 마을에서 진행한 내 첫 조사에서 과도한 조사의 대상은 토지거래였다. 관련 자료를 구하기는 어렵지 않았다. 마을 이장이 토지거래 기록을 가지고 있었기에 이를 복사만 하면 끝날 수 있었다. 그런데 복사 자료를 훑어보던 중 뭔가 석연치 않은 점을 발견하면서 문제가 시작되었다. 곧장 토지거래 당사자를 만나 만족스러운 답을 구할 수 있었다. 여기에서 멈추었다면 과도한 조사로 나아가지 않았을 것이다. 하지만 그러지 못했고 나는 42건의 토지거래 전부를 주민에게 직접 물어보기로 했다.

자료수집은 무리 없이 진행되었다. 그런데 내 질문에 답하던 어느 주민이 1980년 이전 거래에 대해 말했다. 이 자료를 수집하고 싶은 욕망이 생겼다. 기록 자료가 없다는 한계와 과거로 거슬러 올라가고 싶은 욕구 사이에서 고민하던 내게 누군가가 해결책을 던져주었다. 실제로는 커다란 덫을 던져준 셈이었다. 면사무소 창고에 과거의 토지거래 기록이 보관되어 있다는 것이다.

악마의 속삭임에서 벗어나야 했지만, 그것을 뿌리치기에는 유혹이 너무 컸다. 면사무소로 가서 자료를 찾았다. 그런데 창고에 있는 자료가 조사지에만 국한되지 않았다. 1950년부터 기록된 자료에는 조사지뿐만 아니라 주변 18개 마을의 토지거래 내역이 포함되어 있었다. 노다지를 찾은 것과 다름없었다.

토지대장 원부에 거래내용이 적혀 있었기에 복사할 자료는 2,000여 장에 달했다. 복사를 결행하면서 40여 년 동안의 자료를 손에 넣었다는 만족감, 그리고 자료 분석을 통해 얻을 결과에 대한 희열을 느낄 수 있었다. 분량이 너무 많았기에 현지에서 직접 정리할 수 없었고 추후 분석을 위해 자료를 우편으로 보냈다.

몇 년 전 현지조사 파일을 정리할 때였다. 첫 조사에서 수집한 농업 관련 파일을 찾았지만 내용 확인이 불가능했다. 당시 자료 정리에 쓴 로터스Lotus라는 프로그램이 엑셀에서 열리지 않았기 때문이다. 파일 변환 프로그램을 찾아 20여 년 전에 작성한 스프레드시트를 열자 토지대장 자료가 나타났다. 이 자료를 입력하며 고생했던 기억이 떠올랐다. 자료를 일일이 입력하고 정리했지만 이를 이용할 뚜렷한 방법을 찾지 못해 좌절했던 상황 역시 떠올랐다. 결국 어렵게 얻은 자료는 제대로 활용되지 못했고, 그렇게 과도한 조사는 슬픈 종말을 맞이해야 했다.

## 과도한 조사: 무함마디야와 선거

과도한 조사에 대해 늘어놓는 이유는 무함마디야 연구에서도 같은 일이 반복되었기 때문이다. 여기에서 과도한 조사의 대상은 6장과 7장의 주제인 선거였다.

무함마디야 지도자는 5년에 한 번 열리는 총회에서 선거를 통해 선출된다. 이와 관련하여 쉽게 얻을 수 있는 자료는 1990년부터 2010년까지 치러진 다섯 차례의 선거 결과였다. 조사를 조금 더 진행하자 선거가 무함마디야 설립 직후부터 행해졌다는 말을 들을 수 있었다. 하지만, 이를 그대로 믿기에는 석연치 않은 점이 있었다. 100년 전에도 선거를 했고 심지어 다흐란조차 선거에서 선출되었다는 주장이 적절해 보이지 않았기 때문이다.

궁금증은 현지조사의 필수 요소이다. 이를 통해 생각해보지 못한 자료를 모을 수 있고, 고려하지 못한 문제에 접하게 되며, 연구 대상에 대한 이해를 심화시킬 수 있다. 선거에 대한 궁금증으로 인해 역사적 자료를 찾아보려 했지만, 쉬운 작업이 아니었다. 이 문제를 검토한 학자가 없었기에 정리된 자료를 구할 수 없었다. 여기저기 흩어져 있는 원자료를 찾기도 쉽지 않았다. 이때 필요한 태도는 적절한 선에서의 타협이었지만, 그러지 못했다.

운 좋게 1925년 자료를 찾았다. 최소 1925년에 시작되어 1978년까지 3년에 한 번, 그 후 5년에 한 번 선거가 치러졌기에, 2010년까지 25차례 선거가 행해진 셈이었다. 여러 경로로 수소문해서 10건의 결과를 찾을 수 있었다. 하지만, 나머지는 만만치 않았다. 이런 상황에서 최선의 방법은 10건의 자료를 통해 선거 추이를 밝히는 것이었지만, 나는 과도한 조사의 길로 접어들게 되었다.

2010년 현지조사가 끝난 후에도 선거 결과를 찾으려는 시도가 계속되었다. 인도네시아에 갈 때마다 무함마디야 기관지, 오래된 조직 발간 문서, 일간지 등을 수소문했다. 식민지 시기의 자료를 찾을 이런저런 방법을 모색하면서 네덜란드어를 배울지에 대해 심각하게 고민하기까지 했다. 네덜란드에 있는 식민지 문서를 읽기 위해 요구되는 능력이었다.

과도한 조사가 진행됨에 따라 수집된 자료 역시 조금씩 증가했다. 최종적으로 25차례의 선거 결과 중 16건을 모을 수 있었다. 6건의 자료를 추가로 찾은 셈으로써, 몇 년의 노력치고는 보잘 것 없는 결과였다. 그나마 다행스러웠던 점은 관련 자료를 찾던 어느 순간 나 스스로 과도한 조사라는 말을 떠올릴 수 있었다는 것이다. 몇 건의 자료를 추가한다고 해서 분석의 틀이 크게 변화되지 않으리라고 생각할 수 있었다.

과도한 조사가 항상 문제시되지는 않는다. 이 과정에서 생각해보지 못한 자료를 접하거나 고려하지 못한 문제를 찾을 수 있기 때문이다. 그럼에도 선거결과 자료를 수집, 정리, 분석하는 데 투입된 시간과 에너지를 고려하면 아쉬운 점이 많다. 이 기간 동안 다른 자료를 모으고 정리했다면 훨씬 효율적인 연구가 가능했기 때문이다.

과도한 조사의 결과인 선거 관련 서술이 이번 장과 다음 장에 제시되어 있다. 이를 통해 과도한 조사에 빠져들 수밖에 없었던 이유가 무엇인지 전달될 수 있기를 기대한다.

### 집단지도체제와 선거의 도입

선거에 대한 과도한 조사를 결행한 이유는 무함마디야식 제도의 독특함 때문이었다. 선거를 전문적으로 연구하는 학자라면 나와 같은 인상을 받지 않았을 것이다. 하지만, 선거 제도에 문외한이었던 내게 있어 무함마디야식 선거는 독특함 그 자체였다.

처음 관심을 사로잡았던 특징은 유권자가 복수의 후보자에게 투표한다는 점이다. 중앙 본부 최고지도자 위원회 위원이 9명일때에는 9명을, 13명인 현재에는 13명을 유권자가 선택했다. 한 명의 후보만을 선택하는 일인일표제에 익숙했던 내게 있어 일인다표 방식은 상당히 독특한 관행이었다. 게다가 투표 대상은 두세 명이 아닌 13명이었다.

일인다표제가 적용된 이유에 대한 답으로 가장 많이 들었던 것은 관행이었다. 예전에 그랬기 때문에 지금도 그렇다는 것이다. 투표제에 대한 이해도가 높은 활동가들은 집단지도체제를 언급했다. 무함마디야가 집단지도체제에 기반을 두고 운영되기에 이를 구성하는 지도자의 수만큼 선택한다는 것이다. 다른 식으로 표현하면, 집단지도체제를 구성할 지도자를 하나의 팀으로 생각하며 투표한

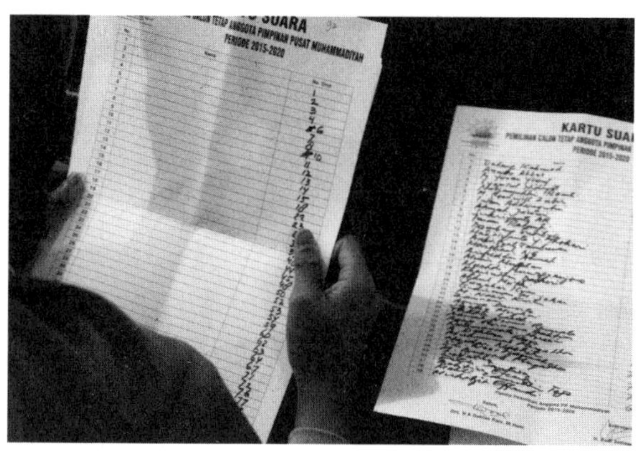


그림 28 총회 선거에 참여할 39명의 최종후보자를 기표한 투표용지. 39명 후보자의 번호 혹은 이름과 번호가 표시되어 있다.

다는 것이다.

선거 과정에 관한 연구를 지속하자 더욱 황당한 상황을 접했다. 13명의 중앙 본부 최고위 위원은 그 세 배인 39명의 후보자 중에서 선택되었다. 그런데 처음 추천된 후보자 규모가 100~200명에 달했기 때문에 이들 중에서 39명의 최종 후보자를 선택하는 절차가 중간에 추가되어야 했다. 수백 명의 최초 후보자 중에서 39명을 먼저 추리고, 39명 중에서 최종적으로 13명을 선택하는 방식이다. 39명으로 후보자를 추리는 과정 역시 투표로 진행되는데 여기에도 선거제도의 기본 논리가 적용되었다. 유권자가 전체 후보자에서 39명의 이름을 선택한다는 것이다.

한 명의 유권자가 39명에게 기표하는 방식은 과도해 보였지만, 선택되는 사람의 수만큼 선택한다는 선거의 원리와는 일치했다. 그럼에도 석연치 않은 느낌을 지울 수 없었다. 이런 식의 투표방식, 나아가 집단지도체제를 도입한 배경은 무엇일까? 오래전 일이라 이를 기억하는 활동가는 없었다. 무함마디야 선거를 집중적으로 분석한 연구 역시 없었기에 이에 대한 만족할 만한 설명을 찾을 수 없었다.

이 문제에 접근하기 위한 하나의 단서는 무함마디야의 창립 정관에 집단지도체제가 적시되어 있다는 점이다. 이 역시 쉽게 이해할 수 없었다. 무함마디야의 설립과 초기 활동은 다흐란에 의해 주도되었는데, 그가 집단지도체제를 선정한 이유가 불분명했기 때문이다.

이 문제에 대한 답을 완전히 찾지는 못했지만, 이후 그럴듯한 가설을 만들 수 있었다. 그 실마리는 무함마디야의 창립과정에 부디 우또모라는 단체가 깊숙이 간여했다는 점이다. 이를 알게 된 후 부디 우또모의 정관을 확인했는데, 두 단체의 정관은 거의 유사했다. 부디 우또모 역시 집단지도체제에 기반을 두고 있었고, 선거 방식 역시 일인다표제였다.[1]

이를 확인한 후 선거제도에 대한 궁금증은 어느 정도 해소될 수 있었다. 다흐란은 근대적 단체의 설립을 원했다. 그에게 있어 근대적 단체의 원형이 부디 우또모였기에, 그 정관을 거의 그대로 모방하여 무함마디야의 정관을 만들었다. 이러한 설명을 뒷받침할 명확한 역사적 근거를 찾아내지는 못했다. 그럼에도 이 정도에 만족하며 더 이상 추가 연구를 하지 않기로 마음먹었다. 지금 생각하면 조금은 아쉽기도 하지만, 과도한 조사로 나아가는 것을 막은 불가피한 결정이었다.

## 집단지도체제[2]

20세기 초반 단체를 정식으로 등록하기 위해서는 정관을 만들고 지도부를 충원한 후 식민지 정부의 허가를 맡아야 했다. 다흐란의 첫번째 시도는 마따람 왕국의 종교업무를 총괄하는 관료에 의해 거부되었다. 구전에 따르면, 단체의 의장을 일컫는 'president'라는

---

1 부디 우또모에 대해서는 Nagazumi(1989)을 참조할 것.

2 무함마디야의 집단지도체제와 선거에 관한 서술은 김형준(2014a)에 기반을 두고 작성되었다.

표현을 정관에서 본 그 관료는 다흐란이 대통령이 되기를 원한다고 생각하여 신청서를 반려했다고 한다. 그가 다흐란의 직속 상관이었음을 고려해보면, 이 이야기는 그와 다흐란을 전근대와 근대라는 틀로 구분하려는 의도를 지닌 것 같았다.

무함마디야의 정관은 부디 우또모의 정관을 차용한 후 일부 내용을 수정한 것이었다. 단체의 목적이나 지도자의 이름이 주요 수정 내용에 해당했다. 단체의 지도 체제와 관련해서 다음과 같은 내용이 포함되었다.[3]

> 무함마디야는 회원에 의해 선출된 9명의 지도자로 구성되는 중앙위원회에 의해 이끌어진다.

9명의 지도자에게는 의장, 부의장, 비서 등의 직책이 부여되었지만, 정관은 단체의 최고 권력이 의장 개인이 아닌 중앙위원회에 부여되어 있음을 명확히 했다. 다흐란이 의장직을 맡는 동안 정관 규정은 적용되지 않았다. 다른 위원이 다흐란을 보조하거나 후원하는 역할 정도만을 했기 때문이다. 단체의 활동을 계획·실행하고, 중요한 의사결정을 내리고, 활동가를 충원·교육하고, 단체를 선전하고, 단체를 재정적으로 뒷받침하는 역할 모두를 다흐란이 떠맡았다. 이는 당시의 리더십 구조가 집단지도체제가 아니었음을 보여준다.

---

**3** Jaldan(1998)

일인지도체제로 운영되던 무함마디야는 다흐란의 사후 새로운 상황에 직면했다. 다흐란의 유지에 따라 2대 의장이 된 이브라힘은 카리스마적 지도자의 공백을 메꿀 능력을 갖추고 있지 못했다. 그는 독자적 비전과 강력한 실행력을 갖춘 지도자가 아닌 기존 조직을 유지하는 관리자 정도의 역할을 했다.

이브라힘 밑에서 단체의 운영은 규칙과 규정을 중시하는 방향으로 나아갔다. 이런 전환은 수월했는데 그 이유는 다흐란 자신이 규정에 기반을 둔 조직 운영을 이상적으로 여겼기 때문이다. 이는 다흐란 제자의 일화를 통해 확인할 수 있다. 그의 수제자인 파흐루딘 Fachruddin에게 젊은이들이 찾아와 무함마디야에서 활동하고 싶은 의사를 밝혔다. 이에 파흐루딘은 정관을 숙지하도록 요구했다. 이후 이들은 정관을 외우고, 정관에 기반하여 무함마디야의 설립 이유와 활동을 설명하는 훈련을 받았다.

다흐란 사후 정관에 제시된 집단지도체제가 본격적으로 시도되었다. 하지만 이 과정이 순조롭게 진행된 것만은 아니다. 이를 어떻게 운영해야 할지에 대한 선례를 다흐란이 남기지 않았기 때문이다. 시행착오가 이어졌는데, 이를 예시할 상황이 1937년에 발생했다.[4]

1937년 총회에서는 새로운 최고위 위원 선출이 예정되어 있었다. 그런데 총회 기간을 전후하여 젊은 활동가들이 전임 최고위 위원들을 공공연히 비판했다. 높은 연배에 속하는 이들 최고위 위원이

4 Hadikusumo(2010)

단체를 일방적으로 운영했다는 것이다. 이들은 자신들이 최고위 위원의 의견에 순종해야 하고 그 결정을 집행하는 조수 정도로 취급받았을 뿐이라고 비판했다.

자바 문화에서 불만의 표출은 문제의 시작이 아닌 정점을 의미한다. 따라서 비판의 공론화는 젊은 세대의 불만이 극에 달했음을 의미하는 것으로 받아들여졌다. 중간 연배 활동가들이 중재를 시도했다. 이들의 노력을 통해 구세대 지도자가 모두 퇴진하고 젊은 활동가로 최고위 위원을 구성하자는 합의안이 도출되었다.

갈등의 해결책은 규정에 어긋났다. 선거를 통해 선출된 최고위 위원이 사퇴해야 했고, 새로운 지도부가 관련 활동가들만의 협의를 통해 선임되었기 때문이다. 이와 함께 고려할 측면은 젊은 활동가의 문제 제기 역시 규정 준수와 관련되었다는 것이다. 이들은 높은 연배 활동가의 전횡을 문제 삼음으로써 집단지도체제에 기반을 두어야 하는 조직 운영이 규정에 부합하는 방식으로 이루어지지 않았다고 비판했다.

1937년 사건은 집합지도체제가 제대로 작동하지 못했음을 시사한다. 동시에 구세대 활동가에 대한 비판은 젊은 활동가들이 권위가 아닌 규정에 따른 지배를 지지했음을 의미한다.

1937년 사건은 조직 내부의 갈등이 가장 극적으로 표출된 경우였다. 그것이 단체의 규정이 아닌 상황적 논리에 따라 표현되고 해결되었다는 사실은 무함마디야 활동가들을 딜레마에 빠뜨렸다. 무함마디야를 근대적 단체로 이해하고, 개인이 아닌 규정에 따른 지

그림 29 젊은 세대로 교체된 1937년 최고위 위원

배를 그 특징으로 강조했던 자신들이 불만 표출과 해소를 위해 이를 무시했기 때문이었다. 이러한 상황에서 이들은 규정을 더욱 강조하는 쪽으로 나아갔다.

1937년 사건 후 최고위 의장으로 선임된 마스 만수르는 규정의 중요성을 부각시켰다. 그가 제안한 '무함마디야의 12행보12 Langkah Muhammadiyah'는 정관을 제외하고 무함마디야에서 처음으로 제시된 비전이었다. 이 문건의 흥미로운 점은 이념적 차원의 비전과 함께 조직 운영 상의 비전이 제시되었다는 것이다. 중앙과 지부 활동가가 같이 참여하는 회의를 강화할 것, 중앙 본부 산하 위원회 회의를 정례화할 것, 의사결정을 집합적으로 수행할 것, 조직 활동에 대해 감독할 것 등이 목표로 설정되었다. 12행보는 규정에 따른 조직 운영을 다시 한번 천명함으로써 개인의 성향이나 상황적 논리가 단체 활동에 개입해서는 안 됨을 강조했다.

## 집단지도체제의 공고화

1940년대의 인도네시아는 일본의 식민 통치, 독립 선언, 네덜란드와의 독립 전쟁 등 비정상적 상황으로 채워졌다. 독립 정부가 통치를 시작한 1950년 이후 무함마디야 역시 안정화의 길로 접어들었다. 이를 알리듯 무함마디야는 1950년 족자에서 대규모 총회를 개최하여 대중적 영향력을 한껏 드러냈다.

독립 후 집단지도체제는 더욱 안정적으로 운영될 수 있었다. 아이러니하게도 이러한 안정적 상태에서 그에 대한 내부 비판이 제기되었다. 1937년 사건과 달리, 이 비판은 집단지도체제의 운용이 아니라 그 자체를 문제시했다.

집단지도체제를 비판한 활동가는 당대 최고의 이슬람학자인 함까HAMKA였다. SM에 실린 '지도자와 이마마imamah'라는 글에서 그는 자신이 중앙 본부로부터 선거와 지도체제를 검토해보도록 요청받았다고 먼저 밝혔다. 자신의 비판이 조직 차원에서 이루어진 활동의 결과로서 개인적 불만 제기가 아님을 드러내기 위해서였다. 이어 그는 집단지도체제를 세 측면에서 비판했다.

함카는 이 제도가 선지자 무함마드의 가르침에 어긋난다고 주장했다. 그에 따르면 이슬람의 리더십은 '이마마' 원칙에 기반을 두어야 한다. 집단예배를 인도하는 '이맘imam'에서 이 표현이 기원했다는 사실이 시사하는 것처럼 이슬람에서 집단은 한 명의 지도자에 의해 이끌어져야 한다는 것이다.

조직적 차원에서 그는 집단지도체제로 인해 중앙 본부 최고위 의장이 경험하는 어려움을 아래와 같이 지적했다.[5]

> 의장은 자신의 권리를 완전하게 누리지 못하며, 집단지도체제를 구성하는 다른 8명 위원의 의견을 동의하지 않더라도 받아들여야 한

5 HAMKA(1953: 2–6)

다. 결과적으로 리더십이 부드럽게 행사되지 못하는 상황이 자주 발생한다.

역사적 차원에서 그는 선출된 최고위 위원이 젊은 활동가의 항의로 인해 물러나야 했던 1937년 사건을 인용했다. 의장의 절대적 권위 없이는 규정이 지켜질 수 없다는 것이다. 그는, 위기 극복 과정에서 최고위 위원과 하위 지부 대표자로 구성된 모임의 영향력이 커졌고, 이것이 의장의 권위를 더욱 약화시켰다고 주장했다.

함카의 문제 제기는 즉각적인 반응을 불러오지 않았다. 그의 주장은 총회의 공식 아젠다에 포함되지 않았고 그에 대한 논의조차 이루어지지 않았다. 집단지도체제가 이슬람 교리에 부합하지 않는다는 엄중한 비판이 심각하게 받아들여지지 않은 이유는 확실치 않다. 이러한 주장이 단체의 통합을 깨뜨릴 수 있으리라는 우려 때문이었으리라 추정될 뿐이다.

공식적으로 논의되지는 않았지만 함카의 비판은 무시할 수 없었다. 일 년 남짓 흐른 후, 당시 최고위 의장이던 수탄 만수르Sutan Mansur는 연례 연설을 통해 함카에게 답변을 제시했다.[6] 그는 먼저 공동 예배에서 이맘이 가진 절대적 위상을 언급했다. 이맘이 특정한 행동을 취하면, 다른 사람이 이를 따라 해야 한다는 것이다. 이러한 이맘의 성격에 기반을 둔 지도체제를 '이마마'라 정의한 후, 그

---

**6** Sutan(1954: 2–5)

는 예배와 단체 활동의 차이를 설명했다. 단체 활동의 지도체제는 이슬람식으로 '슈라shura'라 불리는 집합체에 기반을 둔다. 통일성에 기초하여 운영되는 슈라의 구성원은 개인적으로 행동할 수 없다. 불가피한 상황에서 개인적으로 행동했다면 이후 이를 슈라에 설명하여 사후 승인을 얻거나 취소하는 절차를 행해야 한다.

이어 수탄 만수르는 이슬람의 가르침에 어긋난 이맘에 관해 설명했다. 이슬람 교리에 따르면 이런 이맘에 대한 복종은 무슬림의 의무가 아니며 종교적 죄라고까지 말할 수 있다. 이를 통해 그는 일인 중심의 이마마 체제보다 집단지도체제가 갖는 우월성을 드러내려 했다. 마지막으로 그는 '집합적 이마마'라는 표현을 거론했다. 그는, 이를 뒷받침할 경전 내용을 언급하지는 않았지만, 그것이 이슬람에서 권장하는 '슈라'와 동일시될 수 있음을 강조했다.

수탄 만수르가 함카의 문제 제기에 대해 공식적으로 답했다는 사실은 아주 중요하다. 문제를 처음 제기한 활동가가 이에 대한 추가적인 대응을 하지 않을 때 논란은 종결된다. 바로 이러한 상황이 발생했다. 함카는 더 이상 이 문제에 대해 거론하지 않은 것이다.

집단지도체제는 다흐란에 의해 도입되었다. 다흐란은 이를 근대적 단체의 조직원리로 이해했지만, 그 운용에 대해서 고민할 필요가 없었다. 그의 리더십 하에서 무함마디야는 일인지도체제로 운영되었고 형식적으로만 집단지도체제가 받아들여졌기 때문이다. 그의 사후 집단지도체제가 본격적으로 시행되면서 그것을 운영할 노하우가 축적되었다.

수탄 만수르의 연설은 무함마디야의 지도체제와 관련하여 매우 중요한 의미가 있다. 무엇보다 집단지도체제가 이슬람 교리에 제시된 슈라와 동일시될 수 있음이 명시적으로 지적되었다. 과거 비공식적 차원에서 논의되던 내용을 공식화함으로써, 집단지도체제는 이슬람식 성격을 띤 제도로 정의되었다. 또한, 이와 관련된 논란을 종식시킴으로써, 집단지도체제는 더 이상 논의할 필요가 없는 '성스러운' 제도로서의 위상을 확보했다.

### 선거와 집단지도체제

집단지도체제가 도입되었다고 해서 그것이 민주적 조직 운영을 담보하는 것은 아니다. 지도자들이 민주적으로 선출되고, 이들의 평등한 지위가 보장되며, 자유로운 의사결정이 이루어질 때 집단지도체제는 민주적으로 운영될 수 있다. 무함마디야의 경우, 집단지도체제의 민주적 운영을 뒷받침할 제도와 관행이 차례로 확립되었다. 먼저 지도자 선출 방식을 통해 이 문제에 접근해 보도록 한다.

선거는 집단지도체제와 함께 근대적 단체를 지향한 다흐란에 의해 도입되었다. 모든 권위가 다흐란에 집중되었던 시기, 집단지도체제와 마찬가지로 선거 역시 제대로 실행되지 못했다. 관련 기록이 처음 등장한 1922년 자료에 따르면 총회에서 의장 자리는 투표가 아닌 만장일치를 통해 다흐란에게 부여되었다. 또한, 선거를 통해서가 아니라 다흐란에 의해 중앙 본부 최고위 위원이 선임되었다. 정관의 규정이 적용되지 않음으로써 무함마디야 활동가들은 선거가 집단지도체제에 미칠 영향을 경험하지 못했다. 다흐란이 세상을 떠난 후에야 이들은 이 문제에 직면하게 되었다.

다흐란의 유언에 따라 1923년 이브라힘이 의장 자리에 올랐다. 지도자를 새로 선출할 1925년 총회에서는 규정에 맞춰 선거가 치러졌다. 선거 절차 역시 부디 우또모로부터 도입되었는데, 여기에는 집단지도체제 유지에 핵심적인 역할을 할 요소가 포함되어 있었다.

선거는 두 단계에 걸쳐 진행되었다. 첫 단계는 후보 추천으로 시작되었다. 우편을 통한 추천 과정이 마감된 후 선거관리위원회는 추천된 후보자의 이름이 쓰인 투표용지를 회원에게 보냈다. 이때 유권자들은 최고위 위원 수와 동일한 9명을 선택하도록 요구되었다. 기표가 된 용지를 모은 후 선관위가 개표했고, 가장 높은 득표를 한 9명을 최고위 위원으로 선정했다.

두번째 단계는 선출된 9명의 위원 중 의장을 선임하는 절차이며 총회에서 진행되었다. 정관에 따르면 의장 역시 투표로 선출해야 했지만, 그 구체적 절차가 제시되지는 않았다. 이로 인해 1925년 선거에서는 투표가 아닌 총회 참가자의 합의에 따라 의장이 선출되었고, 1928년 총회에서는 투표가 행해졌다. 의장 후보로는 9명의 선출위원 모두가 아니라 3명만이 선정되었는데, 그 이유는 명확하지 않다.

선거 절차 중 가장 흥미로운 요소는 한 명이 아니라 최고위 위원의 수만큼 후보를 선택하는 '블록 투표block voting'였다. 일차 투표에서 선출된 9명의 후보를 대상으로 총회에서 의장 선출을 하도록 한 절차 역시 주목할 필요가 있다. 이 두 절차가 집단지도체제를 강화하는 놀라운 효과를 지녔기 때문이다.

블록 투표의 효과를 알아보기 위해 1925년과 1928년의 선거 결과를 비교할 것이다. 1925년 선거에서는 4,000장의 투표용지가 배포되어 1,394장이, 1928년 선거에서는 8,000장의 투표용지 중 3,685장이 회수되었다.

**표 4 1925년과 1928년 중앙위원회 선거 결과**

| | 1925 | | | 1928 | | |
|---|---|---|---|---|---|---|
| | 이름 | 득표 | 퍼센트 | 이름 | 득표 | 퍼센트 |
| 1 | M. H. Fachruddin | 1,338 | 100.0 | M. H. Fachruddin | 3,172 | 100.0 |
| 2 | M. M. Husni | 1,325 | 99.0 | M. Yunus Anies | 3,013 | 95.0 |
| 3 | M. H. Hadikusumo | 1,299 | 97.1 | M. H. Muchtar | 2,941 | 92.7 |
| 4 | M. Ng. Joyosugito | 1,298 | 97.0 | K. H. Ibrahim | 2,904 | 91.6 |
| 5 | R. H. Hajid | 1,256 | 93.9 | R. H. Hajid | 2,596 | 81.8 |
| 6 | R. Pringgonoto | 1,056 | 78.9 | M. H. Hadikusumo | 2,115 | 66.7 |
| 7 | M. H. Muchtar | 1,043 | 78.0 | M. H. Syujak | 1,880 | 59.3 |
| 8 | M. H. Syujak | 1,002 | 74.9 | M. H. Hasyim | 1,575 | 49.7 |
| 9 | K. Moh. Fakih | 1,000 | 74.7 | M. H. Hisyam | 1,536 | 48.4 |

출처: SM(1925: 202; 1928: 29)

두 선거에서 파흐루딘Fachruddin은 전체 투표의 96퍼센트와 86퍼센트를 획득하며 최다득표자가 되었다. 다흐란의 수제자인 파흐루딘은 다흐란 사후 가장 권위 있고 영향력 있는 지도자로 부상했다. 용감함, 추진력, 깊은 종교적 지식, 뛰어난 연설 능력을 갖춘 그는 1920년대 인도네시아에서 가장 유명한 종교 지도자 겸 사회운동가였다.

두 선거의 또 다른 공통점은 집단지도체제와 관련하여 중요한 의미가 있다. 파흐루딘과 2위 후보자 사이의 격차가 매우 적어서, 그 차이는 1925년에 13표, 1928년에 159표에 불과했다. 파흐루딘의 득표를 100으로 놓을 때 2위 득표자인 후스니Husni와 아니스Yunus Anies의 득표율은 99퍼센트와 95퍼센트에 이르렀다.

선거 당시 중앙 본부의 총무였던 후스니와 아니스는 일반 회원과 접촉할 기회가 많았다. 하지만, 이들의 영향력과 인기는 파흐루딘과 비교될 수 없었다. 후스니는 1921년에 활동을 시작해서 총무가 되었고, 20대 초반이던 아니스 역시 자까르따에서 족자로 돌아온 직후인 1927년 총무로 선임되었다.

이처럼 종교적 권위와 영향력을 갖추지 못한 후스니와 아니스가 파흐루딘에 비견될 만한 득표를 했던 이유, 다른 식으로 표현하면, 파흐루딘이 대내외의 위상에 걸맞은 압도적인 승리를 얻지 못한 이유는 블록 투표 때문이었다. 중앙 본부 활동가와 접촉할 기회가 제한된 지부 회원에게 있어 9명의 후보자를 선택하는 일은 쉽지 않았다. 이들은 자신에게 친숙한 이름을 선택하는 경향을 보였는데, 이때 가장 쉽게 떠올릴 인물이 투표 관련 문서를 보내고 거기에 서명을 한 총무였다. 이로 인해 이들은 파흐루딘에 버금가는 득표를 할 수 있었다.

블록 투표는 파흐루딘의 종교적 권위, 조직 내 영향력, 대중적 인기가 선거를 통해 표출될 수 없도록 했다. 그가 어떤 활동가보다도 강력한 종교적, 사회정치적 영향력을 지녔지만, 그의 득표는 다른 후보보다 조금 더 많을 수밖에 없었다. 투표 자체가 지도자의 권위, 영향력, 인기에 따라 이루어지지 않았기 때문에 선거는 집단지도체제를 강화하는 방향으로 나아갔다. 조직의 리더십이 뛰어난 한 명에게 집중될 수 없고 9명의 지도자에게 분배되어야 한다는 점을 경험할 기회를 선거가 제공했던 것이다.

일차 선거에서 선출된 9명의 최고위 위원을 대상으로 총회에서 의장을 선출하도록 한 규정 역시 블록 투표와 마찬가지로 권위와 영향력의 집중을 억제했다. 총회에 참석한 사람 중 상당수는 서로 면식이 있는 족자 사람이었기에 자바 문화에서 중시되는 연장자에 대한 배려가 선거에 개입할 여지가 높았다. 1925년과 1928년 선거 모두 1차 투표에서 최다득표를 한 파흐루딘 대신 이브라힘이 총회에서 회장으로 선임되었다. 이는 강력한 영향력을 행사하는 지도자의 회장 선임 가능성을 축소함으로써 권위의 집중을 방지하고 집단지도체제를 뒷받침할 환경을 조성할 수 있었다.

### 선거 절차의 변화: 1950년대 이후

독립 후 조직 팽창 과정에서 무함마디야의 지도자 선출 절차 역시 변화를 겪었다. 가장 큰 변화는 1960년대에 시작된 간선제이다. 모든 회원에게 주어졌던 중앙 본부 최고위 위원 선거권이 지부에서 추천한 대표자로 제한되었다. 모든 회원이 후보자를 추천하던 방식 역시 주 지부와 시도 지부, 그리고 자치단체에서 후보를 추천하는 방식으로 전환되었다.

이런 변화를 야기한 이유는 선거 참여 회원의 급증이었다. 최다득표수를 통해 이를 추정할 수 있는데, 1950년에 6,765표였던 최다득표는 1953년엔 1만 945표, 1956년엔 2만 9,005표로 증가했다. 유권자 증가는 총회에서 진행되는 개표 작업을 어렵게 했다. 1956년과 같이 3만여 표를 개표한다고 할 때, 매 유권자가 9명의 후보자를 적었기에 27만 번이나 계산해야 했다.

기술적 어려움에 대한 해결책이 반드시 대의제여야 했던 것은 아니다. 예를 들어 총회에서 진행되는 개표 과정을 총회 이전에 완료하는 식으로 전환하는 방식 역시 가능했다. 대안이 있었음에도 대의제를 도입한 이유 중 하나는 총회의 중요성 때문이었다.

총회는 무함마디야의 통합과 대중적 영향력을 과시하는 자리로서 단체의 가장 중요한 행사이다. 이로 인해 1920년대에 확립된 총회 형식은 변하지 않고 현재까지도 이어지고 있다. 총회 행사 중 가장 주목을 받은 행사는 선거였다. 투표함을 개봉하여 개표하는 과정은 총회 첫날 시작되어 며칠간 이어지면서 참가자의 관심을 집중시켰다. 따라서 총회의 하이라이트인 개표 절차를 총회 이전에 완결하는 방식으로 전환하는 것은 만족스러운 선택으로 여겨질 수 없었다. 여기에 더해 인도네시아의 대통령 선거가 간선제로 행해졌다는 사실 역시 간선제로의 전환을 촉진했으리라 추정된다.

선거와 관련된 두번째 변화는 탄위르tanwir라 불리는 집합체의 선거 개입이다. 탄위르는 중앙 본부 최고위 위원, 주 지부 대표자, 자치단체 대표자로 구성된 모임이다. 단체 운영과 활동의 통합성을 높이기 위해 만들어진 탄위르는 일 년에 한 차례의 정기 모임과 필요에 따른 부정기 모임을 개최했다. 선거와 관련하여 탄위르에 두 가지 권리가 부여되었다. 첫번째는 후보 추천 권리이다. 두번째는 추천된 후보 중 총회 선거에 참여할 최종 후보자를 선택하는 권리이다. 수백 명에 달하는 추천 후보 중 최고위원회 위원의 3배수인 27명(위원이 13명으로 확장된 후에는 39명)이 탄위르 위원의 투표를 통해 최종 후보자로 선출되었다.

유권자 수 증가에 대한 대응이라는 실용적 이유로 탄위르에 두 권리가 부여된 듯하다. 추천 후보가 증가하고 이들을 대상으로 선거가 진행될 경우, 이들의 이름 모두가 쓰인 투표용지에 기표하고, 투표지를 개표하고 그 결과를 집산하는 과정에 과도한 시간과 에너지가 투여되어야 했다. 탄위르에서 최고위원회 위원의 3배수로 최종 후보자를 일차 축소함으로써 선거 과정을 단순화할 수 있었다.

세번째 변화는 총회 선거에서 선출된 9명의 후보 중 의장을 선임하는 절차였다. 이들을 대상으로 총회에서 투표하는 것이 원래 절차였지만, 이후 선출된 9명에게 회장 선임권을 주는 것으로 변경되었다.

선거 절차는 편의상 바뀌게 되었지만, 이를 통해 일반 회원의 권리가 축소된 점은 부인할 수 없다. 이러한 변화를 민주적 관행의 후퇴로 해석할 수도 있다. 하지만 새롭게 권리를 부여받은 대상이 개인이 아닌 집합체였다는 사실이 먼저 강조되어야 한다. 즉, 최종후보자 선출권은 탄위르에, 회장 선임권은 선출된 위원들에게 부여되었다.

1950년대 이후 선거 절차의 변화는 직접 민주주의를 제한했다. 하지만 이는 개인이 아닌 집단에 의한 대의제를 강화하는 방향으로 전개되었다. 그 결과 이러한 변화는 무함마디야가 기반을 둔 집단지도체제의 틀을 유지할 수 있도록 했다.

### 1950년대 이후의 선거 결과

선거 절차의 변화가 투표 결과에 미친 영향을 알아보기 위해 아래에서는 1950년에서 2015년까지의 선거 결과가 분석될 것이다. 편의상 1위 득표자와 2위 득표자 그리고 마지막 선출 후보인 열세번째 득표자만이 비교될 것이다. 1959년 선거부터 최고위원회 위원이 아홉명에서 열세번명으로 확대되었기에 이 시기 이전은 아홉번째 득표자가 이후에는 열세번째 득표자의 득표가 제시되어 있다.

**표 5 1950년대 이후 중앙 본부 선거자료**

| 연도 | 득표 | | | 득표율 | |
|---|---|---|---|---|---|
| | 1위 | 2위 | 13위(9위) | 2위/1위 | 13위(9위)/1위 |
| 1950 | 6,765 | 6,227 | 3,677 | 92.0 | 54.4 |
| 1953 | 10,945 | 10,812 | 5,038 | 98.8 | 46.0 |
| 1956 | 29,005 | 28,202 | 15,345 | 98.8 | 52.9 |
| 1959 | 13,525 | 11,781 | 6,675 | 87.1 | 49.4 |
| 1968 | 933 | 797 | 535 | 85.4 | 57.3 |
| 1985 | 1059 | 982 | 437 | 92.7 | 41.3 |
| 1990 | 997 | 993 | 516 | 99.6 | 51.8 |
| 1995 | 1,245 | 1,048 | 589 | 84.2 | 47.3 |
| 2000 | 1,282 | 1,048 | 706 | 81.7 | 55.1 |
| 2005 | 1,718 | 1,374 | 776 | 80.0 | 45.2 |
| 2010 | 1,915 | 1,650 | 797 | 86.2 | 41.6 |
| 2015 | 1947 | 1928 | 968 | 99.0 | 49.7 |

출처: Kompas(1985); Muhammadiyah(1991, 8; 1995, 7–8; 2000, 8; 2007, 519–520; 2010a; 2015a); SM(1950: 4; 1953, 49; 1960, 1–2; 1968, 2); Suara Ummat (1956)

1위 후보와 2위 후보의 득표수 차이는 지속해서 변화했다. 하지만, 전체적으로 1위 후보가 압도적 승리를 거두었다고 보기에는 그 격차가 크지 않아서 2위 후보는 1위 후보 득표의 80~99퍼센트를 획득했다. 1위 후보와 마지막 순위 후보 사이의 득표 역시 차이를 보였지만, 변화의 폭은 크지 않았다. 이러한 추이를 단순화하여 살펴보기 위해 선거를 세 시기를 나누어 득표율 차이를 확인했다.

**표 6 지도자 선거의 득표 차이(비율)**

| | 2위/1위 | 13위(9위)/1위 |
|---|---|---|
| 1920–40년대 (4사례) | 88.7 | 58.7 |
| 1950–1960년대 (5사례) | 92.4 | 52.0 |
| 1985–2015년대 (7사례) | 89.1 | 47.4 |

1위 후보와 2위 후보의 득표율은 큰 차이를 보이지 않았다. 1920~1940년대 88.7퍼센트였던 비율은 이후 약간 상승한 후 1985년 이후 89.1퍼센트로 낮아졌다. 이는 2위 후보가 1위 후보의 90퍼센트 정도를 득표했음을 시사한다. 마지막 순위 후보의 경우 감소폭이 크지만, 50퍼센트 내외의 득표가 유지되었다. 이 자료는 총회에서 선출된 후보자 모두가 상당한 정도의 지지를 얻었음을 시사한다. 마지막 순위 후보만을 놓고 본다면, 최소 과반 정도의 유권자가 모든 후보에 대해 지지를 표명했다고 할 수 있다.

이 자료는 유력 후보자가 무함마디야식 선거를 통해 자신의 영향력과 인기도를 표현하고 확인받기가 쉽지 않음을 지적한다. 1위를 했더라도 다른 후보를 압도할 수 없으며, 단지 조금 더 많은 표를 얻었다고 평가받게 된다. 이런 의미에서 무함마디야식 선거 절차는 더 많은 영향력과 인기를 가진 지도자와 그렇지 않은 지도자 사이의 차이를 모호하게 만드는 효과를 가졌다.

1차에서 선출된 9명(13명)의 후보들로 하여금 의장을 선임하도록 한 절차 역시 유사한 효과를 가져왔다. 1차 선거에서 가장 많이 득표한 후보가 보통 의장으로 선임되지만, 선출된 후보 모두가 1차 선거의 득표와 관계없이 동등한 선거권과 피선거권을 가진다는 사실은 이들 사이의 평등성과 집합성을 확인해주는 역할을 했다.

중앙 본부 최고위원회 위원 선출절차는 모든 하위 지부에 동일하게 적용되도록 규정되었다. 선거에 참여할 유권자가 많지 않은 면동 지부의 경우 투표보다는 합의가 선호된다. 구군 지부에서는 투표와 합의가 균형적이다. 시도 지부와 주 지부에서는 중앙 본부와 동일한 절차로 선거가 진행된다. 시도 지부와 주 지부에서 선거를 통한 지도부 선출이 정착됨으로써, 활동가가 지도자를 선출하며 선출된 지도자들이 집단적으로 조직을 운영해야 한다는 인식이 뿌리내릴 수 있었다.

정리하면, 집단지도체제를 뒷받침할 지도자 선출방식은 우연한 계기를 통해 도입되었다. 하지만 선거가 지속함에 따라 선거는 활동가 사이의 평등성을 확인해주고 유력 지도자로의 권위와 권력 집중을 억제하도록 작용했다. 선거라는 절차를 통해 민주적 조직 운영을 뒷받침할 핵심축이 확고하게 뿌리내릴 수 있었다.

### 선거: 이슬람식 제도?

근대적 단체를 모방하는 과정에서 도입되었다는 배경이 드러내는 것처럼 선거는 이슬람 교리에 기반을 둔 관행이 아니다. 그럼에도 설립 후 상당 기간 동안 선거를 이슬람 교리를 통해 설명하려는 시도가 이루어지지 않았다. 하지만, 시간이 흐르면서 이를 이슬람의 틀 속에서 해석하려는 논의가 진행되었고, 그 결과를 일부 활동가들이 인지하게 되었다.

자주 이용되는 설명 방식은 선지자 무함마드의 승계 과정과 연결된다. 무함마디야 활동가들에 따르면 무함마드가 갑자기 사망했기에 후계자 문제가 정리되어 있지 않았다. 그를 가까이에서 보필하던 동료와 제자는 이슬람의 정신에 부합하는 방식을 고안했고, 이후 네 차례의 승계 과정에서 활용되었다.

첫 칼리프인 아부 바크르Abu Bakr는 무함마드 동료와 제자의 합의에 의해 지도자로 추대되었다. 두번째 후계자인 우마르Umar는 아부 바크르가 주변과의 협의를 통해 지명했다. 세번째 칼리프인 우스만Uthman은 지도자 선임을 위임받은 그룹에 의해 선출되었고, 네번째 지도자 알리Ali는 합의와 추대의 절차를 거쳤다. 무하마드 승계 과정에서 이용된 협의, 합의, 선출 방식은 무함마디야의 선거 절차가 이슬람 전통 내에 위치하고 있음을 보여주는 근거로 이용되었다.

무함마드 승계 과정에서 협의와 합의, 선출이 어떻게 진행되었는지에 대해 무함마디야 활동가들은 명확한 답을 가지고 있지 않았다. 대신 이들은 무함마드 승계 과정에 내재한 정신을 무함마디야가 적절하게 구현하고 있는지가 중요하다고 말했다. 이런 측면에서 보면, 무함마디야의 선거 절차는 이슬람 전통에서 벗어나지 않는데, 이를 족자 주 지부 활동가는 아래와 같이 설명했다.

> 이슬람에는 금지된 행동을 제외하고는 모두 허용될 수 있다는 교리가 있다. 공정하고 평등하게 이루어지는 무함마디야의 선거가 이슬람의 정신에 부합하며 선거를 금지하는 규정이 경전에 제시되어 있지 않기 때문에 우리는 이를 지도자 선출 방식으로 이용할 수 있다.

일부 활동가들은 선거에서 나타나는 평등성에 주목했고, 이를 부각하기 위해 엔우를 거론했다. 유명 지도자의 후손이나 제자가 지도자 자리를 차지하는 엔우와 비교할 때 무함마디야의 선거는 평등성을 구현하는 방식으로 진행된다는 것이다. 서구식 제도인 선거를 이슬람식 렌즈를 통해 설명함으로써 선거를 통해 뒷받침되는 집단지도체제의 위상 역시 의문시되지 않을 수 있었다.

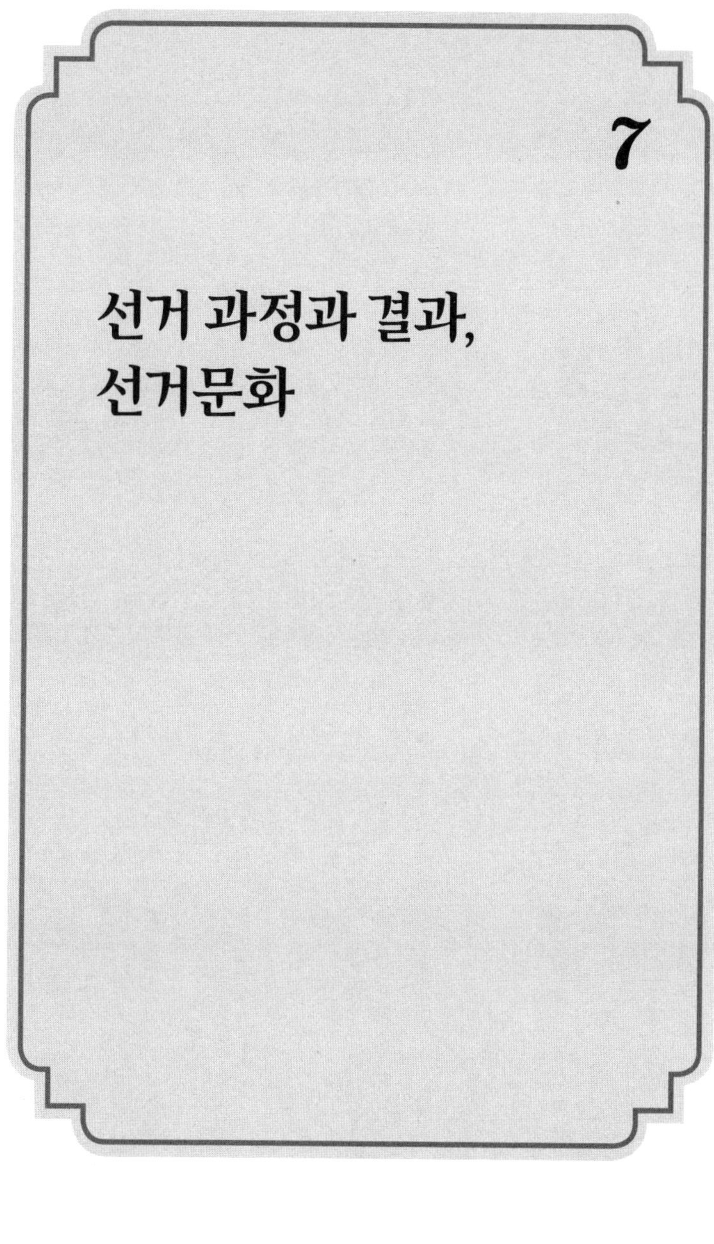

# 7

# 선거 과정과 결과, 선거문화

## 총회: 축제의 장

무함마디야 활동가들에게 있어 '묵따마르Muktamar'라 불리는 총회는 매우 특별한 사건이다. 이들은 자신이 참석했던 총회를 훈장이라도 되는 듯 생생하게 기억했다. 총회 때 선출된 지도자, 방문한 관광지, 묵었던 숙소 등에 대해 말하면서 이들은 자신이 무함마디야의 진정한 구성원임을 표현했다.

총회의 공식 목적은 이전 활동을 결산하고, 새로운 프로그램에 대해 논의하고, 문제가 되었던 이슈를 검토하고, 새로운 지도부를 선출하는 것이다. 하지만 이것만큼이나 중요한 일은 타지역 회원을 만나고, 서로 연대를 확인하고, 새로운 곳을 탐방하고, 심지어 개인 용무를 처리하는 것이다. 이런 다양한 활동이 가능한 이유는 총회 기간이 길기 때문이다. 과거 열흘 간 진행된 총회는 조금씩 단축되는 경향을 보였지만 여전히 일주일 남짓 지속된다.

며칠에 걸쳐 치러지기 때문에 총회는 핵심 활동인 회의뿐 아니라 다양한 공식, 비공식 활동을 포함했다. 총회 전날에는 도심을 가로지르는 퍼레이드가 행해지며, 개막식과 폐회식에서는 다양한 공연이 진행된다. 전시회와 영화제가 개최되며, 커다란 장터가 열려 사람들의 이목을 끈다.

총회가 축제처럼 계획되고 진행되는 또 다른 이유는 대규모 참가 인원 때문이다. 20세기 중반 총회 참가자가 수만 명에 달했다는 기록이 있을 정도이다. 설립 백주년을 기념하는 2010년 총회에는 백

그림 30 설립 백주년 총회를 기념하는 2010년 족자의 퍼레이드

만 명이 넘게 참석했다고 한다. 믿을 만한 기록은 아니지만, 대규모 인원이 총회에 모인다는 사실은 확실하다.

총회 참가자 중 총회에 공식적으로 참가하는 인원은 소규모이다. 최근 총회의 경우 공식 인원은 3,000~4,000명이다. 총회 준비 인원이 이보다 훨씬 많지만, 이들만으로 몇십만 명을 채울 수는 없다. 몇십만 명과 몇천 명 사이의 간극은 총회에 오는 제3의 집단인 '뺑금비라penggembira'로 채워진다.

'뺑금비라'의 어원은 '즐거운'이라는 뜻의 '금비라gambira'이다. 여기에 접두사가 붙어 '즐거워하는 사람'의 의미를 갖는데, 이 뜻이 확대되어 '지지자', '후원자'를 지시하게 되었다. 뺑금비라는 총회에 참석하는 일반 회원과 지지자를 일컫는다. 공식적으로 초대되지는 않았지만 총회를 즐기고, 즐겁게 만들기 위해 온 지지자들은 공식 참석자보다 더 많은 주목을 받았다. 이들로 인해 특정 지역에서 렌트할 관광버스가 한 대도 남지 않았고, 비행기 좌석이 매진되어 항공료가 몇 배 뛰었다는 식의 이야기는 자주 회자되는 뉴스이다. 뺑금비라가 이용했던 또 다른 교통수단은 여객선이었다. 수천 명이 탑승할 여객선을 빌려 다른 섬에서 열리는 총회에 '뺑금비라'를 운송했다는 뉴스는 최근까지도 빠지지 않고 등장했다.

지지자가 대규모로 참여함으로써 총회는 축제 형식을 띨 수밖에 없었다. 이들이 총회 회의에 참가할 수 없기에 이들을 위한 행사가 따로 기획되었다. 따라서 총회 부대행사는 회의만큼이나 중시되었고 이러한 행사의 인기도는 총회의 성공을 가름하는 기준으로 여겨졌다.

무함마디야를 조사하면서 나는 2010년과 2015년 총회에 참석했다. 나 같은 사람은 '뻥금비라'가 아닌 '뻐닌자우peninjau', 즉 옵서버라는 말로 불린다. 옵서버에게는 무함마디야가 외부인의 주목을 받는 중요 단체임을 과시하는 역할이 부여되었다. 옵서버로 등록된 몇백 명의 이름은 총회의 공식 팸플릿에 인쇄되며, 이들은 총회의 공식 참가자인 지부 대표자보다 좋은 대접을 받았다. 공식 참가자와 같이 총회에서 제공되는 식사와 간식, 자료를 무료로 이용할 수 있을 뿐 아니라 모든 회의에 참석할 수 있었다.

거의 모든 옵서버는 개폐막식과 같은 행사에만 참여했다. 따라서 총회 서비스를 완전히 이용하는 옵서버는 나와 같은 연구자로 국한되었다. 이들에게 있어 총회는 무함마디야와 관련된 모든 인물을 만날 수 있는 최고의 기회였다. 물론 리스크도 있는데 2015년 술라웨시 마까사르Makassar 총회가 그러했다.

처음 참가한 2010년과 비교할 때 2015년 총회에서 내 입지는 더욱 강해졌다. 무함마디야를 조사하고 상당 기간이 흘렀기에 알고 있는 활동가가 많아졌다. 무함마디야 연구자라는 이미지가 각인됨으로써 나에 대한 신뢰도 역시 올라갔다. 당시에는 특수 상황 역시 개입했는데 마까사르 지부의 활동가인 부디만Budiman을 한국에서 만난 적이 있었기 때문이다.

개회식 다음 날 분과 회의가 열렸다. 어디로 갈지 고민하던 내게 부디만이 연락을 해왔다. 급하게 가야 할 곳이 있다는 것이다. 총회

**그림 31** 2010년 총회에서 열린 외국인 연구자 인터뷰에 참여한 필자

홍보일을 맡아 하고 있던 그가 나를 데려간 곳은 방송국이었다. 총회 소개 프로그램에 출현해 내 연구 이야기를 해달라는 것이었다. 오전에 시작된 투어는 또 다른 방송국과 두 곳의 신문사를 방문한 후에야 끝이 났다.

업무가 끝난 후 그는 다음 날 일정에 대해 말했다. 기자들과 인터뷰 약속을 잡아 놓았다는 것이다. 이 역시 하루 종일 지속되는 일정이었다. 이렇게 엉뚱한 곳에서 시간을 지내고 총회로 돌아오자 분과 회의는 이미 끝이 났고, 전체 회의와 선거만이 남아 있었다.

현지조사를 하다 보면 딜레마적 상황에 직면하게 된다. 연구 대상자들이 나를 필요로 하는 일이 생겨 연구가 방해되는 것이다. 내게도 쓰임새가 있다는 점은 고마운 일이지만, 내 작업을 원활하게 진행할 수 없기에 난처함을 느끼지 않을 수 없다. 게다가 총회처럼 5년에 한 번 찾아오는 연구 기회라면 어떤 처신이 적절한지 쉽게 판단할 수 없다.

이런 점을 고려해보면, 현지조사를 하는 문화인류학자와 연구 대상자의 관계는 다면적이다. 겉으로 보면 문화인류학자가 일방적으로 자료를 얻는 입장에 놓인 듯하다. 하지만 문화인류학자 역시 무엇인가를 연구 대상자에게 준다. 연구 대상자와의 친밀한 관계를 일컫는 라포rapport가 형성된 조건이라면, 둘 사이의 관계는 더욱 더 쌍방향적이다. 물질적이고 비물질적 도움을 주고받을 뿐 아니라, 감정적으로도 호혜적 상황에 놓인다.

관계의 쌍방향적 성격을 고려해보면, 자기 목적에만 집중하는 연구자의 태도를 적절하다고 말하기에는 부족한 점이 있다. 연구자에게 역시 일정한 양보와 희생이 요구되기 때문이다. 이런 이유에서였는지 나는 부디만의 요구를 거절할 수 없었다. 총회 장소를 떠나기에는 아쉬움이 컸다. 총회에서 어떤 사건이라 불릴 만한 일이나 참가자간 논쟁이라도 벌어진다면 땅을 치며 후회할 일이기도 했다. 하지만 그렇다고 해서 나를 필요로 하는 연구 대상자를 가벼이 여길 수는 없었다.

내가 없는 사이 총회에서는 별다른 일이 발생하지 않았다. 다행스럽게도 부디만과 함께 있던 시간 동안 선거와 관련된 활동이 예정되어 있지 않았다. 이를 위안 삼으며 나는 다가오는 선거 관련 활동으로 관심을 집중시켰다.

### 1차 탄위르 선거: 최종 후보자 선정

개막식 이틀 전 중앙 본부 최고위 위원, 주 지부 대표, 자치단체 대표로 구성되는 탄위르 회의가 개최되었다. 추천된 다수의 후보를 대상으로 총회 선거에 포함될 최종 후보자를 결정하는 자리였다.

중앙 본부 최고위 선거 과정은 총회 1년 전부터 시작되었다. 선거관리위원회 구성 후 주 지부와 자치단체로부터 후보자 추천을 받았다. 이들 조직은 각기 13명의 후보를 추천했다. 주 지부가 33개, 자치 조직이 7개였기에, 추천 후보의 최대치는 520명이었다. 하지만 중복으로 추천된 후보가 많기 때문에 그 수는 보통 100~200명 정도였다.

2010년 족자 주 지부의 상황을 보면, 매주 열리는 지도자 회의가 끝난 후 추천 과정이 진행되었다. 지도자위원회 위원이 특정인을 거명하면 그에 대한 평가가 간단히 이루어졌고, 부정적 의견이 제기되지 않을 때 그 이름을 칠판에 적었다. 현직 중앙 본부 최고위 위원 일부가 처음 거명되었다. 이후 족자 주 지부 활동가가 지명되었는데, 자신들을 대상으로 하는 것이기에 농담을 주고받는 유쾌한 분위기에서 진행되었다. 그 후 서부자바, 중부자바, 동부자바 주 지부 소속 활동가 중 일부가 선택되었다.

추천 근거를 제시할 때 가장 먼저 거론된 측면은 무함마디야 활동에의 참여 정도였다. 자기 직업 영역에서 적극적으로 활동했는지 여부, 대중 활동을 왕성하게 벌였는지 여부 역시 논의되었다. 다른 주 지부 활동가에 대해 논의할 때 지적된 요소 중 하나는 활동 지역이었다. 중앙 본부가 있는 자까르따와 족자 회의에 최고위 위원이 매주 참석해야 하기 때문이었다. 이로 인해 자바섬 외부 거주자는 추천에서 배제되었다. 또 다른 고려 요소는 나이였다. 젊은 활동가를 추천할 필요성이 공감되었고, 거명된 몇몇 중 한 명을 명단에 추가했다. 이런 과정을 거치며 10명의 이름이 결정되었고, 나머지 3명은 지도위 의장이 다른 활동가들의 의견을 듣고 추가하도록 위임되었다.

이런 식의 추천 과정을 거쳐 모인 후보자는 2015년 108명이었다. 최대치가 520명임을 고려하면 중복 후보가 상당수였음을 알 수 있다. 선관위는 이들에게 후보자로 입후보할 의향을 묻는 절차를 거쳤다.

무함마디야 담론에서는 조직 내 직책을 탐하지 말라는 점이 끊임없이 강조되었다. 이런 식으로 놓고 보면 후보자 추천을 응낙하는 것조차 직책을 탐하는 행동으로 비쳐질 수 있다. 따라서 선거를 위해서는 반대 담론이 존재해야 하는데, 이는 '아마나amanah'라는 말로 뒷받침되었다. 아마나는 '위임'을 의미하며, 아마나를 받았음은 누군가로부터 신임을 받았음을 뜻한다. 따라서 누군가가 자신에게 준 신임을 거절하는 행위는 이슬람 교리에 부합하지 않는 무책임한 것으로 여겨졌다. 족자 주 지부 활동가는 여기에 회원으로서의 의무를 추가했다. 후보자로 지목된 이가 이를 거절하는 행동은 회원의 의무를 저버리는 행위라는 것이다.

아마나를 받아들여야 한다는 인식이 후보로 지목된 활동가 모두에게 적용되지는 않았다. 선임된 108명 중 83명만이 이를 수락했기 때문이다. 이에 대해 주 지부 활동가들은 피치 못할 사정을 언급했다. 건강이나 가족 문제로 후보자 선임을 받아들이지 못했다는 것이다. 이를 뒷받침하기 위해 이들은 중앙 본부 최고위 위원 로샤드 솔레Rosyad Sholeh를 지적했다. 그는 건강 때문에 후보로 나설 수 없다고 선언했지만, 이 사실이 널리 알려지지 않아 후보로 지목되었다는 것이다. 결국 그는 후보 선임을 받아들이지 않았다.

탄위르 선거에서는 구성원 173명 중 164명이 투표에 참여했다. 앞 장에서 지적된 것처럼 이들은 83명의 후보자 중 각각 39명의 이

그림 32 미리 적어 온 후보자 명단을 후보 프로필 책자와 비교하는 참가자

그림 33 탄위르 선거장 모습. 연단에 선관위 위원이 앉아 있다.

름을 선택했다. 39명은 최고지도자 위원회 위원 13명의 3배수인데, 왜 3배수여야 하는지에 대해 답변할 수 있는 활동가는 없었다. 관행이라는 설명도 있었고, 3배수 정도면 합리적인 수치라고 이야기한 경우도 있었다.

선거 부스 안에 자료를 가지고 들어갈 수 있었기에, 선택할 후보 리스트를 정리하는 모습이 회의장 곳곳에서 나타났다. 일부는 핸드폰과 후보 프로필 책자를 보며 명단을 적었다. 백지에 39명의 이름을 적는 참가자도 있었다. 이들은 자신의 이름이 호명되면 앞으로 나가 투표권을 행사했다.

### 탄위르 선거 결과

탄위르 위원은 39명의 이름을 적어내는 일이 쉽지 않음을 공통적으로 지적했다. 자기가 알고 있는 후보를 모두 선택해도 39명이 되지 않는 경우가 있다고 말한 위원도 상당수였다. 따라서 39명을 선출하는 절차는 활동가에게 잘 알려진 현역 중앙 본부 최고위 위원이 상당히 유리한 위치에 놓여 있음을 시사했다. 자신이 지지하는 후보를 모두 선택한 후에도 다른 후보를 추가해야 하기에 널리 알려진 인물이 선택될 개연성이 높았다.

선출할 후보 명단을 미리 작성한 위원이라도 39명의 이름 모두를 적어 온 경우는 없었다. 서른 명 정도가 최대치에 속했다. 상당수

위원은 후보 명단 자체를 만들어 오지 않았다. 누구를 선택할지 물었을 때 이들은 마음에 정해둔 후보와 함께 후보 프로필을 보고 즉석에서 선택한다고 답했다.

널리 알려진 활동가가 유리한 위치에 놓인다는 점은 확실하지만, 그렇다고 해서 후보에 대한 호불호가 선거에 반영되지 않는 것은 아니었다. 이를 검토하기 위해 상위 21위에 오른 후보의 득표수를 비교할 것이다.

**표 7 탄위르 1차 선거 결과: 상위 21명**

| 현역 중앙 본부 최고위 위원 | 득표수 | 최고위 외부 후보자 | 득표수 |
|---|---|---|---|
| Anwar Abbas | 151 | Busyro Muqoddas | 145 |
| Abdul Mukti | 150 | Suyatno | 137 |
| Yunahar Ilyas | 149 | Muhadjir Effendy | 138 |
| Dahlan Rais | 149 | Yunan Yusuf | 129 |
| Dadang Kahmad | 144 | Imam Addarutqutni | 124 |
| Agung Danarto | 138 | Hajriyanto Thohari | 122 |
| Haedar Nashir | 137 | Muhammad Alwi Uddin | 111 |
| Sukriyanto | 136 | Bambang Setiaji | 111 |
| Syafiq Mughni | 133 | Thohir Luth | 111 |
| Zamroni | 125 | | |
| Marpuji Ali | 122 | | |
| Goodwill Zubir | 120 | | |

출처: Muhammadiyah(2015a)

2010~15년 중앙 본부 최고위는 2010년 총회에서 선출된 13명과 추후에 추가된 5명 등 18명으로 구성되었다. 2015년 선거를 앞두고 18명 중 15명이 후보 선임을 수락했고, 이 중 12명이 21위에 포함되었다. 나머지 3명은 각기 92표, 83표, 74표를 얻어 각각 33위, 39위, 42위에 올랐다.

이들 세 명이 높은 득표를 얻지 못한 이유에 대해 가장 많이 제시된 답은 나이와 건강이었다. 이는 언뜻 타당해 보이지만 완전한 설명은 아니었다. 이들 세 명은 60대 중반이었지만, 21위 안에 진입한 2명의 후보가 60대 후반이었기 때문이다.

세 명의 낮은 득표를 설명하는 데 동원된 또 다른 요소는 조직 활동이었다. 탄위르 위원들은 일 년에도 수차례 모여 회의를 하기 때문에 최고위 위원이 얼마나 적극적으로 참여하는가를 쉽게 알 수 있다는 것이다. 이는 조직 활동 참가 여부가 꾸준히 모니터링되고, 이에 기반하여 리더십 변화가 가능함을 지적한다.

후보에 대한 선호도가 일부 표출되지만, 투표 결과의 가장 큰 특징은 특정 후보에 대한 표 쏠림 현상이 나타나지 않았다는 것이다. 1위 득표자와 2, 3위 득표자의 차이는 한두 표에 불과했다. 상위 득표자와 하위 득표자의 차이 역시 크지 않았다. 탄위르 선거에서 1위, 2위, 13위, 20위, 39위를 한 후보의 득표는 아래와 같다.

164명이 참가한 투표에서 1위는 151표, 2위는 150표를 득표했다. 13위의 경우 129표로 1위와의 차이가 22표였지만, 득표율은 78퍼센트로 높은 편에 속했다. 탄위르 선거를 마지막으로 통과한 39위 후보의 경우 전체 투표자 중 과반의 지지를 받았다. 1위 후보의 득표와 비교할 때에는 54.9퍼센드에 이르렀다.

**표 8 탄위르 선거 결과**

| | 득표수 | 득표율 | 1위 득표 대비 득표율 |
|---|---|---|---|
| 1위 | 151 | 92.1 | 100 |
| 2위 | 150 | 91.5 | 99.3 |
| 13위 | 129 | 78.7 | 85.4 |
| 20위 | 111 | 67.7 | 73.5 |
| 39위 | 83 | 50.6 | 54.9 |

출처: Muhammadiyah(2015a)

선거 결과는 탄위르 선거를 통해 특정 활동가의 종교적 권위가 드라마틱하게 표현될 수 없음을 드러낸다. 높은 인지도나 인기, 영향력을 가진 후보라 하더라도 다른 후보보다 조금 더 득표하는 정도의 차이만이 표현될 수 있다. 탄위르 선거방식은 활동가 사이의 차이를 흐릿하게 만듦으로써 선거를 통한 종교적 권위의 표출을 쉽지 않게 한다.

### 2차 선거: 총회 투표

탄위르에서 추려진 39명의 후보 중 13명을 최종적으로 선택하는 선거가 총회에서 행해졌다. 2015년 총회 선거에 참여한 대의원은

2,389명이었다.

주 지부 대의원은 주 지부 지도자위원회 위원, 주 지부 산하위원회, 주 수준의 자치단체, 도 지부 대표로 구성되었다. 죡자 대의원 34명은 주 지부에 속한 5개 시도 지부에서 선임한 3~4명의 대표(전체 18명), 4명의 주 지부 지도자위원회 위원, 5명의 산하위원회 위원, 7명의 자치단체 대표로 구성되었다. 이 경우 주 지부에서 활동하는 대의원과 시도 지부에서 활동하는 대의원이 양적 균형을 이루었다. 반면, 주 지부에서 관할하는 시도 지부가 많은 곳에서는 도 지부 대의원의 수가 훨씬 많았다. 200명이 넘는 대표자를 파견한 동부자바의 경우, 하위 시도 지부가 37개로서, 전체 대의원의 5분의 4 이상을 차지했다.

주 지부와 도 지부 대의원 비율이 중요한 이유는 주 지부에서 작성한 지지 후보 리스트가 시도 지부와 공유되기 때문이다. 서로의 균형이 맞을 때 주 지부 입장이 받아들여질 개연성이 높지만, 시도 지부 대의원 수가 월등할 때, 주 지부의 의도가 효과적으로 받아들여지지 않을 수 있었다.

주 지부에서는 '방향 제시'라 불리는 투표 지침을 보통 제시했다. 6~7명의 지지 후보를 지목함으로써 자유선거 원칙과 주 지부의 필요 모두를 충족시킬 수 있다고 이야기되었다. 이런 식으로 설명하면서 죡자 주 지부 지도위 위원은 주 지부의 방향 제시가 하위 지부 대의원에 의해 어느 정도 받아들여지리라 확신하는 듯했다. 이들은 도 지부 대의원의 경우 지지하는 후보가 13명에 이르지 않기

그림 34 2015 마까사르 총회 전체회의

그림 35 선출할 후보에 대해 논의하는 시도 지부 대의원

때문에 주 지부의 지침을 받아들일 수밖에 없다고 말했다.

주 지부 위원의 시각에 대해 도 지부 대의원은 상이한 입장을 표명했다. 주 지부의 지침을 전반적으로 수용한다는 경우도 있었고, 그것에 구애받지 않는다는 경우도 있었다. 하지만, 어느 입장을 취하던 이들은 13명의 후보 모두를 선택할 정보를 자신들이 가지고 있다고 지적함으로써 주 지부 위원과 차이를 보였다. 전체적으로 이들은 주 지부의 지침을 여러 고려 사항 중 하나 정도로 이해하는 태도를 취했다.

투표는 8시간 동안 진행되었다. 대의원들은 투표 순서가 오기까지 투표장에서 한담을 나누거나 밖으로 나가 돌아다녔다. 투표장 외부에서는 투표할 후보에 대해 논의하는 모습이 심심치 않게 목격되었다.

선택한 후보가 누구인지를 묻는 질문에 대해 뚜렷한 입장 차이가 나타났다. 비밀 투표가 원칙이라며 후보자를 알려주지 않은 경우도 있었고, 거리낌 없이 말해주는 경우도 있었다. 10명의 이름이 쓰인 쪽지를 보여준 도 지부 대의원은 자신의 선택 이유를 다음과 같이 설명했다.

> A, B, C는 평소 신문 보도를 통해 자주 접했다. D, E, F는 무함마디야 활동에 적극적이라는 소문이 퍼져 있고, 이 중 D와 F는 실제 우리 도 지부에 와서 종교 행사에 참여한 후 강연을 했다. 나머지 4명은 주 지부에서 알려준 후보자이다.

나머지 3명을 어떻게 선택했느냐고 묻자 그는 투표 순서를 기다리며 후보자 리스트에서 찾았다고 답했다. 그가 강조한 기준은 후보자 소개 책자에 적혀 있는 무함마디야에서의 활동 경력이었다.

총회 대의원들이 후보 선택과 관련하여 선뜻 언급하려 하지 않은 문제는 소위 '블랙리스트'였다. 족자 주 지부 활동가를 통해 이 리스트의 존재에 대해 들었지만, 투표장에서 만난 누구도 이에 대해 말하려 하지 않았다. 말 그대로 블랙리스트는 공식적으로 존재하지 않는 문건이어야 함을 의미하는 듯했다.

개표 과정은 프로젝터를 통해 생중계되었다. 수십 명이 모여 이를 지켜봤지만, 2,000여 명에 달하는 대의원과 수만 명의 일반 참가자를 고려해보면, 그리 관심을 끄는 이벤트에 속한다고 말할 수 없었다. 전체적으로 투표가 끝난 후 선거에 대한 관심은 급속히 감소하는 경향이 나타났다. 같은 맥락에서 결과가 발표된 후 이를 대화의 소재로 이용하는 경우도 찾아보기 어려웠다.

### 총회 선거 결과

2015년 선거에서 하에다르 나시르Haedar Nashir가 1,947표를 얻어 최다 득표를 했다. 2위 후보와의 차이는 19표에 불과했다. 1, 2위와 3, 4위 사이의 격차 역시 100여 표에 불과했다. 마지막 당선인인 13위 후보와 1위 사이의 득표차는 1,000여 표였다. 전체 2,389표 중 유효표가 2,351표였기에 13위 후보자는 전체 유권자 중 41퍼센트의 지지를 얻은 셈이었다. 1위 후보자와 비교하면 50퍼센트 정도의 득표였다.

앞 장에서 지적한 것처럼, 선거를 통해 특정 지도자의 종교적 권위, 대중적 영향력과 인기가 확인되기에는 한계가 있다. 이는 '블록 투표'의 자연스러운 산물이었다. 복수의 후보를 선택하게 함으로써, 선거가 종교적 권위의 축적이나 표현에 있어 중요한 역할을 할 수 없었다.

선거 결과와 관련되어 흥미로운 점은 총회 선거와 탄위르 선거 결과의 차이였다. 총회 선거에서 1위를 한 하에다르의 탄위르 선거 순위는 10위였다. 탄위르 선거에서 1위를 한 안와르 아바스Anwar Abbas의 총회 순위는 6위였다.

두 선거에서 가장 큰 차이를 보인 후보는 탄위르 선거에서 14위를 한 잠로니Zamroni와 36위를 한 아구스Agus였다. 잠로니는 총회에서 369표를 얻어 31위에 그친 반면, 아구스는 932표를 얻어 14위에 올랐다.

두 선거의 결과에 대해 상반된 해석을 제시할 수 있다. 탄위르 선거에서 13위 안에 포함된 후보 중 11명이 총회 선거에서도 13위 안에 들었음을 통해 탄위르 결과가 총회 결과에 상당부분 반영된다고 말할 수 있다. 반면, 탄위르 선거 10위 후보가 총회에서 1위로, 36위 후보가 14위로 상승했음을 통해 총회 선거가 탄위르 선거를 반영하지 못한다고 설명할 수도 있다. 두 설명은 모순적이지만, 이를 통합한 해석을 불가능하게 할 정도는 아니었다. 탄위르 선거가 총회 선거의 윤곽을 보여주지만 구체적인 결과까지 좌우하지는 못한다는 분석을 제시할 수 있다.

선거 결과는 주 지부 지도부의 영향이 제한적임을 시사했다. 도 지부 대표를 대상으로 한 주 지부의 투표 지침이 총회 선거에 직접적인 효과를 발휘했다고 할 수 없기 때문이다. 주 지부를 구성하는 상위 지부 활동가와 도 지부에서 활동하는 중간 수준의 활동가 사이에는 어느 정도 괴리가 존재했다.

이러한 괴리는 집단지도체제, 나아가 조직 운영과 관련하여 중요한 의미를 가진다. 상위 지부의 지침을 하위 지부가 반드시 따라야 하는 것으로 이해되지 않고, 이를 강제할 방식이 제도적으로 마련되어 있지 않기 때문에 권력 분산을 가능하게 할 환경이 유지될 수 있었다. 이는 소수의 결정이 집단의 결정으로 전환되는 것을 저지함으로써, 조직의 민주적 운영을 뒷받침할 수 있었다.

2015년 총회에서 선출된 13명의 후보 중 9명은 직전 임기인 2010~15년 사이 중앙 본부 최고위 위원이었으며, 새로 선출된 후보는 4명이었다. 새로운 얼굴 중 13위 후보는 전직 최고위 위원이었다. 국회의원이던 2004~2014년 사이 그는 정치인 배제 원칙에 따라 후보가 될 수 없었지만, 국회의원직에서 벗어난 2015년 후보로 추천되어 13위에 올랐다. 결과적으로 최고위 위원에 새로 선택된 인물은 3명이었다.

새로운 활동가의 충원 가능성을 검토하기 위해 1995년부터 2015

년까지 최고위 위원으로 선출된 활동가의 이전 시기 직책에 대해 알아보았다.

**표 9 최고위 선출 활동가의 이전 시기 경력**

| | 1995 | 2000 | 2005 | 2010 | 2015 |
|---|---|---|---|---|---|
| 이전 임기에 선출된 경우 | 7 | 7 | 5 | 8 | 7 |
| 이전 임기에 임명된 경우 | 4 | 1 | 2 | | 2 |
| 과거 선출 경험이 있는 경우 | 1 | | | 1 | 1 |
| 새로 진입한 경우 | 1 | 5 | 6 | 4 | 3 |

출처: Muhammadiyah(1995, 7–8; 2000, 8; 2007, 519–520; 2010a; 2015a)

2000년대 접어들어 새로운 인물의 충원 경향이 뚜렷하게 나타났다. 2000년 5명이던 새로운 얼굴은 이후에도 전체 인원의 3분의 1에서 4분의 1을 차지했다. 2015년 최고위에 새로 편입된 활동가를 살펴보면 새로운 인물의 부상 경로를 파악할 수 있다.

4위를 득표하여 새로 최고위에 진입한 후보는 정부의 부패방지 위원회 위원장으로 활동했던 인물이며, 7위 후보는 현직 교육부 장관이었다. 이들은 중앙 무대에서 활약함으로 인해 언론에 이름이 빈번하게 오르내렸다는 공통점을 가졌다.

10위 후보는 자까르따 소재 무함마디야 대학 총장이었다. 2010년 탄위르 선거에서 28위, 총회 선거에서 31위를 했던 기록처럼 그의 인지도는 과거 높은 편에 속하지 않았다. 2010~15년 사이 언론에 이름이 오르내릴 만한 활동을 했던 경험도 없었다. 이런 면에서 그의 당선은 예외적인데, 이를 족자 주 지부 지도위 위원 아미르Amir는 다음과 같이 설명했다.

> 그의 선출 이유는 부지런함이다. 지난 몇 년 동안 그는 탄위르 회의에 꾸준히 참석했다. 내가 들은 바로는 지역의 종교 강연회에도 활발하게 참석했다. 이런 식으로 꾸준하고 성실히 활동하다 보면 자연스럽게 그 존재가 알려지는데 [...] 아구스Agus 역시 이를 예시한다.

최고위원으로 선출된 배경으로 거론된 점은 성실함이었다. 아미르는 이런 주장을 뒷받침하기 위해 자신이 잘 아는 족자 주 지부의 아구스 사례를 추가했다. 아구스는 총회 선거에서 14위를 득표해 최고위원으로 선정되지 못했다. 하지만 그는 탄위르 투표에서 36위를 한 활동가로서 두 선거에서 가장 큰 득표 차이를 보였다.

총회 선거에서 아구스의 높은 득표를 설명할 요인은 그의 왕성한 활동이었다. 의사로서 그는 오랫동안 의료봉사를 했다. 특히 지난 몇 년 동안 자연재해가 발생한 곳에 의료진을 이끌고 가서 봉사하는 모습을 자주 보였다. 반면 그는 무함마디야 내부의 모임과 활동에는 성실하게 참여하지 못했다. 이러한 대조적 활동으로 인해, 그는 탄위르 선거에서 높은 득표를 하지 못했지만 총회 선거에서 높은 득표를 기록할 수 있었다.

최고위 위원의 교체, 새로운 위원의 진입 사례는 국가적 수준의 인지도나 개인적 활동이 지도자로 인정받기 위한 요소임을 추정할 수 있도록 한다. 국가적 수준의 인지도를 확보하기가 쉽지 않음을 고려해보면, 일반적 활동가가 인지도를 높일 방식은 적극적이고 성실한 활동이었다.

이는 무함마디야 내 종교 권위의 형성에 있어 실천이 가진 중요성을 확인해준다. 어느 날 깨어보니 유명해졌다는 식의 급격한 인지도 상승보다는 단체 활동에 꾸준히 참여하고 성실히 활동하는 모습을 보여줌으로써 총회 선거에서 득표할 기반을 확보할 수 있었다.

새로운 위원의 진입 방식은 무함마디야 내에서 카리스마적 권위를 지닌 지도자의 출현이 쉽지 않음을 드러낸다. 단체 내 특정 집단에서 카리스마적 권위를 획득한 인물이라도 이를 조직 전체 수준에서 인정받기 위해서는 선거를 거쳐야 한다. 선거에서 높은 득표를 얻기 위해서는 장기간에 걸쳐 꾸준히 활동하는 모습을 보여주어야 한다. 대중을 단숨에 휘어잡으며 지도자로 인정받는 식의 모델을 선거에 적용하기는 쉽지 않았다.

## 뽀르마뚜르: 최고지도자 위원회 의장 선출

선거 결과는 총회 전체회의에서 발표되었다. 이후 선출된 13명의 최고위 위원은 회의를 통해 위원장과 총서기를 결정했다. 뽀르마뚜르formatur라 불리는 이 절차는 독립된 공간에서 행해졌고, 이 시간 동안 대의원들은 총회 장소에서 대기했다.

뽀르마뚜르의 결과에 관해 묻자 대의원 대다수는 예상할 수 없다는 답을 제시했다. 최고 득표를 한 하에다르가 의장에 선출되어야 하지 않느냐는 질문에 대해 이들은 긍정적으로 답하지 않았다. 최고 득표를 한 후보뿐만 아니라 다른 후보도 의장에 선임될 수 있다는 것이다. 지난 몇 차례 총회 뽀르마뚜르에서 최고 득표자가 항상 의장으로 선임되었음을 지적해도 이들의 답은 변하지 않았다. 우연히 그런 결과가 나왔을 뿐 최고 득표자가 의장이 되어야 한다는 관행은 없다는 것이다.

매우 명확한 결과를 애써 부인하려는 듯한 모습을 취하는 대의원들에게 유사한 질문을 재차 제기하면, 이들은 보통 과거 사례를 언급했다. 빈번하게 거론된 사례는 1950년대 활동가 유누스 아니스Yunus Anies였다. 총회 선거에서 두 차례나 1위를 했지만 그는 의장직을 고사하고 다른 후보에게 양보했다는 것이다. 이를 통해 이들은 1위 후보가 의장이 되는 것이 아니라 선출된 위원 간의 협의를 통해 의장이 선출된다는 점을 강조하고자 했다.

뽀르마뚜르가 실제 어떻게 진행되었는지를 알 수는 없다. 중부자바에서 온 대의원은 자신의 경험을 통해 이를 설명해 주었다. 총회 뽀르마뚜르와 동일한 방식으로 주 지부와 도 지부 뽀르마뚜르가 진행되기에 그 전개 과정을 추측할 수 있다는 것이다. 그에 따르면, 후보자들은 직전에 끝난 선거 이야기를 하며 긴장을 푸는 시간을 가진다. 이 후 그가 경험한 뽀르마뚜르는 아래와 같이 진행되었다.

서로 눈치를 본 후, 유력 후보가 아닌 후보가 유력 후보에게 의장직을 맡아달라고 요청한다. 유력 후보는 즉답을 피한 채 제3의 인물을 거명한다. 지목된 후보는 감사의 말을 전함과 동시에 유력 후보의 이름을 다시 거명한다. 이런 식으로 약간의 실랑이가 오고간 후 가만히 있던 또 다른 후보가 강력하게 유력 후보를 지목한다. 유력 후보가 이를 어쩔 수 없이 수락함으로써 뽀르마뚜르는 끝을 맺는다.

총회 뽀르마뚜르 과정을 직접 반영하는지 알 수는 없지만, 이 설명은 충분한 설득력을 가지고 있었다. 최고 득표를 한 후보가 거부의 뜻을 명확하고 지속적으로 밝히지 않는 한 의장직을 맡는 것이 관례화되었다는 것이다.

대의원들에 따르면, 하위 지부로 갈수록 최고 득표 후보가 의장으로 선임될 가능성이 축소한다. 연배를 중시하는 경향이 시도 지부나 구군 지부에 보다 강하게 작용하기 때문이다. 반면, 중앙 본부나 주 지부에서는 연배가 크게 중시되지 않는데, 후보자 대다수가 오랫동안 조직 활동을 한 경험을 가지고 있기 때문이다. 단체 활동을 적절하게 소화한 경력이 있기에 추가 변수가 개입할 가능성이 줄어든다는 것이다.

뽀르마뚜르는 그리 많은 시간을 필요로 하지 않았다. 시작하고 30여분이 지난 후 13명의 위원이 총회 장소로 되돌아왔다. 곧이어 선관위 위원장은 하에다르가 의장에 선임되었음을 알렸고, 이 결정을 받아들일 수 있는지 대의원에게 물었다. 이에 대의원들이 "받아들일 수 있다"고 말했고 이 결정이 최종적으로 추인되었다.

총회 대의원들이 1위 후보의 의장 선임을 당연시하지 않았다는 사실은 중시되어야 한다. 이는 총회 선거에서 선출된 13명의 후보자가 그 득표와 관계없이 같은 지위를 지니고 있음을 강조하려는 목적을 가졌다. 득표가 차이나고 맡을 직책 역시 다르지만 13명의 선출인이 최고위 위원으로 동등한 지위를 가진다는 점을 이들은 부각하고자 했다. 이처럼 선출된 위원 모두가 동등하다는 레토릭이 강조됨으로써, 선거 과정에서 드러난 이들의 차이는 뽀르마뚜르를 거치며 평등한 상태로 복귀한다고 이해되었다. 선출된 위원 모두가 의장이 될 수 있다는 담론은 득표 차이가 가진 의미를 축소하고 이들 간의 평등성을 재확인하려는 의도를 가졌다. 이런 의미에서 뽀르마뚜르는 집단지도체계와 평등성에 기반을 둔 조직 운영 원칙을 다시 한 번 확인해주는 기회라 할 수 있다.

뽀르마뚜르를 둘러싼 담론은 선거 절차뿐만 아니라 선거 문화 역시 집단지도체제와 평등성을 뒷받침하는 기제로 작동하고 있음을 시사한다. 아래에서는 선거문화가 어떤 방식으로 민주적 조직 운영을 뒷받침할 수 있는지 알아보도록 한다.

### 선거 문화: 이상적 지도자

총회 선거는 지도자 간 차이를 극적으로 표현하는 자리이다. 이러한 차이는 집합지도체제의 근간인 지도자들 간의 평등성을 훼손시킬 수 있다. 백년 가까이 지속되면서 형성된 선거 관행과 문화는 선거 승리의 중요성과 의미를 축소시킴으로써 평등성을 회복하는 방향으로 작동했다.

선거와 관련되어 강조된 측면은 지도자로서의 지위가 개인의 노력을 통해 얻어지는 것이 아니라 알라에 의해 주어진다는 것이다. 무함마디야가 종교단체임을 고려하면 이 설명은 당연하지만, 이런 식의 담론이 지속적으로 유포된다는 사실은 간과될 수 없다. 주 지부 활동가는 자신의 견해를 아래와 같이 제시했다.

> 후보자로 선임된다는 것, 탄위르 선거에서 39위 안에 드는 것, 총회 선거에서 최고위 위원으로 선택된다는 것 모두 알라의 뜻에 따른 것이다. 알라의 선택이 총회를 통해 표현된 것일 뿐, 우리가 할 수 있는 일은 없다.

알라의 선택은 이론으로만 적용되지 않았다. 이를 뒷받침하는 담론이 이상적 지도자의 자질과 선거 캠페인이라는 매개를 통해 지속적으로 표출되었다.

알라에 의해 선택된 지도자의 자질을 이야기할 때 빠지지 않고 거론되는 점은 야망이 없어야 한다는 것이다. 야망은 지도자가 되려는 이유가 무함마디야와 이슬람을 위해서가 아닌 개인의 이익이나 명망을 위한 것임을 의미하는데, 이를 중앙 본부 활동가는 다음과 같이 설명했다.

> 무함마디야 지도자는 야망 있는 사람, 즉 무함마디야 지도자라 불리며 대접받고 싶은 야망을 가진 사람이어서는 안 된다. 이런 지도자는 무함마디야를 위해서 일하는 것이 아니라 무함마디야를 이용하기 위해 지도자가 되려고 한다.

지도자의 핵심적 자질은 단체를 위해 사심 없이 헌신하는 것이며, 이를 위해서는 인간이 아닌 신에게 책임지려는 자세가 요구된다. 이것이 다흐란의 태도였으며, 그가 말한 "무함마디야를 융성하게 만들고자 노력해야지 무함마디야에서 삶(이익)을 찾으려 해서는 안 된다"라는 말을 통해 표현된다고 이야기되었다.

무함마디야 활동가들은 과거의 사례를 통해 야망 없고 사심 없는 지도자상을 예시했다. 1950~60년대 최고 득표를 했지만 의장 직책을 거부한 지도자들이 거론되었다. 무함마디야 내 갈등을 보여주는 사례인 1937년 사건 역시 이용되었다. 젊은 세대의 비판을 받은 구세대 지도자들이 아무런 조건 없이 최고위 의원직을 사임했다는 것이다.

서부 수마뜨라 대의원인 밤방Bambang은 무함마드 사후의 승계 과정을 거론하면서 야망 없는 지도자에 대해 설명했다. 그에 따르면 아부 바크르Abu Bakr가 첫 후계자로 선임된 배경은 아래와 같았다.

선지자가 돌아가신 후 몇 가지 기준을 통해 아부 바크르를 후계자로 선출했다. 첫째는 그가 후계자가 될 지도자 중 연배가 높았다는 점이다. […] 두번째는 가장 강한 종교적 믿음을 가졌다는 점이다. […] 세번째는 그가 이슬람을 위해 자기희생을 마다하지 않았다는 것이다.

밤방은 연배가 단순한 나이가 아니라 장기간의 경험에 기반을 둔 연륜을 의미한다고 말했다. 젊지만 조직 활동을 오래 했다면, 활동 경험이 적은 나이 많은 사람보다 연배가 높은 것이라고 그는 덧붙였다. 두번째로 지적된 종교적 믿음은 쉽게 이해할 만한 자질이었다.

세번째로 지적한 점은 자기희생으로써 그는 여기에 가장 많은 강조점을 두었다. 단순히 상황에 맞추어 조직 활동을 하는 것이 아니라 자신의 시간과 정열을 바쳐 조직 활동을 하는 모습, 즉 자신을 희생하려는 모습이 지도자의 핵심 자질이라는 것이다.

밤방은 무함마디야 활동가들이 정도의 차이는 있지만 모두 자기희생을 하고 있다고 말했다. 자기가 좋아서 하지만, 단체 활동을 위해 시간과 에너지 그리고 금전을 투자해야 한다는 것이다. 이런 상황에서 지도자, 특히 최고위 위원의 자기희생 정도는 훨씬 높아야 한다고 지적했다.

밤방은 자신의 경험을 덧붙였다. 주 지부 지도자위원회 위원 중 매주 열리는 회의에 임기 초반 반짝 참석하다가 점점 참석 빈도가 줄어드는 활동가가 있다는 것이다. 주 지부의 주요 활동은 하위 지부 방문인데, 이 역시 쉬운 일이 아니라고 했다. 사적인 약속이나 용무가 있음에도 하위 지부의 방문 요청을 기꺼이 받아들이는 활동가가 자기희생을 하는 지도자라고 그는 지적했다. 그리고 조직 활동을 소홀히 하는 활동가, 다른 식으로 말하면 조직의 일보다 자신의 일을 우선시하는 활동가는 자연스럽게 선거 과정에서 배제된다고 덧붙였다.

야망 없음과 자기희생에 더해 지도자의 자질로 언급되는 요소에는 정직함, 현명함, 검소함, 정의로움, 굳건함, 겸손함, 진실함, 온화함 등이 있다. 이런 덕목은 인도네시아 전통 사회에서 지도자의 덕목으로 거론되는 요소이기도 하다. 나카무라Nakamura의 지적처럼 무함마디야 활동가들은 이슬람의 가르침에 부합하는 인도네시아 전통을 적극 수용했다.[1]

> 무함마디야에서 중시되는 인성은 […] 전통적인 자바의 사트리아satrya 이상과 일치한다. […] 자바에서 태어났고, 전통으로부터 순수한 이슬람 교리에 부합하는 것을 취하려고 노력한 무함마디야 회원에게 있어 좋은 자바 사람이 되는 것은 좋은 무슬림이 되는 것과 동일하다.

지도자에게 요구되는 자질 중 조금 다른 성격을 띤 것은 용감함이

---

1 Nakamura(2012: 206)

다. 자바 문화에서 강조하는 품위 있음이나 온화함과 대조되는 용감함은 일상적으로는 거론되는 지도자의 자질과 일치하지 않는 듯하다. 용감함을 강조한 술라웨시 대의원은 다음과 같은 설명을 덧붙였다.

> 지도자는 다른 활동가나 조직의 평가를 두려워해서는 안 된다. 지도자는 알라에 대한 두터운 신앙심과 복종 그리고 오직 알라 앞에서 자기 행동에 대해 책임질 것이라는 확고한 인식에 기초하여 행동해야 한다.

무함마디야 지도자에게 요구되는 용감함은 이슬람 교리에 부합한다고 확신하는 행동을 추진해나갈 힘을 일컫는다. 이를 내재화하기 위해서는 행동의 결과를 대중이 아닌 알라에게 평가받으려는 인식이 요구된다.

전통적으로 중시되던 자질에 더해 최근 추가된 요소는 교육이다. 아부 바크르를 통해 지도자의 자질을 설명한 수마뜨라 대의원 밤방은 교육의 중요성을 아래와 같이 표현했다.

> 지도자에게는 높은 교육과 지적인 능력이 요구되는데, 아부 바크르는 끊임없이 배우려는 자세를 취했다. 만약 당시에 학위가 있었다면, 그는 이미 박사이고 이미 교수였다.

높은 교육 수준이 지도자의 자질로 편입되었음을 최근 최고위 의장을 통해 확인할 수 있다. 1995년에 선출된 아민 라이스, 1998~2005년 의장인 샤피이 마아리프Syafii Maarif, 2005~2015년 의장인 딘 삼수딘Din Syamsuddin 모두 미국에서 유학하여 박사학위를 받았다. 2015년에 선출된 하에다르Haedar 역시 국내대학 박사학위 소지자였다. 의장뿐 아니라 최고위 위원의 학력 역시 높았다. 2015년에 선출된 13명의 위원 중 10명이 박사학위 소유자였다. 이는 최고위 위원이 되기 위해서는 박사학위가 있어야 한다는 말이 단순히 우스갯소리가 아님을 시사했다.

지도자의 높은 학력은 단순히 학벌을 의미하지 않았다. 박사학위는 사회에 대한 폭넓은 이해, 이슬람에 대한 지식, 나아가 이성과 합리성과 연결되어 해석되었다. 따라서 학위에 대한 강조는 카리스마적 성격의 지도자에 대한 부정적 인식을 반영하고 있었다. 카리스마적 지도자는 감정에 호소하는 경향을 취함으로써 합리적이고 이성적인 차원을 경시한다는 것이다. 카리스마적 지도자에 대해 중앙 본부 지도자 악바르Akbar는 아래와 같은 평가를 제시했다.

> 카리스마적 지도자는 자신의 야망과 본능을 앞세움으로써 혼란과 무질서를 결과한다. 카리스마적 지도자 주변은 그에게 충성하는 사람들로 채워진다. 이들의 운명이 카리스마적 지도자에 달려 있기 때문에 이들은 지도자의 권력이 유지되도록 온갖 노력을 다한다.

악바르는 카리스마적 지도자를 대중적 인기와 연결시켰다. 총회 선거에서 최고 득표를 한 사람을 자동적으로 의장으로 선임하자는 주장이 제기된 경우가 있었음을 지적한 후, 그는 이 의견에 반대하는 입장을 분명히 했다. 대중적 인기를 한몸에 받는 활동가가 단체 활동을 이끌어 갈 최적의 지도자라 할 수 없다는 것이 이유였다. 그는 대중적 인기에 기반을 둔 지도자가 감정적 유대에 기대어 자의적으로 조직을 운영함으로써 규정이 적용될 수 없는 환경을 만들게 된다고 주장했다. 무함마디야는 개인의 것이 아닌 회원 모두의 것이라는 점을 강조하며 그는 대중적 성격의 지도자에 대한 비판을 끝마쳤다.

선거는 종교적 권위, 영향력, 인지도, 인기도를 반영함으로써 지도자간 우열을 극적으로 표현할 수 있다. 하지만 선거와 관련된 무함마디야 담론은 선거에 반영된 개인적 차이를 축소함으로써 득표를 종교적 권위와 영향력으로 전환시키는 과정을 거부했다. 또한, 이성에 대한 강조를 통해 투표에 개입된 감정적 차원을 문제시함으로써 대중적 영향력을 축적한 지도자의 출현을 방지하는 효과를 가졌다.

### 선거 문화: 선거 운동의 부재

1960년대에 무함마디야가 요구하는 이상적 지도자상을 정리한 마와르디Mawardi는 "자신을 스스로 지도자라 칭하는 사람이 있다면 그를 지도자라 말할 수 없다"고 주장했다.[2] 이는 지도자의 자질을 지적함과 동시에 선거운동과 관련되어 중요한 시사점을 지닌다. 선거를 행하지만 자신을 알리고 지지를 호소하는 행동이 무함마디야에 부합하지 않는다는 것이다. 1968~1990년 무함마디야 의장을 역임한 파흐루딘Fachruddin 역시 후보자가 자신을 홍보해서는 안 된다고 단언했다.[3] 선거 캠페인 부재를 쪽자 주 지부 활동가는 이슬람 전통과 관련하여 설명했다.

> 이슬람에서 지도자는 선택되는 것으로써, 자신을 판매하려고 내놓는 것이 아니다. 지도자는 선택을 요구할 수 없으며, 이는 허용되지 않는다. 우리는 직책을 요구해서는 안 되며, 직책은 우리에게 부여되는 것이다. 이러한 교리로 인해 자신을 선전하는 후보가 있다면 오히려 득표수가 떨어진다.

선거운동에 대한 부정적 평가로 인해 총회에서는 '강제된 무관심'이라 일컬을 상황이 전개되었다. 선거일 이전까지 선거에 대해 관심을 보이고 말하는 대의원을 찾기는 쉽지 않았다. 선거가 끝난 후에도 같은 상황이 벌어졌다. 선거 결과를 이야깃거리로 활용하는 경우를 찾아보기는 쉽지 않았다.

---

2 Mawardi(2010: 33)

3 Fachruddin(2010:83)

선거운동을 하지 않는 이유를 중부자바 대의원은 일반 선거와 비교해서 설명했다. 선거운동이 벌어지면, 후보의 세력 과시, 지지자의 과열된 행동, 금품 수수와 같은 상황을 배제할 수 없다는 것이다. 후보자를 알릴 수 있는 긍정적인 면이 있지 않느냐는 질문에 대해 그는 후보자의 장단점이 평소 조직 활동을 통해 확인될 수 있다고 말했다. 설령 이를 모르더라도 후보자의 경력을 살펴봄으로써 후보자를 파악할 수 있다고 주장했다.

선거운동에 대한 부정적 평가에도 불구하고 이러한 의견이 진정성을 가진 것인지에 대해 의문을 제기할 수 있다. 공식적으로 인정되지는 않지만, 비공식적 수준에서 선거운동이 가능할 수 있기 때문이다. 선거운동의 유무, 그리고 그것이 선거에 미친 영향을 알아볼 수 있는 상황이 2010년 총회에서 발생했다.[4]

사건의 발단은 아민 라이스였다. 탄위르 선거 후 총회 선거가 치러지기까지 며칠의 시간이 있었다. 이 기간 중 아민 라이스가 당시 의장인 딘 삼수딘의 연임을 막기 위해 유력 후보자 중 한 명인 하에다르를 지지한다는 소문이 돌았다.

아민 라이스가 딘 삼수딘의 연임을 막으려는 이유로는 정치적 동기가 거론되었다. 2009년 대통령 선거에서 딘 삼수딘은 아민 라이스가 반대하는 후보를 지지했다. 또한, 그가 2014년 대선에서 부통령 자리를 노리고 있다는 소문이 돌고 있었다. 정치적 재기를 노

---

4 아민 라이스의 선거개입 관련 자료는 Radar Jogja(2010), Surya(2010), Vivanews(2010)를 참조할 것.

리던 아민 라이스에게 있어 딘 삼수딘은 껄끄러운 존재라 할 수 있었다.

아민 라이스가 하에다르 후보를 지지한다는 소문은 시간이 갈수록 구체화되었다. 아민 라이스와 우호적 관계에 있는 대의원에게 하에다르 지지를 호소하는 메시지가 보내졌다는 말이 돌았다. 아민 라이스 지지자들이 총회 대의원 숙소를 돌아다니며 하에다르에 대한 지지를 호소했다는 소문 역시 돌았다. 결국 소문은 하에다르가 아민 라이스를 방문하여 지지를 요청했다는 데까지 이르렀다.

아민 라이스가 하에다르를 위한 선거운동을 했는지 확인할 방법은 없었다. 하지만 총회 대의원 일부는 이를 사실로 간주하며 분노를 표했다. 소문을 뒷받침할 증거를 묻자 동부자바 대의원은 하에다르 지지 선거운동 장면을 자기 지인이 목격했다는 말을 전해주었다. 다른 대의원은 아민 라이스의 선거 운동이 언론에까지 보도되었다고 말하며 소문의 진실성을 확신했다.

대의원들은 아민 라이스의 공개적 지지가 효과를 가져올 수 없으리라 단언했다. 그것이 무함마디야의 선거 문화와 대치되기 때문이었다. 오히려 이들은 선거운동이 하에다르에게 역효과를 가져오리라 예상했다. 대의원들이 선거관행을 어긴 아민 라이스에 대한 불만의 표현으로 하에다르에 대한 지지를 철회하고 딘 삼수딘을 지지하리라는 것이었다.

## 선거 운동의 부정적 영향

2010년 선거결과를 보면, 아민 라이스와 관련된 소문이 일정한 영향을 미쳤음을 추정할 수 있는 자료를 찾을 수 있다. 표 10은 2010년 탄위르 선거와 총회 선거 결과이다.

**표 10 2010년 선거 결과**

| | 탄위르 선거 | | 총회 선거 | |
|---|---|---|---|---|
| | 득표 | 등수 | 등수 | 득표 |
| Haedar Nashir | 150 | 1 | 5 | 1482 |
| Din Syamsuddin | 148 | 2 | 1 | 1915 |
| Yunahar Ilyas | 148 | 2 | 6 | 1431 |
| Dahlan Rais | 142 | 4 | 4 | 1508 |
| Muhammad Muqoddas | 134 | 5 | 2 | 1650 |
| Abdul Mukti | 134 | 6 | 7 | 1322 |
| Malik Fadjar | 127 | 8 | 3 | 1562 |

출처: Muhammadiyah(2010a)

두 선거에서 눈에 띄는 차이는 탄위르 선거에서 1위를 한 하에다르가 총회 선거에서 5위를 했다는 점이다. 반면 탄위르 선거에서 2위를 한 딘 삼수딘은 총회에서 1위를 했다. 그가 얻은 득표는 1915표로, 2위 후보보다 265표 많았고 하에다르에 비해서는 433표 많았다.

표면적으로 이 결과는 아민 라이스에 대한 거부감이 하에다르의 낮은 득표로 이어졌다는 해석을 가능하게 한다. 하지만 이를 입증할 근거를 찾기는 쉽지 않다. 2015년 사례를 보면, 탄위르 선거에서 10위를 한 후보가 총회 선거에서는 1위를 했고, 탄위르 선거 1위 후보가 총회 선거에서 6위로 밀려날 정도로 두 선거 결과 사이에 차이가 나타났다. 그럼에도 아민 라이스의 선거운동이 하에다르의 득표에 부정적 역할을 했다고 추론할 수 있는 이유는 선거 결과에 대한 일부 대의원의 해석 때문이다.

하에다르의 낮은 득표에 대해 질문한 십여 명의 대의원 모두 아민 라이스를 언급했다. 그의 지지가 역효과를 가져왔다는 것이다. 이렇게 말한 후 이들은 예외 없이 무함마디야 선거가 선거운동에 흔들리지 않음을, 이 전통을 지킬 역량을 대의원들이 갖추고 있음을 지적했다. 이 중 한 명은 대통령이 특정 후보를 지지하더라도 당선시킬 수 없다고 말하기까지 했다.

언론보도 역시 아민 라이스의 선거운동이 가져온 역효과를 지적했다. 무함마디야 선거 방식에 익숙한 기자가 없었기에, 이들의 기사는 총회에서 만난 무함마디야 활동가의 의견을 반영한 것이라 할 수 있다. 이러한 기사 중 하나는 아래와 같았다.[5]

> 아민 라이스는 딘 삼수딘이 아닌 하에다르를 지지했다. 하지만 아민 라이스 정당 지지자들이 전화메시지를 통해 전달한 아민 라이스의

5 Surya(2010).

**그림 36** 2010년 총회에 대한 미디어의 관심. 샤피이 마아리프 전의장이 총회에서 기자에 둘러싸여 있다.

지지 뉴스는 오히려 딘 삼수딘의 입지를 강화했다. 총회 대의원들이 야망을 드러낸 인물을 원하지 않고 선거 운동을 원하지 않았기 때문이다.

기사 내용처럼 상당수 대의원들은 하에다르의 득표 하락을 아민 라이스의 선거운동과 연결시켰다. 이들은 특정 후보에 대한 명시적 지지가 무함마디야의 선거 전통에 부합하지 않는다는 점을 부각했다.

선거운동에 대한 거부감이 투표를 통해 표현되었다는 해석이 제기될 수 있는 또 다른 이유는 1990년에 발생한 보다 극적인 사건 때문이다. 중앙 본부 지도자는 당시의 상황을 아래와 같이 기억했다.

1990년 선거는 20년 이상 의장직을 맡던 파흐루딘이 의장직을 내려놓겠다고 선언한 상태에서 개최되었다. 그의 뒤를 이을 후보로 루크만Lukman과 자즈만Jazman이 부상했다. 총회를 앞두고 루크만은 신문 인터뷰를 통해 무함마디야대학 총장인 자즈만이 중앙 본부 산하 고등교육위원회 위원장직을 맡고 있는 점에 대해 비판했다. 피감독 기관인 대학의 총장이 감독기관의 위원장이 된 일이 부적절하다는 것이다. 다른 후보에 대한 비판, 중앙 본부의 운영을 문제시한 태도, 그리고 이를 조직 내부가 아닌 외부 미디어를 통해 제기한 점은 선거 전통에서 벗어난 것이다. 그의 일탈적 행동의 결과는 선거를 통해 명확하게 표출되었다. 루크만은 탄위르 선거조차 통과하지 못했다.

대의원들은 적극적인 자기선전이 아니라 간접적인 지지 호소조차 행해져서는 안 된다는 데 동의를 표했다. 따라서 미디어를 통해 자기를 선전하는 행동은 부정적 평가와 역작용을 불러일으킬 수 있다. 이를 명확하게 보여줄 과거의 사례를 통해 이들은 야망 있는 지도자가 선거 운동을 활용하는 상황을 강하게 경계했다.

같은 맥락에서 대의원들은 무함마디야 선거에 대한 일부 신문기사의 논조에 대해 거부감을 표명했다. 일반 선거를 다루듯 총회 선거 결과를 예측하는 식의 기사에 대해 이들은 기자의 몰이해를 비판했다.

선거 운동에 대한 부정적 태도와 유사한 모습이 선거 후에도 발생했다. 대의원들이 선거 결과에 대해 평가하려 하지 않았던 것이다. 선거 결과가 SM에서 취급되는 방식에서도 동일한 모습을 찾을 수 있다. 선거 결과는 매우 간략한 사실 보도 형식으로만 게재되었고, 한동안은 후보가 얻은 득표수를 제시하지 않는 경향이 나타나기까지 했다. 이러한 보도 방식은 득표 차이가 가진 의미를 확대해석하려는 시도를 억제하고 집단지도체제를 뒷받침하는 지도자의 평등성을 부각하기 위한 것이라 해석될 수 있다.

정리하면, 선거를 둘러싼 담론과 관행은 득표가 가진 중요성을 평가절하하려는 의도를 지녔다. 또한, 후보자들이 높은 득표를 위해 노력해서는 안 되며, 전적으로 회원의 선택에 자신을 맡겨야 함이 강조되었다. 같은 맥락에서 후보자는 높은 득표를 자랑해서는 안 되며, 선출된 후보 모두가 같은 지위를 가지고 있음을 인식해야 한다.

선거 결과와 함께 선거를 둘러싼 담론과 관행은 집단지도체제가 적절하게 작동할 수 있는 환경을 형성하는 데 일조할 수 있었다.

# 8

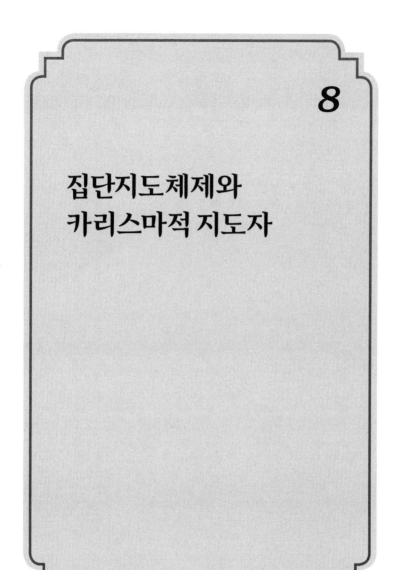

# 집단지도체제와 카리스마적 지도자

### 누가 선거에서 뽑혔나?: 출신지와 연배[1]

무함마디야 설립 초기, 주요 활동가들은 까움안 지역 내 친인척, 사제, 이웃 관계로 얽혀 있었다. 이를 보여줄 좋은 예가 초기 최고위 의장이다. 다흐란의 뒤를 이은 이브라힘은 다흐란의 매제였고 3대 의장과는 사돈 관계를 맺고 있었다. 중첩된 관계로 연결됨으로써 무함마디야 활동가들은 족자를 지배하던 문화로부터 자유롭지 않았다. 당시 사회 관계의 핵심은 연배로서, 높은 연배의 인물은 사제 관계와 친인척 관계에서도 높은 지위를 차지했다.

1937년 사건은 족자 문화에 대한 도전이었다. 높은 연배의 지도자에 대한 젊은 활동가의 비판은 지배적 규범에 대한 도전이었기 때문이다. 이들의 문제제기가 수용되었는데 이는 까움안 중심적 문화에 대해 반성할 기회가 주어졌음을 의미한다. 1930년대 이후 가속화된 족자 외부로의 조직 확장은 이런 비판을 가능하게 함과 동시에 새로운 규범의 출현을 요구했다.

1937년 사건을 통해 표출된 비판의 해결 가능성은 1950년대에 들어서서 구체화되었다. 1950년 총회 선거에서 9명의 최고위 위원 중 4명만이 까움안 출신자로 채워졌다. 이는 1937년 사건 후 의장만이 외부에서 영입되었던 상황이나 1940년대에 접어들어 까움안 출신자로 다시 최고위가 구성된 상황과 비교할 때 지나칠 수 없는

1 무함마디야 지도자의 특성에 관한 서술은 김형준(2020)에 기반을 두고 작성되었다.

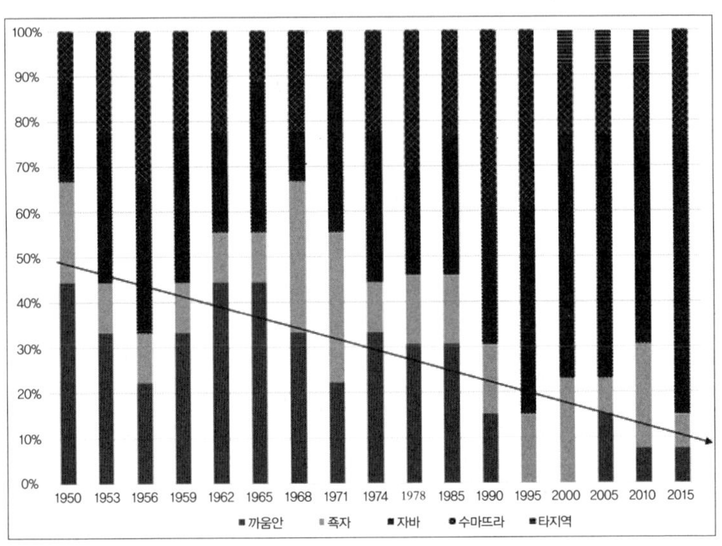


**그림 37 최고위 위원 출신지(1950~2015)**

변화였다.

까움안 출신 최고위 위원의 비중은 꾸준히 축소되었다. 이를 알아보기 위해 1950~2015년 사이 17차례 선거에서 선출된 최고위 위원의 출신지가 검토될 것이다. 3년에 한 번 개최되던 총회는 1985년부터 5년에 한 번으로 바뀌었고, 9명이었던 최고위 위원은 1978년부터 13명으로 확대되었다. 이들의 출신지를 까움안, 쪽자, 쪽자 외부의 자바, 수마뜨라, 타지역으로 나누어 정리하면 아래와 같다.

1950년 이전 100퍼센트에 육박했던 까움안 출신 최고위 위원 비중은 1950년 절반으로 축소되었고 이후 지속적으로 낮아졌다. 1995년과 2000년에는 까움안 출신자가 선출되지 않았고 이후에도 1~2명에 달했을 뿐이다. 까움안 출신자 감소는 탄위르 선거를 거쳐 최종 후보자로 선임된 39명에게서도 나타났다. 까움안 출신자 비중이 계속 줄어들어 1990년 11명에서 1995년 6명으로, 2010년 2명, 2015년 3명으로 감소했다.

까움안의 퇴조와 달리 선출된 위원의 연배에서는 가시적인 변화가 나타나지 않았다. 최고위 위원의 평균 나이는 1950년대 40대 후반에서 1960년대 55세 이상으로 상승한 후 그대로 유지되었다. 총회 선거 최종 후보자 39명에게서도 같은 경향이 나타나서, 2015년 이들의 평균 연령은 50대 후반이었다. 최고위원으로 선출된 13명(9명) 중 40대 위원을 고려해도 유사한 모습을 찾을 수 있다. 서너 명에 달하던 40대 위원 수는 2000년대 들어 두 명 안팎으로 축소되었다. 39명의 최종 후보자에서도 유사한 흐름이 나타나서, 2015

년 후보자 중 40대는 5명에 불과했다.

이러한 자료를 보면 높은 연배의 활동가가 강한 영향력을 행사하고 있다고 추정할 수 있다. 하지만 이와 관련하여 고려할 점은 위원의 높은 나이가 1950년대 이전과 다른 성격을 띠고 있다는 점이다. 1950년대 이후에는 연배가 친족, 사제, 이웃 관계와 얽혀 작용하기보다는 나이 그 자체에 국한되는 모습이 나타난다. 다른 식으로 표현하면 나이 많은 위원의 선출은 오랜 조직 활동 경력 때문이지 이들이 복잡한 개인적 네트워크에서 연장자에 속했기 때문이 아니었다. 따라서 표면적으로는 나이가 중시되지만 그것은 근원적 연대primordial ties에 기초한 연장자 우대와는 차이를 보였다. 이런 의미에서 최근 선거에서 중시되는 나이는 귀속지위가 아닌 성취지위의 성격을 강하게 가졌다.

정리하면, 1950년 이후 무함마디야 최고 위원의 출신지는 인도네시아 전역으로 확대되었고 까움안의 중요성은 축소되었다. 이들의 평균 나이는 55세 전후였지만, 나이가 친족, 이웃, 사제 관계 속에서 중층적 의미를 가지고 있지 않았다.

복합적 네트워크로써 연배의 중요성이 감소하는 상황에서 무함마디야 지도자의 배경을 파악하기 위해서는 추가적인 자료가 요구된다. 이를 위해 1990년 이후 탄위르 선거를 통과한 39명의 후보자를 대상으로 이들의 학력, 직업, 경력을 분석했다.

총회에서는 최고위 위원 후보자 프로필이 담긴 소책자가 배부된다. 여기에서 가장 눈에 띄는 특징은 박사학위자가 많다는 것이다. 이런 점 때문인지 최종 후보로 선출되지 못한 이유를 묻는 질문에 한 주 지부 활동가는 "박사학위가 없어서"라고 응답했다. 농담조였지만 이 답에는 지도자의 학력과 관련된 최근 변화가 내포되어 있다. 아래에는 1990년과 1995년 선거에서 최종 후보자로 선택된 78명 중 중복된 경우를 제외한 54명과 2010년과 2015년에서 선택된 55명의 최종 학력이 비교되어 있다.

2010년과 2015년 후보자 모두 대학교육을 받았으며 석사학위 보유자가 16명, 박사학위 보유자가 34명이었다. 1990년과 1995년 후보자의 경우 대학교육을 받지 않은 후보자가 6명, 학사 보유자가 24명이었다.

인도네시아에서 1990년대 이후 고등교육 기회가 팽창한 것은 사실이지만, 60퍼센트에 이르는 박사학위자 비중은 고학력 선호를 배제하고는 설명하기 힘들다. 이는 근대식 교육 확대를 주요 목표로 설정한 무함마디야의 지향에 기인한다. 근대식 교육에 대한 강조는 고학력에 대한 우호적인 평가로, 고학력 지도자에 대한 선호로 이어졌다.

박사학위를 가진 후보 대다수의 직업은 대학교수였다. 석사학위, 때로 학사학위 보유자도 대학교수로 임용되는 인도네시아 상황으

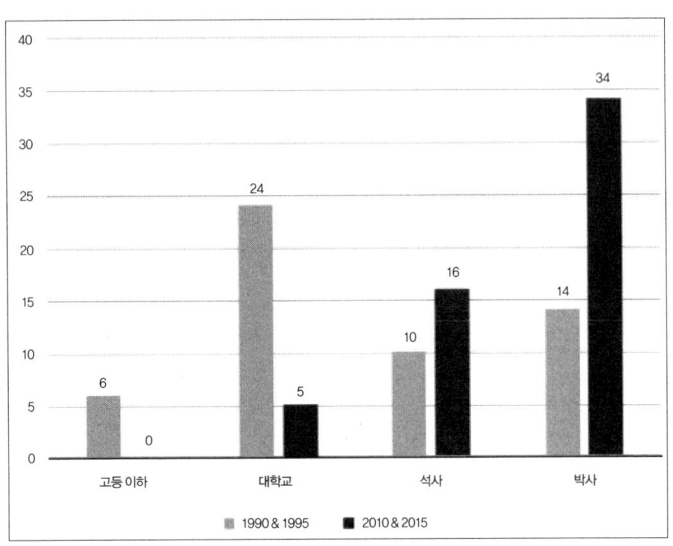


**그림 38 최고위 선거 후보자의 최종학력**

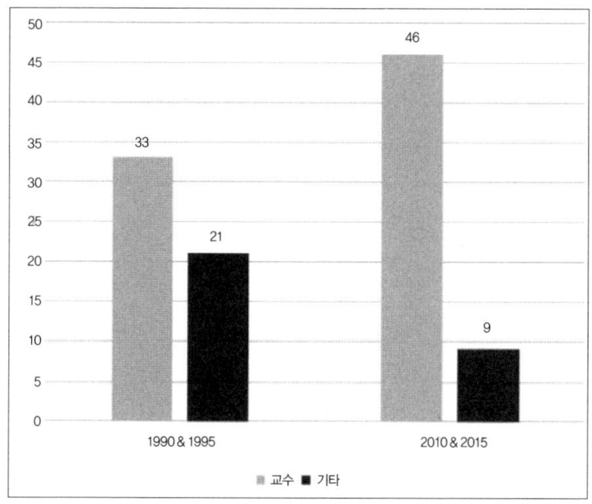


**그림 39** 최고위 선거 후보자의 직업

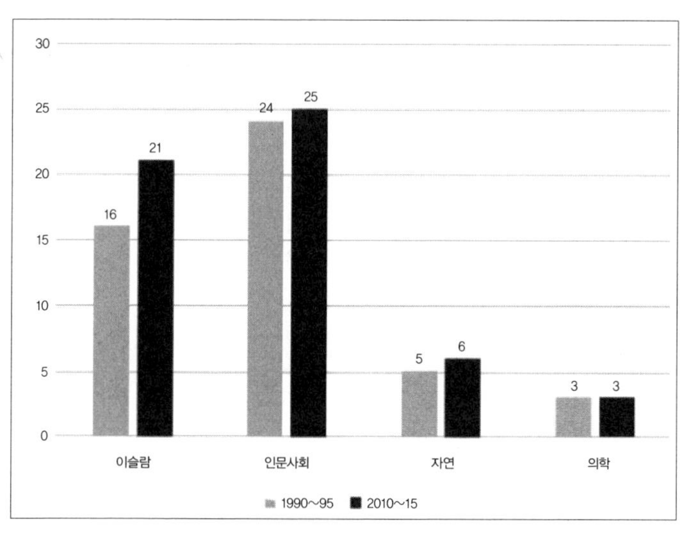


**그림 40** 최고위 선거 후보자의 전공. 이들 중 1990년과 1995년 후보 중 대학을 나오지 않은 후보자 6명은 제외되었다.

로 인해 대학교수 비중은 박사학위 보유자 비율을 웃돌았다. 아래는 두 시기 후보자들의 직업을 비교한 자료이다.

1990년과 1995년 33명이던 교수는 2010년과 2015년 46명으로 증가했다. 2010년과 2015년 교수 외 후보자의 직업으로는 의사, 정치인, 사업가, NGO 활동가, (공무원) 퇴직자 등이 있었다. 전체적으로 이 자료는 직업의 획일화 경향이 빠르게 진행되었음을 시사한다.

학력이나 직업과 달리 이들의 전공 분야에서는 큰 변화가 나타나지 않았다. 대학을 졸업하지 않은 1990년과 1995년 후보자 6명 모두가 이슬람을 오랫동안 공부한 학자였기에 이들의 전공 분야를 이슬람으로 설정하면 두 시기 후보자들의 전공에서는 거의 차이가 나타나지 않았다.

종교단체라는 무함마디야의 성격을 고려하면, 이슬람 전공자보다 인문·사회과학 전공자가 많다는 점은 의외의 결과이다. 하지만 이를 있는 그대로 받아들일 수 없는데 인문학과 사회과학 전공자 대다수가 이슬람을 연구한 학자이기 때문이다. 예를 들어, 1990~2015년 사이 최종 후보로 5차례 선출된 무니르 물칸Munir Mulkan은 이슬람을 연구하는 사회학자이며, 이 시기 의장 모두 인문·사회과학 전공자로 분류될 수 있다.

그럼에도 인문·사회과학 전공자가 많다는 사실, 다른 식으로 표현하면 이슬람을 연구하는 후보 중 상당수가 인문·사회과학을 전공했다는 사실의 중요성을 경시할 수는 없다. 이는 이슬람에 대한 무함마디야 활동가의 접근이 이슬람 경전에 대한 주해, 고전에 대한 심화된 학습을 목표로 하는 전통 방식과 차별적임을 시사하기 때문이다.

대학에서 진행되는 이슬람 교육과 연구는 서구식 전통에 기반을 두고 있다. 따라서 이슬람을 전공한 후보자, 특히 2010년과 2015년 후보자의 절대다수는 근대식 교육방법과 커리큘럼에 기초하여 이슬람 교육을 받았다. 이런 방식으로 이슬람을 연구하고 교육하는 이들에게 있어 그 목표는 지식의 암기뿐 아니라 경전의 이해와 해석이었다.

마지막으로 살펴볼 후보자의 특성은 무함마디야 내 활동경력이다. 후보자로 선정될 인지도와 인기는 조직 내에서의 활동에 의존한다. 후보자가 되기 전 이들이 활동한 기관은 주 지부, 자치단체, 중앙 본부 산하위원회 등인데, 이를 구분하여 살펴보면 아래와 같다.

**표 11 최고위 선거 후보자의 조직 내 활동경력**

| | 주 지부 지도위 | 자치단체 최고위 | 중앙 본부 산하위원회 |
|---|---|---|---|
| 1990년과 1995년 후보 | 12* | 22* | 22 |
| 2010년과 2015년 후보 | 22** | 22** | 15 |

* 주 지부와 자치단체 경력을 모두 가진 경우는 2명으로 중복 표시되어 있다.
** 주 지부와 자치단체 경력을 모두 가진 경우는 4명으로 중복 표시되어 있다.

자치단체 최고위 위원 경력을 가진 후보가 두 시기 모두 22명인 반면, 주 지부 지도위 경력을 가진 후보는 12명에서 22명으로 증가했다. 제3의 경로인 중앙 본부 산하위원회 경력을 가진 후보는 22명에서 15명으로 감소했다.

주 지부 지도위 경력을 가진 후보의 증가는 이동성과 관련된다. 중앙 본부의 활동이 주로 죡자와 자까르따에서 이루어지기 때문에, 2000년대 이전까지 후보자의 거주지가 투표에서 심각하게 고려되었지만, 교통 발달에 따라 이에 대해 배려할 필요가 감소했다. 그럼에도 주 지부 출신 후보 모두 죡자, 자까르따, 서부자바, 중부자바, 동부자바에서 활동했음은 자바가 지역적 변수로 고려되고 있음을 시사한다.

정리하면, 2010년과 2015년 후보자 다수는 석사 이상의 학력을 갖추었고 대학교수로 일했다. 이들의 주요 전공 분야는 이슬람과 인문사회였고, 인문사회 분야 대부분은 종교와 관련되었다. 이들은 주 지부, 자치단체, 중앙 본부 위원회에서의 활동을 바탕으로 후보에 선택되었는데, 자바에 위치한 주 지부의 중요성이 최근 강화되는 추이를 보였다.

2010년과 2015년 후보의 특성은 1990년과 1995년 후보에게도 상당 부분 적용되었는데, 이는 이러한 특성이 1970~80년대를 거치며 지도자의 자질로 점차 수용되었음을 추정할 수 있도록 한다. 이들은 1970년대 이전 지도자와 상이한 배경을 지녔고, 서구식 교육에 대한 선호도가 이를 야기한 주요 요인이었다.

최고위 후보의 배경 변화, 특히 학력과 직업 상의 변화는 무함마디야 활동가에 의해서도 인지되었다. 이는 보통 '울라마ulama, 이슬람 학자'에서 '지식인intelektual, cendekiawan'으로의 변화로 설명되었다. 울라마와 지식인의 구분 기준은 교육배경, 활동 영역, 경력의 차이로 이해되어, 빠산뜨렌에서 수학하고 종교 분야에서 활동하는 경우 울라마로, 대학에서 교육받고 종교뿐만 아니라 종교 이외의 분야에서 활동하는 경우 지식인으로 간주되었다.

### 전문가 집단의 대두와 효과

무함마디야가 이슬람 단체임을 고려할 때 리더십이 종교 지도자인 울라마에서 지식인으로 전환했음은 독특한 현상이다. 울라마가 조직 활동의 선봉에 위치하지 않음을 무함마디야 활동가들 역시 인지했는데, 이는 때로 울라마의 부족이라 규정되었다. 이런 현상을 야기한 원인에 대해 중앙 본부 활동가 안디Andi는 아래와 같이 진단했다.

> 무함마디야의 근대적 지향으로 인해 '끼야이kiyai, 울라마와 같은 뜻의 자바어'가 되려는 활동가가 많지 않다. 무함마디야에서 끼야이의 자식과 손주는 특별한 대접을 받지 않는다. 은총을 얻기 위해 무함마디야의 끼야이를 찾는 경우도 없다. 평등성은 끼야이의 위상을 특별하지 않게 만들었다.

무함마디야를 설립한 다흐란을 비롯한 대다수 초기 활동가들은 장기간에 걸쳐 경전에 대해 공부하고 종교 교육을 업으로 삼은 끼야이라 불렸다. 그 결과 다흐란부터 1990~95년 최고위 의장까지 모두에게는 '끼야이 하지'라는 경칭이 부여되었다. 반면 1995년에 의장에 오른 아민 라이스를 시작으로 이후 모든 의장에게는 교수나 박사라는 칭호가 사용된다.

안디는 끼야이의 역할 축소를 끼야이에 대한 특별 대접의 부재에서 찾으려 했다. 평등성이 강조됨으로써 특정 지역에서 높은 지위를 가진 끼야이가 무함마디야에서 같은 대접을 받을 수 없다는 것이다. 이런 상황이 얼마나 극단적으로 전개되었는가를 종교적 문제를 다루는 중앙 본부 따르지Tarjih 위원회를 통해 확인할 수 있다.

따르지 위원인 라흐맛Rahmat은 위원회 구성 과정에서 얼마나 큰 종교 교육기관을 운영하고 있는지, 얼마나 큰 종교적 영향력을 가지고 있는지 등이 핵심 요인으로 고려되지 않는다고 말했다. 그 대신 단체 활동에 있어서의 성실함, 종교적 신앙심과 학식이 동등하게 중시된다고 지적했다.

그는 울라마의 역할 감소를 종교적 학식보다 활동성과 성실함을 강조하는 경향 탓으로 돌렸다. 무함마디야의 활동이 종교 외적 영역에서 많이 전개됨에 따라 종교 문제만을 논의하는 울라마의 중요성이 감소했다는 것이다. 그는 무함마디야를 주도하는 활동가 집단을 정치경제적, 사회문화적 문제와 관련되어 전문성을 갖춘 전문가 집단profesional으로 규정했고 의사, 기술자, 기업인, 교육자를 그 예로 들었다.

근대식 교육을 통해 형성되고 사회 변화에 높은 적응도를 가진 전문가 집단은 교육과 복지 분야의 활동을 이끌 잠재력을 가지고 있다. 따라서 이들은 종교에만 전념하는 이슬람 학자의 위상을 약화시키며 조직 활동의 핵으로 부상할 수 있었다. 이러한 변화 양상은 1980년대에 이미 인식되기 시작했는데, 엔우 지도자 와히드는 이를 아래와 같이 설명했다.[2]

> 무함마디야의 근대적 지향과 평등성은 전문가 집단의 우세를 가져왔다. 무함마디야 내 이슬람 학자들은 단체의 주도권을 잡기보다는 (전문가 집단의 활동에) 정당성을 부여하는 기능을 하게 되었다.

전문성을 갖춘 활동가가 주도적으로 조직을 이끌어감에 따라 다른 활동가 또한 더 높은 수준의 교육을 선호하게 되었다. 이는 중앙 지부와 주 지부에서 활동하는 활동가 일반에 적용될 수 있어서 이들 중 대다수는 대학원 교육을 받았다. 종교에 대한 이들의 이해도나 학식이 낮은 편은 아니었지만, 그렇다고 해서 이들이 이슬람 경전 연구에만 전념하는 경우는 많지 않았다.

전문가를 중심으로 지도부가 구성되고 실천과 평등성이 강조되는 분위기 속에서 종교적 권위를 축적한 지도자가 높이 평가될 가능성은 크지 않았다. 이런 성격의 지도자는 무함마디야의 운영 방

---

2 Karim(1985:71)

식에 부합하지 않았다. 지도자 사이의 동등한 지위를 강조하는 집단지도체제, 개인의 영향력 표현을 가로막는 선거 방식, 자기희생을 강조하는 선거문화 등은 권위적 인물과 쉽게 조화될 수 없었다.

물론 그렇다고 해서 무함마디야 활동가 중 권위를 축적한 인물이 출현하지 않았다는 것은 아니다. 개인적으로 뛰어난 자질을 구비하고 조직 안팎에서의 활동을 통해 권위를 축적한 활동가가 나타날 수 있다. 따라서 무함마디야의 조직 특성을 이해하기 위해서는 이런 지도자의 출현 자체가 아니라 이들이 조직 내에서 차지하는 위상을 검토해야 한다. 즉, 이들이 조직 내에서 자신의 권위를 인정받고 재생산할 수 있는지, 이러한 권위에 기반을 두고 조직 활동을 행할 수 있는지의 여부가 중요하다. 권위를 가진 활동가가 그에 맞는 대우를 받고 활동할 수 있다면, 평등성에 기반을 둔 관행의 제도화가 불충분하게 이루어졌음을 시사할 수 있다.

카리스마적 지도자가 무함마디야에 어떤 영향을 미치고 어떻게 대우받을 수 있는가를 확인하기는 쉽지 않다. 이러한 속성을 가졌다고 인정되는 활동가가 많지 않기 때문이다. 이런 상황에서 고려할 수 있는 거의 유일한 사례는 아민 라이스이다. 1995~98년 최고위 의장직을 맡았던 그는 지난 수십 년 동안 무함마디야가 배출한 가장 걸출한 지도자라 평가될 수 있다. 아래에서는 그가 출마한 대통령 선거와 그 이후의 상황을 중심으로 하여 카리스마적 지도자가 무함마디야 내에서 어떤 상황에 처할 수 있을지 검토하도록 한다.

### 카리스마적 지도자: 아민 라이스

아민 라이스는 1944년 족자 인근 도시인 수라까르따Surakarta에서 태어났다.[3] 무함마디야 활동가인 부모의 영향을 받아서 그는 어려서부터 무함마디야 활동에 참여했고, 무함마디야 학교에서 수학했다. 족자에서 대학생활을 보낼 때 그는 무함마디야 대학생 자치단체의 의장직을 맡으며 촉망받는 활동가로 부상했다. 카이로에서 공부하고 미국 시카고대학에서 박사학위를 받고 귀국한 후 그는 무함마디야 지도부에 곧바로 진입했다. 1985년 총회 선거에서 최고위 위원으로 선출된 그는 이후 1995년 의장이 되었고, 1998년 국민수권당Partai Amanat National, 이하 PAN을 창설하여 정치에 뛰어들었다.

아민 라이스를 유력 정치인으로 만든 계기는 1990년대 초반, 당시 금기시되던 수하르또 대통령의 후계 문제를 거론한 사건이었다. 이후 민주화를 상징하는 인물로서의 그의 위상이 강화되었고, 수하르또 퇴진을 전후하여 개혁의 선구자로서의 이미지를 구축했다. 이를 바탕으로 그는 2004년 대통령 선거에 출마했고, 무함마디야는 그의 당선을 위해 모든 역량을 동원하여 선거운동을 펼쳤다.

선거운동에 뛰어들기 위해 무함마디야는 40여 년 동안 지속된 정치적 중립 원칙을 포기했다. 이를 위한 사전 작업으로 2002년과 2003년 탄위르 회의에서 정치 활동을 지지하는 뉘앙스를 가진 선

3 아민 라이스와 관련해서는 Adhy(2010), Abror(2015)를 참조할 것.

언문이 발표되었다. 여기에서 아민 라이스의 이름이 직접 거명되지는 않았지만, "무함마디야의 가장 뛰어난 활동가"를 대선에서 지지해야 할 필요성이 언급되었다. 2004년 대선을 여섯 달 남짓 앞둔 시점에 무함마디야는 정치활동 재개를 선언했다. 중앙 본부 최고위는 지침을 통해 무함마디야의 가장 뛰어난 활동가인 아민 라이스의 행보를 전적으로 지지하며, 민족을 구원하고 개혁을 완수하기 위한 대통령 선거에서 그가 선택되도록 노력할 것임을 천명했다.

### 대선 선거 캠페인: 카리스마적 지도자의 등장

2004년 결정 후 무함마디야는 빠르게 정치 조직으로 변신했다. 모든 하위 지부에 선거운동을 주도할 조직이 결성되었다. 캠페인 과정을 거치며 아민 라이스는 무함마디야 지도자 중 누구도 경험하지 못한 감정적 지지의 대상으로 전환되었다. 이 기간 동안 무함마디야 활동가들은 카리스마적 지도자를 위해 기꺼이 자신을 희생하고자 했다.

아민 라이스에 대한 지지를 정당화하는 과정에서 그는 가장 이상적인 지도자로 그려졌다. 종교적으로 그는 깊은 신앙심과 높은 학식을 갖춘 인물이었다. 이를 드러내기 위해 그가 꾸준히 금식을 행한다는 점, 경전에 대한 이해도가 높고 아랍어 발음이 좋다는 점, 이집트에서 수학한 경험이 있다는 점이 거론되었다.

일상적 삶에서 나타난 뛰어난 자질 역시 부각되었다. 정치 활동을 펼치면서 스캔들이나 부패에 연루된 적이 한 번도 없는 정직함, 부유하지만 호화로운 생활을 하지 않는 검소함, 방문지에서 제공하는 어떤 것도 감사하며 받아들이는 겸손함, 박사와 교수로서의 합리성과 학식, 수하르또 퇴진 문제를 제기한 용감함, 올바른 일을 꾸준히 행하는 일관성, 진실하고 사심 없는 태도 등이 그의 특성으로 거론되었다.

특히 용감함과 사심 없음이 크게 부각되었는데, 그가 제기한 후계 문제는 이를 보여주는 좋은 사례였다. 누구도 꺼내지 못했던 민감한 문제를 거침없이 말할 정도로 올바른 생각을 펼쳤다는 것이다. 아민 라이스의 사심 없음에 대해 쪽자 주 지부 활동가는 아래와 같이 말했다.

> 아민 라이스가 강연에서 질문을 받은 적이 있었다. "하디스에는 권력을 좇는 야망 있는 사람은 알라의 은총을 받지 못한다는 내용이 있습니다. 대통령이 되려는 당신의 행보는 하디스에 어긋나지 않나요?" 여기에 아민은 다음과 같이 답했다. "형제여, 내게는 현재의 상황을 더 잘 설명하는 하디스가 있습니다." 하디스 구절을 아랍어로 낭송한 후 그는 말을 이어갔다. "체계적인 부정을 본다면 너희 중 누구는 반드시 행동해서 이를 멈추어야 한다."

이 사례를 언급한 후 그는 국가 개조라는 사심 없는 의도를 가지고 아민 라이스가 대통령 선거에 뛰어들었다고 설명했다. 따라서 이를 야망이라 부를 수 없으며 이슬람 교리를 실천하는 행동일 뿐이라고 그는 해석했다.

이슬람으로 무장하고 알라에 의해 선택된 아민 라이스가 이끌어갈 사회는 현세의 문제가 해결될 곳으로 그려졌다. 그의 용감함, 정직함, 사심 없음은 인도네시아가 직면한 가장 심각한 문제인 부정부패를 해결할 것이라 기대되었다. 그가 구현할 사회는 '가장 올바른 이슬람 사회masyarakat Islam yang sebenar-benarnya'라 이야기되었다. 이는 무함마디야의 활동 목표이기도 했다. 활동가들은 아민 라이스의 당선을 통해 무함마디야의 목표 역시 실현될 수 있으리라 확신했다.

무함마디야 활동가들의 선거운동은 무슬림으로서의 의무를 충족하기 위한 것이라 이해되었다. 이를 요약해주는 개념이 선거 기간 자주 이용된 '지하드jihad, 성스러운 전쟁'였다. 선거운동을 지하드로 규정함으로써 "선거운동을 하다 죽으면, 인샤알라insyaallah, 신이 원하신다면 천국에 들어갈 수 있다"라는 식의 말이 가능했다. 지하드 개념의 사용은 무함마디야에서 유래가 없는 것이었다. 1950년대 마슈미를 지지하기 위한 선거 과정에서도 이 개념이 적극적으로 이용되지 않았다.

지하드 외에도 다양한 이슬람식 레토릭이 이용되었는데, 족자 주지부 활동가의 이야기는 이를 요약적으로 보여주었다.

우리는 아민을 지지하는데, 여기에는 플러스가 있다. '빠할라pahala, 종

그림 41 아민 라이스 지지 현수막을 걸어 놓은 학생 자치단체 지부

교적 공덕'의 가치가 있고, '이바다ibadah, 종교적 의례'의 가치가 있다. [...] 아민을 지지하는 사람은 선택된 사람이며, 이들은 현세와 내세에서 알라의 '리도ridho, 은총'를 받을 것이다.

빠할라, 이바다, 리도와 같은 긍정적 표현뿐만 아니라 부정적 표현 역시 이용되었다. 캠페인에 참여하지 않아 아민이 낙선할 경우 이는 종교적 죄를 범한 것일 수 있다. 이처럼 종교적 의무로 이해된 캠페인을 위해 개인이 가진 모든 에너지, 재원, 시간을 투자하도록 요구되었다. 캠페인을 위한 희생은 '인팍infak, 종교적 기부'으로 개념화되기도 해서, 족자 주 지부 활동가에 따르면, "(캠페인을 위해) 지출하는 것 모두는 실상 알라가 부담하는 것이며 천사를 통해 알라에게 보고"되기 때문에 천당에 들어갈 자산이 된다.

선거 캠페인 과정을 통해 아민 라이스는 "무함마디야의 가장 뛰어난 활동가"로서의 위상을 확고히 했다. 무함마디야 활동가들은 그가 현세의 문제를 척결하고 '가장 올바른 이슬람 사회'를 실현할 능력을 갖추었다고 믿었으며 이를 위해 자신의 에너지와 재산을 기부하는 지하드의 길로 들어섰다. 그에 대한 열광적 지지는 무함마디야 역사에서 유래를 찾아볼 수 없는 것이었고, 그는 다른 지도자가 획득하지 못한 카리스마적 지도자로서의 입지를 다졌다.

## 카리스마적 지도자의 복귀: 추락의 전주곡[4]

"무함마디야의 가장 뛰어난 활동가"가 정계를 떠나 무함마디야로 돌아오겠다는 의도를 넌지시 밝힌 시기는 2010년 2월이었다. 그는 11년 동안의 정치활동을 통해 자신이 충분한 공헌을 했다고 주장했다. 정계 은퇴 결심에 영향을 미친 요인으로 그는 무함마디야 활동가들의 강력한 요청을 거론했다. 그의 복귀가 젊은 세대 지도자의 출현을 방해하지 않느냐라는 질문에 대해 그는 자신을 제외한 최고위 위원이 젊은 세대로 채워질 것이기에 문젯거리가 되지 않는다고 단언했다.

자까르따에서 진행된 인터뷰는 소수의 일간지에만 보도되었고 심각한 이슈로 부상하지 않았다. 하지만 이 기사에 대한 젊은 활동가들의 반응은 카리스마적 지도자의 복귀가 그의 열렬한 '추종자'에 의해 쉽게 받아들여질 수 없음을 암시했다. 청년단체 활동가는 아래와 같이 기자에게 말했다.[5]

> 아민 라이스가 정말로 최고위 선거에 출마하여 선택된다면 이는 무함마디야의 퇴보이다. 무함마디야에 제대로 된 활동가가 없는 것처

---

4 아래 절은 다음과 같은 신문기사에 기초하여 작성되었다. Jawa Pos(2010), Kompas(2010a, 2010b), KRjogja(2010), Okezone News(2010a, 2010b), Rakyat Merdeka(2010), Republika(2010), Tribun Timur(2010).

5 Okezone News(2010a)

럼 보일 수 있다 [...] 무함마디야를 위해서는 새로운 원동력이 필요한데 오히려 과거로 회귀하다니! 아민의 재등장은 무함마디야에 위협이 되며 [...] 무함마디야를 위한 해답이 아니다.

3월 초 아민 라이스의 복귀 의사가 몇몇 대중 강연회를 통해 표현되자 여론의 주목을 끌었다. 이를 보도한 기사에는 무함마디야 활동가의 입장 역시 추가되었는데, "무함마디야의 가장 뛰어난 활동가"라는 호칭이 무색할 정도로 원색적인 비판이 주를 이루었다.

초기 비판은 크게 두 가지 점을 문제 삼았다. 하나는 앞의 인용문에서처럼 그의 복귀가 젊은 세대 활동가의 자리를 빼앗는 것이기에 세대 간 순환에 역행한다는 것이다. 무함마디야 청년단체 활동가에 따르면, "아민이 다시 최고위 선거 후보로 나선다면, 이는 단체의 재생을 죽이는 것과 같다. 다른 활동가에게 기회를 주자! 최고위 위원이 될 사람은 많다." 다른 하나는 정치적 문제로서 비판자들은 아민의 복귀가 특정한 의도를 지니고 있다고 지적했다. PAN에 대한 무함마디야의 지지가 약화된 상황을 회복하고자 그가 복귀하려 한다는 것이다. 동부자바 주 지부 활동가는 한 발자국 더 나아가, 그의 복귀가 "특정한 집단의 음모의 결과"로 의심된다고 지적하기까지 했다. 이는 아민이 PAN 소속 정치인이나 대통령의 조종을 받고 있다는 뉘앙스를 가진 것으로, 그를 폄하하는 발언이었다.

젊은 활동가들이 아민 라이스의 행보를 직접 비판했던 반면 연배가 높은 활동가들은 조심스럽게 문제에 접근했다. 이들 중 일부는 이상적 지도자라는 기준을 통해 아민의 복귀를 반대하는 입장을 개진했다. 예를 들어, 족자 주 지부 활동가는 모든 사람에 의해 받아들여질 수 있는 안정적인 지도자를 무함마디야가 필요로 한다고 지적했고, 동부자바 활동가는 정치와 일정한 거리를 둘 수 있는 일관된 지도자를 원한다고 말했다.

그의 복귀에 대한 비판이 고조되는 와중에 그를 부도덕한 인물로 몰고 가려는 듯한 인상을 주는 이슈가 제기되었다. 그가 최고위 선거를 대비하여 지방에 돈을 나누어주고 있다는 것이다. 이를 제기한 청년단체 활동가는 "아민이 지방의 하위 지부에 돈을 뿌리는 올바르지 않은 방식을 사용한다"고 말하고 나서 "4,000만 루삐아, 5,000만 루삐아, 1억 루삐아도 있다"와 같이 구체적인 액수를 지적함으로써 자신의 주장을 뒷받침하고자 했다.[6]

비판이 비등해졌음에도 아민 자신은 복귀에 대한 자신감을 강하게 내비쳤다. 그는 "현재까지 (나의 복귀에) 아무 문제가 없다"고 말하면서 자신이 떠나도 PAN의 위상은 확고할 것이라 언급했다.

무함마디야 행사에 활발하게 참여하며 복귀 의지를 드러낸 아민 라이스는 3월 13일 이후 갑작스레 활동을 멈추었다. 열흘이 지난 3월 23일 그는 끄부멘[Kebumen] 종교 강연회에서 복귀철회 의사를 발표했다. 그 사이 어떤 일이 있었는지 알 수 없지만, 그는 무함마디야 내부의 비판이 영향을 미쳤음을 알 수 있도록 발언했다. 그는 "이

6 Okezone News(2010b)

모든 일이 PAN 의장, 국회의장, 2004년 대통령 후보로 활동한 결과 발생한 역사적 불상사"라고 말했다.

아쉬움이 담겨 있는 아민 라이스의 언급이 동정 여론 확산에 한몫했는지는 확실하지 않다. 복귀를 반대하던 무함마디야 활동가들은 복귀철회 선언이 있고 나서도 여전히 그를 정치적이며 비일관적인 인물로 취급했다. 중앙 본부 활동가는 복귀철회 선언이 최종적이라 할 수 없기에 그의 행보를 계속 주목해야 한다고까지 말했다. 다른 활동가는 그가 야심을 포기하지 않았다고 확신하며 이러한 행보 역시 정치적 전략의 일환이라고 덧붙였다.

2010년 3월에 전개된 상황은 "가장 뛰어난 활동가"로서 지하드의 대상이던 카리스마적 지도자의 씁쓸한 말로를 보여주었다. 고향으로 돌아오겠다는 선언은 강력한 반발에 부딪혔고 과거와는 전혀 다른 이미지를 덮어써야 할 처지에 놓이게 되었다.

복귀 의사를 밝히지 않았다면 아밀 라이스는 무함마디야의 원로로서 존경을 받았을 것이다. 하지만 복귀 의사를 드러낸 순간 그가 돌아갈 자리는 무함마디야에 없었다. 이는 하와이를 방문한 제임스 쿡 선장의 운명을 보는 듯하다. 첫 방문 때의 환대와 달리 두 번째로 방문한 쿡 선장이 살해된 데에 폴리네시아 신화의 논리가 개입했던 것처럼, 아민 라이스의 상황 역시 무함마디야의 내적 논리를 통해 설명하는 것이 가능하다.

아민 라이스 복귀를 반대한 주요 레토릭은 정치와의 관련성이다. 이는 언뜻 타당해 보이지만 그렇다고 해서 충분하지는 않다. 과거 그를 카리스마적 지도자로 만든 요인이 정치였고, 선거 패배 이후에도 무함마디야 활동가들의 정치적 행보가 계속되었기 때문이다. 또 다른 이유인 세대교체 역시 근거가 확실하지 않다. 앞에서 검토한 것처럼, 최고위 위원의 평균 나이는 55세 이상이고 최종 후보자 39명의 평균 나이 역시 50대 후반이었다. 2010년 66세인 아민은 고령이었지만, 그렇다고 해서 최고령 후보군에 속하지는 않았다.

아민의 추락을 설명하기 위해 고려할 또 다른 문제는 무함마디야의 내부 정치이다. 중앙 본부 활동가에 따르면 아민의 복귀를 언론에서 강하게 반대한 인물 대다수가 현직 의장인 딘 삼수딘과 가까운 인물이었다. 반면, 아민을 지지하는 활동가들은 언론 플레이를 선호하지 않았기에 이들의 목소리가 적절하게 퍼지지 못했다.

이와 다른 입장을 제시한 활동가들도 있었다. 이들에 따르면, 아민에 반대함으로써, 다른 식으로 말하면 딘 삼수딘을 지지함으로써 얻을 이익이 많지 않았다. 본부에서 운용하는 기금 정도가 쉽게 생각할 수 있는 이득인데, 이는 공개적으로 딘 삼수딘을 지지함으로써 얻게 될 평판 상의 불이익보다 클 수 없다.

조직 내 정치가 아민 라이스에 대한 비판의 동기로 작용했는지는 불명확하다. 하지만, 이와 관계없이 중시되어야 할 점은 반대 목소리가 공론의 장을 지배했다는 사실이다. 전통 자바 문화에 따르면 지도자의 권위는 반대 목소리의 분출을 억제할 능력과 연관된다. 이러한 측면에서 본다면, 아민에 대한 강력한 비판은 그가 더 이상 "가장 뛰어난 활동가", 카리스마적 지도자로 여겨지지 않음을 보여주었다.

이떤 의미에서 본다면 그의 복귀에 대해 찬반 의견 중 어느 편이 주도적이었느냐의 문제보다 그의 복귀가 논란의 대상이 되었다는 사실 자체가 중요하다. 이는 그의 카리스마가 더 이상 작동하지 않음을 지적하기 때문이다. 여론에 밀린 그의 복귀 철회는 그의 상징적 죽음을 시사하는 듯하다. 복귀를 거론하는 순간 그는 더 이상 "가장 뛰어난 활동가"로서의 위상을 확인받지 못했고, 나쁜 지도자로 전락하게 되었다.

아민 라이스의 복귀 실패를 설명하기 위해서는 언론 보도에서 주목받지 못한 무함마디야의 내적 논리를 고려해야 한다. 이는 아민이 부지불식간에 표현했다고 여겨지는 두 가지 태도, 즉 무함마디야를 자기 마음대로 조종할 수 있다는 식의 태도, 그리고 복귀하여 최고위 위원으로 활동하리라는 주장과 관련된다.

주 지부 활동가는 필요하면 아무 때나 돌아와도 환영받을 수 있다는 식의 태도를 거만한 것이라고 비판했다. 또 다른 활동가 역시 같은 측면을 거론한 후 이를 나르시즘이라 규정했다. 그에 따르면 "아민 라이스는 자신이 무함마디야에 의해 매우 절박하게 필요한 인물이라 느끼는 듯하다. […] 하지만 이런 식의 사고는 완전한 나르시즘에 불과하다."

같은 맥락에서 '웃옷' 이슈를 이용하여 그를 비판한 중앙 본부 활동가도 있었다. 과거 아민 라이스는 더 큰 옷을 찾아 정치계로 나간다고 선언했는데, 이제 와서 작은 옷으로 돌아오는 일은 있을 수 없다는 것이다. 그는 "무함마디야라는 옷이 작아서 떠나기로 결정하고 PAN을 설립한 아민 라이스가 PAN이라는 옷이 작아졌다고 해서 더 작은 옷으로 오면 어떻게 하는가"라고 반문했다.

복귀한 후 최고위 위원으로 활동하겠다고 말한 점은 무함마디야의 직책이 쟁취의 대상이 될 수 없다는 전통에 반하는 것으로 평가되었다. 언론 보도에 따르면 그는 "13명으로 구성된 최고지도자 위원회를 강화할 필요가" 있고 "7월 총회에서 (자신이) 최고위 위원으로 편입될 수 있으리라"고 말했다.[7] 이런 발언은 그가 최고위 위원 자리에 오르기를 원한다는 의미로 해석될 수 있다. 중앙 본부 최고위 위원은 이 기사에 대해 다음과 같이 논평했다.

> 예전에는 활동가들이 사심이 없었고, 종교적 표현을 이용하면, 현세의 문제가 아니라 신의 은총을 찾기 위해 무함마디야에서 활동했다. [...]. 최근 우리는 현실 세계에서 자유롭지 못해서 [...] 때로 현실 세계에 오염되어서, 자신을 지도자 후보로 내세우는 사람이 있게 되었다.

아민 라이스가 무함마디야를 좌지우지할 수 있다고 생각하며 최고위 위원 자리를 얻으려 한다는 비판에는 공통점이 존재한다. 즉, 무함마디야의 운영 방식을 잘 알고 있는 그가 기존의 규정과 규범에

---

**7** Republika(2010).

맞추어 행동하지 않고 이를 무시하거나 사소하게 여긴다는 것이다.

이런 식의 비판은 그의 복귀 자체를 반대하지 않은 활동가들로부터도 공감을 얻었다. 이들에 따르면, 아민 라이스는 최고위 위원으로 활동할 의사를 언론을 통해 표출해서는 안 되며 그 결정을 총회 대의원에게 맡겨야 한다는 것이다. 선거 절차에 따르면 자신이 최고위 선거 최종 39명의 후보자 중 한 명으로 선정될 수 있을지조차도 모르는 상황에서 자신의 당선을 당연시하는 태도는 받아들일 수 없다는 것이다.

이러한 비판에 내재한 논리는 무함마디야 회원 모두가 동등한 지위를 지니며 동일한 규정의 틀 내에서 행동해야 한다는 것이다. 이는 "무함마디야의 가장 뛰어난 활동가"에게도 예외가 아니어서, 규정이 허용하는 범위를 뛰어넘어 자의적으로 행동하고 판단하려는 태도는 지지를 받을 수 없게 된다. 2004년 그에 대한 전폭적 지지 역시 관행에서 벗어났지만, 이는 정당한 절차에 따라 이루어졌다. 그에 대한 지지를 발표하기 전 두 차례의 탄위르 회의에서 이 문제가 논의되었고 최종 결정 역시 절차에 맞추어 발표되었다.

모든 회원이 동등하며 조직의 규정이 모두에게 공평하게 적용되어야 한다는 논리에 기반을 둔 비판은 아민 라이스가 한때 카리스마적 지도자였는지를 의문시하게 할 정도였다. 이러한 비판은 "가장 뛰어난 활동가"조차도 조직의 규정, 관행, 전통의 틀에서 행동할 때 카리스마적 지도자로 인정될 수 있음을 의미했다. 다른 식으로 표현하면, 카리스마적 지도자라 할지라도 카리스마를 드러내지 않을 때에만 지도자로 인정될 수 있다는 것이다.

## 카리스마적 지도자의 추락

2014년 10월 쪽자에 있는 아민 라이스 집 앞에서는 일군의 사람이 모여 부정을 쫓는 전통 의례인 루왓딴ruwatan을 행했다. 아민 라이스의 정치적 행보가 대중이 아니라 자신의 이익을 위한 것으로 변질되었음을 개탄한 참가자들은 루왓딴을 통해 그를 정화하고자 했다. 이들은 닭을 닭장에서 꺼내 털을 자름으로써 부정을 씻어주는 절차를 거행했음을 드러냈다.[8]

무함마디야 내에서의 아민 라이스의 위상 그리고 무함마디야의 핵심 이념 중 하나가 비이슬람적 전통에 대한 반대임을 고려해보면, 그의 집 앞에서 행한 루왓딴 행사는 지극히 모욕적인 사건이었다.

아민 라이스에게 있어 다행스럽게도 이 사건이 알려지고 며칠이 지난 후 무함마디야의 몇몇 젊은 활동가들이 경찰서를 방문하여 루왓딴을 벌인 집단에 대한 처벌을 요청했다. 이들이 아민 라이스를 전통 인형극 와양wayang의 비겁하고 비열한 인물에 비유한 일은 예의에 벗어난 것이라 지적되었다. 하지만 이들의 행보는 한 번으로 끝났고 추후 어떤 행동도 일어나지 않았다.

---

8 Kompas(2014).

**그림 42** 아민 라이스를 정화하기 위해 진행된 전통 의례

아민 라이스를 대상으로 한 루왓딴은 그가 대통령 후보로 나선 2004년 이전에는 상상할 수 없는 일이었다. 그에 대한 모욕과 공격은 무함마디야에 대한 모욕과 공격으로 받아들여지며, 강력한 대응을 불러일으켰을 것이다. 하지만 2010년 사건 이후 무함마디야 내에서의 그의 위상은 급격히 추락했고 더 이상 카리스마적 지도자로 여겨지지 않았다.

아민 라이스의 추락은 평등성과 규정에 대한 강조가 무함마디야의 운영 과정에서 실재하는 작동 원리임을 보여준다. 개인의 특별한 자질이나 권위는 무함마디야에 일정한 영향을 미칠 수 있지만 그 영향력이 장기적으로 유지되지 않는다. 무함마디야에서 선호하는 지도자가 특정 직책에 부여된 역할을 규정에 맞추어 행하는 비인격적 성격을 띤 활동가이기 때문이다. 개인적 특별함을 부각하지 않고 규정에 순응하며 행동할 때 가장 적절한 지도자로 간주된다.

지도자에 대한 이런 태도는 민주적 운영을 뒷받침할 문화가 무함마디야 내에 뿌리내리고 있음을 시사한다. 모든 회원이 평등하다는 원칙은 이념적으로만 작동하는 것이 아니며, 종교적 권위를 축적한 지도자의 자의적 행동을 억제하기 위한 기제로 작동했다. 이처럼 카리스마를 인정하지 않는 상황은 다음 장에서 살펴볼 합의와 협의에 의한 조직 운영 방식과 연결되어 민주적 전통을 확립하는데 일조했다.

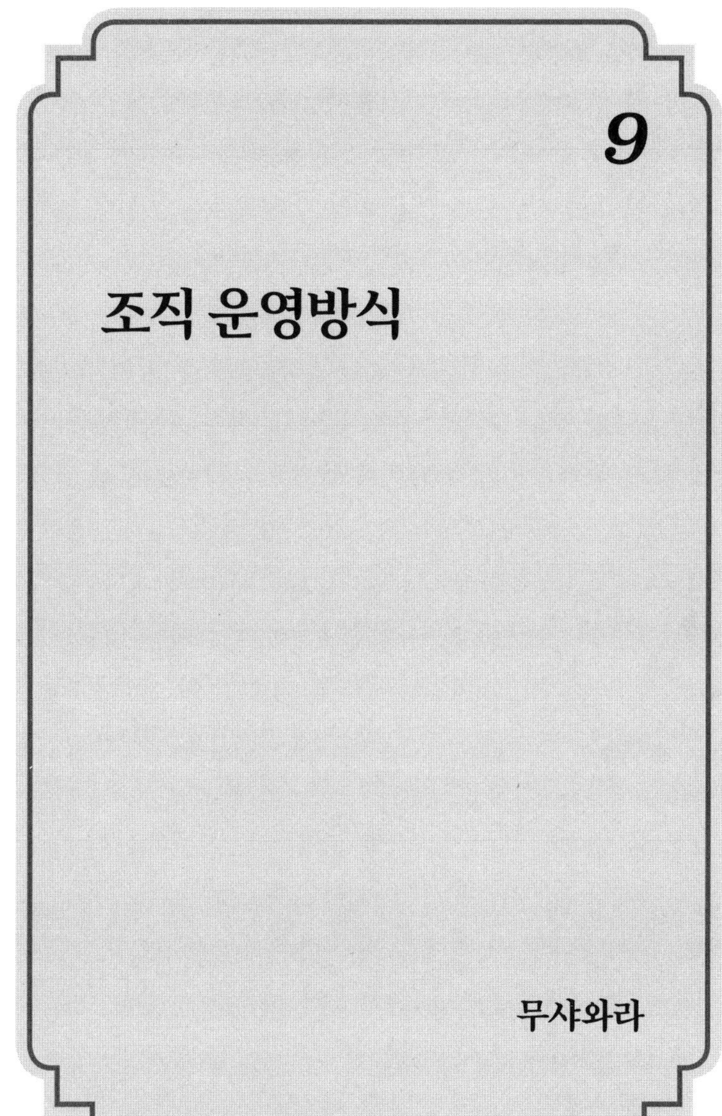

9

# 조직 운영방식

무샤와라

## 무샤와라: 이슬람식 의사결정 제도[1]

다흐란의 강력한 리더십으로 운영된 무함마디야는 그의 사후 집단 지도체제를 본격적으로 시도했다. 총회 선거에서 선출된 중앙 본부 최고위 위원은 동일한 지위를 가지고 협의 과정에 참여했고, 이들의 합의를 통해 의사결정이 이루어졌다. '무샤와라musyawarah'라 불리는 이 과정은 중앙 본부 최고위뿐만 아니라 모든 하위 지부 지도자위원회 회의, 나아가 협의에 기반을 둔 모든 의사결정 절차를 지시하는 데 사용되었다.

무샤와라를 조직 운영의 근간으로 여기는 전통은 1920년대에 확립되었다. 1927년에 발간된 연보에는 무샤와라의 중요성이 아래와 같이 제시되어 있다.[2]

> 무함마디야 회원은 항상 무샤와라를 행한다: 지도자들 간의 무샤와라, 모든 회원이 참여한 무샤와라, 공개적인 무샤와라 등등. [...] 이와 같이 무샤와라를 하지 않으면, 추가적인 발전을 도모할 수 없고, 우리의 활동이 점점 약화될 것이며, 나아가 사라지게 될 수도 있다.

무샤와라는 아랍어 차용어이다. 다른 이슬람권 지역에서는 '슈라syura 혹은 shura'라는 표현이 주로 사용되기에 이 어휘는 말레이어 영향

---

1 무샤와라에 관한 서술은 김형준(2014b)에 기반을 두고 작성되었다.

2 Muhammadiyah(1927: 47)

을 받은 지역에서만 사용되는 토착적 성격의 외래어이다. 협의를 뜻하는 무샤와라는 '일치된 결정', '합의'를 의미하는 '무파캇mufakat'과 보통 쌍을 이루어 사용된다. 무샤와라-무파캇은 서로 상이한 입장을 가진 사람이나 집단이 토론과 협의를 통해 서로 동의할 수 있는 해결책에 도달하는 관행을 일컫는다. 무샤와라는 집합적 이성 활용 방식이지만, 그것이 제대로 운영되기 위해서는 참가자의 평등성이 인정되어야 한다. 즉, 평등한 지위를 가진 무슬림이 함께 모여 숙의 과정을 거칠 때 비로소 집합적 이성 활용이 가능하다.

무샤와라의 어원이 지시하듯, 무샤와라의 근거는 꾸란의 알임론al-Imron 159절이다. 이에 대한 1927년 연보의 설명은 아래와 같다.[3]

> "일을 다룰 때는 그들에게 의견을 물어보라. 만일 결정을 했을 때는 하나님께 구원하라." 이것이 선지자 무함마드와 무슬림에게 내린 알라의 명령이다. 무샤와라를 행하고, 이를 통해 결정이 내려지면 이를 실천하도록 노력해야 한다. 결정을 하는 데 있어 주저하거나 포기하지 말 것이며, 알라에게 복종하라.

한국어 꾸란에 "의견을 물어보라"라고 번역된 부분을 연보에서는 "무샤와라를 행하라"로 번역함으로써 그 종교적 근거를 명확하게 했다. 또한, 무샤와라를 통해 내려진 결정의 엄중함을 강조함으로

---

3 Muhammadiyah(1927: 47)

써 협의를 통한 합의 관행의 중요성을 부각했다.

설립 초기부터 강조된 무샤와라는 점차 의사결정 과정에서 거의 유일한 방법으로 자리 잡게 되었다. 1938년에 발표된 "무함마디야의 12가지 행보" 중 하나에는 "의사결정을 위해 무샤와라를 행하라"라는 내용이 포함되어 있다. 그에 대한 설명에 따르면, 조직의 일 처리를 용이하게 하고 결정의 수용성을 높이기 위해 관련된 사람이 협의와 합의를 해야 한다.

1950년대 이후 무샤와라는 공식적 의사결정 절차로 정관에 삽입되었다. 또한, 중앙 본부에서부터 면동 지부까지 모든 회원이 참가하여 의사결정을 하는 총회 성격의 회의에는 무샤와라라는 명칭이 부여되었다. 예를 들어 주 지부 지도자를 선출하는 주 지부 총회는 '주 무샤와라, 도 지부는 '도 무샤와라'라 불린다.

무샤와라의 기원과 적용 대상은 명확하지만, 그것의 실행 절차는 그렇지 않다. 이슬람 경전뿐 아니라 무함마디야 역시 그 구체적 방식을 규정하지 않았기 때문이다. 무샤와라를 규정하는 정관의 시행세칙 29조와 30조를 살펴보면 아래와 같다.[4]

29조 무샤와라는 참가 대상 중 3분의 2 이상이 참가할 경우 합법적이다. 이 비율을 채우지 못할 경우, 1시간을 연기한 후 다시 무샤와라를 한다. 이때에도 참가 비율을 충족하지 못하면,

4 Jaldan(1996)

다시 한 시간을 연기한다. 무샤와라를 다시 시작하게 되면 참가 대상의 참여 여부와 관계없이 무샤와라는 합법화된다.

30조1항 무샤와라의 결정은 합의를 통해 내려야 한다.
2항 합의가 이루어지지 않을 때는 투표를 할 수 있으며, 더 많은 지지를 받은 결정이 무샤와라의 공식 결정으로 인정된다.
3항 투표의 경우 비밀투표를 할 수도, 공개투표를 할 수도 있다.

29조는 무샤와라의 성립 조건, 30조는 무샤와라에서 의사결정을 내리는 방식에 관해 규정하지만, 구체적으로 협의의 절차를 어떻게 진행해야 하는지는 설명하지 않는다. 이 문제에 대해 활동가들은 인도네시아의 다양성을 거론했다. 각 지역마다 문화적 전통이 다르기에 특정 지역의 형식을 전체에 적용할 수 없다는 것이다. 따라서 무샤와라는 지역적 상황에 맞추어 진행되어야 하는 것으로 설명되었다.

무샤와라의 유연한 절차가 인정됨으로 인해 활동가들은 그것을 중동에서 차용했거나 독자적으로 고안한 것이기보다는 자바 전통과 연관된 것으로 설명하는 경향을 보였다. 이슬람 도입 후 자바 무슬림이 이슬람의 정신에 기초하여 발전시킨 관행이라는 것이다.

자바 전통에 기초하지만, 자바 사회보다 무함마디야의 무샤와라가 이슬람 정신에 더욱 부합한다는 의견을 활동가들은 제시했다. 자바 사회에서와 달리 무함마디야에서는 참가자의 평등성이 준수되고 자유로운 협의와 합의가 가능하기 때문이다. 활동가들은 무샤와라와 자바 전통의 연관성을 인정함과 동시에 평등성이라는 측면을 통해 무함마디야 관행의 우월성을 강조하는 경향을 보였다.

#### 무샤와라의 특성: 평등성과 비효율성

공식 회의뿐 아니라 일상적 모임 역시 무샤와라에 기반을 두기 때문에, 무함마디야에서 활동을 시작하는 순간부터 이 관행에 노출되게 된다. 그 결과를 최고위 의장 하에다르Haedar는 다음과 같이 설명했다.

> 무샤와라는 [...] 단체의 근간을 형성한다. [...] 무샤와라는 무함마디야와 긴밀하게 연결되어 있어서 단체의 강력한 정신 혹은 문화가 되었다고 말할 수 있다. 무샤와라 정신 혹은 문화는 무함마디야 회원의 인성에 각인되어 있으므로 역사상 이 이슬람 조직은 [...] 의미 있는 분열을 경험하지 않았다.

무샤와라가 무함마디야 회원의 인성에 각인되어 있다고까지 평가한 하에다르는 이를 조직 분열과 연결지어 설명했다. 협의와 합의가 의사결정의 중심이 됨으로써, 단체의 집합적 결정에 불만을 품은 활동가가 극히 제한될 수밖에 없고 이는 조직 통합에 긍정적인 영향을 미쳤다는 것이다.

협의와 합의가 제대로 작동하여 참가자들의 불만을 품지 않기 위해서는 자유롭게 의견 표출이 가능한 환경이 제공되어야 한다. 모든 참가자가 동등하게 참여할 수 있을지 의문을 제기하는 이유는 참가자들 간 직책 차이 때문이다. 중앙 본부 최고위를 볼 경우, 위원에게는 회장, 부회장, 감사, 총무, 평위원과 같은 직책이 부여된다. 이런 식으로 위계화된 직책을 가진 위원들이 동등한 자격으로 무샤와라에 참여할 수 있을지 불확실하다. 이 질문에 대한 중앙 본부 최고위 위원 꾸수마Kusuma의 견해는 아래와 같았다.

> 무샤와라에서 참가자 모두가 의견을 제시할 수 있다. 의장이 제시할 수도, 위원이 제시할 수도 있다. 누가 제시했건 이는 무샤와라의 아젠다가 되어 논의된다. 예를 들어, (평위원인) 내가 [...] 의견을 제기했다고 하자. 내가 다른 참가자를 설득할 수 있다면, 이것이 최고위의 합치된 결정이 된다.

꾸수마는 최고위 위원이 제기한 입장이 동등하게 취급됨을 강조함으로써 참가자 간의 평등성을 지적하고자 했다. 동등한 의견 제시 권한이 반드시 평등함을 의미할 수 없고, 의장의 권한이 다른 참가자보다 클 수 있지 않겠느냐는 추가적 질문에 대해 그는 아래와 같이 언급했다.

> 무샤와라의 결정이 의장과 동일시된다는 듯한 인상을 받을 수 있다. 이는 의장에게 무샤와라의 결정을 대중에게 설명할 권한이 주어지기 때문이다. 때로 설명 과정에서 무샤와라에서 논의되지 않은 사항이 언급될 수도 있다. [...] 이럴 경우 의장은 그에 대한 책임을 나중에 져야 한다. 대중 앞에서 언급한 내용을 추후 최고위 무샤와라에서 설명해야 하는데, 그것이 적절하지 않다면, (다른 위원에 의해) 두드려 맞고 비난받게 된다.

의장의 특별한 역할이 결정된 내용을 전달하는 데 있을 뿐 의사결정 자체에 있지 않음을 꾸수마는 강조했다. 의장의 잘못에 대한 다른 위원의 대응을 설명하면서 그는 '두드려 맞다'라는 표현을 사용했다. 이를 통해 그는 의사결정에 있어서 모든 참가자가 동등하고 그것이 모두의 합의에 기반을 두고 있어야 함을 부각하고자 했다.

의장의 존재가 무샤와라의 평등성을 훼손하지 않느냐는 질문에 대해 무함마디야 활동가들은 강한 부정의 태도를 취했다. 이들은 의장의 역할을 기능적 차원으로 국한하면서 의사결정에 있어서 참가자의 동등한 권리를 강조했다. 아래는 중앙 본부 활동가의 의견이다.

> 무샤와라에서 의장은 행정적 문제를 제외하고는 차별적인 권한을 가지고 있지 않다. (무샤와라의 결과를 담은) 서류에 의장의 서명만이 제시되지 않느냐고 묻는다면, 답은 '그렇다'이다. 하지만, 그 서류에

쓰여 있는 것은, 그것이 무엇이든 간에, 모두가 함께 내린 결정이다. 따라서 의장은 무샤와라에 기반을 두지 않고 단 한 장의 서류도 만들 수 없다.

참가자의 평등성을 강조하면서 무함마디야 활동가들은 의장을 역할을 제한시켰다. 이에 대해 중앙 본부와 족자 주 지부 의장은 이견 조율에 있어서의 의장의 역할을 강조하는 경향을 보였다. 참가자를 설득하고 합의를 도출해내는 데 있어 의장이 중재자 역할을 한다는 것이다. 그럼에도 이들 역시 의장이 특정한 의견을 강제하거나 독단적으로 결정할 수 없음에 동의했다. 중재자로서의 역할은 설득을 통해 진행되는 것이지 특정한 방향으로 논의가 흘러가도록 조종하는 것이 아니라는 것이다.

무샤와라의 결정을 의장이 주도할 수 없다고 할 때, 상충하는 의견을 해결할 방식은 다수결이다. 앞 절에서 살펴본 대로 무함마디야 정관에도 다수결이 언급되어 있다. 투표를 통해 의사결정을 한 적이 있느냐는 질문에 대해 주 지부 지도위 위원은 아래와 같이 말했다.

투표한 적이 있었다. 그것도 최근에, (주 지부 지도위) 회의에서. 미낭까바우에서 지진이 발생하자 후원금을 모았고, 이를 어떻게 전달할지에 대해 의견이 대립했다. 생필품을 구입하자는 의견과 현금을 지원하자는 의견으로 갈라졌는데 [...] 결국 투표를 했다. 다수결에 따라 생필품을 보내 주는 쪽으로 결정이 났다.

다수결 이야기를 한 후 그 역시 약간은 쑥스러운 듯 겸연쩍은 표정을 지었다. 투표 대상이 된 문제가 중요한 견해 차이라 할 수 없었기 때문이다. 조사 기간에도 주 지부 지도위 회의에서 한 차례 다수결 투표가 이루어졌는데, 총회에 참석하는 주 지부 대표의 옷 색상과 관련된 것이었다. 투표 이전에 위원들은 웃고 떠들며 논의했고, 그중 한 명이 투표에 부치자고 제안한 후 거수로 투표를 했다. 다수결 사례로 자주 거론되는 문제는 회의 장소 결정이었다. 차기 총회 장소 결정 시 다수결을 이용할 때가 있었다는 것이다. 하지만, 이 역시 핵심의제라 할 수 없기에, 의사결정과정에서 다수결이 이용되는 경우는 극히 제한적이라 할 수 있다.

다수결이 이용될 수 없는 안건을 협의하는 과정에서 의견 절충이 불가능할 때 이를 해결할 방법이 존재해야 한다. 이에 대해 활동가들은 대체로 설득을 거론했다. 합의에 도달할 때까지 계속 논의하는 설득의 과정이 최선이라는 것이다. 이에 대해 중앙 본부 활동가는 아래와 같이 답했다.

문제에 관한 결정을 끌어내는 과정에서 합의가 가장 중요하다. [...] 합의에 도달하지 못하면 휴지기를 거친 후 재논의하게 된다. 이 경우에도 서로 양보하지 못하고 이견이 지속된다면 상당 기간 의사결정을 보류하는 것이 일반적 관행이다.

그에 따르면, 협의를 통한 합의가 우선시되기 때문에 논쟁적인 문제에 대한 무샤와라가 때로 몇 달씩 이어지기도 하며, 그럼에도 결정을 내릴 수 없을 때에는 논의 자체를 중단한다. 그는 수적인 차이가 의사결정의 방식이 될 수 없음을 몇 차례나 강조했다. 그 결과 소수 의견을 제시한 참가자가 자신의 의사를 굽히지 않을 경우 다수 의견이 전체 입장으로 수용될 수 없다.

합의를 통한 의사결정이 민주적 조직 운영을 뒷받침한다는 데에는 의심의 여지가 없다. 하지만 이로 인해 의사결정이 더디게 이루어지고, 참가자들의 시간과 에너지가 낭비되는 결과를 초래한다는 점 역시 명확하다. 무함마디야 활동가 역시 무샤와라의 비효율성을 인지하고 있었다. 그럼에도 그것을 뛰어넘는 장점이 있기에 무샤와라가 지속된다고 하는데, 이를 중앙 본부 최고위 위원은 아래와 같이 설명했다.

> 무샤와라의 늦은 결정이 가진 장점을 간과할 수 없다. 무샤와라 과정을 통해 특정한 문제에 대한 공감대가 참가자뿐 아니라 무함마디야 활동가 사이에서 형성될 수 있다. 특정한 결정이 내려졌지만, 그것이 그 과정에 참여한 참가자에게 받아들여지지 않는다면 (무슨 소용이 있나)? […] 결정에 개입한 참가자들의 공감을 끌어낼 수 있어야 그것이 더 넓은 범위의 활동가 사이에서 받아들여질 가능성이 커진다.

무함마디야 활동가들은 무샤와라의 비효율성을 인지했지만, 그보다는 합의의 긍정적인 측면에 더 많은 강조점을 두었다. 무함마디야가 회사나 정부가 아니라 종교단체라는 점 역시 결정 자체가 아닌 그에 대한 공감대 형성과 실천을 중시할 수 있는 배경으로 작용했다. 물론 모두가 같은 태도를 취하는 것은 아니었다. 특히 젊은 무함마디야 활동가 중 일부는 합의를 중시하는 관행으로 인해 시급성을 필요로 하는 문제에 대한 무함마디야의 입장 표명이 제때 이루어지지 못함을 비판했다. 한 활동가는 무함마디야가 입장 표명을 할 때쯤이면 아무도 그 문제에 대해 신경 쓰지 않게 된다고 말하면서 합의에 대해 불만을 표현했다. 그럼에도 이들 역시 시급성이 없는 문제에 대해서는 무샤와라를 지지했다. 누구나 자신의 의견을 제기하고 그것이 합의의 일부분이 되는 관행은 포기할 수 없는 전통이라는 것이다.

다음 절에서는 무샤와라가 어떻게 진행되는가를 알아보기 위해 족자 주 지부 지도위 회의를 검토할 것이다. 전통으로 확립된 무샤와라의 특징이 무엇이며, 이에 대한 활동가들의 인식이 어떠한가 분석할 것이다.

### 무샤와라: 주 지부의 사례

인도네시아의 행정 구역에 맞추어 무함마디야에는 33개의 주 지부

그림 43 주 지부 지도자위원회 회의

가 있다. 쪽자 주 지부는 무함마디야 탄생지에 위치하고 있음으로 인해 가장 중요한 주 지부라 할 수 있다. 주 지부 조직은 중앙 본부를 모방하여 만들어져서 지부의 일을 전체적으로 관장하는 지도자위원회와 산하위원회로 나뉜다.

2010년 조사 당시 주 지부 지도위는 주 총회에서 선출된 13명의 위원 그리고 필요에 의해 추가된 1명의 위원 등 14명으로 구성되어 있었다. 지도위 위원의 임기는 5년이며, 2005년에 선출되어 2010년까지 임기를 맡은 위원으로 구성되었다. 14명의 연령대는 30대 1명, 40대 3명, 50대 5명, 60대 5명이었고, 두 명을 제외하고는 쪽자 출신이었다. 학력은 고졸 1명, 대졸 6명, 석사 5명, 박사 2명이었다. 높은 학력이 시사하듯 이들 중 5명이 이슬람 대학의 교수였고, 공무원과 교사가 각기 2명, 퇴직 공무원과 교사 각기 1명, 의사 1명, 병원 간부 1명, 정치인 1명이었다. 이들은 주 지부 업무를 총괄하는 지도위 회의를 매주 한 차례 개최했다.

수요일 오후에 개최되는 회의는 두 시간 남짓 지속했지만, 논의가 길어지거나 사안이 중요할 경우 밤 늦게까지 이어졌다. 회의의 전반부에서는 보고, 공지, 업무분담과 같은 일상적 문제가 논의되었고, 후반부에서는 특정 안건을 중심으로 지도위 위원과 초대된 사람이 이견을 조정하고 의사결정을 내렸다. 무샤와라라는 말은 때로 지도위 회의 전체를, 때로 회의 후반부만을 지칭했고, 무샤와라가 동사로 활용되어서 어떤 문제를 "무샤와라에 붙이자musyawarakan" 라는 식으로 말하기도 했다.

무샤와라를 설명하면서 참가자들은 평등성을 강조했다. 지도위 위원이 서로 다른 직책을 가지고 있고 의장이 보통 무샤와라의 사회자 역할을 맡기 때문에 평등성이 유지될 수 있느냐는 질문에 대해 이들은 평등성을 재차 부각했다. 의장의 역할에 대해 지도위 위원 부디Budi는 다음과 같이 설명했다.

> 의장의 역할은 회의를 주재하는 것으로 권위적이어서는 안 된다. [...] 의장에 대한 존중으로 인해 그의 목소리가 위원보다 때로 중시될 수 있지만, 그렇다고 해서 의장이 권위적일 수 있다고 말할 수 없다. (만약 권위적이라면) 의장의 의견은 거부될 것이고, 강하게 거부될 것으로써, 이런 상황은 일어날 수 없고, 정말로 일어날 수 없다. [...] 의장은 그 어떤 특별한 지위를 가지고 있지 않다. [...] 따라서 참가하는 13명의 지위는 동일하다.

평등성을 강하게 주장한 부디는 의장이 사회자로서의 권한을 자의적이고 권위적으로 행사하는 상황이 전개되지 않으리라 확신했다. 주 지부 의장에게 이를 물었을 때에도 같은 의견을 들을 수 있었다. 의장의 역할은 서로 다른 입장을 중재하고 합의 도출을 용이하게 하는 중재자라는 것이다. 그렇다면 다른 위원과의 차이가 무엇이냐는 질문에 대해 그는 다시 한 번 집합적 결정의 중요성을 부각했다.

> 무함마디야에서 (중앙 본부나 지부의) 의장이 되는 것은 장관이나 대사

가 되는 것이 아니다. 그 핵심은 봉사로서, 몇몇 상황적 이유로 인해 (위원회 위원 중) 의장이 눈에 더 잘 띌 뿐이다. 우리의 의사결정은 집합적이고, 우리는 집합적 결정에 복종하며, 그것에 같이 책임을 진다. [...] 이것이 무함마디야의 독특함이다.

주 지부 지도위 위원 모두 집단지도체제의 근간인 무샤와라가 그 의도에 맞게 운영되고 있음에 동의했다. 참가자 간의 평등성이 유지되는 배경으로 이들은 제도적 차원과 문화적 차원을 거론했다.

제도적 차원에서 이들은 13명의 위원이 선거에서 동등하게 선출된다는 점, 조직 운영 원칙이 집단지도체제라는 점을 지적했다. 문화적 차원에서 이들은 토론과 합의가 중시되는 조직 문화를 거론했다. 단체에 오랫동안 몸담은 활동가들이 권위적인 의사결정 방식에 자연스럽게 거부감을 느낀다는 것이다.

지도위 회의에서는 다양한 안건이 논의되었다. 조사 기간 동안 토의된 주요 주제에는 토지 분쟁, 조직 내 갈등, 교육·경제 기관 같은 산하기관 운영방식, 산하기관 종사자의 월급, 후원금 이용, 산하 교육기관의 인사, 신규 사업 기획 등이 포함되었다. 지도위에서 처리할 문제의 경우 지도위 위원만으로 무샤와라를 행했고, 외부인이 연루된 문제일 경우 이들을 초대하여 논의를 진행했다. 하나의 안건을 대상으로 두 방식을 모두 적용하기도 했다.

안건과 참석 인원에 따라 무샤와라의 진행 방식에 일부 차이가 나타났지만, 전체적으로 그 형식은 일정했다. 참가자 모두에게 자신의 견해를 개진할 기회가 주어지고 서로 토론을 하고 나서 이를 바탕으로 합치된 의견을 도출했다. 참가자들은 한 차례의 무샤와라에서 반드시 문제를 해결해야 한다고 생각하지 않았다. 이는 효율성보다는 충분한 논의와 공감대 형성이라는 측면이 중시되었기 때문으로, 몇 차례에 걸친 반복적 논의가 일상적 절차로 확립되어 있었다.

### 무샤와라: 조직 내 갈등해결의 사례

지도위 회의에서 토지문제가 안건으로 올라온 적이 있었다. 2년 전 기부 받은 1,100제곱미터의 토지가 위치한 군 지부에서 토지이용 제안서를 주 지부로 보냈다. 이에 주 지부에서는 토지와 관련된 하위 지부 대표자 모두를 불러 무샤와라를 개최했다. 회의에는 지도위 위원 8명, 주 지부 산하 기부토지관리위원회 위원 1명, 도 지부 대표자 1명, 군 지부 대표자 4명, 기부 토지가 소재한 면 지부 대표자 3명 등 17명이 참석했다.

회의가 시작되기 전 평소와 조금 다른 상황이 연출되었다. 회의장에 들어온 군 지부 대표가 당황한 듯한 태도를 보인 후 면 지부 대표와 함께 회의장 밖으로 나갔고, 한참이 흐른 뒤에야 되돌아왔다. 나중에 알게 되었지만, 면 지부의 참여를 예상하지 못한 군 지부가 일종의 사전조율 시간을 갖고자 했던 것이다.

기부 토지를 둘러싼 회의가 첫번째 무샤와라는 아니었다. 토지가 기부되고 얼마 지나지 않아 관련 인물이 모여 무샤와라를 행했다. 당시 면 지부는 복지기관 설립이라는 구체적인 안을 제시했지만, 군 지부는 명확한 계획 없이 교육이나 복지시설을 설립하겠다고 제안했다. 당시 뚜렷한 결론을 얻지 못했지만, 실행 예산을 먼저 확보한 지부에 토지 이용권을 부여하자는 합의안이 도출되었다.

2년 전 무샤와라 때와 달리 군 지부는 초등학교 이전이라는 뚜렷한 계획을 가지고 있었다. 군 지부는 기부된 토지가 여전히 논으로 이용된다는 사실을 지적함으로써, 면 지부의 계획이 성사되지 않았음을 강조했다.

면 지부는 2년 전 계획한 복지시설을 설립하지 못했고, 대신 이곳에 유치원을 이전하려는 새로운 계획을 세우고 있었다. 면 지부 대표자들은 2년 전 무샤와라에서 구체적 계획을 제시한 자신들에게 토지 이용권이 부여되었다고 믿고 있었기 때문에 군 지부의 요구를 과거 합의에 어긋난 부적절한 것으로 간주했다.

갈등 상태에 놓인 면 지부와 군 지부, 그리고 이를 중재해야 할 다른 참가자 사이의 무샤와라는 앞에서 거론한 방식에 맞추어 진행되었다. 참가자 모두가 무함마디야 활동가였기에 불만의 표출이나 격한 감정 교환이 일어나지는 않았고, 양편 모두 자기 주장을 간접적으로 전달하려는 전략을 주로 이용했다.

면 지부는 2년 전 무샤와라 결과를 상기시킴과 동시에 유치원 이전을 위한 예산확보가 실현 가능한 일임을 강조했다. 부지 이용의 필요성을 설명하면서 면 지부 대표자는 무함마디야 활동가 모두가 공감할 레토릭인 그리스도교와의 경쟁을 언급했다.

> 우리는 조속한 유치원 건립을 기대합니다. (이전하게 되면) 인샤알라, 우리는 유치원을 빨리 발전시킬 수 있을 것입니다. 사실 지리적으로 보면 기부된 토지가 (가톨릭에서 운영하는) 카니시우스 유치원 옆에 있습니다. 넓은 부지와 좋은 시설 때문에 이 유치원의 인기가 아주 높습니다. (기부된 토지로의) 이전을 통해 우리 유치원이 카니시우스 유치원과 균형을 맞출 수 있으리라 기대합니다.

면 지부 대표자가 구체적 계획을 제시하며 강한 어조로 주장을 펼쳤기에 군 지부는 한발 물러서는 듯한 태도를 취했다. 하지만 이들 역시 초등학교 이전의 절박성을 강조하는 데 주저하지 않았다. 현재의 학교가 지방 정부 토지에 건립되어 있다는 것이다. 최근 군수와의 면담에서 토지사용 허가가 취소될 수 있다는 언질을 받았기에 학교 이전이 필요하다는 것이다. 게다가 학교 이전 예산이 일부 준비되었기에 신속한 건축이 가능하다는 점을 부각했다.

군 지부와 면 지부 대표자들은 각기 학교 직원을 동반했다. 이들은 초등학교와 유치원 건립의 절박성과 계획의 구체성을 호소하는 역할을 담당했다. 면 지부 측 참가자인 유치원 원장이 발언하던 중 협의 과정에 결정적인 영향을 미칠 새로운 사실이 밝혀졌다. 유치원 이전 예산을 얻기 위해 지방 정부 보조금을 신청할 계획인데, 이를 위한 최소 요건이 500제곱미터의 토지라는 것이었다. 기증 토지가 1,100제곱미터에 달했기에, 보조금 신청 조건을 있는 그대로 적용할 때 전체 면적의 절반만으로도 유치원 건립이 가능했다.

중재적 위치에 놓인 주 지부와 도 지부 참가자들은 새로운 정보의 중요성을 즉각 파악했고, 이를 기반으로 합의점을 찾고자 시도했다. 사회를 맡은 주 지부 의장은 다음과 같이 말했다.

> 기증 토지의 이용 원칙은 이슬람공동체를 위해 그것을 사용해야 한다는 점입니다. 면 지부, 군 지부, 도 지부, 주 지부 중 누가 이용할지 모두 모여 이야기할 수 있습니다. (어느 편이 이용해도) 인샤알라, 신으로부터 받게 될 공덕은 같을 것입니다.

계획과 예산의 구체성, 과거 무샤와라의 결정으로 인해 면 지부에 유리하게 전개되던 국면은 새로운 정보로 인해 전환되었다. 토지의 공동 이용이 가능함을 감지한 중재자적 참가자들은 의장의 말처럼 면 지부와 군 지부 모두 무함마디야와 이슬람의 발전을 위해 노력하고 있다는 점을 여러 방식으로 전달하려 했다.

국면 전환을 감지했지만, 면 지부는 타협안을 즉각 수용하지 않았다. 이들은 유치원 이전에 요구되는 500제곱미터뿐 아니라 나머지 토지의 필요성 역시 강조했다. 이를 뒷받침하기 위해 면 지부는 추가 정보를 제시했다. 복지시설 운영 경비로 최근 3억 루삐아를 기부 받을 수 있었지만 제대로 된 건물이 없어 실패했다는 것이다. 다른 식으로 말하면, 나머지 토지에 복지시설을 건립할 자금을 확보할 수 있다는 것이다. 이에 질세라 군 지부 역시 초등학교 이전의 필요성을 재차 주장했다. 새로운 상황에 맞추어 이들은 초등학교와 유치원을 같이 지으면 시너지 효과가 발휘될 수 있다는 주장을 첨가했다.

면 지부의 반발이 있었지만, 논의는 양측의 입장을 절충하는 방향으로 흘러갔다. 다른 참가자들이 나서 토지 공동이용의 장점을 반복했기 때문이다. 결국 토지 절반을 유치원 이전 부지로 사용하고, 나머지 절반을 예산을 먼저 확보한 측이 사용하기로 합의했다.

사회자가 최종 결정을 정리한 후에도 무샤와라는 곧바로 끝나지 않았다. 현재 토지를 경작하고 있는 농민을 어떻게 처리해야 할지, 논을 대지로 바꿀 방식이 어떠하고 이를 위해 필요한 절차가 무엇인지에 관한 중구난방식 대화가 한동안 이어졌다. 이는 무샤와라 과정에서 형성된 긴장을 완화하는 목적을 가진 과정이라 설명되었다. 참가자 모두가 부수적 문제를 대상으로 웃고 떠들며 이야기한 후 회의가 종결되었다.

무샤와라에 참여한 참가자 모두 무함마디야 활동가였다. 이들이 주 지부부터 면 지부까지 위계화된 구조 속에 놓여 있음을 고려하면, 상하위 지부 간 의견 대립, 상위 지부의 입장에 대한 하위 지부의 반발은 특이한 모습으로 비쳐질 수 있다. 이를 이해하기 위해서는 앞에서 검토한 평등성, 그리고 추후 논의될 자율성이 고려되어야 한다. 위계적으로 구성되어 있지만, 실질적으로는 협의와 타협을 통해 조직이 운영되고 있음을 이 사례는 보여준다.

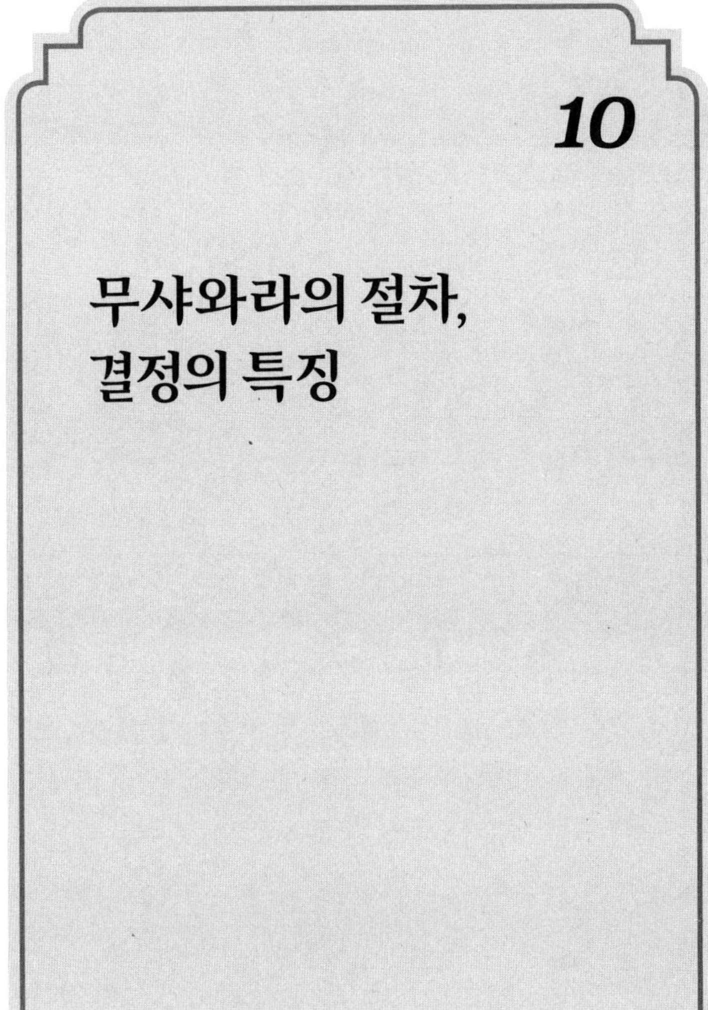

# 10

# 무샤와라의 절차, 결정의 특징

## 인도네시아의 무샤와라

무샤와라는 무함마디야만의 관행이 아니다. 앞 장에서 살펴본 대로 그것은 이슬람에 기원하고 있으며, 인도네시아 여러 지역에서 분쟁해결 방식으로 이용된다. 예를 들어 수마뜨라 바딱Batak 지역에서 무샤와라는 "문제와 관련하여 생각해볼 수 있는 모든 측면에 대한 때로 고통스러울 정도의 논의 과정, 그리고 제안된 의견과 접근법에 대해 이야기하고 다른 방식으로 바꾸어 또다시 이야기하는 과정을 통해" 전개되었다.[1]

무샤와라는 인도네시아 정치에서도 중요한 관행이었다. 무샤와라는 인도네시아의 국가이념인 빤짜실라Pancasila에 포함되었다.[2] 첫번째와 두번째 대통령인 수까르노와 수하르또는 각기 교도민주주의guided democracy와 빤짜실라 민주주의Pancasila democracy를 주창하면서 그 핵심 운용원칙으로 무샤와라를 지목했다. 무샤와라의 중요성은 수하르또 퇴진 이후에도 인정되어서, 국회의 의사진행 과정을 규정한 조례는 의사결정이 무샤와라를 통한 만장일치에 기초해야 함을 명시했다.

전제적 정권에 의해 정치적으로 이용되었기에 무샤와라는 비민주적 성격의 관행으로 이해되기도 했다. 독재 체제를 합리화하고

1 Slaats & Portier(1985: 160)

2 다섯 가지 이념으로 구성된 빤짜실라의 네번째 이념에는 무샤와라라는 표현이 있는데, 이는 "대의제와 무샤와라에 기반을 둔 현명함에 의해 인도되는 민주주의"로 번역될 수 있다.

비민주적 의사결정 과정을 민주적 형식으로 포장하기 위한, 그리고 공적 영역에서 반대 의견의 표출을 억압하고 권위에 대한 복종을 강제하기 위한 정치적 수사가 무샤와라라는 것이다. 토론이나 합의와 같은 절차가 무샤와라에서 실행됨이 인정될 때에도 이는 권력을 가진 사람이나 집단 사이에서 공적 공간이 아닌 막후에서 이루어지는 과정으로 설명되었다. 이러한 시각에 따르면 독재 정권 하의 무샤와라는 강제된 합의 혹은 권력자의 결정에 정통성을 덧대주는 외피로 작용하며, 민주화된 상황에서 그것은 정치 엘리트들의 과두적 통제를 위한 수단으로 이용된다.

인도네시아 정치의 비민주적 성격 때문에 무샤와라의 이용 자체는 민주적 절차의 수용을 뜻하지는 않는다. 참가자의 의견이 의사결정 과정에서 실질적으로 존중되지 않는다면, 그것은 힘 있는 사람의 독단적 결정을 전체의 이름으로 추인하는 기제로 작동하게 된다.

앞 장에서는 무함마디야의 무샤와라가 평등성에 기반을 두었으며, 특정한 의견이 강제될 수 없는 분위기가 형성되어 있음을 보여주었다. 이 장에서는 하나의 사례를 중심으로 무샤와라의 전개 과정과 결과의 특징을 밝혀볼 것이다. 이를 통해 무샤와라가 집합지도체제와 어떻게 연결되고 민주적 조직 운영을 어떻게 뒷받침할 수 있는지에 대한 논의를 심화시킬 수 있을 것이다.

아래에서 검토될 사례는 무함마디야에 기부된 토지와 관련된 분쟁이었다. 앞 장의 사례와 달리, 분쟁의 주체는 무함마디야 주 지부와 외부인이었다. 단체와 개인 사이의 다툼이라는 성격으로 인해 두 집단의 위상에서 차이가 나타났지만, 평등성 원칙이 무샤와라 전반에 걸쳐 적용되는 모습을 찾을 수 있었다. 분쟁해결을 위한 무샤와라의 진행 과정을 먼저 살펴본 후, 최종 결정에서 나타나는 특징이 분석될 것이다.

### 무샤와라: 외부인과의 갈등해결 방식

60대 중반의 상인인 조꼬Joko 여사는 약 2,000제곱미터의 토지를 무함마디야에 기증하고자 했다.[3] 그녀는 평소 알고 지내던 지역 주민 수로노에게 이런 의사를 알렸다. 수로노는 무함마디야 내에서 당시 직책을 맡고 있지 않았지만 무함마디야 활동가로 인정받는 인물이었다. 토지 기부 의사를 밝히고 얼마 지나지 않은 2005년 중반, 조꼬 여사, 수로노 그리고 증인 역할을 할 주민이 참석한 가운데 토지 기부 약정이 이루어졌다.

그 후 3년 남짓한 시간이 흐른 뒤, 조꼬 여사가 기증한 토지에서 건축이 시작되었다. 이를 보며 즐거워하던 그녀는 2009년 후반 그곳을 방문한 후 충격을 받았다. 공사가 상당히 진척되어 이미 사용하기 시작한 유치원 건물과 모스크에 무함마디야가 아닌 다른 단

3 기부 당시 지가는 1제곱미터당 100만 루삐아 정도여서 전체 가격은 20억 루삐아(약 2억 3,000만 원)였다. 분쟁이 발생한 2009년, 지가가 170만 루삐아 정도로 상승하여 34억 루삐아(약 3억 원)에 이르렀다.

체의 이름이 붙어 있었기 때문이다. 조꼬 여사는 수로노에게 이 사실에 대해 문의했고 그로부터 기부의 목적, 즉 '이슬람공동체의 이익'에 부합하도록 토지를 활용했다는 답변을 받았다. 이러한 목적이 다른 이슬람 단체에 의해서도 실현될 수 있기에, 그는 자신이 속한 또 다른 이슬람 단체 PUI(가명)에 토지를 기부했고 이 단체의 지원을 받아 건물을 지었다는 것이다. 수로노와 논쟁을 벌일 수 없던 조꼬 여사는 이 문제를 무함마디야 주 지부에 보고했고, 사안의 심각성을 인지한 주 지부는 수로노를 무샤와라에 초대했다.

분쟁에 연루된 세 측은 서로 상이한 입장에 놓여 있었다. 먼저 조꼬 여사는 수로노와의 친분으로 인해 이 문제를 공론화하여 그를 창피하게 만들고 싶지 않았다. 건강이 좋지 않다는 핑계를 대며 그녀는 회의에 참석하지 않았고 모든 권한을 무함마디야 주 지부에 일임했다.

PUI의 재정 지원을 받은 수로노는 토지가 무함마디야로 귀속될 경우 곤란한 상황에 처하게 되었다. 이는 경제적 문제만이 아니어서 그에 대한 PUI의 신뢰가 실추될 수 있었다. 그의 도덕성 역시 문제시될 소지가 다분했다. 개인적으로 토지를 사용하지는 않았지만 조꼬 여사를 감언이설로 꾀어 그 재산을 유용한 인물로 평가되어 사회적 명망에 타격을 입을 수 있었다. 게다가 잘못될 경우 무함마디야와 적대적 관계에 놓일 수 있었는데, 그는 여전히 무함마디야의 일원으로 남아 있고 싶은 의사가 있었다. 법적으로 볼 때 기부된 토지가 PUI 명의로 이전되기 않았다는 점 역시 그에게는 불리한 점이었다.

수로노와 비교할 때 주 지부는 상당히 유리한 상황에 놓여 있었다. 토지가 조꼬 여사의 이름으로 등록되어 있을 뿐 아니라 그녀가 토지를 무함마디야에 기부하려는 강한 의지를 피력했기 때문이다. 하지만 주 지부 역시 고려해야 할 문제가 있었다. 첫째, 기부 과정에서 증인 역할을 한 사람이 세상을 떠났기에 법적 절차를 밟을 경우 그 과정이 번거로울 뿐 아니라 결과 역시 확신할 수 없었다. 둘째, 소송을 통해 분쟁을 해결할 경우 무함마디야의 이미지에 부정적인 영향이 미칠 수 있었다. 분쟁에 연루된 사람 모두 무함마디야 활동가였기에, 이들 간 다툼은 조직 내 불화를 보여주는 것으로 비쳐질 수 있었다. 세번째, 개인적 관계였다. 수로노가 무함마디야에서 오랫동안 활동했기 때문에 주 지부 위원 중 몇몇이 그와 가까운 관계에 놓여 있었다. 마지막은 수로노의 향후 행보였다. 궁지에 몰릴 경우 그가 무함마디야 활동에 참여하지 않을 개연성이 높았고 이는 단체에 피해를 끼치는 일이었다. 이런 이유로 인해 주 지부 활동가들은 평화로운 분쟁 해결을 원했다.

표면적 화합과 사회 관계 유지라는 무언의 압력이 모든 사람들에게 부과된 상태에서 무샤와라는 주 지부 사무실에서 열렸다. 주 지부에서 초대한 사람은 수로노였지만, 그는 PUI 소속 회원 3명과 함께 참석해서 인원상의 열세를 만회하고자 했다. 이 문제 해결을 위한 무샤와라는 한 달여에 걸쳐 세 차례, 매번 한두 시간씩 진행되었다. 주 지부 의장이 사회를 맡았고, 지도위 위원 3명이 조꼬 부인을 대리하여 참석하는 형식을 취했다.

첫번째 모임은 양 측에서 자신들의 입장을 피력하는 자리였다. 주 지부 측은 조꼬 여사의 의사를 전달하며 목적이 좋을지라도 수단이 정당해야 함을 여러 차례 강조했다. 또한 극단적인 경우지만 법적 절차를 밟아 분쟁 해결을 도모할 수 있음을 거론했다. 수로노 측은 기부과정에 대한 입장 전달에 초점을 맞추었다. 또한 PUI가 무함마디야와 같은 목적으로 활동하는 단체라는 사실, 건물 건축이 이슬람공동체의 이익을 위한 것임을 몇 차례 강조했다. 양 측의 대화가 오가던 중 수로노의 진술을 통해 새로운 사실이 밝혀졌다. PUI의 지원을 받아 건축할 계획이라는 점을 그가 조꼬 여사에게 전달했다는 것이다. 이 사실은 상당히 중요했기에 양 측은 무샤와라 연기에 합의했다. 처음 시작했을 때와 비교하면 수로노의 입장이 한층 강화된 것처럼 보였다.

회의가 끝난 후 주 지부 측은 조꼬 여사를 만나 자초지종을 들었다. 조꼬 여사는 수로노로부터 건축 사실만을 들었을 뿐이라고 진술했다. 또한 PUI의 자금지원 사실을 들었다 하더라도 이를 무함마디야와 관계없는 단체로 이해하지 못했을 것이라 설명했다. 이 만남에서 그녀는 무함마디야로의 기부 의사를 다시 한 번 강하게 표명했다. 무샤와라를 통해서도 결론이 나지 않는다면, 그녀가 수로노에게서 건물을 구입한 후 건물과 토지 모두를 무함마디야에 기부하리라는 것이었다.

두번째 회의에서 주 지부 측은 조꼬 여사의 진술에 의존하여 수로노의 주장을 반박했다. 하지만, 양 측 모두가 수긍할 만한 증거가 없었기에 수로노의 주장을 꺾기에는 어려움이 있었다. 사실 관계에 대한 입장 차이는 양 측 간 긴장을 고조시켰지만, 양 측 모두 이를 늦추기 위한 노력 역시 경주했다. 회의가 뚜렷한 합의 없이 종결되기 전 주 지부는 조꼬 여사의 새로운 제안을 수로노에게 제시했다.

무샤와라가 끝난 후 주 지부 위원 한 명이 비공식적인 접근을 시도했다. 여기에서 이용된 가장 중요한 무기는 조꼬 여사의 새로운 제안이었다. 이전에 열린 두 차례 회의가 수로노의 태도 변화에 긍정적인 영향을 미쳤음은 확실했는데, 그는 자신의 입장을 개진할 충분한 기회가 주어졌음에 만족했고 주 지부가 자신과의 관계를 단절하려 하지 않는다는 확신을 얻을 수 있었다. 이로 인해 그는 자신이 조꼬 여사의 땅을 매입하겠다는 새로운 제안을 제시했다. 이 제안은 주 지부에 의해 받아들여졌고, 곧이어 세번째 무샤와라가 열렸다. 여기에서 양 측은 합의에 이르렀다.

세 차례의 무샤와라 과정에서 긴장을 늦추고 타협책을 찾기 위해 동원된 전략을 차례로 살펴볼 것이다.

### 무샤와라의 전략: 발언 기회의 무제한 제공

무샤와라 사회자는 양 측 모두에게 의견을 개진할 충분한 기회를 제공했다. 수로노는 사건을 재구성하여 세세히 설명했고, 자신의 희망 사항을 상술했다. 수로노의 의견 개진 후 사회자는 그와 같이 온 PUI 회원에게 발언 기회를 넘겼고, 이들은 후원금을 구하기 위한 수로노의 노력, PUI의 활동, 건물 신축 과정에 대해 오랫동안 이야기했다. 이들의 발언 내용이 분쟁과 직접 관련되지 않았지만 사회자는 이를 제지하지 않았다. 사회자는 오히려 이들에게 더 많은 설명을 요청했고 추가할 내용이 없는지 몇 차례나 질문했다. 발언 기회는 주 지부 측에도 충분하게 주어졌다. 이들은 조꼬 여사 가족과 무함마디야와의 관계, 토지 기증 관행의 문제와 해결방식을 장황하게 설명했는데, 이 역시 분쟁과는 간접적으로만 연관된 소재였다.

참가자들이 주어진 발언 기회를 어떻게 이용했는지 알아보기 위해 수로노의 발언 중 한 부분을 검토할 것이다. 토지 기부 이후의 상황에 대해 설명하면서 그가 했던 이야기의 전개 과정과 주요 내용을 정리하면 표 12와 같다.

**표 12 수로노의 발언 과정: 소재의 다양성**

| 순서 | 주요 소재 | 주요 내용 |
|---|---|---|
| ① | 건물 신축의 시급성 | – 조꼬 부인의 연로함 |
| ② | 시급성의 종교적 근거 | – 사망 후에도 유효한 현세의 선행 |
| ③ | 후원자를 찾기 위한 노력 | – 후원 가능 인물, 단체와의 접촉 과정 |
| ④ | 건물 건립 경험 | – 자신이 주도한 중학교 건립 과정 |
| ⑤ | PUI와의 협의 과정 | – PUI 후원금을 얻기 위한 노력 |
| [다른 사람이 끼어듦: PUI 소개] | | |
| ⑥ | PUI와의 관계 | – PUI 가입 배경과 활동 |

수로노의 발언을 살펴보면, 핵심 주제와 그것에서 벗어난 내용이 혼재되어 있음을 알 수 있다. 기부 후의 상황, 즉, 건물 신축의 시급성에 대해 이야기하던 중 그는 관련된 이슬람 교리를 길게 덧붙였고, 후원자를 찾기 위한 과정에 대해 발언하던 중 과거 자신이 주도한 중학교 건립 경험을 상술했으며, PUI와의 협의 과정을 설명하던 중 이 단체에서 활동하게 된 배경에 대해 언급했다. 그가 말하던 중 같이 온 PUI 회원이 끼어들어 이 단체에 대해 설명했기에 그는 시간이 조금 흐른 후에야 다시 발언 기회를 잡았다. 이처럼 무샤와라에서 발언권을 얻은 사람은 자신의 입장을 직설적이고 간결하게 전달하기보다는 그와 간접적으로 연결된 소재를 장황하게 이어갔다. 이로 인해 발언 과정에서 유사한 내용이 여러 차례 반복되는 경우를 찾을 수 있었다.

한 명이 발언할 때 다른 참가자는 인내심을 가지고 경청해야 하는 것으로 이해되었다. 이는 참가자의 주요 의무로서 다른 참가자의 발언을 오해하지 않게 하려는 목적을 가진다고 설명되었다. 하지만 회의가 길어지고 후반부로 넘어갈수록 이 의무가 준수되지 않는 경향이 나타났다. 참가자들은 상대편의 이야기가 끝나기도 전에 자기 의견을 말하거나 질문하기도 했다. 다른 참가자가 끼어들어 더 길게 발언하는 경우도 있었다. 사회자가 "한 명씩 이야기 하세요"라는 식으로 말하며 이를 제지하기도 했지만, 끼어들기가 금기시되지 않는 분위기로 인해 항상 성공하지는 못했다.

참가자들에 따르면 무샤와라의 중요한 절차 중 하나는 시간 제한이 없어야 한다는 점이다. 이 방식이 가진 문제점, 즉 의사결정에 도달하기 위해 소요되는 많은 시간, 비효율성, 회의 진행의 불확실성 역시 잘 인식되었다. 하지만 이러한 단점을 상쇄할 만한 장점이 충분히 존재한다는 의견이 지배적이었다. 마음껏 이야기함으로써 자신의 의견이 중시되고 있다는 즐거움과 만족감을 줄 수 있고, 이러한 감정이 회의 과정과 결과에 긍정적인 영향을 가져온다고 설명되었다. 합의 결과가 만족스럽지 않아도 자기 의견의 일부가 그것에 포함되었음을 느낌으로써 그것을 보다 쉽게 받아들일 수 있다는 것이다.

### 무샤와라의 전략: 핵심주제에 초점 맞추지 않기

이 분쟁의 핵심은 두 가지 문제, 즉 조꼬 여사가 토지 기부 대상을 무함마디야로 특정했는지, 그리고 PUI의 후원을 받아 건물이 지어질 것임을 수로노가 그녀에게 말했는지 여부이다. 이런 식으로 정리하면 분쟁해결 과정에 그리 많은 시간이 요구되지 않는 것처럼 보인다. 그 답은 "예" 혹은 "아니오"일 것이며, 의견 차이가 있다면 이는 법정에서 해결되어야 할 것이다.

하지만 무샤와라는 한 쪽 편이 다른 편을 신문하는 공간으로 받아들여지지 않기에 질문을 하고 그에 대해 대답하는 방식으로 논의가 진행되지 않았다. 앞에서 살펴본 것처럼, 제한 없는 발언 기회가 주어지기 때문에 문제의 핵심에서 벗어난 이야기가 다양하게 삽입되었다. 이는 한 사람의 발언에만 적용되는 것이 아니어서 한 사람이 말한 후 다음 발언자가 이전 발언과 관련되지 않는 내용을 언급하는 경우가 발생했다. 다음 발언자가 이전 발언자의 발언 중 중요하지 않는 소재를 선택하여 말하고 그것이 또 다른 발언자에 의해 이어지는 상황 역시 전개되었다. 이로 인해 무샤와라에서의 논의는 초점 없이 지속되거나 중요하지 않은 소재를 중심으로 진행되는 듯한 인상을 주었다. 예를 들어 수로노가 토지 기부 과정에 대해 설명한 후 이어진 논의 과정을 살펴보면 표 13과 같다.

**표 13 무샤와라 과정: 비체계적 논의 방식**

| 순서 | 발언자 | 주요 내용 |
|---|---|---|
| ① | 수로노 | 조꼬 여사의 기부 절차 개관 |
| ② | 무함마디야 A | 기부 과정에서 요구되는 이슬람식 절차와 조건 |
| ③ | 무함마디야 B | 문제가 되어 법정으로 가게 된 최근 기부 사례 |
| ④ | 무함마디야 C | 본인이 해결한 기부 관련 분쟁 사례 |
| ⑤ | 사회자 | 수로노에게 발언 기회 제공 |
| ⑦ | 수로노 | 기부의 구체적 진행 절차 |

위 사례는 수로노가 기부 절차에 대해 설명하던 중 무함마디야 측 참가자가 끼어들기를 한 경우이다. 이들의 대화 소재는 수로노의 발언과 직접 연관되지 않아서 참가자 A는 이슬람식 기부와 관련된 일반론을 거론하며 조꼬 여사의 기부 절차가 이슬람법에 어긋나지 않음을 지적했다. 그 뒤를 이어 B는 자신의 소속 대학이 연루된 기

부관련 분쟁을, C는 자신이 직접 해결한 분쟁 사례를 거론했다. 기부라는 소재를 다룰지라도 이들의 발언은 분쟁과 직접 연관되지 않았다. 그럼에도 사회자는 이들의 말을 즉각적으로 제지하지 않았고, 이야기가 어느 정도 진행된 후에야 수로노에게 발언권을 넘겼다.

하나의 소재를 집중적으로 다루지 않고 간접적으로 연관된 다양한 문제가 거론됨으로써 토론의 초점이 뚜렷하지 않다는 점에 대해 참가자들은 동의를 표했다. 이러한 과정은 참가자의 다양성에 기인한 것으로 설명되었다. 각 참가자들이 서로 다른 관심과 성향을 가지기 때문에 이들의 관심을 끄는 주제 역시 다양할 수밖에 없다는 것이다. 이러한 과정의 '유희적' 성격을 지적한 참가자도 있었다. 긴 토론 과정으로 인해 참가자들이 피곤한 상태에 있던 중 흥미로운 소재가 거론되면 그에 대해 반응하게 된다는 것이다. 따라서 초점의 부재는 "졸리지 않기 위해, 지루하기 않기 위해" 첨가되는 유용한 요소로 이해되어야 한다는 것이 이들의 입장이었다.

유희적 요소는 상당히 중요한 의미를 가지고 있다. 무샤와라가 핵심 문제에만 집중되어 진행될 경우, 논의 과정이 가열되어 말싸움이나 감정 표출과 같은 대립적 상황을 야기할 수 있다. 이는 분쟁해결에 부정적인 영향을 미치고 타협 가능성을 축소시킨다. 따라서 별로 중요하지 않은 문제를 심각한 토론 과정에 넣는 편이 양 측의 긴장완화에 도움이 된다. 한 참가자는 열기가 가득 찬 무샤와라의 상황을 거론하면서 '희석시킴'이라는 표현을 이용했다. 논의의 초점을 흐리게 하는 대화가 긴장을 희석시킴으로써 갈등의 도를 낮추고 분위기를 쇄신하는데 도움을 줄 수 있다는 것이다.

### 무샤와라의 전략: 끼어들기 용인

사회자가 참가자 각각에게 발언 기회를 주는 것이 무샤와라의 기본적인 진행 방식이지만 이 형식이 엄격하게 지켜지지 않아서 참가자들은 타인의 발언 과정에 자유롭게 끼어들었다. 이로 인해 무샤와라는 한 명의 참가자가 말하는 독백의 국면과 여러 사람이 자유롭게 이야기하는 대화의 국면으로 구성되었다. 시간 순으로 본다면 무샤와라 초기 독백의 국면이 지배적이라면 중반기를 거치며 대화의 국면이 자주 연출되며, 후반기에 이를수록 참가자들이 호시탐탐 끼어들 기회를 엿보는 듯한 상황이 전개되었다.

끼어들기가 이루어지는 상황을 몇 가지로 구분할 수 있다. 첫번째는 발언자의 말문이 잠시 막히는 경우이다. 이 경우 다른 참가자들이 그 뒤에 올 말을 추정하여 이야기하는데, 이를 통해 자유로운 대화 분위기가 형성되었다. 발언 과정에서의 실수 역시 끼어들기를 유발하는 요인인데, 이 경우 여러 사람이 동시에 이야기하고 웃음을 터뜨리는 '말놀이' 상황이 연출되기도 했다. 표 14는 한 참가자가 1,700,000을 거론하는 과정에서 '백만'이라는 숫자를 '천'으로 잘못 표현하자 다른 참가자들이 즉각적으로 반응하며 전개된 상황이다.

**표 14 무샤와라 과정: 말놀이**

| 순서 | 원어 | 번역 |
|---|---|---|
| ① | … seribu tujuh ratus<br>[잠시 멈춤] [웃음] | … 일천 칠백 |
| ② | satu koma tujuh | 일 콤마 칠* |
| ③ | juta | [②의 말에 연결하여] 백만 |
| ④ | satu koma tujuh juta | 일 콤마 칠백만 |
| ⑤ | satu juta tujuh ratus ribu | 일백 칠십만 |
| ⑥ | ya ya | 예 예 |

* 인도네시아어로 '백 칠십만'은 1,700,000이라는 숫자에 맞추어 '일 콤마 칠백만(satu koma tujuh juta)' 식으로 축약되거나 '일백만 칠십만(satu juta tujuh ratus ribu)'으로 표현된다.

다른 참가자들이 발언자의 말실수에 즉각적으로 끼어듦으로써 긴장 완화와 유희적 상황 연출에 일조했다. 이 경우 끼어들기가 순간적으로 이루어지고 끝나기 때문에 대화의 국면이 짧게 이어졌던 반면 끼어들기가 길게 지속되는 상황 역시 발생했다. 발언 과정에서 언급된 소재를 중심으로 다른 참가자들이 이야기하며 대화의 국면을 만드는 경우가 그것인데, 인물, 지역, 가격, 건축 과정 등이 끼어들기를 유발하는 주요 소재였다. 끼어드는 사람이 소재를 잘 포착하여 말을 이어갈 경우, 무샤와라는 한참 동안 엉뚱한 방향으로 빠지게 된다. 표 15는 인물을 대상으로 전개된 대화의 국면 사례이다.

수로노가 기부 과정을 설명하면서 증인 D를 거명하자 무함마디야 측 참가자 A가 D의 거주지를 질문했고, 이에 B가 응답하면서 발언의 주도권이 A와 B로 넘어갔다. 흥미로운 점은 A와 B의 대화

**표 15 무샤와라 과정: 끼어들기**

| 순서 | 발언자 | 주요 내용 |
|---|---|---|
| ① | 수로노 | D의 증인 선택 배경 |
| ② | 무함마디야 A | D의 집 위치에 대한 질문 |
| ③ | 무함마디야 B | D의 집 위치, 가족 및 친척 관계 설명 |
| ④ | 무함마디야 A | D의 친척으로 언급된 E에 대한 질문 |
| ⑤ | 수로노 | E의 근황에 대한 설명 |
| ⑥ | 무함마디야 B | E에 대한 추가 정보 |
| ⑦ | 사회자 | 수로노에게 발언권 제공 |
| ⑧ | 수로노 | D에 대한 설명 계속 |

에 수로노 역시 참여하여 분쟁과 관련 없는 E의 근황에 대해 덧붙여 말한 것으로써, 이는 그가 A와 B의 끼어들기를 예의 없는 행위로 인식하지 않음을 보여주었다. 사회자의 태도 역시 같은 맥락에서 이해될 수 있다. 사회자는 A의 끼어들기를 제지하지 않았으며, 엉뚱한 소재의 대화를 한 동안 방조한 후에야 수로노에게 발언 기회를 제공했다.

끼어들기에 대해 참가자들은 "심심하지 않게 만들어서", "피곤하지 않게 만들어서" 등과 같은 유희적 성격을 지적했다. 한 참가자는 끼어들기의 긍정적 효과를 다른 각도에서 평가했다. 발언자의 말이 다른 사람에 의해 경청되고 있음을 확인시켜줌으로써 끼어들기가 발언의 만족도를 높일 수 있다는 것이다.

참가자 모두는 자바인이지만 무샤와라의 형식에 맞추어 인도네시아어를 사용했다. 종교 단체라는 이유로 인해 발언권을 부여받은 사람이 아랍어 기도문을 낭송한 후 말했는데, 아랍어 기도문으로 시작되는 인도네시아어 발언은 공적 성격을 강하게 내포했다. 그렇다고 해서 토의가 인도네시아어로만 진행되지는 않았고 자바어 어휘나 문장이 간간히 이용되는 모습을 찾을 수 있었다.

자바어 화자가 자주 이용하는 감탄사나 연결사를 말할 때, 그리고 마땅한 인도네시아어 어휘가 없을 때에 자바어 어휘가 사용되었으며, 화자의 언어 습관에 따라 자바어 어휘 삽입 빈도에 차이가 나타났다. 자바어 문장이 삽입되는 경우 역시 존재했는데, 그다음 곧바로 인도네시아어로 전환되는 것이 일반적인 모습이었다.

특정한 목적을 위해 자바어 어휘나 문장을 삽입하는 경우도 찾을 수 있었다. 대화체적 스타일 삽입이 좋은 예인데, 그것의 대다수가 인도네시아어로도 표현될 수 있음을 고려하면 자바어 문장 삽입은 주의 환기, 이야기의 실제성 연출, 말하기의 재미 등과 같은 목적을 가진 것처럼 보였다.

발언자는 자바어로 된 대화체 문답을 발언 중간에 삽입함으로써 자신의 견해를 보다 생생하게 표현하고 청자의 주의를 이끌어내려고 했다. 이러한 의도 외에 분위기를 반전시키거나 웃음을 자아내기 위해 언어 전환을 하기도 했는데, 그 중 한 사례를 살펴보면

표 16과 같다.

**표 16 무샤와라 과정: 언어전환**

| 순서 | 발언자 | 원어 | 번역 |
|---|---|---|---|
| ① | 사회자 | Pak Nardi tadi mengusulkan itu. [침묵] Bukan Pak Nardi! | 나르디가 조금전에 제안했는데 [침묵] 나르디가 아니네요! |
| ② | 참가자 | [웃음] | |
| ③ | 사회자 | Nék iki salah omong menéh.* | 여기서 또 말을 잘못하네. |
| ④ | 참가자 | [큰 웃음] | |
| ⑤ | A | Dipliriki! | [누가 말했는지] 잘 보세요. |
| ⑥ | B | Pendapat beliau uwés tekan ongko. | 그가 의견을 이미 숫자까지 [구체적으로] 이야기했잖아요. |
| ⑦ | C | Mangkané pada rapat … | 맞아요 회의에서 … |
| ⑧ | A | Iyo, dipliriki! | 예, 잘 보세요. |
| ⑨ | B | Jané usulan kita bersama, bukan karang anyar. | 정말로, 우리 모두기 제안한 것으로, 새로운 내용이 아닙니다. |

* 밑줄 친 부분이 자바어임.

위 사례에서 사회자는 다른 사람이 이야기한 내용을 나르디의 제안이라고 잘못 말했다. 그가 자신의 실수를 자바어로 인정하자 곧바로 다른 참가자의 웃음과 농담이 이어졌는데, 자바어 문장이 사용되어서인지 다른 참가자들 역시 자바어와 인도네시아어를 섞어가며 말했다. 이와 같이 언어 전환은 상황에 따라 대화의 국면을 유도하는 기능을 행했다.

자바어는 끼어들기를 모색하는 수단으로도 이용되었다. 발언자가 사람 이름을 거론할 때 다른 참가자들은 그 사람의 친인척 관계나 거주지를 "*putriné sopo*(어느 집 아니야)", "*mantuné A*(A의 사위야)", "*wétané A*(A집 동쪽 편에)"와 같은 식의 자바어로 말함으로써 대화의 국면을 모색했다. 이런 시도가 항상 성공적이지는 않았지만, 일부의 경우 논의가 한동안 미로를 헤매는 상황이 전개되었다.

참가자들은 언어전환의 기능을 인식하고 있었다. 따라서 자바어가 이용될 경우 존대어가 아닌 일상어가 이용되었고, 자바어를 짧게 삽입함으로써 발언의 비공식성을 드러냈다.

참가자들이 지적하는 또 다른 자바어 사용 이유는 유희적 성격이다. 무샤와라가 딱딱한 분위기로 지속될 경우 참가자들을 힘들게 하고 교섭 과정을 어렵게 하기 때문에 긴장 해소의 계기를 자바어에서 찾을 수 있다는 것이다. 한 참가자는 자바어를 음료와 스낵에 비유했다. 무샤와라에서 참가자들이 음료와 스낵을 자유롭게 먹으며 상쾌한 기분을 되찾을 수 있는 것처럼 언어 전환을 통해 정신적 피로도를 감소시킬 수 있다는 것이다.

### 무샤와라의 전략: 우호적 대화 분위기 연출

참가자들은 친밀감을 표현함으로써 우호적인 대화 분위기를 조성하려고 노력했다. 이러한 전략에 포함되는 행위나 대화 소재로는 평등성 강조, 친근한 호칭 이용, 과거의 경험 환기, 단체에 대한 공헌 부각 등이 있었다.

무사와라의 장소가 무함마디야 사무실이고 무함마디야 측에서 사회자를 맡았기 때문에 양측에 공평한 환경이 제공되었다고는 할 수 없다. 이에 무함마디야측 참가자들은 회의에 임하는 서로의 지위가 동등함을 수차례 강조했으며 사회자는 수로노측 참가자에게 공평한 발언 기회를 제공하려는 의지를 반복해서 표명했다.

일반적으로 무함마디야 회원들 사이에서 호칭은 '*Pak*('씨'를 의미하는 표현)+이름'이 이용된다. 무샤와라에서 이는 '*adikku*(내 동생)', '*adik mas*(동생)', '*kang*(형)', '*kang mas*(형)' 등과 같이 친한 사람들 간의 호칭으로 자주 전환되었다. 예를 들어, 수로노는 자신보다 나이 어린 참가자를 '*adik mas*'라 불렀고, 이에 대해 '*kang mas*'라는 호칭이 화답되었다. 이러한 방식은 긴장 상승을 억제하는 효과를 가진다고 설명되는데, 한 지도자에 따르면 "참가자들을 보다 유연하게 만듦으로써 서로가 존중되고 있음을 느끼도록 한다."

수로노와 지도자들이 좋은 관계에 놓여 있던 과거의 경험 역시 거론되었다. 젊어서 같이 운동하던 시절, 무함마디야 청년단체에서 같이 활동했던 시절의 추억 등이 거론되었는데, 이를 통해 참가자들은 서로가 같은 집단에 속해 있고 이러한 점이 현재에도 유효함을 드러내고자 했다.

무함마디야에 대한 수로노의 공헌 역시 이야기 소재로 등장했다. 예를 들어, 신축 중인 학교 건물에 대해 언급하면서 한 참가자는 과거 수로노가 앞장서서 건축했던 무함마디야 학교에 대해 말하며 그가 무함마디야에서 존경받는 인물임을 추켜세우고자 했다. 수로노 역시 같은 방식의 레토릭을 이용해서 자기 입장을 뒷받침했는데, 무함마디야에 헌신해왔음을 부각하면서 그는 "이번에는, 제가 원하는 방식으로 (그냥 문제를 쉽게 끝내죠), 그렇게 하죠"라는 식으로 설득하며 자기 주장을 개진했다.

우호적인 대화 방식과 소재를 통해 양 측은 긴장도를 늦추고 서로에 대한 불만 표현을 억제하려고 노력했다. 이는 우호적인 분위기 조성 외에 또 다른 효과를 가지고 있었다. 서로에 대한 친밀감, 존중, 존경의 표명을 통해 현재의 갈등이 순간적인 것이며 분쟁해결 후 서로의 관계가 이전으로 복원될 것이라는 메시지가 전달되었다.

친밀감의 표현은 양측이 같은 집단, 이들의 표현에 따르면 같은 가족이나 구성원에 속했고 앞으로도 그러리라는 점을 환기시켜 주었다. 동시에 이는 합의에 도달하지 못할 경우 이 관계가 위협받을 것임을, 즉, 수로노와 무함마디야의 관계가 단절될 것임을 드러냄으로써, 우호적인 대화에 강한 위협과 강제 또한 내포되어 있음을 상기시켜주는 역할을 했다. 전체적으로 우호적인 대화 방식과 소재는 공동체적 사회 관계를 강조함으로써 분쟁해결 과정에 그 구성원으로서의 지위가 걸려 있음을 강조하는 효과를 가지고 있었다.

## 무샤와라: 합의 결과의 특징

무샤와라에 참가한 사람 모두 한 번의 회의로 분쟁이 해결되지 않으리라는 사실을 알고 있었다. 그래서 감정이 격앙된 상태에서 의사결정을 하지 않아야 더욱 이성적인 결정을 도출할 수 있으리라고 이들은 설명했다. 이런 면에서 본다면 휴지기는 중요한 의미를 가지며 무샤와라에 포함된 필수 절차라고까지 할 수 있다. 이 기간 동안 비공식적 접촉을 통한 해결책 모색이 가능하기 때문이다.

두 차례의 무샤와라와 비공식적 접촉을 통해 여섯 가지 분쟁해결 방식이 거론되었다. 무함마디야의 입장에서 본다면, 가장 좋은 해결책은 수로노가 조건 없이 토지를 반환하는 것이며, 가장 원하지 않는 해결책은 조꼬 여사가 협상을 포기한 채 PUI에 토지를 기부하는 것이다. 법원을 통한 처리도 있었지만 역시 선호되지 않았다. 이러한 세 가지 해결책 중간에 있는 방안은 다음과 같았다.

첫번째, 조꼬 여사가 수로노에게서 건물을 매입한 후 토지와 함께 기부하는 방식이다. 두번째, 수로노가 조꼬 여사에게서 토지를 매입하고 그 대금으로 조꼬 여사가 다른 부지를 물색하여 기부하는 것이다. 세번째, 토지는 무함마디야에 기부되지만 건물은 수로노가 이용하는 것이다. 세 방식 중 무함마디야는 첫번째를 가장 선호했다. 가장 선호하지 않는 것은 세번째로서 무함마디야가 건물을 이용할 수 없고 토지 분쟁이 계속될 것이기 때문이다. 무함마디야의 입장에서 본 해결책을 가장 선호하는 것에서 선호하지 않는 것

순으로 정리하면 다음과 같았다.

① 수로노가 조꼬 여사에게 조건 없이 토지 반환

② 조꼬 여사가 건물을 매입한 후 토지와 건물 모두를 기부

③ 수로노가 토지를 매입하고, 조꼬 여사가 그 돈으로 다른 토지를 구입하여 기부

④ 토지는 무함마디야로 기부하되 건물은 수로노가 이용

⑤ 법원 소송

⑥ 조꼬 여사가 토지를 수로노에게 기부

수로노의 입장에서 본다면 가장 좋은 해결책은 현상 유지인 ⑥번이었고, 가장 선호하지 않는 방식은 ⑤번과 ①번이었다. 나머지 해결책 중 그는 ④번을 선호했는데, 현 상태를 유지한 채 건물을 이용할 수 있었기 때문이다. 남은 해결책 ②와 ③중 그에게 유리한 것은 ②이지만 문제가 있었다. 그는 건축비를 보상받을 수 있게 되지만 건물을 다른 곳에 다시 지어야 해서 PUI와의 약속을 지킬 수 없었다. 또한 주변의 시선 역시 문제가 될 수 있어서 그는 자기 잇속만 챙기려 한다는 평가를 받을 수 있었다. 이런 이유로 그는 ②보다 ③을 더 선호했다. 여섯 가지 해결책에 대한 무함마디야와 수로노의 선호도를 배열해보면 표 17과 같다.

①, ⑤, ⑥은 한 측의 완전한 승리나 패배를 의미하는 극단적인 해결책이었다. ②, ③, ④는 중간적 성격의 해결책이며 ②와 ④에 대

**표 17 분쟁 해결 방식에 대한 선호도**

| | 높은 선호도 ← | | | | | → 낮은 선호도 |
|---|---|---|---|---|---|---|
| 무함마디야 | ① | ② | ③ | ④ | ⑤ | ⑥ |
| 수로노 | ⑥ | ④ | ③ | ② | ① | ⑤ |

한 선호도는 서로 반대되었다. ③은 가장 중간에 위치한, 다른 식으로 표현하면 양측 선호도의 접점에 위치한 해결책이었다.

결과적으로 양측은 ③번 해결책에 합의했다. 수로노가 토지를 매입하고, 조꼬 여사는 그 돈으로 다른 토지를 매입하여 무함마디야에 기증하기로 결정한 것이다. 이 결정을 선택함으로써 수로노는 토지 매입을 위해 비용을 추가로 지출해야 했지만, 기존 토지에 건축된 건물을 그대로 사용할 수 있음으로써 PUI와의 신뢰 관계를 이어갈 수 있었다. 조꼬 여사는 새로 토지를 구입해야 하고 학교가 지어지기를 다시 기다려야 했지만, 무함마디야로의 토지 기증이라는 원래의 목적을 성취할 수 있었다. 무함마디야는 손해 없이 토지를 기부 받을 수 있었다. 엄격한 잣대를 가지고 평가하면, 경제적, 시간적 차원의 손익에서 차이가 났다. 수로노가 가장 큰 금전적 손해를 감수했고, 조꼬 여사는 시간적 손실을 받아들여야 했다.

사회적 관계의 측면에서 보면 무샤와라의 결과가 모두에게 이익이었다. 무함마디야는 수로노와의 관계 악화 없이 문제를 해결했다. 조꼬 여사 역시 가까운 이웃인 수로노와의 관계를 회복할 수 있었다. 수로노의 경우 무함마디야와 조꼬 여사 그리고 PUI와의 관계를 유지할 수 있었다. 여기에 더해 수로노는 자기희생을 요구하는 결정을 통 크게 받아들이는 모습을 보임으로써 사회적 평판을 높일 수 있었다. 무함마디야측 참가자들 역시 이러한 점을 부각해서, 수로노의 희생적 태도를 몇 차례나 이야기했다.

#### 타협적 결정의 효과: 애매모호함

토지 분쟁 해결책은 절충적인 성격을 띠었다. 이로 인해 최종안에 어느 편도 완전히까지는 아니었지만, 어느 정도 만족감을 누릴 수 있었다. 모두가 무샤와라의 해결책에 만족할 수 있는 또 다른 이유는 해결방식에 대한 사후 평가이다. 무함마디야 활동가에 따르면, 무샤와라에 참여한 누구도 자신의 의견이 최종 결정으로 선정되었다고 이야기할 수 없다. 오랜 논의 과정을 거친 결정은 한 사람의 의견이 아닌 참가자 모두의 의견을 반영하기 때문이었다. 이런 태도로 인해 무샤와라의 결정은 누가 옳고 그른가라는 문제를 애매모호하게 만드는 효과를 가졌다.

무샤와라의 결과 수로노는 토지를 매입해야 했다. 하지만, 이러한 사실은 그가 자신의 잘못을 인정했음을 의미하는 것으로 해석되지 않았다. 수로노의 해석에 따르면, 이 결정은 어느 편이 옳고 그른지를 드러내는 것이 아니라 분쟁 해결에 있어 자신의 열린 태도와 양보를 보여주는 것이다. 무함마디야측 참가자 역시 양측 모두가 옳고 그른 면을 가지고 있다고 말했다. 따라서 강조점은 양측이 협의를 통해 평화롭게 문제를 해결했다는 사실에 놓여야 했다. 한 참가자는 "합의가 우리 모두의 승리를 의미한다"고 언급했다. 이러한 해석이 가능한 이유는 양측 모두 이기심을 억누르고 반대편의 입장을 이해하기 위해 노력함으로써 합의가 도출될 수 있었기 때문이다. 그는 자신의 의견을 아래와 같이 제시했다.

> 우리들 사이에서 자신이 가장 올바르고 고귀하다고 느끼는 사람은 없으며 우리 모두는 올바르고 고귀하다. [...] (무샤와라 초반에) 우리의 목표는 "그래, 그래, 우리가 반드시 이겨야 해"와 같은 식이었지만, 무샤와라가 진행되면서 우리는 이기심을 억제하기 위해 많은 노력을 기울였다. 따라서 (결과가 어떠하든지 간에) 합의는 공동의 승리로 간주될 수 있다. 수많은 토론과 논쟁을 거치며 서로의 동질성을 찾으려 했던 노력의 결과가 가져온 승리.

전체적으로 무샤와라는 해결책을 찾는 데에 강조점을 두고 있기 때문에 분쟁에 연루된 사람 중 어느 편이 옳고 그른가를 확인하는 장으로 여겨지지 않았다. 무샤와라가 끝난 후에도 합의에 대한 평가, 즉 그것이 어느 편에 유리하게 이루어졌는지의 문제보다는 합의에 도달했다는 사실 자체가 부각된다는 사실 역시 같은 맥락에서 이해될 수 있다.

합의된 결정이 절충적이며 합의 이후에도 잘잘못을 따지지 않는 상태가 유지됨으로써, 결과에 대한 실망이나 불만, 나아가 복수심의 출현과 같은 부정적 상황이 야기될 가능성이 최소화되었다. 무함마디야 참가자들에 따르면 합의 후 서로 악수하는 행위는 부정적 감정을 없애겠다는 의미를 상징적으로 표현한다. 이를 통해 참가자들은 의도적으로 혹은 비의도적으로 행한 잘못된 언행에 대해 용서를 빌고 이를 용서하려 했다. 참가자에게 있어 이 과정은 무샤와라의 필수적인 절차 중 하나였다. 이런 점이 인정되지 않을 경우 무샤와라는 무의미한 관행이라는 의견까지도 제시되었다.

> 짜증나고 자극적인 표현이 무샤와라에서 표출된다. 합의가 도출된 후에도 복수심 같은 감정이 남아 있다면, 이는 무샤와라의 원칙을 위반한 것이다. […] 우리는 화날 수 있지만 무샤와라에서 화를 내야 한다. 우리는 싸울 수 있지만 (무샤와라에서) 싸워야 하며, 무샤와라 외부에서 싸워서는 안 된다. 무샤와라가 끝나면 "그래, 이제 모든 것이 끝났으니 더 이상 고민할 필요 없어"라고 생각해야 한다는 것이 우리의 기대이다.

이 이야기를 했던 참가자에게 이를 실제 실천할 수 있는지 물었다. 이미 종결된 무샤와라에 대해 고민해 본 적이 없느냐는 질문에 대해 그는 그렇지 않다고 말했다. 하지만 무샤와라에 대한 그의 기억은 결정의 잘잘못이 아닌 논의 과정에서의 자신의 역할이었다. 자기 의견을 적절하게 표현했는지, 감정적이지 않았는지와 같은 문제를 주로 생각하지, 결정의 유불리를 가지고 고민하지는 않는다고 말했다. 그는 무샤와라의 결정이 알라의 뜻이라는 말을 덧붙이며 그에 대한 대화를 끝냈다.

### 타협적 결정의 효과: 결정의 실행 가능성 제고

무샤와라의 결정에 대해 시시비비를 가리지 않고 이를 참가자 모두의 승리로 간주하는 태도로 인해 그것을 둘러싼 논란이 추후 제기되는 경우는 거의 없었다. 관련된 상황이 변화하지 않았음에도 합의된 결정을 재론하는 것은 지극히 부적절한 태도로 여겨졌다.

합의 결과를 받아들여야 한다는 태도는 그것의 실행에도 긍정적인 영향을 미쳤다. 합의 결과가 문서와 같이 형태로 만들어지지 않았지만 그것이 실천될 것이라는 점을 참가자들은 의심하지 않았다.

조꼬 여사 관련 무샤와라의 합의 내용은 명확한 듯 보이기도 하지만, 애매모호한 성격도 가지고 있었다. 수로노가 토지를 매입하기로 했지만, 어떤 가격에 어떤 방식으로 구매할지 정리되지 않았다. 그럼에도 무함마디야측 참가자들은 이를 문제 삼지 않았다. 모두가 합의한 결정이기에 적절한 시점에 적절한 방식으로 실행되리라고 이들은 확신했다.

무샤와라가 끝나고 수로노는 토지 기부 당시의 가격에 맞추어 토지를 매입했다. 하지만 일시에 자금을 마련할 수 없던 그는 토지

대금을 여러 차례에 걸쳐 분납 형식으로 지불했다. 이는 조꼬 여사에게 부담이 되는 것이었다. 다른 토지를 찾아 구매해야 했지만, 구매 대금이 완불될 때까지 이 절차를 진행할 수 없었기 때문이다. 그럼에도 참가자들은 이를 합의의 정신이 적절하게 구현된 방식이라 평가했다. 조금씩 양보해서 합의를 얻어냈듯이 그 실행 역시 서로의 상황을 고려하여 진행해야 한다는 것이다. 중요한 점은 결정된 합의의 실현이지 한 쪽을 구석으로 모는 방식으로 강제되어서는 안 된다는 것이다.

합의된 결정의 실행 과정을 설명하면서 참가자들은 협의의 정신을 강조했다. 이러한 정신이 공유되기에 그 집행에서 야기될 문제 역시 최소화될 수 있다고 이야기되었다. 흥미롭게도 이들 중 한 명은 무샤와라 결정의 실질적 힘을 강조했다. 무샤와라의 합의를 준수하지 않을 때 수로노에게 부정적 평가가 가해지고 그의 공동체적인 삶을 어렵게 만들 수 있다는 것이다. 이처럼 도덕적 압력이 강하게 작용함으로 인해 구두로 체결된 약속은 문서화된 것보다 오히려 더 큰 힘을 가질 수 있다고 평가되었다.

### 무샤와라와 조직 운영의 집합적 성격

무함마디야 활동가들은 무샤와라의 장점을 여러 측면에서 지적했다. 먼저 타인의 입장에 대한 배려를 언급할 수 있다. 사람들은 자신의 의견을 표현하고 다른 사람이 그것을 들어주기를 원하는데, 이를 충족하는 방식이 무샤와라라는 것이다. 이런 과정에 지속적으로 노출됨으로써 무함마디야 활동가들은 자신의 의견이 존중되고 자신이 최종 결정의 일부를 담당했음을 느끼게 된다.

절차의 비효율성과 대비되는 합의의 효율성 역시 거론되었다. 절충적 성격의 합의에는 참가자의 의견이 조금씩이나마 반영되기에 그 수용 정도가 높아진다는 것이다. 활동가의 자발성에 기초하여 무함마디야가 운영되고 있음을 고려해보면, 이런 태도는 참여를 이끌어내기 위해 필수적인 요소라 이야기되었다. 족자 주 지부 활동가는 이를 아래와 같이 설명했다.

> 우리는 항상 (회원과 활동가를) 돌보아야 하는데, 자바어로 돌본다는 의미는 사람을 초대해서 같이 기뻐할 수 있도록 만드는 일이다. [...] 조직 활동을 하면서 우리는 시간과 에너지를 투자한다. 그런데 무샤와라에서 우리가 기쁘지 않고 실망한다면 무엇 하러 그것에 참여해야 할까? 의사결정을 같이 함으로써 우리는 단체 활동을 제대로 할 동력을 얻게 된다. 우리는 무샤와라에서 제기되는 주장과 논쟁 모두가 좋은 의도를 가지고 있다고 확신한다.

일부 활동가들은 무샤와라에 기반을 둔 합의의 우월성을 지적하기도 했다. 한 사람의 생각보다 여러 사람의 생각이 합해진 집합적 결정이 더욱 적절하고 균형적이라는 것이다. 이렇게 말한 후 이들은 보통 이즈마ijma를 언급하며 무샤와라의 이슬람적 성격을 부각하려 했다. 집합적 논의에 기반을 둔 합의를 일컫는 이즈마는 꾸란과 하디스에 이어 종교적 결정을 내리는 이슬람의 핵심 수단이다. 이들은 집합적 논의가 가진 강점을 이즈마에 비유하여 설명하고자 했다.

주 지부 지도위 회의에서 참가자들의 평등성은 이들이 선거를 통해 동등하게 선출되었다는 제도적 차원에 의해 뒷받침되었다. 이와 비교할 때, 서로 다른 지부에서 활동하는 활동가들 사이의 무샤와라는 상이한 성격을 지닌다. 이들이 상하위 지부라는 위계적 구조 속에 놓이기 때문이다. 무함마디야 활동가들은 이런 차이로 인해 무샤와라의 평등성이 훼손될 수 없다는 데에 동의했다. 직책의 고하를 막론하고 무샤와라에 참여하는 참가자에게는 동등한 지위가 부여된다는 것이다. 주 지부 지도자 와휴Wahyu는 주 지부와 도 지부가 함께 행하는 무샤와라에서 불평등의 가능성을 거론한 후, 그것이 평등성을 훼손하는 방향으로 작동할 수 없음을 지적했다.

> 주 지부와 도 지부가 모여 무샤와라를 하면, 주 지부가 의사결정 과정에서 유리한 위치를 차지하는 것처럼 보인다. 논의되는 안건에 대해 주 지부가 더 많은 정보를 가지고 있기 때문이다. 하지만 이런 차이가 의사결정에 영향을 미치는 방향으로 나아지지 않는다. […] 무샤와라를 통해 모든 정보가 제공되어야 하기 때문이다. 도 지부 참가자들은 자신이 모르는 사안에 대한 질문을 하고 또다시 질문을 하며, 주 지부 참가자는 이미 했던 답변을 다시 하고 또 해야 한다. 이

런 과정을 거치며, 결정할 안건에 대한 정보가 공유된다. [...] 무함마디야에서 활동가들이 하는 일이 회의뿐이라는 말이 있다. 맞는 말이다. 하지만, 이렇게 회의를 함으로써 동등한 위치에서의 의사결정이 가능해진다.

와휴는 서로 다른 직책을 가진 참가자들 사이의 무샤와라에서도 평등성이 유지된다고 주장했다. 이는 위계적 직책을 고려하지 않는다는 원칙에 의해 뒷받침되었다. 여기에 더해 무샤와라의 절차적 특성 역시 평등성을 지지해주었다. 물어볼 권리와 대답할 의무가 무샤와라에서 인정되기 때문이다. 즉, 이미 했던 질문을 다시 하고 주제와 관련 없는 이야기를 하더라도 그것에 대해 답변하고 논의하는 과정이 당연한 절차로 받아들여진다는 것이다. 이러한 측면에서 무샤와라는 활동가들 사이의 평등성을 확인하고 강화하는 기제로 기능할 수 있다.

평등성을 실천하는 장으로서 무샤와라는 집단지도체제 운영에 있어 중요한 의미를 지닌다. 무함마디야의 집단지도체제 그리고 블록 투표 방식으로 인해 권위적 지도자가 출현할 수 없음이 앞 장에서 지적되었다. 무샤와라 역시 동일한 효과가 있다. 무샤와라가 유일한 의사결정 방식으로 확립됨으로써, 종교적 권위를 축적한 지도자가 의사결정 과정을 독점할 수 없게 된다.

무샤와라는 무함마디야의 조직 운영을 민주적으로 유지할 환경 형성에 일조했다. 무샤와라를 통해 특정 활동가가 자신의 권위를 표현, 축적, 재생산할 수 없다. 이는 특정 개인이나 집단이 조직의 자원을 자신이 원하는 방향으로 활용할 수 없음을 의미하기도 한다. 이를 위해서는 의사결정에 참여한 활동가를 설득하는 과정이 요구되는데, 이 과정을 거치며 권위주의적이고 독단적인 주장이 희석되고 집합적 성격을 띤 절충안으로 변화하게 된다. 개인의 요구를 관철시키는 데 있어 장애로 작동함으로써 무샤와라는 집단지도 체제 작동에 우호적인 환경을 구축할 수 있었다.

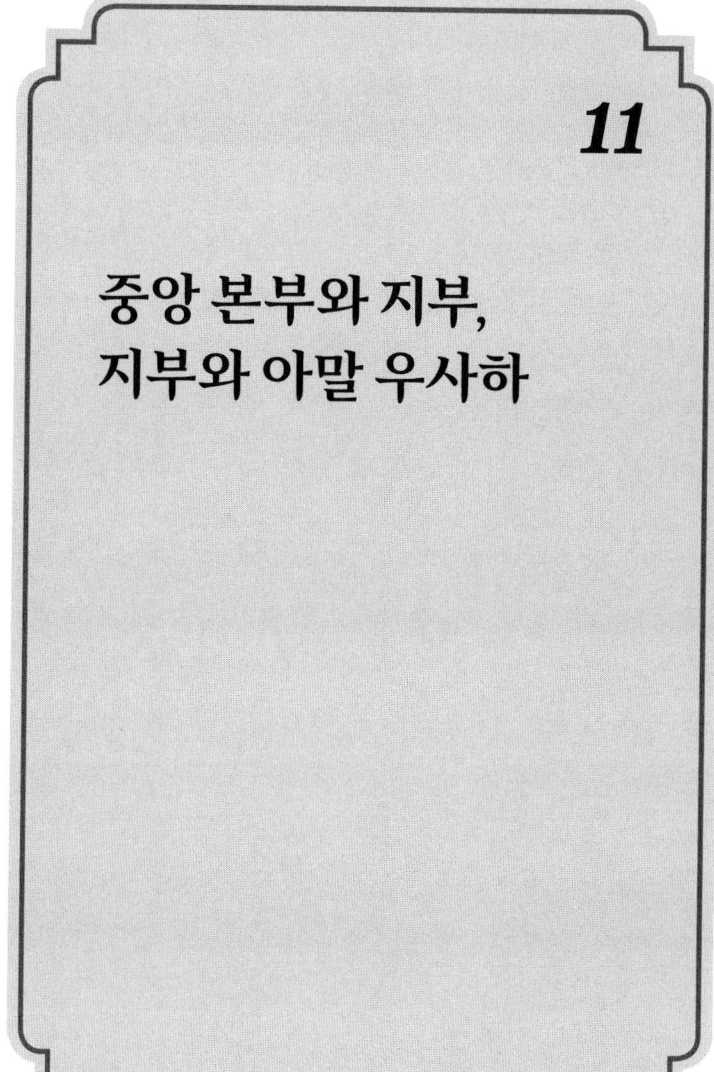

11

# 중앙 본부와 지부, 지부와 아말 우사하

### 무함마디야 조직 구성: 5단계 조직과 관련 조직

무함마디야 조직은 면동, 군구, 시도, 주 지부와 중앙 본부 등 5단계로 구성된다. 이 구조는 조직 성장 과정에서의 필요 그리고 국가 행정 조직의 영향을 받아 만들어졌다. 무함마디야 설립 초기에 구축된 조직은 중앙 본부와 지부였다. 하지만 지부의 수가 급속하게 팽창하자 중앙 본부는 늘어난 지부 모두를 접촉할 수 없었다. 이에 지부를 묶은 연합체가 만들어졌고, 중앙 본부와 지부 사이의 중재적 역할을 맡게 되었다. 중앙 본부-지부 연합체-지부-그룹으로 구성된 조직 체계는 독립 후 정부의 행정구역 개편에 맞추어 다섯 단계로 변화했다.

2012년 자료에 따르면 인도네시아의 모든 주에 무함마디야 주 지부가 구성되어 있었고 476개의 도 중 468곳에 도 지부가 만들어졌다. 6,093개 군(구)의 59퍼센트인 3,566곳에 지부가 설립되었고, 7만 3,067개의 면(동) 중 19퍼센트인 1만 3,570곳에 지부가 만들어졌다.[1]

면 지부는 일반 지지자와 접촉하는 유일한 하위 지부이다. 면 지부는 종교강연회를 개최하고, 일반인을 대상으로 한 종교활동을 계획하고 지원함으로써 풀뿌리 네트워크를 구축했다. 보통 면 한 곳에 지부 하나가 설치되지만, 반드시 그런 것은 아니다. 족자를 보

---

1 Muhammadiyah(2015b: 21–22)

면 4개의 면이 있는 군에 29개 면 지부가 설치된 경우도 있었다. 면 지부는 필요에 따라 교육위원회를 포함한 분과위원회를 설치한다. 이 위원회는 면 지부에서 관할하는 유치원이나 유아원의 운영을 전담한다.

군 지부를 구성하는 인원 대부분은 면 지부에서 활동하는 활동가이며, 군 지부에서만 활동하는 경우는 제한적이다. 인원 구성이 중복되기에, 군 지부는 면 지부의 연합체적 성격을 강하게 띠며 일반 대중을 대상으로 한 활동 역시 논의한다. 군 지부는 교육위원회를 통해 관내 초등학교를 관리감독한다. 이 외에도 지부의 필요에 따라 다양한 위원회를 설립할 수 있다.

군 지부와 주 지부 사이에 도 지부가 위치한다. 독자적으로 기획하고 추진하는 활동이 많기 때문에 도 지부 활동가 중 군 지부에서 충원된 비중은 높지 않다. 도 지부 활동가 중 상당수는 도 지부에서 행하는 교육과 복지 관련 활동에 집중한다. 도 지부에서는 주로 중학교 수준의 교육기관을 관리감독하며, 고등학교 수준의 기관 운영에도 참여한다.

주 지부는 탄위르를 통해 중앙 본부의 정책 결정에 참여함과 동시에 도 지부를 관할한다. 주 지부 활동가 중 일부는 도 지부에서 충원되지만, 상당수는 주 지부 수준에서 독자적으로 활동한다. 주 지부 산하위원회는 중앙 본부와 거의 유사하게 구성되며, 중앙 본부와 주 지부 산하에 있는 같은 위원회 사이에서도 활동이 공유된다. 주 지부는 고등학교 수준의 교육기관을 전담하며, 관내 고등교육 기관의 운영에 참여한다.

중앙 본부는 무함마디야를 총괄하는 조직이다. 중앙 본부 최고 지도자 위원회를 정점으로 하여 다양한 산하위원회가 설립되어 있다. 위원회의 활동 목표와 범위에 따라 교육위원회처럼 면 지부까지 위원회가 구성된 경우도 있고, 중앙 본부 수준에서만 활동하는 위원회도 존재한다. 중앙 본부 산하에는 자치단체라 불리는 7개 단체가 존재한다. 여성조직, 청년조직, 젊은 여성조직, 대학생조직, 청소년조직 등은 연령과 성별에 따라 구성되었고, 스카우트 활동을 펼치는 히즈불 와딴Hizbul Wathan과 전통 무예 수련을 목적으로 하는 따빡 수찌Tapak Suci가 추가된다. 자치단체라는 표현이 의미하듯 이들 산하 단체는 자율적 운영 권한을 부여받아서, 심각한 문제를 일으키지 않는 한 독자적으로 활동한다. 자치단체에 속하는 활동가들은 무함마디야 내 지부에서 활동하기도 한다. 예를 들어 여성단체 활동가가 중앙 본부 최고위 위원으로 선임될 수 있다.

지금까지 설명한 조직 구성을 도표로 표현하면 3장에 제시된 그림 10과 같다. 편의상 산하위원회, 자치단체, 교육, 의료, 복지, 경제 등의 산하기관을 세분화하여 표시하지 않았다. 실선은 직접적 관리감독, 점선은 보조적 관리감독 관계를 의미한다.

조직도만을 놓고 보면 무함마디야가 체계적이고, 잘 정리된 조직체를 만들었다는 인상을 받을 수 있다. 하지만 이는 원론만을 보여줄 뿐, 현실에서의 조직 운영은 복잡하고 비체계적인 방식으로 이루어졌다. 상위 조직은 하위 조직을 엄격한 의미에서 관리감독하지 않는다. 산하위원회의 경우도 지부의 직접적 통제 없이 자율적으로 활동한다. 산하 기관을 포함할 경우, 원론과의 격차는 더욱 벌어진다. 면 지부에서 고등학교를 관리하는 경우도, 심지어 고등교육 기관을 관리하는 경우도 존재한다.

원칙과 현실의 괴리는 무함마디야가 체계적이고 위계적으로 운영되지 않음을 시사한다. 어떤 의미에서 이런 모습은 무함마디야 조직의 본질적 특성이라고 할 수도 있다. 역사적으로 하위 조직과 기관은 무계획적이고, 비체계적이며 우연적인 과정을 통해 구축되었고, 이를 개념화하는 과정에서 체계화된 도식이 만들어졌다고 말하는 편이 더 적절하다.

무계획적, 비체계적이라는 표현의 의미와 달리, 이러한 조직 구성·운영 방식이 무함마디야의 발전, 확장, 역동성에 부정적 영향을 미치지 않았다. 오히려 이것과 반대로 평가할 수 있다. 즉, 100년 이상 존속하면서 그 영향력을 유지, 확산시킨 무함마디야의 힘은 비체계성, 무계획성, 비위계성에 기인한다고 할 수 있다. 이런 특징은 조직의 민주적 운영을 뒷받침하는 기반으로도 작용했다.

이 장에서는 무함마디야 조직 운영의 특징을 자율성을 중심으로 살펴볼 것이다. 자율성에 기초한 조직 운영은 분권을 가능하게 했고, 조직의 인적, 물적, 이념적 자원이 중앙 본부에 집중되는 것을 억제했다. 자율성과 분권화는 권력과 자원의 분산을 통해 민주적 거버넌스를 뒷받침하는 환경을 형성했다.

조직 운영 상의 특징을 알아보기 전에, 무함마디야 지부가 어떻

WE ARE THE BIG FAMILY OF MUHAMMADIYAH

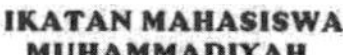

IKATAN PELAJAR
MUHAMMADIYAH

**그림 44** 무함마디야의 7개 자치 단체 로고(왼쪽 위부터 시계방향으로 여성Aisyiyah, 젊은 여성Nasyiatul Aisyiyah, 청년Pemuda Muhammadiyah, 스카우트Hizbul Wathan, 청소년Ikatan Pelajar Muhammadiyah, 전통무예Tapak Suci Putra Muhammadiyah, 대학생Ikatan Mahasiswa Muhammadiyah)

게 구성되었는지를 개괄적으로 검토할 것이다. 이를 통해 지부뿐 아니라 산하기관의 운영 방식을 이해할 기초를 확보할 수 있을 것이다.

### 하위 지부 지도자의 규모와 특성

무함마디야의 회원, 지지자 수를 추산하기는 쉽지 않다. 몇백만 명에서 4,000만 명까지가 추정치로 제시되는데, 그 중간인 2,000만 명 정도를 회원, 지지자, 동조자 규모로 바라보는 것이 타당한 듯하다.

지지자와 비교할 때 활동가의 규모를 파악하기는 용이하다. 면 지부부터 중앙 본부까지 각 수준에서 활동하는 활동가를 합산하면 되기 때문이다. 하지만 이를 추산한 자료가 정리된 적은 없다. 조직의 체계적 관리에 대한 관심이 높지 않았고, 이 자료가 무함마디야 활동을 평가하는 주요 지표로 간주되지 않았기 때문이다.

족자에서 활동하는 활동가의 규모를 알아보려고 시도한 적이 있었다. 관련 자료를 얻기 위해 주 지부 지도자에게 물었지만 이를 정리한 적이 없다는 답변을 얻었다. 같은 질문을 던진 5곳의 도 지부 지도자와 몇몇 군 지부 지도자 역시 동일한 답을 제시했다. 도 지부는 군 지부와 관련된, 군 지부는 면 지부와 관련된 자료를 체계적으로 정리하지 않았다.

활동가 수를 계산할 방법이 없는 것은 아니었다. 하지만 2010년 587곳에 이르는 쪽자의 면 지부, 82곳에 이르는 군 지부를 방문하여 자료를 모으는 일은 쉽지 않았다. 이에 과거 조사했던 마을이 속한 면 지부에서 주 지부까지의 활동가를 추적해서 그 개략적 규모를 파악해보고자 했다. 이를 통해 얻은 자료는 거친 추산치이지만, 다른 자료가 없는 상황에서 조직의 윤곽을 제시해 줄 수 있을 것이다.

내가 조사했던 마을은 행정구역상 슬레만Sleman도에 속했다. 2010년 조사 당시 이 마을이 속한 무함마디야 면 지부의 활동가는 22명이었다. 이중 면 지부 지도자위원회 위원이 12명, 산하위원회 소속 위원이 10명이었다. 이 지부가 속한 군 지부는 13명의 지도자위원회 위원과 33명의 산하위원회 위원으로 구성되었다. 군 지부 활동가의 경우 면 지부 활동가가 대다수여서, 46명 중 38명이 면 지부에 속했고, 8명이 군 지부 수준에서만 활동했다. 17개 군 지부로 구성된 슬레만 도 지부에서 활동하는 활동가는 지도위 위원 12명, 산하위원회 위원 174명 등 184명이었다. 군 지부와 달리 도 지부 수준에서만 활동하는 활동가의 비중이 높아서, 각 군 지부의 인원 중 두세 명만이 주 지부 위원회에 소속되어 있었다. 군 지부 활동가의 일부는 상위 지부인 주 지부에서도 활동했다.

이 자료를 단순하게 합하면 슬레만도 무함마디야 활동가의 규모를 추산할 수 있다. 슬레만에 있는 139개 면 지부가 각기 20명 정도로 구성되어 있다고 가정하면, 그 수는 2,780명에 이른다. 군 지부

**그림 45** 신축 이전과 이후의 슬레만 도 지부 건물

활동가 다수가 면 지부에서 활동하기 때문에 군 지부를 제외하고, 도 지부 활동가를 합하면, 대략 2,900명이라는 수치를 얻을 수 있다.

족자에 있는 5개 도 지부에 이를 단순 적용하면, 1만 4,500명이라는 수치를 얻을 수 있다. 주 지부의 경우 주 지부를 중심으로 활동하는 인물이 대다수이며 전체 인원은 250명에 이르렀다.

지부 소속 활동가에 추가해서 고려할 대상은 7개 자치단체이다. 이들 단체 중 결혼한 여성을 대상으로 하는 아이시야Aisyiyah는 무함마디야에 버금가는 하부 조직을 갖추고 있다. 무함마디야 활동가의 부인이 아이시야에서 활동하는 경우가 많기에, 아이시야의 규모는 무함마디야와 유사하다. 다른 6개 자치단체 역시 하위 지부를 가지고 있지만 지역 간 격차가 매우 컸다. 이들 자치단체를 포함할 경우, 족자 내 무함마디야 활동가 규모는 2~3만 명에 이른다고 추정할 수 있다.

족자는 타 지역과 비교할 수 없을 정도로 조직화의 정도가 높다. 따라서 족자 상황을 다른 주에 그대로 적용할 수는 없지만, 족자를 바탕으로 추산해보면 무함마디야에서 직책을 가지고 활동하는 활동가 규모는 수십만 명에 이르리라 추정된다. 개략적인 추정치이지만 이는 무함마디야가 대중 단체로서의 기반을 확고히 다지고 있음을 시사한다.

활동가 규모를 특정할 수 없는 것처럼 어떤 사람이 활동가를 구성하는지 밝히기는 쉽지 않다. 내가 조사한 면 지부를 보면 활동가 대다수가 사십대 이상의 중장년층이었고, 주요 직업은 초중고등학교 교사, 공무원, 자영업자였다. 이들에게 요구되는 핵심 활동이 일반 지지자를 대상으로 한 종교강연이기에, 이들 대다수는 아랍어를 읽을 수 있었고, 이슬람과 관련된 지식을 보유하고 이를 전달할 능력을 갖추고 있었다.

활동가의 자질과 관련하여 고려할 점은 장기간에 걸친 종교 교육이 필수적으로 요구되지 않았다는 점이다. 이슬람에 대해 관심을 가지고 있으며 관련 지식을 얻고자 노력할 경우 종교 강연을 하기에 큰 무리가 없었다. 따라서 장기간에 걸친 전문적 교육을 받지 않았더라도 종교 활동에 적극적으로 참여할 때 활동가로 인정받을 수 있었다.

일반적 수준의 종교 교육이 요구됨에 따라 무함마디야 활동에 참여할 의지, 이를 뒷받침할 시간적·경제적 여유 등이 면 지부 활동가의 핵심 자질이었다. 무함마디야의 주요 활동이 교육 분야에서 이루어졌기 때문에 교육에 대한 이해도가 높은 교사와 공무원이 면 지부의 중추를 구성했다.

면 지부와 군 지부에 비교할 때, 도 지부와 주 지부 활동가 사이에서는 차이가 나타났다. 이들 대다수는 이슬람과 관련된 훨씬 높은 수준의 지식을 보유했다. 이들 중 상당수는 이슬람 대학을 졸업했거나 이슬람 관련 교육을 장기적으로 받은 경력을 가지고 있다. 이러한 종교적 이해도를 갖추었다는 전제 하에 이들에게 역시 조직 활동에 적극적으로 참여하려는 의지와 실천이 중요했다.

면 지부 및 군 지부 활동가와 도 지부 및 주 지부 활동가를 구분하는 차이는 이슬람과 관련된 교육 배경, 이슬람 관련 지식 수준이었다. 하지만 이러한 자질이 지부에서 활동하기 위한 필수 요소는 아니었다. 심화된 학습을 통해 성취되는 아랍어 독해 능력, 교리의 해석 능력이 없더라도 도 지부나 주 지부에서 활동하는 것이 가능하며, 그 반대의 경우도 성립했다. 이를 종합해보면, 활동가의 자질로 가장 중시되는 요소는 적극적인 참여였다. 꾸준한 참여를 통해 활동가로서의 위상을 확보할 수 있었다.

### 아말 우사하의 발전: 양적 현황

무함마디야가 설립한 교육, 보건의료, 사회복지, 경제 관련 기관은 아말 우사하amal usaha라고 불린다. '아말'은 '행동', '종교적 선행', '신으로부터 보상받을 행동'을, '우사하'는 '노력', '사업', '노동'의 의미를 갖는다. 무슬림 대중을 돕기 위한 활동으로서 아말 우사하의 설립은 알라의 축복을 받는 공정하고 번영된 그리고 행복한 이슬람 사회를 형성하기 위한 노력의 결과였다.

무함마디야의 초기 발전 과정에서 아말 우사하, 특히 교육기관은 중요한 역할을 했다. 근대식 교육기관을 설립하고자 하는 욕구가 무함마디야에 참여한 주요 동기였으며, 교육기관을 설립, 운영하는 과정에서 지부의 활동성이 증대하고 대중적 영향력이 강화될 수 있었다.

하위 지부가 교육기관을 설립하고 운용하는 과정에서 아말 우사히와 관련된 전통과 관행이 확립되었는데, 그 특징은 아래와 같다.

첫째, 아말 우사하 설립에 있어 상위 지부가 간여하지 않는다. 중앙 본부나 상위 지부가 재정적, 인적 자원을 제공할 수 없다는 이유로 인해 아말 우사하의 설립과 운영에 있어 지부의 자발성과 자율성이 인정되었다.

둘째, 아말 우사하의 설립이 지부의 인적·재정적 역량에 의존하기 때문에 하나의 지부가 여러 개의 기관을 설립할 수도, 하나의 기관도 설립하지 못할 수도 있다.

셋째, 두번째 특징으로 인해 아말 우사하와 관련된 지부 간 편차가 뚜렷하게 발생했지만, 이는 당연한 것으로 받아들여졌다.

넷째, 지부의 자율성이 인정됨으로써 중앙 본부나 상위 지부의 역할은 통제나 간섭이 아닌 지부의 자발성을 높여주는 종교적, 도덕적 지원으로 이해되었다.

하위 지부의 아말 우사하 건립은 꾸준하게 이루어져서, 식민지 시기 후반 무함마디야는 가장 큰 사립 교육재단으로서의 위상을 확보했다. 그림 46은 교육기관의 성장세이다.

1932년 149개의 초등학교와 58개의 중학교로 구성되었던 교육기관은 1960년 550개의 초등학교와 524개의 중고등학교, 4개의 전문대학으로 성장했다. 1980년에는 805개의 초등학교, 939개의 중고등학교, 27개의 전문대학, 11개의 종합대학으로 그 수가 증가했고, 2010년에는 1,379개의 초등학교, 2,163개의 중고등학교, 138개의

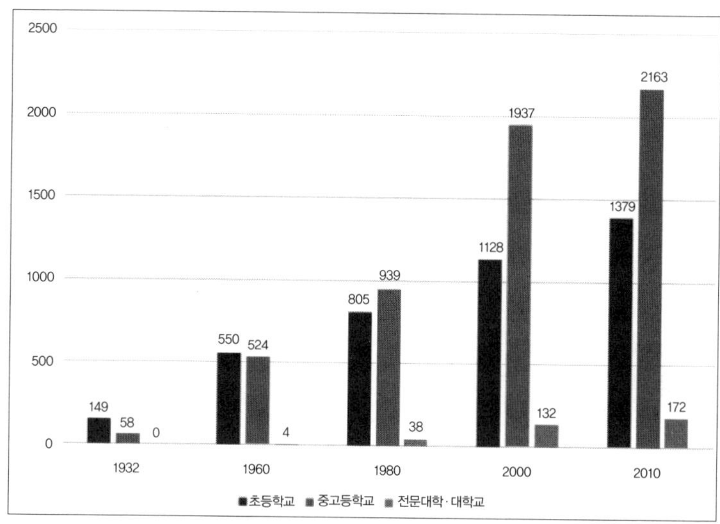


출처 Alfian(1989: 310–311); Muhammadiyah(1980: 7–13);
Muhammadiyah(2000b: 424); Muhammadiyah (2010b: 85); Solichin(1963: 61)

**그림 46** 무함마디야 교육기관의 성장

전문대학, 34개의 종합대학으로 늘어났다.

그림 46을 보면 교육기관의 성장에서 나타나는 특징을 찾을 수 있다. 과거와 비교할 때 1960~80년 사이에는 초등학교와 중고등학교의 증가세가, 1980~2000년대 사이에는 중고등학교와 대학교의 증가세가 뚜렷했다. 이는 교육 관련 아말 우사하의 설립이 인도네시아 사회의 수요를 반영했음을 시사한다.

보건의료, 복지, 경제 부문에서 설립한 기관은 교육기관보다 수적으로는 적지만, 이 역시 지부 활동의 중심축으로 기능했다. 표 18은 2015년 기준 아말 우사하의 규모이다.

**표 18 무함마디야 보건의료, 복지 및 경제 관련 기관**

| 사회복지 기관 | 수 | 경제 관련 기관 | 수 |
|---|---|---|---|
| 종합병원, 전문병원 | 457 | BMT (샤리아 신용협동조합) | 437 |
| 고아원 | 421 | BPRS (샤리아 신용은행) | 762 |
| 특별 보호소 | 82 | 인쇄소 | 25 |
| 가족 보호소 | 78 | | |
| 양로원 | 54 | | |
| 유기 아이 보호소 | 1 | | |
| 장례 지원소 | 38 | | |
| 직업학교 | 15 | | |

출처: Muhammadiyah(2015b: 23)

병원이나 고아원 같은 의료복지 기관의 설립은 무함마디야 설립 초기부터 강조된 활동이었다. 하지만 교육기관과 비교할 때 상대적으로 높은 전문성과 많은 재원이 요구되었기에 그 규모에 있어 교육 기관을 따라갈 수 없다. 그럼에도 2015년 457개의 종합·전문 병원, 421개의 고아원이 운영되고 있음은 의료복지 분야 역시 무함마디야의 주요 활동 영역임을 알 수 있도록 한다.

경제, 특히 금융 분야에서의 활동은 1990년대 초반에 시작되었기에 상대적으로 짧은 역사를 가진다. 그러나 지난 30여 년 동안 1,199개의 신용협동조합과 신용은행이 설립되었음은 경제 영역이 최근 주목 받는 활동임을 보여준다.

아말 우사하의 설립과 운영 방식은 단체 설립 초기부터 현재까지 큰 차이를 보이지 않았다. 중앙 본부나 상위 지부의 계획이 아니라 아래로부터의 자발성에 기초하여 설립되었기 때문이다. 다음 절에선 아말 우사하 설립의 특징, 아말 우사하에 대한 활동가들의 인식을 논의할 것이다.

### 아말 우사하 설립 과정: 자율성과 무계획성

지부의 주도로 시작했기에 아말 우사하 설립은 즉흥적인 성격을 띠었다. 아말 우사하 설립이 몇몇 활동가 사이 혹은 지부 회의에서 제기된 후 그에 대한 공감대가 확산되면, 건립을 위한 시도가 이루어졌다. 공감대 형성이 어떻게, 그리고 얼마 만에 가능한지는 지역적, 인적 상황에 의해 좌우되었다. 논의가 처음 시작된 후 수십 년이 흐른 뒤에야 실현되는 경우도 있으며, 논의가 제기되는 순간 실행되는 경우도 있다. 자발적 참여가 핵심이기에 추진력을 갖춘 집단의 존재 여부가 설립 과정에 큰 영향을 미쳤다.

아말 우사하 설립의 즉흥성은 무계획성을 낳았다. 사업을 시작할 때 전체 과정에 대한 청사진을 갖춘 경우는 거의 존재하지 않으며, 일단 시작한 후 상황에 맞추어 조율해가는 방식이 일반적이었다.

아말 우사하의 핵심이 건물이기에, 무계획성은 건물 건립 기간에 차이를 가져왔다. 인적, 재정적 자원을 쉽게 동원할 수 있다면 짧은 기간 내에 건물이 지어지지만, 그렇지 않은 경우 수 년, 수십 년에 걸쳐 이 과정이 이루어진다. 무함마디야 활동가들은 이런 과정을 당연한 것으로 여겼다. 주 지부 활동가는 이를 "처음 시작한 회원과 마무리 짓는 회원이 같을 필요가 없다"라고 설명했다. 누군가가 시작을 하면 다른 누군가에 의해 그것이 진행되고, 또 다른 누군가에 의해 완결될 것이라는 식의 인식이 공유되었다.

이러한 인식 저변에는 무함마디야 활동을 뒷받침하는 지지자에 대한 낙관적 태도가 존재했다. 이를 중앙 본부 지도자는 아래와 같이 설명했다.

> 무함마디야의 부유함은 잘 보이지 않는다. 이를 바다의 빙산에 비유할 수 있다. 겉으로 볼 때 빙산은 조그맣고 별 것 아닌 것처럼 보인다. 하지만 빙산 아래에는 그보다 훨씬 큰 덩어리가 존재한다. 무함마디야의 무기 역시 동일하다. 언뜻 보면 보이지 않지만, 겉으로 보이는

것과 달리 그 저변에는 빙산처럼 (무함마디야에 대한) 무슬림 대중의 신뢰가 존재한다.

아말 우사하 건립에 요구되는 재정적, 인적 자원을 확보할 수 있는 이유로 그는 무슬림 대중의 신뢰를 지적했다. 무슬림 대중이 지지하기에 일단 시작한 아말 우사하는 언젠가 결실을 맺을 수 있다는 것이다. 이러한 낙관론은 무함마디야 활동가들의 경험에 의해 뒷받침되었다. 무계획적으로 시작된 아말 우사하 대다수가 이후 신비로운 과정을 거쳐 제자리를 찾아간다는 것이다.

무함마디야 활동가들은 아말 우사하 건립에 내재한 자발성에 초점 맞추었다. 의지가 있으면 일단 시작하는 것이 중요하다고 생각했고, 모든 상황을 고려하여 계획적으로 아말 우사하를 건립하는 상황이 현실에 적용될 수 없다고 말했다. 계획을 수립한 후 설립을 시작하는 방식을 채택했다면 무함마디야의 아말 우사하가 존재할 수 없었으리라고 이들은 한 목소리로 지적했다.

족자 주 지부에 의해 추진된 방송국 설립 과정은 아말 우사하 설립의 즉흥적이고 무계획적인 성격을 보여줄 좋은 사례다. 무함마디야가 자체 방송국을 가져야 한다는 주장이 활동가 사이에서 꾸준하게 제기되었다. 특히 정부 정책이 지방 방송국을 허가하는 방향으로 전환된 2000년대 중반 이후 방송국은 활동가의 꿈으로 자리잡았다.

2008년 족자 주 지부 회의에서 방송국 설립이 제안되었고, 회의에 참석한 도 지부, 군 지부 활동가의 긍정적인 반응을 얻어낼 수 있었다. 주 지부가 이 일을 맡아 실행하기로 결정되었다. 방송국 설립의 첫 단계로 주 지부에서는 지부와 지지자를 대상으로 기부금을 모았다. 1억 루삐아 정도가 모이자 주 지부 활동가의 의지는 더욱 강해졌다. 곧이어 무함마디야 대학과의 협의를 통해 학교의 방송시설을 방송국 시설로 임차했고, 같은 학교 신문방송학과의 기자재와 인력으로 프로그램을 제작하기로 결정했다.

순조롭게 이어지던 방송국 설립은 주파수 신청 과정에서 첫번째 난관에 봉착했다. 주파수 신청을 위해 50억 루삐아의 자본금 납입이 요구된다는 사실을 미처 알지 못했기 때문이었다. 단기간에 자본금을 마련할 수 없던 주 지부는 편법을 사용했다. 무함마디야 대학에서 돈을 빌려 출자금 납입증빙서를 만들기로 했던 것이다. 이를 통해 주 지부는 주파수를 배정받고 방송을 송출할 수 있었다.

방송국이라는 처음 시도하는 사업을 진행하면서 주 지부 활동가들은 체계적인 계획을 세우지 않았으며, 새로운 문제를 해결하는 과정 역시 즉흥적이었다. 이들은 사업의 종교적 의미만을 우선시했을 뿐이며, "문제가 생기면 이를 해결할 방법 역시 생길 것"이라는 지극히 낙관적인 태도를 가지고 사업을 진행했다.

방송국 설립을 계획한 주 지부 활동가 누구도 허가 절차가 구체적으로 어떠했고, 운영 경비가 어느 정도인지 생각해보지 않았다고 회상했다. "신의 뜻에 따라, 결과는 좋을 수도 나쁠 수도 있지만, 중요한 사실은 회원의 염원을 모아 활동을 시작했다는 점"이라고 주 지부 지도자는 지적했다.

시험방송이 시작되자 주 지부 활동가들은 프로그램을 모니터링하며 그 방향성에 대한 논의했다. 하지만 방송 개시 후의 즐거움은 그리 오래 지속되지 못했다. 시험방송 과정에서 주 지부는 사설 방송국의 송전탑을 빌려 방송을 송출했는데, 독자적인 송전탑 구축 여부를 검사하는 시기가 도래했기 때문이었다. 이 역시 주 지부 활동가들이 고려하지 못한 문제였다. 어렵게 시작한 방송국을 접어야 할지도 모를 상황을 한 지도자는 "주 지부 통장에 돈 한 푼 없고, 도 지부에 물어보아도 큰 돈 구할 방법이 없던" 절박한 국면으로 기억했다. 이에 주 지부 지도자들은 중앙 본부를 방문하여 도움을 청했지만 후원자를 물색해보라는 제안을 받았을 뿐이다.

위기를 타개하기 위해 주 지부 지도자들은 아민 라이스를 찾아가 투자자 물색을 요청했다. 관심 있는 사업가를 소개받았지만, 그가 해외에 있는 바람에 투자 약속을 받아낼 수 없었다. 이에 주 지부는 송전탑 설치 자금을 차입하기로 결정했고 15억 루삐아라는 거금을 빌려 문제를 일단 봉합했다.

송전탑에 얽힌 어려움을 이야기하면서도 주 지부 활동가들은 사업 진행의 무계획성을 문제 삼지 않았다. 대신 이들은 회원들의 순수하고 이타적인 의도, 희생과 노력을 거론했다. 좋은 의도를 가지고 일을 시작했기에 중도에 발생한 문제는 어떻게든 해결할 수 있으리라는 것이다. 이러한 무계획적인 사업 진행이 다른 활동가에 의해 받아들여질 수 있는 이유에 대해 이들은 무함마디야에서 축적된 경험을 거론했다. 일단 사업을 시작하여 끌고 나가다 보면 언젠가는 결실을 맺었음을 보았던 경험이다. 이를 한 주 지부 지도자는 다음과 같이 설명했다.

> 희망이 있으면 돈은 모일 것이다. 무함마디야의 역사는 이런 식의 생각이 현실화될 수 있음을 증명했다. 모든 아말 우사하 건립은 이런 식으로 진행되었다. 차이는 완공 시기일 뿐이다. 아주 오랜 시간이 완공에 소요되기도 하고, 짧은 시간만이 요구되는 경우도 있다. 중요한 것은 의지, 꿈을 갖는 것이다.

송전탑과 관련된 어려움은 "의지가 있으면 길이 있을 것"이라는 믿음에 부합하게 해결되었고, 주 지부 지도자들은 안도의 한숨을 내쉬었다. 하지만, 문제 해결의 기쁨도 잠시 이들은 15억 루삐아라는 빚을 갚아야 하는 현실에 직면해야 했다. 빚을 갚지 못하면 다음 임기 지도자위원회에 이 부채가 넘어가기 때문에 이들이 느낀 중압감은 컸다. "가만히 있다 보면 15억 루삐아라는 돈이 떠올라 죽을 지경인 거야"라고 주 지부 재정을 담당하던 지도자는 당시를 회상했다.

빚에 대한 부담감이 있었지만 그렇다고 해서 주 지부 활동가들이 다른 활동 경비를 줄이거나 사업을 축소하지는 않았다. 여기에는 자신들의 활동이 무함마디야를 위한 순수한 의도에 기초하고 있다는 생각, 다른 식으로 표현하면 이슬람을 위한 일이라는 신념이 강하게 작용했다. 임기 내에 채무를 청산하지 못하더라고 이 빚이 이슬람을 위해 활동하는 과정의 결과임에 공감하고 이를 갚을 수 있으리라는 희망과 신념을 가진 누군가에 의해 해결될 것이라고 믿었다. 한 주 지부 지도자는 "문제가 있을 때 조금 더 기다리고 있으면, 누군가 이를 마저 해결하게 된다. 결국 한번 시작한 일은 언젠가 누군가에 의해서든지 끝을 보게 된다"고 주장하며 희망을 잃지 않으려 했다.

주 지부 지도자들의 간절한 소망은 얼마 지나지 않아 실현되었다. 2010년 족자에서 개최된 100주년 기념 총회를 주관하는 과정에서 빚을 갚을 정도의 기부금을 받을 수 있었기 때문이다. 한 지도자는 "정말 하늘을 날아가는 기분이었다"라고 당시를 회고하면서, "의지가 있으면 길이 있고" 이것이 "알라의 뜻"이라고 설명했다.

무계획적이고 비체계적으로 이루어지는 아말 우사하 설립은 무함마디야에서 강조하는 자발성, 진정성, 순수한 의지에 기반을 두고 있다. 이런 특징이 가진 장점 중 하나는 설립 과정을 통해 무함마디야의 네트워크가 효과적으로 이용될 수 있다는 점이다. 방송사 설립 과정에서 주 지부는 무함마디야 대학, 중앙 본부와 하위 지부, 무함마디야 활동가와 지지자에게 도움을 청했는데, 공익을 위한 활동이라는 이유로 호응을 이끌어낼 수 있었다. 같은 이유로 인해 활동가들 역시 기부금을 구하려는 노력을 거리낌 없이 행할 수 있었다. 한 주 지부 지도자는 자신의 상황을 아래와 같이 설명했다.

> 개인적으로 돈을 빌리거나 무언가를 요청한다고 해보자. 창피하기도 하고, 조심스럽기도 하고, 내가 약한 입장에 있으니 눈치도 봐야 한다. 그런데, 아말 우사하를 위해 사람을 만나면 태도가 달라진다. "이 제안을 받아들이지 않으면 알라로부터 공덕을 받을 수 없어"라고 확신하기에 용감하게 말할 수 있게 된다.

아말 우사하는 단순히 시설을 건립하고 운영하는 일로 환원될 수 없다. 이를 위해 노력하는 과정을 통해 무함마디야 활동가들은 다양한 변화를 경험하며, 자신의 활동에 종교적 인 의미를 부여하게 된다. 아말 우사하가 활동가들에게 가져다줄 수 있는 의미를 아래 절에서 보다 자세히 검토할 것이다.

#### 아말 우사하의 의미

2015년 무함마디야의 아말 우사하는 2만 2,559개에 달했다. 이 중 유치원이 가장 많은 1만 4,346개였으며, 초중고등학교와 대학교가 5,883개, 의료 복지 기관이 1,146개, 경제 관련 기관이 1,224개였다. 같은 해 무함마디야의 면 지부는 1만 3,570개, 군 지부는 3,566개, 도 지부는 468개, 주 지부는 33개였다. 지부의 수를 모두 합하면 1만 7,638개로 하위 지부보다 아말 우사하의 수가 많았다. 이는 무함마디야 활동가 대다수가 아말 우사하의 설립이나 운영에 간여하고 있음을 시사한다.

아말 우사하 설립이 단체 활동에 미친 영향을 군 지부 활동가는 아말 우사하 설립 전후를 비교하면서 아래와 같이 설명했다.

> 나는 군 지부에서만 활동했다. 군 지부 프로그램은 많지 않아서 종교 강연회에 참석하는 정도가 전부였다고 할 수 있다. 결과적으로 (내 참여 정도는) '열심히 활동하지 않음'이었다. 그런데 어느 날 군 지부 회의에서 아말 우사하를 설립하기로 결정했다, 마드라사madrasah, 종교를 가르치는 소규모 학교를 짓기로 했다. […] 나뿐만 아니라 열심히 활동하지 않던 지부 활동가들이 놀라울 정도로 변했다. 여기저기를 돌아다니며 열심히 기부금을 모았다. […] 기부금을 가지고 건축을 시작했는데, 나무가 모자랐다. 군 지부 활동가들이 모여 대책을 논의하던 중, 누군가 야자수 한 그루씩을 얻어오자고 제안했다. 부담이 될 수 있었지만, 아무도 반대하지 않았고, 정말로 한 달여가 지나자 모두 나무를 가져왔다. 한 그루가 아니라 몇 그루를 얻어온 경우도 있었다. […] 이렇게 희생하지 않으면 학교를 세울 수 없다는 심정에 모두가 최선을 다했다.

아말 우사하의 설립과 운영 중 활동가들에게 명확하게 각인된 과정은 전자이다. 무에서 유를 창조하는 설립 과정이 더 많은 자발성과 노력, 희생을 필요로 하기 때문이다. 중학교 설립을 주도한 면 지부 활동가의 사례는 아말 우사하의 의미를 이해하기에 유용한 자료를 제공해 준다.

면 지부 지도위 위원인 60대 기란Giran은 지부 활동 경력이 30년 이상으로 지부의 역사와 함께 했다고 해도 과언이 아니다. 면 지부 활동 중 가장 인상 깊은 사건에 대해 묻자 그는 망설임 없이 중학교 건립을 지적했다.

그가 사는 면에 중학교가 세워지기 전인 1980년대 중반까지 학생들은 3~4킬로미터 떨어진 옆 마을의 중학교에 가거나 도시의 학교로 진학해야 했다. 이로 인해 경제적 상태가 좋지 않은 가정의 아이들은 진학을 포기했다.

학교를 세우겠다는 소망은 오래 전부터 공유되었지만 이를 실현하려는 시도는 구체화되지 못했다. 쉽게 엄두를 낼 만한 일이 아니었기 때문이다. 그러던 중 한 마을 주민이 무함마디야에 토지를 기부하겠다는 의사를 전했다. 500제곱미터 정도로 학교 부지로는 부족했지만 이를 알라의 선물이라 생각한 면 지부 활동가들은 학교 설립을 결행했다.

결정을 내렸을 때 이들은 토지 외에 아무것도 가지고 있지 않았다. 이에 매주 개최하는 면 지부 종교 강연회에서 기부금을 받아 건축자금을 모았는데, 1년 만에 100만 루삐아 정도가 모였다. 학교를 짓기에는 턱없이 부족했지만, 기부금이 더 많이 모이길 기다릴 수 없던 활동가들이 건립을 시작했다. 건물 신축을 공식화하는 대규모 종교 강연회를 개최했고, 100만 루삐아 정도를 추가적으로 기부받을 수 있었다.

건축이 시작되자 이들이 예상하지 못한, 기란의 표현에 따르면 '알라의 축복'이 이어졌다. 기부금으로 자재 일부를 구입하고 면 지부 활동가가 주축이 되어 건축을 시작했는데, 이 사실이 알려지자 평소 무함마디야 활동에 참가하지 않던 주민들이 건축일을 도우러 왔다. 이뿐만이 아니었다. 일하는 사람을 위해 누군가가 식사를 가져왔다. 그가 경험한 가장 신비한 일은 건축자재 공급이 끊이지 않았다는 점이다. 시멘트를 다 써서 걱정하고 있으면 누군가 시멘트를 기증했고 모래가 없을 때면 누군가 모래를 가져다주었다. 밤이 지나 아침에 건축 현장에 왔을 때 전날 보지 못한 건축자재가 쌓여 있는 경우를 셀 수 없을 정도로 경험했다.

건축 과정은 '알라의 축복'으로 인해 순조롭게 진행되었고 일 년여의 작업 끝에 건물 골조를 완성할 수 있었다. 비를 겨우 피할 정도의 조그만 건물이었고, 미장과 타일 작업이 이루어지지 않아 흙바닥과 벽돌 자국이 드러났지만 이들은 이를 중학교 시작을 위한 최소 조건이라 생각했다.

중학교를 세우면서 기란은 무함마디야 활동가로서의 자신의 활동이 헛된 일이 아니었음을 깨달았다. 종교 강연회를 알리고 주민을 초대했지만 큰 호응을 받은 적이 없었고, 금식월 후 공동예배 참여를 독려했지만 찾아오는 사람이 많지 않았다. 이를 경험하면서 그는 자신의 활동이 주민에 의해 받아들여지지 않음을 느꼈다. 좌절과 절망으로 인해 때로 무함마디야 활동에 대해 회의하기도 했고, 계속해서 새롭게 다짐해야 했다. 하지만 학교를 건축하면서 얻은 주변의 도움은 자신의 활동이 어떤 결과도 가져오지 못한 헛된 일이 아니었음을 느끼게 했다. 자신의 활동이 주민에 의해, 나아가 알라에 의해 인정받게 되었음을 실감하게 되었다고 그는 몇 차례나 강조했다.

학교 신축이 가장 기억에 남는 경험이었지만, 학교 운영 역시 그에 상응하는 노력과 의지를 요구했다. 그는 이를 아래와 같이 기억했다.

> 학교는 만들었는데 학생이 올지 알 수 없었다. [...] 그래서 초등학교 졸업생을 둔 집을 돌아다니며 입학을 권유했는데, 경제적 여력이 있는 집에서야 건물도 변변하지 않은 신설 학교에 학생을 보내려 하지 않았고, 경제적으로 힘든 집이야 어차피 학생을 보낼 생각이 없었다. [...] 그래서 처음에는 등록금, 수업료를 받을 엄두도 낼 수 없었다, 그냥 와주기만 해도 고마웠다.

학교 운영의 어려움은 학생 모집에만 국한되지 않았다. 선생을 고용할 재정적 기반이 없었기에 급료 없이 일해 줄 봉사자를 찾아야 했다. 학교 선생이던 면 지부 활동가들이 돌아가며 수업을 하기도 했고 다른 무함마디야 학교 선생의 도움을 받기도 했다. 학교 시설 역시 문제였다. 신축한 건물이 교무실과 교실 두 개로 구성되었기에 신입생 학년이 올라가면서 새로운 공간이 필요했다. 이를 위해서는 추가로 토지가 필요했다.

기란은 학교 설립 전후 십여 년의 기간을 자신과 면 지부 활동가들이 학교를 살리기 위해 정신없이 보냈던 시간으로 회상했다. 학교 재정을 위해 기부금을 모아야 했고, 선생님을 여기저기 돌아다니며 찾아야 했고, 시설을 확충해야 했다. 그는 자기 스스로도 어떻게 학교가 유지될 수 있었는지 알 수 없다고 말했다. 이런 노력을 통해 학교의 기반이 조금씩 갖추어지고 입학생 수가 안정화되었으며, 결국 정부의 보조금을 받을 수 있게 되었다.

기란의 사례가 예시하듯 아말 우사하는 활동가의 헌신적 노력을 통해 설립, 운영되었다. 이들에게 있어 아말 우사하는 무함마디야 일원으로서의 존재감과 가치를 일깨워주는 경험이었다. 이들은 보이지 않는 도움의 손길이 주변에 존재하고 있음을 실감했고 이를 통해 무함마디야 활동을 계속할 이유를 확인했다. 나아가 이들은 알라의 축복을 원초적으로 경험했다. 무에서 유를 창조하는 기회를 제공한 아말 우사하는 일상을 뛰어 넘는 특별한 종교적 경험을 가능케 한 계기가 되었다.

아말 우사하의 특별함으로 인해 무함마디야 활동가들은 자신들이 설립과 운영에 간여한 기관과 강한 정서적, 감정적 유대감을 형성했다. 이는 무함마디야와의 연대감을 강화할 뿐만 아니라 무함마디야 활동가로서의 자부심과 의무감을 가져다주었다. 이런 점에서 아말 우사하는 종교 강연, 공동 예배와 같은 일상적 활동을 뛰어넘어 단체와의 일체감을 형성해주고 단체 활동에서 감동과 즐거움, 만족을 가져다주는 경험이었다. 아말 우사하는 무함마디야 활동가의 노력과 희생, 자발성과 헌신, 종교적 믿음, 알라에 대한 복종 등을 표현하는 구체적인 상징물이었다.

### 조직 확대와 아말 우사하의 다변화: 롤모델의 다양화

아말 우사하의 설립과 지속에는 활동가의 자발성, 주도적 노력, 공익 추구, 희생 등이 중요한 역할을 했다. 단체 설립 초기, 중앙 본부는 아말 우사하를 설립할 동기를 제공하기 위해 다양한 노력을 경주했다. 재정적, 인적 지원이 가능하지 않은 상황에서 중앙 본부가 선택한 방식 중 하나는 롤모델 제공이었다. 새로운 학교, 병원, 사회시설의 설립과 운영을 지부에 선전함으로써 중앙의 모델을 모방하도록 독려했다.

1930년대 이후 총회가 지부에서 열리기 시작하자 정보유통 방식에 변화가 발생했다. 지부 대표가 다른 지부를 방문할 기회를 얻음으로써 정보가 지부와 지부 사이에서 유통되었다. 미디어 발달이 이루어지기 이전에도 지부는 서로에게 롤모델을 제공하면서 새로운 아말 우사하 설립을 뒷받침했다.

아말 우사하의 설립은 활동가의 노력과 희생을 요구하지만 그에 비례하여 성취감과 귀속감을 가져다주었다. 이로 인해 하위 지부는 하나의 아말 우사하를 건립한 후 다른 것을 추가하고자 노력했다. 지부의 끊임없는 시도를 보여줄 사례 중 하나가 스라겐Sragen도 그몰롱Gemolong 군 지부이다. 1950년에 활동을 개시한 이 지부는 설립 13년이 지난 후 첫 학교를 건립했다. 이후 아말 우사하 설립은 표 19와 같이 진행되었다.

**표 19 무함마디야 군 지부의 아말 우사하 건립 역사**

| 연도 | | 아말 우사하 |
|---|---|---|
| 1963 | 중학교 | SMP Muhammadiyah 9 |
| 1976 | 종교학교 | MTS Muhammadiyah |
| 1978 | 일반고등학교 | SMA Muhammadiyah 2 |
| 1990 | 직업고등학교 | SMK Muhammadiyah 3 |
| 1999 | 직업고등학교 | SMK Muhammadiyah 6 |
| 2004 | 초등학교 | SD Aisyiyah Unggulan |
| 2008 | 마이크로 파이낸스 | Baitut Tamwil Muhammadiyah |
| 2012 | 중학교 | SMP al Qolam Muhammadiyah Gemolong |
| 2013 | 전문병원 | Klinik Pengobatan |
| 2018 | 슈퍼마켓 | Tokomu |

첫 아말 우사하인 중학교를 세운 후 두번째 아말 우사하인 종교학교를 건립하기까지 비슷한 기간이 소요되었다. 하지만 1990년대에 접어들어 아말 우사하 신설에 요구되는 기간이 짧아졌다. 1990년대에 2곳의 교육기관, 2000년대에 초등학교와 마이크로파이낸스 기관, 2010년대에 3곳의 기관을 설립했다. 이는 꾸준한 아말 우사하 건립을 통해 지부 활동이 활성화되고 내적 역량이 축적됨을 시사한다. 그몰롱 군 지부의 또 다른 특징은 활동 영역의 다변화이다.

2000년대 이전 교육에 집중된 아말 우사하는 이후 경제, 의료 영역으로 확대되있다.

활동 분야의 다변화는 그몰롱 군 지부만의 특성이 아니다. 금융 관련 기관이 이를 예시하는데, 1990년대 초반 시작된 이후 20여 년 동안 그 수가 1,200여 개로 급증했다. 의료 분야 역시 비슷한 경향이 나타나서 2000년대 들어 군 지부나 면 지부에 의한 의료 기관 설립이 시작되었고 소규모 의료 기관이 급증했다.

그몰롱 지부에서는 교육 기관을 대상으로 한 다변화도 이루어졌다. 2000년대 이후에 설립된 학교는 이전 학교와 차이를 보였는데 이는 학교 명칭을 통해 표현되었다. 이전의 이름 짓기 방식은 '무함마디야 학교+번호'로서 'SMP Muhammadiyah 9'가 여기에 해당한다. 반면, 2000년대에 건립된 학교에는 숫자 대신 '우월unggulan', '펜al Qolam, 꾸란 68장 제목'이라는 명칭이 이용되었는데, 이는 이들 기관이 수월성 교육을 목표로 하는 학교임을 표현했다.

지부 간 교류 확대는 아말 우사하 관련 정보의 유통을 가속화했다. 이로 인해 새로운 형식의 아말 우사하가 성공을 거둔 후 급속히 확산되는 양상이 나타났다. 이를 보여줄 사례는 2000년대 후반 족자 쁘람바난Prambanan 군 지부에서 시도된 기숙형 교육기관이다. '무함마디야 보딩스쿨Muhammadiyah Boarding School, 이하 MBS'이라는 영어 이름을 사용한 이 학교는 엘리트 교육을 지향했다.

기존 학교보다 체계적인 종교 교육을 제공함과 동시에 현대적 변화에 능동적으로 대처할 기숙학교를 세우고 싶었던 세노Seno는 자신의 아이디어를 주변에 알렸다. 그의 계획은 주변 활동가로부터 호의적인 반응을 이끌어냈고 결국 군 지부에 의해 수용되었다. 군 지부는 지부가 운영하던 중학교를 새로운 형식의 학교로 전환하고자 했다. 어렵지 않아 보이던 계획은 중학교 교사 일부가 반대함으로써 난관에 봉착했다.

여기에 굴하지 않고 세노와 군 지부 활동가들은 대안을 모색했고 토지를 빌려 학교를 설립하기로 결정했다. 기부금을 모으려는 시도가 한 동안 이어진 후 학교 착공식을 감행했다. 세 개의 사무실을 갖춘 건물을 완공하고 곧바로 기숙학교를 시작했다. 개교 후 입학생수는 급속히 증가해서 5년여 만에 1,000여 명의 학생을 교육하는 학교로 성장했다.

학교의 급속한 성장을 뒷받침한 요인은 당시 꾸준한 경제성장을 누리던 인도네시아 사회에서 보다 낳은 교육환경을 자녀에게 제공하고자 하는 중산층의 확대였다. 세노는 이를 간파했고, 기존의 종교기관이나 일반 교육기관이 포괄하지 못했던 니치niche를 공략할 수 있었다.

종교를 가르치는 교육기관에는 전통적 방식을 고수하는 빼산뜨렌pesantren이 있었다. 빼산뜨렌식 교육에 현대 교육을 접목한 '현대적 빼산뜨렌' 역시 수십 년 동안 존재했지만, 제한된 학생 수로 인해 극소수만이 입학할 수 있었다. 세노가 계획한 학교는 '현대적 빼산뜨렌'을 지향하되 대중적 성격을 첨가함으로써 엘리트 교육모델을 일반 중산층에게 확산시킨 형태를 취했다.

**그림 47** 무함마디야 보딩스쿨

엘리트 모델을 지향하고 있음을 상징적으로 표현하기 위해 세노는 언어를 이용했다. 그는 새로운 학교의 이름에 영어를 집어넣었다. 또한 학교에서 아랍어와 영어 사용 의무화를 강조했다. 이러한 언어적 차이만으로도 학교의 지향점을 일반에게 쉽게 전달할 수 있었다.

MBS의 급속한 팽창을 가능하게 한 또 다른 요소는 무함마디야 유명 활동가들의 지원이었다. 아민 라이스가 학교 착공식 때 초대되어 연설을 했다. 학교는 무함마디야 중앙 본부, 아이시야 중앙 본부, 족자 주 지부로부터 전폭적인 지지를 받고 있다고 선전했다. 이러한 인적 자원의 동원이 가능한 이유는 이 학교가 족자에 위치했기 때문이었다.

학교의 빠른 성장은 세노를 포함한 활동가 자신들조차 예상하지 못한 현상이었다. 학교 건물이 제대로 세워지지 않은 첫 해에도 수십 명의 학생을 모집할 수 있었고, 이듬해 그 수는 수백 명으로 증가했다. 이러한 증가세가 더욱 놀라운 이유는 MBS의 높은 교육비 때문이었다. 1년 학비가 당시 수백만 루삐아에 달했는데, 기숙학교라는 점을 고려할지라도 다른 교육기관에 비해 월등히 높은 수준이었다.

세노를 놀라게 한 점은 MBS의 성장만이 아니었다. 학교가 설립되고 얼마 되지 않아 무함마디야 지부 활동가들의 방문이 끊임없이 이어졌고 이들에 의해 MBS 모델에 기반을 둔 학교 설립이 결행되었다는 것이다. MBS 모델의 급속한 확산으로 인해 2018년 무함

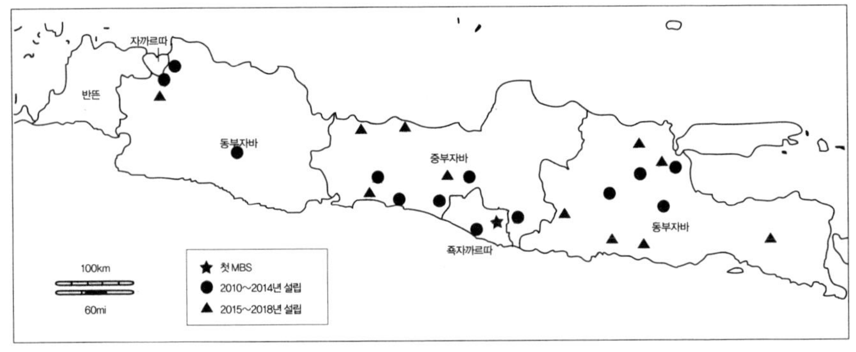


**그림 48 무함마디야 보딩스쿨의 확산**

마디야 교육 관련 회의에서 중앙 본부 활동가는 "인도네시아 전체에 분포된 MBS가 220개에 이른다"고 주장할 수 있었다.[2] 이 수치는 과장된 것처럼 보이지만, MBS모델에 기반을 둔 학교의 확산이 급속히 진행되었음은 확실했다. 그림 48은 웹사이트를 통해 수집된 자바 내 MBS 학교의 소재지이다.

2019년 초 웹사이트를 통해 확인한 MBS는 24곳이었다. 이중 13곳은 2010~14년 사이에, 11곳은 2015~18년 사이에 건립되었다. 매년 3개가 신설될 정도로 MBS가 급속히 팽창할 수 있었던 요인은 지역 상황에 맞는 유연한 설립 방식이었다. 24곳 MBS 중 상당수는 기존의 중고등학교나 빠산뜨렌을 MBS로 전환한 경우였다. MBS 설립 과정에서 새로운 요소가 추가되기도 해서 학교명에 '혁신적 학교', '국제학교'와 같은 표현이 첨가되었다.

MBS의 확산 과정은 아말 우사하에 대한 정보가 하위 지부 사이에서 신속하게 순환되고 있음을 보여준다. 미디어 발전이 이를 뒷받침했지만, 새로운 형식의 아말 우사하를 시도하려는 열망이 중요한 요인으로 작용했다. 아말 우사하가 갖는 특별한 의미로 인해 무함마디야 활동가 사이에서는 새로운 아말 우사하에 대한 욕구가 꾸준히 유지되었고, 이는 새로운 아말 우사하의 확산을 촉진했다.

---

2 BHP UMY(2018)

# 12

# 자율과 분권

중앙 본부와 지부,
지부와 아말 우사하의 관계

## 지부의 자율성: 인사, 운영, 재정적 자율성

무함마디야는 중앙 본부와 네 단계의 하위 지부로 구성되어 있다. 위계화의 측면에 초점 맞춘다면, 정점에 있는 중앙 본부가 절대적인 권위를 가진 것처럼 보일 수 있다. 하지만, 조직 운영은 자율성 원칙에 기초한다. 각 지부는 독립적으로 지도부를 선정하고, 활동계획을 수립, 실행하며, 재정을 책임진다.

중앙 본부 지도자를 총회에서 하위 지부와 자치단체 대표가 선출하는 것처럼, 지부의 지도자 역시 하부 지부와 자치단체 대표자들이 선택한다. 주 지부와 도 지부에서는 중앙 본부와 같은 방식으로 선거가 진행되며, 군 지부와 면 지부는 지역적 전통에 따른다. 하위 지부 구성에 중앙 본부와 상위 지부가 개입할 여지가 없기에 지부 결정에 맞추어 인력이 운용된다.

지부 운영 과정에서 상하위 지부 간 긴밀한 의사소통이 중시된다. 그럼에도 상위 지부가 하위 지부 활동에 직접 간여하는 경우는 거의 없으며, 양자 간의 협의가 중요한 의사소통 방식이다. 관습적인 지부 운영 방식은 1961년 개정 정관에 반영되었다. 지부 총회의 안건은 지부에 일임되며, 상위 지부의 역할은 안건을 제안하는 것으로 규정되었다. 정관에 어긋나지 않는 범위 내에서 지부가 활동 규정을 제정하게 함으로써, 폭넓은 운영상의 자율권이 인정되었다.

재정적으로 볼 때, 지부의 경비는 지부가 부담해야 한다. 단체 전체를 위한 경비를 하위 지부가 함께 부담해야 한다고 규정되었지만, 구체적 부담 방식과 규모가 제시되지 않음으로써 관행에 따라 결정되었다. 중앙 본부나 상위 지부로부터 재정적 요구가 있을 때 하위 지부는 이를 수용할 수도 수용하지 않을 수도 있다.

하위 지부의 인사, 운영, 재정적 자율성 덕분에 각 지부는 독자적 단위로 활동할 수 있었다. 이는 아래로부터의 자발성에 의해 결성된 지부 형성의 역사, 중앙집권적 단체가 아닌 연합체적 단체를 지향한 초기 활동가들의 인식, 하위 지부를 관리·감독할 인적, 조직적, 재정적 수단의 부재, 상위 지부의 통제나 강제가 활동가의 자발성에 미칠 부정적 효과에 대한 우려 등으로 인해 확립되고 유지될 수 있었다.

지부 자율성을 재정적 측면에서 알아보도록 한다. 자족적 재정 운용권이 부여된 배경은 중앙 본부와 상위 지부가 하위 지부에 재정 보조를 제공하지 못했기 때문이다. 지부를 지원할 재원을 마련할 거의 유일한 방식은 조직의 경제적 자원을 중앙집권화하는 것이다. 지부의 자금을 중앙 본부로 모은 후 이를 다시 분배함으로써 지부에 대한 지원이 가능하다. 하지만 지부 활동이 자발적으로 진행되는 상황에서 중앙집권적 재정 운영을 실현하기는 쉽지 않다. 중앙 본부 지도자 파자르Fajar는 무함마디야의 재정 운용 방식을 다음과 같이 설명했다.

질문: 중앙 본부가 지부에 자금을 강제할 수 있습니까?

대답: 가능하지 않다. 우리는 민주적 단체이기 때문이다.

질문: 최고위가 원하는 대로 중앙 본부의 자금을 사용할 수 있습니까?

대답: 그렇지 않다. 협의가 필요하며, 무샤와라를 통해 결정된다.

질문: 최고위가 할 수 있는 일은 무엇입니까?

대답: 탄위르에서 여러 안을 제시하는 것이다. [...] "여러분, 여기 세 개의 안이 있습니다. 각각의 장단점은 이렇습니다"라고 이야기한 후 논의를 진행한다. [...] 이런 과정을 통해 일치된 결정이 도출되면, 여기에 맞추어 자금을 모으고 사용한다.

중앙 본부가 원하는 대로 자금을 모으고 사용할 수 없음을 지적한 파자르는 이 방식을 매우 훌륭하다고 평가했다. 아무도 마음대로 단체의 자금을 쓸 수 없고, 사소한 지출이라도 논의의 대상이 되어야 하기 때문이다.

무함마디야 활동가들은, 자금 모집과 사용이 협의에 기초하기 때문에 중앙 본부에 쌓여 있는 경제적 자원이 극히 제한적이라고 지적했다. 하지만, 그렇다고 해서 필요한 활동을 재정적으로 뒷받침하지 못할 상황은 아니라고도 말했다. "가진 돈은 없지만 활동에 필요한 돈은 있다"라는 말이 모순적이지 않음을 중앙 본부 활동가 피르마Firma는 아래와 같이 설명했다.

중앙 본부에는 돈이 모여 있지 않다. 하지만 필요하다면 돈을 모을 방법은 얼마든지 있다. 예를 들어 행사 하나를 치른다고 하자. 어떤 사람은 기념품을, 어떤 사람은 음료를, 어떤 사람은 필기용품을, 어떤 사람은 공책을, 어떤 사람은 장소를, 어떤 사람은 호텔을 제공한다. 이는 하나의 행사를 여러 사람이 서로 도와 같이 행하는 것과 같다. 다른 예를 들어보면, 집을 짓는다고 할 때 A는 기둥을, B는 타일을, C는 벽면을, D는 지붕을 기부하는 것과 같다. 그래서 가진 돈이 없어도 계획을 세우고 실행하면 얼마든지 할 수 있다.

피르마는 중앙 본부의 사업이 협력 모델을 통해 진행된다고 설명했다. 이런 방식을 적용하게 되면 재정 부담으로 인해 실행하지 못할 일이 없어 보이지만, 여기에는 중요한 전제가 깔려 있다. 이 모델이 제도적으로 뒷받침되지 않고 자발성에 근거한다는 점이다. 피르마의 비유를 이용하면, 타일 기부를 약속한 B가 의사를 철회하면, 또 다른 누군가의 도움을 구해야 한다는 것이다. 이는 협의의 중요성을 다시 한 번 부각한다. 무함마디야 활동가의 공감대를 이끌어낼 수 없다면 중앙 본부는 독자적으로 사업을 펼칠 재원을 가지고 있지 않았다.

족자 주 지부 지도자는 이러한 협력 모델이 중앙 본부의 활동에 미치는 제약을 지적했다. 중앙 본부가 뚜렷한 목적을 제시하지 않으면 자금을 모으기가 쉽지 않다는 것이다. 구체적인 목표가 있어야 하위 지부나 아말 우사하와 협의하고 이들을 설득할 수 있기 때문이다. "그냥 달라고 하면 아무도 주지 않기에 명확한 아젠다를 제시한 후 도움을 요청해야 한다"고 그는 설명했다.

중앙 본부와 상위 지부가 재정적 요구가 아닌 요청을 해야 하는 이유는 하위 지부 운영의 자율성 때문이다. 중앙 본부가 지부 설립과 운영에 재정적 도움을 주지 않은 상황에서 자금을 요구하는 일이 적절치 않다는 것이다. 몇몇 활동가들은 여기에 중앙 본부의 비대화를 경계하는 의도가 내재하고 있음을 지적했다. 즉, 중앙 본부의 경제적 자원 독점을 막으려 했다는 것이다. 독점이 단체의 부를 사익 추구 대상으로 전락시킬 가능성이 있음을 지적한 중앙 본부 지도자는 그에 대한 경계심을 아래와 같이 표현했다.

> 예전에 강연회에서 (중앙 본부 최고위 위원인) 다미미Damimy 씨가 이해하기 힘든 말을 한 적이 있었다. "기도합시다, 무함마디야 회원이 부유하게 되고 번창하기를, 하지만 무함마디야가 부유하고 번창하게 되기를 기도해서는 안됩니다." 이 말이 무엇을 뜻하는지 알 수 없어서 그에게 질문하자 그가 답변했다. "무함마디야 회원이 기업인, 은행인, 사업주, 고위 관료가 되면 이들은 자신의 부의 일부를 무함마디야 지갑에 넣어줄 것입니다. 이를 바탕으로 활동할 수 있고 부패에서 자유로울 수 있습니다. 무함마디야가 스스로 부유하게 되면 [...] 무함마디야는 부패에 취약하게 될 텐데, 이는 아주 자연스러운 (인간 본성의) 결과입니다."

경제적 자원의 집중이 야기할 부작용에 대한 인식은 중앙 본부의 재정적 영향력 확대를 억제하고 지부의 재정적 자율성을 유지하도록 만들었다. 이로 인해 중앙 본부와 상위 지부는 협의를 통해서만 필요한 자원을 하위 지부로부터 동원할 수 있었다.

조직 전체로 볼 때, 지부의 재정적 자율성은 몇몇 문제를 야기했다. 무엇보다 자원을 효율적으로 이용하고 통일된 행보를 취하기가 어려웠다. 특정 지부의 역량을 뛰어넘는 활동을 펼치기에도 어려움이 있었다. 아래 중앙 본부 지도자 아셉Asep의 지적처럼, 하위 지부와 아말 우사하 사이의 격차 해소 역시 쉽지 않았다.

> 중앙 본부로의 재정일원화가 더욱 효과적이고 효율적인 운영을 가능하게 할 수 있다. [...] 하위 조직과 아말 우사하는 동일한 수입 규모를 가지고 있지 않다. 재정 집중화가 이루어지면 이들을 대상으로 한 효율적인 보조금 배분이 가능하다. 어떤 지부가 활동하기 힘든 곳에 있다면 보조금을 통해 그 성장을 도울 수 있다.

재정적으로 안정된 곳과 그렇지 않은 곳이 공존하는 상황에서 자족적 체계만으로는 격차 해소가 가능하지 않다는 공감대가 형성되었다고 아셉은 지적했다. 이에 도 지부를 대상으로 재정집중화가 시도된 적이 있었다고 했다. 도에 소속된 아말 우사하의 자금 모두를 도 지부로 집중한 후 도 지부가 이를 관리, 배분하는 방식이 그것이다.

하지만 이 방식은 얼마 지나지 않아 폐지되었다. 도 지부가 대규모 자금을 운용할 능력을 갖추고 있지 않았고, 재정 분배와 관련된 합의를 끌어내기가 어려웠으며, 하위 지부의 자발성을 훼손하는 결과를 초래했기 때문이다. 이에 전체 시스템을 변화하기보다는 격차 해소 기금을 모으는 정도로 정책이 수정되었다.

자율적 지부 운영 전통은 무함마디야 설립 초기부터 현재까지 큰 변화 없이 유지되었다. 이로 인해 재정 관련 상황이 예시하듯 중앙 본부를 포함한 상위 지부로의 자원 집중이 저지되었고, 이는 상하위 지부가 위계적인 관계에 놓일 가능성을 축소했다. 상하위 지부 사이에 설득과 협의가 작동해야 하는 환경이 조성됨으로써 민주적 운영 기반 역시 공고화될 수 있었다.

아래 절에서는 중앙과 지부 사이의 수평적 관계가 유지되는 배경을 다각도로 살펴볼 것이다. 이에 앞서 중앙집권적 운영을 강화하려는 시도가 어떻게 전개되었고 어떤 결과를 가져왔는지 먼저 검토할 것이다.

### 중앙과 지부의 관계: 중앙집권화를 위한 시도

조직 구조가 체계화되고, 상하위 지부 간 의사소통이 원활하게 진행되자 중앙 본부를 중심으로 중앙집권적 운영체계를 구축하려는 시도가 간헐적으로 진행되었다. 중앙 본부가 지향한 모델은 행정기관으로서, 상하 기관 사이에 명확한 전달과 실행 구조를 갖추는 것이었다. 이러한 의도는 정관에도 일부 반영되어서 상하위 지부의 관계가 보다 위계적으로 정의되었다.

1961년 정관과 마찬가지로 2005년 개정 정관은 지부의 자율적인 인적 구성 권한을 인정했다. 반면, 지부가 활동을 계획하고 수행할 권한은 일부 축소되었다. 1961년 정관에는 지부 활동에 있어 상위 지부의 허가가 요구되지 않았던 반면 2005년 규정은 상위 지부의 역할을 보다 구체화했다. "상위 지부 결정에 대해 하위 지부가 문제를 제기하지 않을 때 그 효력이 발생한다"라는 문구가 삽입됨으로써, 상위 지부의 결정이 하위 지부에 적용됨을 명확하게 했다.

재정 자립 관련 조항은 2005년 정관에서 삭제되었고 그 대신 "무함마디야의 모든 부와 돈은 [...] 법적으로 중앙 본부의 소유이다"라는 구절이 삽입되었다. 이 규정은 지부에 대한 중앙 본부의 재정적 통제권을 강화하려는 목적을 지녔지만, 지부에 대한 중앙 본부의 책임이 규정되지 않음으로써 지부의 재정적 자율성이 유지되었다고도 평가할 수 있다. 그럼에도 이 변화는 지부의 재정에 대한 중앙 본부의 권한을 원론적으로나마 인정하는 효과를 지녔다.[1]

하위 지부에 대한 상위 지부의 권한이 규정상 강화되었지만 이것이 현실에서 적용될 수 있을지는 회의적이다. 무엇보다, 무함마디야의 활동이 이루어지는 조건이 크게 변하지 않았기 때문이다. 활동가의 자발성에 기초하여 조직 활동이 전개되는 전통은 변함없이 유지되어 왔다.

---

1 Muhammadiyah(2009)

### 중앙집권화의 억제: 제재 수단의 부재

중앙 본부의 권한이 강화되기 힘든 원인 중 하나는 지부나 회원에 대한 제재 수단이 부재하다는 점이다. 정관에 회원의 제재와 관련된 조항이 존재하지만 사문화되어서 이를 공식적으로 적용하는 경우는 거의 없다.

무함마디야 활동가들은 공식적 제재나 징계를 경험한 적이 없다고 기억했다. 가장 큰 이유는 징계를 받은 사람이 무함마디야의 적으로 돌변하여 오히려 더 큰 위협이 될 수 있기 때문이라는 것이다. 따라서 무함마디야에 부정적 영향을 미친 활동가를 적대시하거나 제재하기보다는 무대응으로 일관함으로써 자연스럽게 무함마디야에서 멀어지도록 하는 방식이 최선이라 여겨졌다. 징계에 관한 질문에 대해 묻자 무함마디야에서 60년 이상 활동한 중앙 본부 활동가는 아래와 같이 대답했다.

> 하위 지부를 징계한 적은 없다. 하지만 회원 자격을 정지한 경우는 있었다. 문제가 된 활동가는 자까르따 지부에 속했는데, 중앙 본부의 명령에 부합하지 않는 행위를 계속했다. 중앙 본부는 먼저 경고를 보냈다. 하지만 그가 자기 입장을 고수했기에 회원 자격을 정지했다. 이후 중앙 본부는 총회에서 이 과정 대해 설명하고 대의원들의 신임을 묻는 절차를 진행해야 했다. 이것이 내가 기억하는 유일한 사례로서 무함마디야에서 제재를 가하는 경우는 거의 없다.

그가 거론한 경우와 비슷한 상황이 2000년대 후반 발생했다. 명망 있는 활동가로 중앙 본부 지도사를 역임한 다왐 라하르조Dawam Raharjo가 이단으로 취급받는 이슬람 단체를 지지하는 의견을 공개적으로 표명했다. 이에 대해 강한 비판이 제기되었고, 일부 활동가는 그를 무함마디야에서 제명해야 한다고 주장했다. 고조된 비판에도 중앙 본부가 공식적 행보를 취하지 않고 있던 중 흥미로운 상황이 전개되었다. 다왐 자신이 무함마디야를 탈퇴한다고 선언했기 때문이다. 하지만 그의 탈퇴가 조직의 공식적 결정이 아니었기에 탈퇴 선언 이후에도 그는 무함마디야에서 계속 활동했고, 이에 대한 비판이 제기되지는 않았다.

다왐의 사례는 비공식적 제재나 갈등해결 방식에 대한 선호를 보여주었다. 극단적 결정을 고민하기보다는 문제를 부드럽게 회피하는 방식을 활동가들이 지지하는 것이다. 이런 태도가 유지된 이유 중 하나는 중앙 본부가 제재나 징계를 쉽게 결정할 수 없다는 점이다. 다왐을 예로 들면, 그에 대한 비판이 비등했지만 그를 지지하는 활동가 역시 상당수 존재했다. 이러한 상황에서 제재에 대한 합의를 끌어내기는 쉽지 않았고, 이를 시도할 경우 활동가들 사이의 분열을 가져올 개연성이 높았다. 따라서 최선의 방법은 중앙 본부 지도자의 말처럼 "상황을 그냥 놔두는 것이다."

중앙 본부 최고위가 제재에 합의하더라도 활동가 사이에 공감대가 형성되지 않는다면 그것이 효과적으로 집행될 수 없었다. 여기에 더해, 제재 대상에게 상황을 회피할 방법이 주어져 있다는 점 역시 고려되어야 한다. 제재는 아니지만, 중앙 본부의 압력을 어떻게 피할 수 있을지를 주 지부 지도자 리즈키Rizki는 자신의 경험을 통해 설명했다.

> 내가 청년 자치단체에서 활동할 때 일이다. 중앙 본부가 부당한 요구를 했고, 우리의 항의에도 불구하고 같은 요구가 이어졌다. 결국 우리가 모여 회의를 했고, 중앙 본부와의 관계를 끊어버리기로 결론 내렸다. 중앙 본부가 우리와 맞지 않다고 생각한 것이다. 우리는 관계를 완전히 끊어버렸다. 하지만 어떤 문제도 생기지 않았다. 우리는 우리 식으로 계속 활동했지만, 어떤 어려움도 발생하지 않았다. 몇 년이 지나고 나서 중앙 본부와의 관계가 회복되었다.

리즈키는 중앙 본부와의 관계 단절이 어떤 문제도 야기하지 않았음을 몇 차례나 강조했다. 중앙 본부로부터 정기적 보조금을 받지 않았기에 재정적 어려움이 가중되지 않았다. 대규모 활동을 할 때 보통 무함마디야 관련 조직이나 기관, 활동가로부터 기부를 받는데, 이 역시 이전과 같이 중앙 본부의 도움 없이 진행했다. 또한 자신들의 입장에 공감하는 활동가가 있었기에, 무함마디야 내에서도 고립되지 않았다. 중앙 본부와의 관계 단절이 어떤 영향도 미치지 않았음을 지적한 후, 그는 무함마디야 활동가들이 자주 이용하는 격언으로 말을 끝맺었다. "중앙 본부 없이도 무함마디야의 활동은 진행된다."

청년 자치단체의 사례는 자신들의 결정에 반하는 개인이나 집단을 제재한 뚜렷한 수단을 중앙 본부가 가지고 있지 않음을 보여준다. 자율성과 자발성을 기반으로 활동이 진행되는 상황에서 설득이 아닌 강제가 공감대를 형성하기에는 한계가 있다. 이와 동일한 상황이 중앙 본부와 하위 지부 사이에서 전개될 수 있다. 중앙 본부의 요구가 설득 없이는 하위 지부에 관철될 수 없는 이유를 중앙 본부 지도자 헨드라Hendra는 아래와 같이 설명했다.

> 예전에 한 지역의 대학 총장을 둘러싸고 문제가 생긴 적이 있었다. 이미 두 차례 임기를 끝냈기에 현 총장이 연임을 할 수 없었지만, 지역의 도 지부가 그를 강하게 지지했다. 규정에 어긋남을 몇 차례 강조하면서 중앙 본부는 새로운 총장 선임을 요구했지만 [...] 어떻게 할 수 없었다. 이들이 필요한 경비를 스스로 조달하고 학생을 스스로 찾았으며, 중앙 본부가 어떤 도움을 준 적이 없었기 때문이다. 이전까지 중앙 본부가 한 일이라고는 이 학교가 무함마디야 소속이라는 정당성을 제공하는 것 정도였다. [...] 규정에 어긋났지만 도 지부는 여전히 그가 필요하다고 여겼고, 중앙 본부는 여기에 대해 어떤 일도 할 수 없었다.

헨드라는 중앙 본부의 결정이 강제될 수 없는 이유로 자발성과 자족성이라는 조직 운영 원칙을 거론했다. 중앙 본부가 재정적, 인적 도움을 주지 않은 하위 지부에 특정한 요구를 강제하는 행위가 적절하다고 평가될 수 없다는 것이다. 헨드라의 견해는 대다수 활동가에 의해 공유되었다. 이들은 규정의 중요성을 인정했지만 동시에 현실에 맞추어 규정이 적용되어야 함을 주장했다. 무함마디야가 자발성에 기반을 둔 조직이지 효율성을 앞세우는 행정 기관이 아니기 때문이다. 이러한 정서로 인해 중앙집권적인 관리와 감독, 나아가 통제와 제재가 현실에서 작동하기에는 한계가 명확했다.

### 중앙집권화의 억제: 효율적 동원 체계의 부재

형식적으로 중앙집권적 체계를 갖추었음에도 그것의 적용을 가로막는 또 다른 요인은 중앙 본부의 결정을 전달하고 집행할 효율적 구조를 구축하지 못했다는 점이다. 이는 중앙 본부에서 면 지부까지 모든 지부의 활동가들이 자기 직업을 가지고 활동하는 자원봉사자라는 사실과 연결되었다. 조직을 운영할 전문인력이 없어 효율적인 조직 운영을 쉽게 할 수 없었다.

무함마디야에서 사익을 추구해서는 안 된다는 인식은 설립 초기부터 이어져 왔다. "최선의 노력을 다해 무함마디야를 흥하게 하되, 무함마디야에서 생계를 찾으려 하지 마라"라는 다흐란의 가르침은 활동가들 사이에서 자주 회자되는 말로써 전업 활동가를 인정하지 않는 환경을 만들었다. 상대적으로 재정적 여유가 있는 지부에서조차 최소한의 행정 직원만을 고용했고, 중앙 본부와 지부에서 활동하는 활동가들에게는 출장비용과 같은 실경비만이 제공되었다.

무함마디야의 운영을 전담할 인력의 필요성은 오랫동안 제기되어 왔다. 전문성이라는 표현을 통해 인력충원을 요구하는 목소리가 제기되었지만, 자발성과 상충된다는 이유로 인해 활동가에게 보수를 주자는 주장이 받아들여지지 않았다. 여기에는 중앙 본부 지도자의 이야기처럼, 무보수의 힘에 대한 인식 역시 작동했다.

> 외부인에게 믿어지지 않겠지만, (보수를 받지 않는 활동은) 무함마디야의 비밀스러운 힘이다. 예를 들어 내가 무함마디야에서 돈을 받고 활동한다고 하자. 어떤 사람은 부러워하고 어떤 사람은 시기할 것이다. 활동가들이 무함마디야에서 돈을 받아 안락한 삶을 살고 있다는 비판도 제기될 것이다. 하지만, 우리가 무함마디야에서 한 푼의 돈도 받지 않기에 지지자들이 우리에게 동조할 수 있다. 그렇기 때문에 이들은 우리의 말을 들으려 한다.

무보수는 무함마디야 활동가의 활동이 개인적 이익이 아닌 공익을 위한 것임을 보증하는 기능을 했고, 대중에게 어필할 여지를 높였다. 이러한 장점에도, 전업 활동가의 부재는 한 활동가의 말처럼 "회의를 열었지만 오기로 약속한 활동가에게 참여를 독촉할 수 없는" 상황을 결과할 수밖에 없다. 이로 인해 주 지부 활동가의 지적처럼, 시급한 사안에 대한 무함마디야의 대응이 전혀 시급성을 갖지 못했다는 비판이 제기될 수 있었다.

> 시급한 문제에 대해 지지자들은 무함마디야의 입장이 무엇인지 궁금해 한다. 특히 엔우와 같은 단체에서 이미 성명을 발표한 상황이라면. 그런데 무함마디야의 입장은 제때 나온 적이 없다. 중앙 본부 최고위 회의가 일주일에 한 번 있을 뿐으로 그때를 기다려야 한다. [...] 그런데 참석해야 할 위원이 바쁜 일로 오지 못하면 결정은 미뤄지고, 또 미뤄진다.

시급한 사안에 민첩하게 대응할 수 없음은 중앙 본부뿐 아니라 모든 하위 지부에 적용될 수 있다. 중앙 본부를 정점으로 한 다섯 단계의 조직이 효율적 실행을 가로막는 장애로 작용함을 보여주는 사례를 2004년 경험할 수 있었다.

대선 후보인 아민 라이스를 지지하겠다는 중앙 본부의 결정이 기자회견을 통해 발표되었다. 이 소식은 미디어를 통해 확산했고, 활동가 대다수가 곧바로 이를 알게 되었다. 한 달 남짓 지난 후, 면 지부에서 열린 선거 캠페인 회의에 참가했을 때, 아민 라이스 지지를 알리는 중앙 본부의 공문이 면 지부에 전달되었음이 공지되었다. 중앙 본부로부터 10여 킬로미터 떨어진 곳에 있는 면 지부에 문서가 도달하기까지 한 달이 넘게 소요된 것이었다. 그럼에도 면 지부 활동가는 이 공문이 다른 서류와 비교할 때 "놀라울 정도로 매우 빠르게 전달되었다"고 평가했다.

한 달의 기간이 소요된 이유는 풀타임으로 일하는 활동가의 부재였다. 무샤와라를 거쳐야 하기에 신속한 행정 처리가 어려운 점,

체계적인 의사 전달 통로가 구축되지 못한 점 또한 그 원인을 제공했다.

무함마디야 활동가들은 신속하지 못한 의사전달 체계를 잘 알고 있었고, 이를 보통 관료제 때문이라고 비판했다. 중앙 본부로부터 회원에게 무언가가 전달되기 위해서는 네 단계의 하위 지부를 거쳐야 할뿐 아니라 각 지부에서의 처리 기간 역시 오래 걸린다는 것이다. 무함마디야에 관료라 불릴 만한 인력이 존재하지 않음을 고려해보면 이는 '관료 없는 관료제'라는 독특한 조직 상황이 야기한 결과라 할 수 있었다.

관료 없는 관료제는 무함마디야를 하나의 목표에 맞추어 일사불란하게 움직이는 조직으로 만들지 못했다. 중앙 본부의 결정은 하위조직에 신속하게 전달되지 않았고, 이는 중앙집권적 운영을 시행하기 어려운 환경 형성에 일조했다.

### 중앙집권화의 억제: 번역의 문제

중앙집권적 체계가 작동하지 못하고 지부의 자율성과 자치가 강하게 유지되는 또 다른 이유는 하위 지부가 관습적으로 가지고 있다고 거론되는 '번역할 권리', '지역 상황에 맞추어 운영할 권리'이다. 번역할 권리는 앞서 지적한 대로, 중앙 본부가 하위 지부에 인적·물적 자원을 제공하지 않았다는 점, 자발성이 지부 활동의 근간이 된다는 점, 지역적 상황에 따라 지부의 물적·인적 자원에 격차가 존재한다는 점 등이 상호작용한 결과였다.

번역할 권리를 보여줄 사례는 중앙 본부가 한때 야심차게 추진했던 '문화선교' 프로그램이다. 이 프로그램은 1990년대 후반에 제기되었고 지속적인 논의를 거쳐 2005년 공식 프로그램으로 수용되었다. 지역 고유의 전통 문화를 주요 대상으로 설정하고 있다는 점에서 이 프로그램은 초기부터 많은 논란을 불러왔다. 무함마디야가 지향한 이념 중 하나가 비이슬람적 지역 전통의 정화였기에 이를 이슬람 정신에 맞게 변환하여 선교에 이용하자는 주장은 과도하게 혁신적인 것으로서 쉽게 받아들여질 수 없었다.

그럼에도 문화선교 프로그램이 대두된 이유는 무함마디야의 종교적 지향을 다원화할 필요성을 일부 활동가들이 받아들였기 때문이다. 이들이 다른 활동가들을 설득하는 데 성공함으로써 공식 프로그램으로 수용되었지만, 전통 문화에 대한 반감이라는 뿌리 깊은 태도까지 변화시킬 수 있었던 것은 아니다.

문화선교 프로그램의 실행을 요구하는 공문이 족자 주 지부에 전달되었다. 하지만, 주 지부 지도위 회의에서 이 프로그램은 논의되지 않았다. 그 이유를 묻자 지도위 위원들은 이 프로그램이 무엇이고 이를 어떻게 실행해야 할지 모르기 때문이라고 답했다. 공식적 수준의 답변 외에 이들이 프로그램을 논의하지 않는 이유는 그에 대한 거부감이었다. 한 지도자는 "그냥 조용히 있으면 되지"라고 말한 후 동의하지 않는 활동에 대한 대응 방식을 아래와 같이

**그림 49** 2015년 총회 식전 행사에 등장한 전통예술 공연 집단. 문화선교 프로그램에 따라 공식적 행사에 적극적으로 참여할 수 있었다.

설명했다.

> 문화선교와 같이 받아들이기 힘든 프로그램이 있으면 지부에서는 아무 대응도 하지 않는 전략을 취한다. [...] 중앙 본부나 상위 지부에서 이를 제재할 방법은 없다. 특정 프로그램에 대해서만 거부하는 것이고 다른 일상적 활동을 수행하기 때문에, (하위 지부를 움직이기 위해) 상위 지부가 가진 방법은 따로 없다.

중앙 본부의 명령 중 받아들이기 어려운 문제에 대한 대응전략은 회피였다. 지부의 상황을 가장 잘 아는 사람이 지부 활동가이기에 이들에게 번역할 권리가 주어져 있다는 식으로 이 전략은 정당화되었다. 회피 전략과 번역할 권리는 도 지부와 군 지부 활동가에 의해서도 공유되었다. 흥미로운 점은 아래에 제시된 것처럼 중앙 본부 지도자 역시 이를 인정했다는 것이다.

> 무함마디야는 평등한 단체로서, 무함마디야 활동가들은 중앙 본부가 잘못된 결정을 할 수 있다고 생각한다. [...] 그 결과 특정 주 지부나 도 지부에서 중앙 본부의 명령이 적절하지 않다고, 지역적 상황에 부합하지 않다고 생각하면 아무 일도 하지 않고 가만히 있는 식으로 대응한다. 중앙 본부 역시 이러한 객관적 현실을 이해하고 있다. 주 지부나 도 지부에서 중앙 본부의 명령을 정면으로 문제 삼지 않는 한 중앙 본부 역시 이를 문제 삼지 않는다.

중앙 본부와 상위 지부의 결정이나 요구를 하위 지부의 필요와 판단에 따라 무시할 수 있다고 여기는 분위기가 확립되었다. 이처럼 번역할 권리, 회피하거나 무시할 권리가 인정됨으로써 중앙 본부나 상위 지부의 요구가 일사분란하게 시행되는 조직 체계가 구축될 수 없었다.

특정 프로그램의 실행이 하위 지부에 의해 결정되는 상황에서 중앙 본부와 상위 지부가 의존할 수단은 설득과 협의였다. 활동가들의 참여가 자발성에 기반을 둔다는 점, 강압이나 통제에 의한 운영이 불가능하다는 점이 인정되기에 활동가를 움직일 유일한 방법은 회의라고 이야기되었다. 주 지부 지도자는 "무함마디야 활동의 대부분이 회의이고 이는 매우 소모적이지만, 그것 없이는 아무 일도 행할 수 없다"라고 이야기하면서 설득과 공감의 중요성을 지적했다.

중앙집중적 조직구조를 구축했음에도 무함마디야는 일사불란한 운영 체계를 확립하지 못했다. 지부의 자율성은 이를 결과한 핵심 요소였다. 회원이나 지부에 대한 제재가 불가능하다는 점, 전업 활동가가 부재하다는 점, 번역할 권리가 인정된다는 점 등은 중앙 본부의 통제가 작동할 수 없는 환경을 만들었다. 타협과 설득을 통한 공감대의 형성, 다른 식으로 표현하면 설득과 협의를 통한 민주적 의사소통 과정은 상위 지부의 요구가 하위 지부에 의해 수용되고 실행될 수 있는 유일한 수단으로 자리 잡았다.

## 무함마디야와 아말 우사하의 관계: 교육 기관의 사례

아말 우사하는 특정한 목적을 위해 설립된 기관으로 교육, 보건 의료, 복지, 경제 영역에서 주로 활동했다. 같은 목적을 가지고 운영되기에 특정 분야의 아말 우사하를 통합해야 할 필요성이 존재한다. 이를 통해 효율성을 높이고 규모의 경제를 실현하며, 균등한 서비스 제공이 가능하기 때문이다.

이 절에서는 아말 우사하 운영에 있어 자율과 통제가 어떻게 작동하고 있는지를 검토할 것이다. 중앙집권적 체제를 구축하여 아말 우사하를 통합하고자 하는 시도가 어떻게 이루어졌고, 그 운영에 있어 자율성이 어떻게 작동하는가를 알아봄으로써 상하위 지부 사이의 민주적 소통 양식이 지부와 아말 우사하 사이에도 적용될 수 있을지 검토할 것이다. 논의의 대상은 가장 중요한 아말 우사하인 교육 기관으로 제한될 것이며, 다른 기관과 관련된 자료가 일부 이용될 것이다.

교육 기관의 운영을 통합하려는 시도는 1920년대 초에 시작되었다. 학교 운영방식에 대한 정보가 많지 않던 지부의 요청에 대응하여 중앙 본부 교육위원회에서는 커리큘럼, 교재, 수업시간 등을 규정한 교육지침을 만들었다. 지부로부터 많은 문의가 있던 휴일 관련 규정은 아래와 같이 제정되었다.[2]

---

2 SM(1924: 51)

> 무함마디야 학교의 휴일은 아래와 같다: 이슬람력으로 새해 첫날, 무함마드 탄생월 5~13일, [...] 라잡Rajab월 27일, 무함마드의 미라지승천 기념일, 샤반Syaban월 28일부터 샤왈Syawal월 10일까지, [...] 줄히자Zulhijjah월 따시릭Tasyrik 날.

지부의 요구에 따라 제정되었지만, 지침의 수용 여부는 지부와 아말 우사하의 판단에 전적으로 맡겨졌다. 교육기관을 감독할 방법을 중앙 본부가 가지고 있지 않았기 때문이다. 이로 인해 교육지침이 발표되고 20여 년이 흐른 뒤에도 표준화가 이루어지지 못했음을 교육위원회는 아래와 같이 지적했다.[3]

> 각각의 지부가 각자 교육 활동을 하고 있다. 이것이 우리의 행보를 약화시키고 있지 않은가? 이제는 교육 관련 활동을 연합할 시기, 몇몇 분야에서 교육 활동을 통일해야 할 시기이다. [...] 중앙집권화를 통해 무함마디야 교육이 더욱 빨리 진보할 수 있을 것이다.

교육위원회는 무함마디야의 교육 활동을 발전시키기 위해 중앙집권화를 제안했다. 그 의미가 무엇인지는 명확하지 않지만, 몇몇 급진적인 요소를 포함하고 있었다. 교육위원회는 교육 과정뿐만 아니라 재정과 인력 운용에 있어서도 중앙집권화를 계획했다. 학교 간

---

3 Muhammadiyah(1950: 280–283)

교사 이동을 중앙에서 통제하자는 주장, 교사의 자질을 표준화하자는 제안, 교육 기관의 재정 수입과 지출을 중앙에서 관리하자는 주장 등이 포함되었다. 이는 효율적 자원 배분을 가능하게 함으로써 교육 기관의 수준을 전반적으로 향상시킬 것이라 믿어졌다.

교육위원회의 주장은 받아들여지지 않았다. 지부의 자율성을 기반으로 하는 조직 운영 원리에 부합하지 않았기 때문이다. 그럼에도 교육위원회는 중앙집권화 주장을 굽히지 않았고, 이후 이를 더욱 세게 몰아붙였다. 1956년 교육위원회 보고서는 "무함마디야 학교가 규정을 필요로 하지 않을 정도로 제멋대로 운영되고 있다"고 평가했다. 이로 인해 무함마디야 학교에서 선생들이 쿠데타를 일으키기까지 했고, 학교를 되찾기 위해 지부가 경찰의 도움을 요청해야 하는 상황이 발생했다고 주장했다. 이러한 문제의식 하에 교육위원회는 교육규정 제정 작업에 박차를 가했고, 하위 지부를 통해 이를 강제하려고 시도했다.[4]

### 무함마디야와 아말 우사하의 관계: 자율과 통제 사이

교육위원회의 노력이 계속됨에 따라, 커리큘럼과 교재에 있어 통일성의 정도가 높아졌다. 교육위가 강조한 교육 인력 충원 역시 상당

---

4 Muhammadiyah(1956a: 4)

수 지역에서 통일된 방식으로 진행되었다. 1980년대 이후 초중고등학교에 이어 고등교육기관 설립이 급증하는 상황에서 교육 관련 아말 우사하, 지부, 중앙 본부의 관계는 아래와 같이 정리되었다.

5단계로 구성된 무함마디야 지부가 5단계 교육기관의 관리감독 주체로 설정되었다. 중앙 본부와 산하 교육위원회가 고등교육기관을, 주 지부와 산하 교육위원회가 고등학교 수준의 기관을, 도 지부와 산하 교육위원회가 중학교 수준의 기관을, 군 지부와 산하 교육위원회가 초등학교 수준의 기관을, 면 지부와 산하 교육위원회가 유치원 수준의 기관을 관리감독하도록 규정되었다. 이를 바탕으로 학교운영에 대한 규정이 제도화되고, 지부의 역할 역시 구체화되었다. 예를 들어 교장 선임 과정을 보면 표 20과 같은 방식으로 진행되도록 규정되었다.

**표 20 교장 임명과 해촉에 대한 일반 규정**

| | 제안 | 동의 | 결정 |
|---|---|---|---|
| 초등학교 | 군 지부 교육위원회 | 군 지부 | 도 지부 |
| 중학교 | 도 지부 교육위원회 | – | 도 지부 |
| 고등학교 | 주 지부 교육위원회 | – | 주 지부 |

중고등학교 교장 임명 과정을 보면, 제안은 교육위원회에서, 결정은 도 지부와 주 지부에서 하도록 규정되었다. 초등학교의 경우에는 차이가 나타나서, 군 지부가 아닌 도 지부에 결정 권한이 부여되었

다. 대신 군 지부에는 동의의 역할이 부여되어 교장 임용에 간여할 권리를 인정받았다.

중고등학교와 초등학교 교장 선임 절차의 차이를 설명하면서 중앙 본부 교육위원회 위원은 전문성을 지적했다. 군 지부의 경우 활동가 숫자가 많지 않기에 인사 문제를 처리할 역량이 부족하다는 것이다. 작은 인적 규모가 전문성과 연결된 것만은 아니었다. 활동가가 많지 않기에 개인적 관계가 개입할 여지가 많고 이는 인사의 공정성을 훼손할 개연성을 높인다고 이야기되었다.

교장 선임 절차의 차이는 지부의 자율성과 중앙집권적 운영의 필요성 사이에서 타협한 결과였다. 중앙 본부 입장에서 보면 전문성을 갖춘 활동가로 구성된 도 지부 교육위원회의 관리가 이상적이었지만, 하위 지부의 참여를 배제할 수 없었다.

교장 임명 방식은 중앙집권화를 위한 노력이 소기의 성과를 가져왔음을 보여주었다. 중앙 본부가 권한을 독점하는 체계는 아니지만, 조직 수준에 부합하는 권한을 나누어줌으로써 표준화된 방식을 적용할 발판을 마련했다.

하지만, 지부 활동가가 아말 우사하를 설립했던 역사로 인해 규정이 있는 그대로 지켜질 수 없었다. 고등학교를 예로 들면 관리감독권을 가진 주 지부는 거의 모든 고등학교의 설립 주체가 아니었다. 도 지부나 군 지부, 나아가 면 지부가 고등학교 설립과 운영을 주도하는 상황에서, 이들을 배제한 채 주 지부가 권한을 독점하기는 불가능했다. 중앙 본부 교육위원회에서도 이를 무시할 수 없었고, 현실을 고려한 보완 규정을 마련했다. 고등학교 교장 임명에 대한 보완 규정은 표 21과 같다.

**표 21 고등학교 교장 임명 절차: 보완 규정**

| | 설립 주체 | 제안 | 협의 | 결정 |
|---|---|---|---|---|
| 고등학교 | 주 지부 | 주 지부 교육위원회 | – | 주 지부 |
| | 도 지부 | 도 지부 교육위원회 | 주 지부 교육위원회 | 주 지부 |
| | 군 지부 | 군 지부 교육위원회 | 도 지부 및 주 지부 교육위원회 | 주 지부 |
| | 면 지부 | 면 지부 | 군 지부, 도 지부 및 주 지부 교육위원회 | 주 지부 |

고등학교 교장 임명에 대한 추가 규정을 보면, 최종 결정은 모두 주 지부에서 이루어지지만, 학교 설립에 간여한 하위 지부에 후보 제안 권리가 주어졌다. 이로 인해 가장 복잡한 절차가 요구되는 면 지부 설립 고등학교의 경우, 면 지부의 제안을 군 지부, 도 지부, 주 지부 교육위원회에서 협의하고 주 지부에서 최종 결정했다.

보완 규정은 교육 기관 설립 배경의 차이를 인정했다. 다른 식으로 표현하면, 아말 우사하의 중앙집권적 관리가 이상으로 설정되었지만, 설립 주체의 권한을 상위 지부가 흡수하는 데 실패한 것이다.

교장 선임 첫 단계에서 학교 설립 지부와 지부의 교육위원회는 세 명의 후보를 선임한다. 이들을 대상으로 상위 지부 교육위원회의 협의가 진행된 후 주 지부에서 최종적으로 한 명을 선택한다. 규정상으로 보면 주 지부가 최종결정 권한을 가지지만 현실에서는 설립 지부의 의견이 훨씬 강력하게 작동한다. 상하위 지부 간 의사소통이 긴밀하게 이루어지고, 하위 지부 활동가가 상위 지부에서도 활동하기 때문이다. 예를 들어 면 지부 활동가는 군 지부 지도위 회의나 교육위원회 회의에 일상적으로 참여하며, 군 지부 활동가 역시 도 지부 교육위원회에 포진해 있다. 이로 인해 교장 선임 과정에서 현장의 상황을 가장 잘 아는 하위 지부의 의견이 존중되었다. 규정과 달리 교장 선임 과정에 하위 지부의 영향력이 강하게 작용하는 것이다.

### 무함마디야와 아말 우사하의 관계: 표준화의 어려움

교장 선임 과정이 예시하는 것처럼 아말 우사하를 설립한 지부의 영향력은 중앙집권적 규정을 있는 그대로 적용하기 힘들게 했다. 이런 조건 하에서 규정상 권한을 위임받은 상위 지부와 아말 우사하 설립을 주도한 하위 지부가 갈등 관계에 놓일 때 어떤 상황이 전개될 수 있는가를 병원 사례를 통해 살펴보도록 한다.[5]

중부 자바 빨라빤Palapan 군 지부는 기부 받은 1,500제곱미터의 토지에 병원 설립을 시작했다. 군 지부 활동가의 희생적인 노력을 통해

---

5 병원 관련 사례는 Fuad(2002)에 제시된 내용을 요약한 것임.

3년 만에 두 배나 넓어진 토지에 건물을 짓고 의원급 병원을 개업할 수 있었다. 얼마 지나지 않아 군 지부는 상당한 규모의 현금과 앰뷸런스를 기부 받았고, 설립 5년 후 기존 병원을 종합병원으로 격상시켰다. 이는 모범적인 성공 사례였지만, 군 지부는 상위 지부의 지지를 받지 못했다. 도 지부는 의원급 병원이 규정상 도 지부 관리를 받아야 하는 사업이며, 군 지부 병원이 도에 설립된 다른 무함마디야 병원과 경쟁 관계에 놓임으로써 서로에게 악영향을 미칠 수 있다고 주장했다. 병원 관리 권한을 도 지부에 이양하라는 요청을 군 지부는 거절했다. 이후 빨라빤 의원이 종합병원으로 전환하자 도 지부는 또다시 압력을 가해 이를 주 지부 산하 기관으로 전환하고자 했다. 규정상 종합병원이 주 지부의 관리를 받아야 한다는 점이 그 이유였다. 이 요청 역시 군 지부에 의해 거부되었지만, 상위 지부는 원하는 바를 관철시킬 뾰족한 수단을 가지고 있지 않았다. 결국 도 지부는 모든 노력을 포기하고, 군 지부의 종합병원 운영을 인정했다. 병원이 군 지부 활동가의 노력의 결과라는 점을 알고 있기에 규정의 강제가 이들의 희생을 무시하는 행위로 비쳐졌기 때문이다.

무함마디야 활동가들은 중앙집권적 관리감독의 필요성에는 공감하지만 아말 우사하를 설립한 지부의 입장을 존중해야 한다고 주장했다. 지부의 자발성과 희생이 존중되어야 한다는 점, 아말 우사하의 상황을 가장 잘 아는 지부가 가장 잘 운영할 수 있다는 점, 지부와 아말 우사하 사이에 감정적 연대가 형성되어 있다는 점 등이 이유로 거론되었다. 아말 우사하 설립에 아무런 도움을 주지 않은 상위 지부가 운영권을 요구하는 일이 일반적 정서와 관습에 부합하지 않다는 점 역시 지적되었다.

일부 활동가들은 아말 우사하의 중앙집권적 운영이 어려운 이유로 상위 지부를 거론하기도 했다. 아말 우사하를 중앙집권적으로 관리할 역량을 상위 지부가 갖추고 있지 않다는 것이다. 족자 주 지부의 예를 들어보기로 한다. 주 지부 산하에는 100개가 넘는 고등학교가 있다. 활동가에게 보수를 줄 수 없는 상황에서, 이를 관리감독할 인력을 주 지부 활동가만으로 감당하기는 쉽지 않다. 또한, 학교간 격차로 인해 야기되는 다양한 문제를 주 지부가 해결하기가 불가능하다고 평가되었다.

재정적 기반이 열악한 학교는 활동가의 희생에 의존하여 운영되었다. 이런 학교에서 일하는 교사는 교육공무원 봉급의 3분의 1 혹은 그 이하를 받으면서 일을 했다. 학교의 열악한 상황을 알기에, 이들은 학교를 살리고자 다각적인 노력을 펼치며, 여기에 기반하여 학교의 재정적 안정화를 이룰 수 있었다.

이러한 상황에서 학교 운영이 주 지부로 일원화될 경우 심각한 문제가 발생할 수 있다. 무엇보다 교사 봉급의 표준화 문제가 제기될 수 있다. 또한 처우개선을 요구하는 교사의 목소리가 강해질 수밖에 없다. 균등한 학교 시설을 요구하는 목소리 역시 나올 수 있다. 이런 이유로 학교 운영권을 주 지부가 맡아달라는 요청이 간간이 들어오지만, 주 지부에서 오히려 이를 수용하지 않는다는 것이다. 주 지부가 중앙집권적 체계를 운영할 역량을 갖추지 못한 상태에서 최선의 방법은 자율적 운영이라 할 수 있다.

활동가들은 상위 지부에 학교 운영의 권한이 집중된다면 교육기관이 제대로 성장할 수 없으리라는 데에 동의했다. 재정뿐만 아니라 학교에 대한 애정, 정서적 유대 역시 발전을 위한 필수 요소이지만, 상위 지부는 이를 갖추고 있지 않다는 것이다.

정서적 유대의 중요성을 설명하기 위해 주 지부 활동가 우딘Udin은 학생이 없어 폐교 위기에 놓인 학교를 거론했다. 중앙집권적 체계라면 학교 폐쇄나 합병이 문제해결 방식이겠지만, 이는 최선의 선택이 될 수 없다. 그는 이런 간편한 방식만을 택했다면 무함마디야가 지금과 같이 많은 교육기관을 보유하지 못했으리라고 했다.

자신의 주장을 뒷받침하기 위해 우딘은 폐교 위기에 놓였던 고등학교의 성공 스토리를 제시했다. 중앙집권적 체계라면 상상할 수 없을 상황이 희생을 감내한 활동가의 노력으로 인해 실현되었다는 것이다. 아래는 그가 말해준 슬레만Sleman도 고등학교의 사례이다.

> 1990년대 초반부터 학생수가 꾸준히 줄어들어 어느 순간 학교가 "존재하는 상태와 존재하지 않는 상태 중간쯤에" 놓이게 되었다. 이에 학교를 설립한 군 지부 활동가들이 모여 대책을 논의했다. 학생을 모을 여러 방법을 생각하고 시도해 보았지만, 입학생 수가 늘지 않았다. 그러던 중 한 활동가가 완전히 새로운 방안을 제안했다. 일반 학교인 이 학교를 공업계 학교로 바꾸자는 것이었다. 자동차정비업을 하던

**그림 50** 슬레만도의 실업계 고등학교

활동가의 의견을 좇아 자동차학과가 있는 공업학교로의 전환이 추진되었다. 이들의 계획은 순조롭게 진행되지 못했다. 교장을 포함한 기존 교사가 강하게 반발했기 때문이다. 이들은 공업계로 전환 후 자신들의 위치에 대해 우려를 표했다. 군 지부 활동가들의 설득은 한동안 계속되었다. 고용을 승계할 것이며, 기자재를 포함해 학교 전환에 필요한 모든 비용을 자신들이 책임지리라 약속했다. 이러한 과정을 거치며 활동가와 학교 직원 사이에 신뢰가 형성되었고 공업계 학교로의 전환이 가능해졌다. 개교 후 군 지부 활동가들은 자신들의 약속을 지키기 위해 노력했다. 기자재가 모자라면 자기 주변에서 이를 구해 가져왔고, 교과목을 가르칠 교사가 없으면 다른 학교에 손을 내밀었다. 이들의 노력을 통해 학교는 자리를 잡아갔다. 개교 후 몇 년이 지나지 않아 이들은 학교 옆 토지를 추가로 기증받아 학교 부지를 넓히기까지 했다.

이 사례는 아말 우사하 운영에 있어 활동가의 자발성과 헌신의 중요성을 다시 한 번 보여준다. 시대적 변화에 적응하지 못한 학교를 살려낸 것은 활동가의 적극적인 대응과 노력이었다. 이들의 책임감 있는 행동이 없었다면 학교 정상화는 쉽지 않았을 것이다.

이러한 상황을 고려해보면 주 지부에 의한 학교 운영을 상상하기는 쉽지 않다. 활동가의 헌신과 희생을 이끌어 낼 수 없기 때문이다. 또한 활동가들의 꾸준한 관심과 지원, 정서적 유대 없이 학교가 놓일 또 다른 위기에 대처할 수단을 주 지부에서 준비하기는 거의 불가능했다.

중앙집권적 운영과 관리는 아말 우사하를 세우고 발전시킨 활동가의 희생과 정서적 유대를 인정하지 않는 행보라 여겨졌다. 일원화된 운영을 담당할 상위 조직 역시 이를 실질적으로 실행할 역량을 갖추고 있지 않았다. 이로 인해 중앙집권화를 위한 시도는 계속되었지만 아말 우사하의 자율성이 무시되지 않았다. 규정상 상위 지부에 부여된 관리감독권은 아말 우사하에 간여할 최소한의 교두보 정도로 이해할 수 있었다. 물론 이 역시 협의와 설득을 통해서만 작동할 수 있었다.

### 무함마디야와 아말 우사하의 관계: 약자의 무기

아말 우사하와 정서적 유대를 가진 하위 지부와 활동가의 존재는 중앙집권화를 위한 시도를 쉽게 진행할 수 없도록 했다. 이러한 현실을 무시하고 상위 지부가 관리감독권을 행사하려 할 때 하위 지부는 이에 대항할 수단을 가지고 있었다. 바로 '피트나fitnah'라는 가장 강력한 무기였다.

'중상'이나 '모략'을 일컫는 피트나는 무함마디야 활동가에게 심각한 타격을 줄 수 있었다. 진위 여부와 관계없이 피트나가 제기되었다는 사실 자체만으로도 활동가의 명예가 순식간에 파괴될 수 있다. 피트나는 사익 추구를 주요 내용으로 구성된다고 했다. 주 지부 활동가 파자르Fajar는 피트나의 힘을 아래와 같이 설명했다.

> 어떤 학교 교장에게 문제가 있음을 주 지부에서 인지했다고 가정해 보자. 가장 간편한 방법은 임기가 끝나기를 기다렸다가 교장을 교체하는 것이다. 교장 선임 권한이 주 지부에 있기에. […] 그런데 교체 움직임이 가시화되면 그 교장이 소문을 퍼뜨린다. "(주 지부 지도자) A가 B를 교장으로 밀고 있고, A와 B가 개인적으로 이런저런 관계에 놓여 있다." A가 그렇지 않음을 모두가 알지라도 A의 입장에서 생각해 보면 상황이 그렇게 단순하지 않다. "순수한 목적을 가지고 무함마디야에서 활동하는 것인데 왜 이런 비난을 받아야 하지?" 이렇게 생각하기 때문에 오히려 A가 활발하게 활동하지 않게 된다.

피트라라는 무기의 작동 방식을 설명한 후 파자르는 "누구든 다른 사람을 궁지로 몰아서는 안 된다"고 말했다. 아말 우사하의 문제를 규정에 맞게 대응하면, 예를 들어 학교의 교장이나 직원을 면직하면 그것이 부메랑이 되어 돌아온다는 것이다. 이로 인해 아말 우사하 내부의 문제에 대해 주 지부 활동가들은 매우 신중한 태도를 취하며 협의와 합의를 우선시했고, 아말 우사하의 입장을 최대한 수용하려고 노력했다.

상위 지부의 조심스러운 태도로 인해 '작은 왕'이라는 표현이 자주 언급되었다. 작은 왕은 아말 우사하 설립을 주도한 후 이를 자기 소유물처럼 여기는 사람을 일컫는 말로, 이들은 상위 지부를 무시한 채 자의적으로 아말 우사하를 운영하려 했다. 이에 대응할 상위 지부의 수단은 인사권이지만 피트나의 문제로 인해 쉽게 활용될 수 없었다.

인사권을 통한 통제가 어려운 상황에서 상위 지부가 택할 또 다른 방법은 재정감독권이다. 하지만, 이 경우에도 심각한 부정이 확인되지 않고서는 효과를 발휘하기 어렵다. 아말 우사하 설립 시 한 푼도 지원한 적이 없는 상위 지부가 재정 문제에 간여하기에는 무리가 있다. 재정 문제와 관련하여 고려해야 할 또 다른 측면은 아말 우사하가 일정 궤도에 오른 후 지부와 아말 우사하의 관계가 역전된다는 점이다.

### 지부와 아말 우사하의 관계: 재정적 관계의 역전

아말 우사하가 일정 궤도에 오르면, 설립 지부와 아말 우사하 사이의 재정적 관계에 변화가 일어났다. 지부 활동가들은 아말 우사하의 설립과 안정을 위한 자금을 책임졌다. 이들은 기부금을 모아 건물을 짓고 운영비용을 지원했다. 아말 우사하가 재정적 자립 단계에 들어서면 상황이 역전되어서, 아말 우사하가 설립 지부에 재정적인 지원을 제공하기 시작했다. 설립 지부와 아말 우사하 사이의 긴밀한 관계로 인해 이 과정에서 갈등이 발생할 소지는 많지 않았다.

아말 우사하의 역사가 오래되고 설립에 간여한 활동가가 사라졌을 경우 상황이 변화할 수 있다. 지부에 대한 아말 우사하의 협상력이 커지고 아말 우사하에 대한 지부의 의존성도 커질 수 있다. 즉, 재정 지원을 둘러싼 관계가 역전되어 지부가 아말 우사하의 눈치를 봐야 하는 상황이 발생하는 것이다. 중앙 본부 지도자는 중앙 본부와 무함마디야 대학의 관계를 설명하면서 "구걸을 하는 것과 같다"라고 말하기까지 했다. 재정을 포함한 관리감독권이 규정상 중앙 본부에 있지만, 현실에서는 대학의 도움을 얻기 위해 반복적으로 연락하고 사정해야 한다는 것이다.

재정 지원을 얻는 데 있어서의 어려움은 아말 우사하와 직접적인 관계를 맺지 않는 상위 지부로 갈수록 가중되었다. 이를 보여줄 사례는 중앙 본부가 무함마디야 학교를 대상으로 모으려 했던 학생 기부금이다. 1980년 보고서에 따르면, 학생수에 따른 기부금 납부를 중앙 본부가 의무화했지만 여기에 응한 학교는 174곳에 불과했다. 기부금 납부 대상 학교 중 10퍼센트만이 기부금을 낸 셈이었다.[6]

아말 우사하의 강한 위상으로 인해 지부와 아말 우사하의 관계는 규정대로 작동하기 어려웠다. 재정적 지원을 구걸해야 하는 상황에서 중앙 본부가 꿈꾸는 중앙집권적 조직은 쉽게 구체화될 수 없었다.

아말 우사하의 성장세가 지속된 2000년대 이후 중앙 본부는 아말 우사하의 재정 분담을 의무화하는 규정을 제정하고자 했다. 중

6 Muhammadiyah(1980: 10–13)

앙 본부가 자금을 모은 후 이를 분배하는 식의 체계를 원했기 때문이다.

하지만 규정이 만들어지는 과정에서 무함마디야 운영의 핵심인 자치와 자율 역시 작동했다. 중앙 본부로의 집산이 아닌 분권적 모금과 이용에 대한 요구가 제기되었던 것이다. 자율성이라는 전통에 부합하는 분권화 요구는 수용될 수밖에 없었고, 그 결과 기부금 공유 모델에 기반을 둔 규정이 제정되었다.

수업료에 더해 학생에게 걷는 비용에는 종교 기부금과 일회적 성격의 입학금이 있다. 종교 기부금을 분배하는 규정은 2012년 표 22와 같이 만들어졌다.

**표 22 종교 기부금 배분 방식**

| 배분 대상 | 배분 비율 | | |
|---|---|---|---|
| (1) 기부금을 모은 학교 | 70퍼센트 | | |
| (2) 학교가 속한 주 지부 | 15퍼센트 | | |
| (3) 산하 교육위원회 | 15퍼센트 | 중앙 본부 교육위원회 | 15퍼센트 |
| | | 주 지부 교육위원회 | 20퍼센트 |
| | | 도 지부 교육위원회 | 25퍼센트 |
| | | 군 지부 교육위원회 | 40퍼센트 |

규정에 따르면, 학교에서 모은 기부금 중 70퍼센트를 학교발전기금으로 공제한 후 30퍼센트를 무함마디야에 납입한다. 이중 30퍼센트는 초중고등학교 운영의 최종 권한을 가진 주 지부와 학교 관련

업무를 총괄하는 산하 교육위원회에 절반씩 배분된다. 교육위원회에 배분된 15퍼센트의 기부금은 다시 조직 수준에 따라 분배되는데, 하위 지부로 갈수록 비율이 높아져 군 지부 교육위원회가 40퍼센트를, 도 지부가 25퍼센트를 배분받는다.

기부금 총액을 1,000루삐아라고 가정하면 기금을 모은 학교가 700루삐아, 학교가 속한 주 지부가 150루삐아, 군 지부 교육위원회가 60루삐아, 도 지부 교육위원회가 37.5루삐아, 주 지부 교육위원회가 30루삐아, 중앙 본부 교육위원회가 22.5루삐아를 받게 된다. 이는 지부의 자율적 재정운용 전통을 반영하고 중앙 본부로의 자원 집중을 제도적으로 억제한 방식이었다.

종교 기부금 배분 과정에서 주 지부를 제외하고는 지부 산하 교육위원회가 수령기관으로 설정되었다. 이는 아말 우사하 설립에 핵심적 역할을 하는 하위 지부가 아말 우사하로부터 재정적 보조를 받아온 관행과 일치하지 않는다. 이에 학교 입학금 배분 방식은 기부금과 차이 나게 규정되었다.

입학금 배분 방식에서는 두 가지 특징을 찾을 수 있다. 하나는 지부의 권리가 인정된다는 점으로 입학금의 15퍼센트가 지부에 할당되었다. 다른 하나는 면 지부가 분배 대상에 포함되어서, 지부에 할당된 15퍼센트 중 5퍼센트가 할당되었다.

학교의 자원을 배분하는 규정이 제정되었음은 중앙 본부가 추진하는 표준화된 운영이 일정한 결실을 가져왔음을 시사한다. 하지만, 복잡한 기부금 배분 규정은 중앙집권화와 자율성 중 후자에 더

**표 23 학교 입학금 배분 방식**

| 배분 대상 | 배분 비율 | | |
|---|---|---|---|
| (1) 입학금을 모은 학교 | 70% | | |
| (2) 산하 교육위원회 | 15% | 중앙 본부 교육위원회 | 15% |
| | | 주 지부 교육위원회 | 20% |
| | | 도 지부 교육위원회 | 25% |
| | | 군 지부 교육위원회 | 40% |
| (3) 중앙 본부와 지부 | 15% | 중앙 본부 | 15% |
| | | 주 지부 | 20% |
| | | 도 지부 | 25% |
| | | 군 지부 | 35% |
| | | 면 지부 | 5% |

많은 강조점이 놓여 있음을 추정할 수 있도록 한다. 기부금의 중앙 본부 집중을 억제함으로써 기부금 배분 대상에 중앙 본부부터 면 지부까지 모든 조직 단위가 포함되었다. 배분 대상 중 군 지부에 가장 많은 몫이 할당된 점 역시 자율성 원칙의 적용을 시사한다. 군 지부가 아말 우사하 건립에 가장 열성적이었다는 역사적 상황이 이 규정에 반영되었기 때문이다.

아말 우사하로부터의 재정적 지원이 중앙 본부에 집중되지 않더라도 상위 지부로 올라 갈수록 지원금을 받는 학교가 늘어나기 때문에 중앙집중적 재정 운영의 효과가 나타날 수 있다. 주 지부 지도자 마르디Mardi는 규정 제정 이전과 비교할 때 주 지부 재정이 좋아졌음을 인정했다. 하지만, 주 지부에 모이는 금액이 기대한 만큼 증가하지 않았다고 평가했는데, 규정에 맞추어 기부금을 걷을 수 없기 때문이었다. 그는 다음과 같이 설명했다.

> 학교에서 기부금을 내지 않는 경우가 많다. 물어보면, 이런저런 예산이 모자라 학교 경비로 써버렸다고 말한다. "그럼 어떻게 해? 개인적으로 쓴 게 아니라 운영 경비로 썼다고 하는데." [...] 그래도 기부금이 필요하면 우리도 사정을 한다. 이런저런 활동을 계획하는데, 돈이 없어서 못하고 있다고. "그러니까, 도와주세요"라고 말한다. 협상이 잘 되어야 받아야 할 돈의 일부라도 받을 수 있다.

자율성과 자치에 기반을 둔 운영 원칙은 아말 우사하에도 적용되었고, 이는 상위 기관이 규정을 강제하기 어려운 환경을 만들었다. 마르디와의 인터뷰에 드러난 것처럼 규정은 있지만 현실에서는 협상과 설득이 훨씬 중요하게 작용했다. 이러한 현실은 중앙집권적 운영 방식이 쉽게 적용될 수 없음을 시사한다. 규정이 제정되더라도 관행을 대체하기 힘들고, 활동가의 자발성 없이 운영이 쉽지 않은 상황에서 분권적이고 자치적인 운영을 인정하지 않기에는 리스크가 컸다.

중앙 본부와 지부의 관계는 자율과 분권, 통제와 집중이라는 추가 서로 양끝 접시 위에 놓여 있는 양팔저울에 비유할 수 있다. 규정상으로 보면, 조직 운영은 통제와 집중 쪽으로 기울어 있지만, 현실에서는 자율과 분권 쪽으로 기울어 있다. 통제와 집중을 강조하는 경향이 강해졌지만, 무함마디야 활동의 근간인 자율성을 무시하기는 쉽지 않았다. 중앙 본부와 지부의 관계는 지부와 아말 우사하의 관계에도 적용되었다. 아말 우사하에 대해 지부가 갖는 통제력이 가해지는 경향이 나타났지만, 급격한 변화를 가져올 정도의 무게로 작동하지 않았다.

무함마디야의 지부와 아말 우사하는 상상할 수 없을 정도로 많은 인적, 재정적 자원을 보유하고 있다. 하지만 이러한 자원이 집중될 환경이 저지됨으로써, 이를 특정한 개인이나 집단이 동원하기는 쉽지 않다. 분산된 자원에 대한 접근이 설득과 협의를 통해서만 가능하기 때문에 민주적으로 조직을 운영해야 할 환경이 정착될 수 있었다.

앞 장에서 개인이 축적한 권위와 영향력, 인기가 무함마디야식 선거를 통해 확인되고 강화될 수 없음이 지적되었다. 집단지도체제와 무샤와라는 권위를 가진 지도자가 단체의 활동 방향을 결정하고 단체의 힘을 사유화하는 작업을 진행할 수 없도록 했다. 상하위 지부 그리고 지부와 아말 우사하 사이에 작동하는 자율성의 전통은 자원의 독점을 막고 공적 자원의 사유화를 쉽게 성취할 수 없도록 했다. 이러한 상황은 무함마디야의 운영과 활동이 개인 중심이 아닌 집단 중심으로 이루어질 환경과 전통을 확립하고 재생산하는 데 중요한 역할을 했다.

# 개인숭배와 파벌 형성의 억제

## 비인격적 지도자

## 성스러운 지도자: 엔우와 무함마디야

인도네시아 사람에게 구스 두르Gus Dur라는 이름으로 잘 알려진 압두라흐만 와히드Abdurrahman Wahid는 인도네시아의 네번째 대통령이다. 1999년 10월 국회의 간선제 선거로 선출된 그는 2년이 지나지 않은 2001년 6월 임기를 채우지 못하고 탄핵을 당했다. 전직 대통령이지만 그를 정치인으로 기억하는 사람은 많지 않다. 그는 인도네시아 최대의 이슬람 단체 엔우의 최고위 의장직을 10여 년 이상 맡은 명망 있는 종교 지도자로 기억되고 있다.

탄핵이라는 전대미문의 상황을 맞이하여 수만 명의 엔우 지지자들이 구스 두르를 수호하기 위한 결사대를 조직했다. 목숨을 바쳐 구스 두르를 지키겠다는 이들의 행동이 탄핵 철회로 이어지지는 않았지만 구스 두르가 가진 종교적 권위와 영향력을 드러냈다. 자신이 추종하는 지도자를 위해 죽음도 불사하지 않는 태도는 엔우에서 그리 낯선 모습이 아니다. 신의 축복과 사랑을 한 몸에 받는 무슬림으로서 엔우의 종교 지도자는 대중의 존경을 받았고, 때로 오류가 없는 절대적인 존재로까지 비쳐졌다.

구스 두르에 대한 지지자의 존경과 추종은 그의 사망 후 또다시 주목을 받았다. 수만 명의 지지자가 그의 묘지를 방문해 축복을 빌었고 묘지를 덮은 흙과 꽃을 가져갔다. 이는 인도네시아 전통 이슬람의 시각에서 보면 쉽게 이해할 수 있는 관행이었다. 높은 종교적 지식, 신비적 힘을 성취한 종교 지도자는 일상의 문제를 해결할 축복을 나누어줄 수 있으며, 이는 사후에도 계속된다. 따라서 사람들은 종교 지도자의 묘지를 방문하여 축복을 기원했고, 묘지와 관련된 것을 가져감으로써 그 축복이 지속되기를 기원했다. 구스 두르처럼 생전에 성인聖人의 반열에 오른 지도자가 많지 않은 상황에서 그의 묘지는 축복으로 가득 찬 장소였다. 따라서 그곳에 있는 모든 물체는 원하는 바를 얻도록 돕는 신비적 힘을 내재한 것으로 이해되었다.

이슬람 지도자에 대한 존경, 나아가 신성화는 무함마디야가 가장 강력히 반대한 관행이며, 이는 엔우와 차별되는 무함마디야의 정체성이라 여겨졌다. 따라서 구스 두르를 대상으로 한 엔우 지지자의 행태는 무함마디야 활동가에게 있어서는 용납될 수 없는 비이슬람적인 것이었다. 이는 구스 두르가 우연히 언급된 주 지부 활동가와의 대화를 통해 예시될 수 있다.

대화를 시작한 활동가는 엔우 지지자인 자신의 대학원 동료 이야기를 꺼냈다. 그가 구스 두르를 신으로 취급한다는 것이다. 구스 두르가 금요 공동예배를 자바의 모스크에서 행할 때 그의 분신이 메카의 모스크에서 예배한다는 말을 자신의 동료가 믿고 있는 듯한 태도를 보였음을 언급한 후 그는 이를 비이성적이라 규정했다. 곧이어 그는 자기 동료가 근대적 교육 기관에서 공부했고 화이트칼라 직업을 가지고 있음을 지적하면서, 교육 수준과 관계없이 엔우 지지자들이 무지하다고 평가했다.

그 자리에 있던 또 다른 활동가는 구스 두르 탄핵 이후 수많은 지지자가 그를 위해 죽음을 불사하겠다고 선언했고, 그중 일부가 혈서를 쓰기까지 했음을 거론했다. 그 역시 이를 비이성적 행동이라 평가한 후, 타인을 위해 죽겠다는 말이 그렇게도 쉽게 나올 수 있는지 이해할 수 없다고 덧붙였다. 아민 라이스가 대통령이 된 후 쫓겨난다면 무함마디야 지지자들이 어떤 반응을 보일지 묻자 그는 "별일 없지"라고 간결하게 답했다. 그런 일은 정치계에서 쉽게 일어날 수 있기에 아민 라이스의 경우라도 별반 다를 바 없다고 말한 그는 억울한 측면이 너무 많다면 시위나 몇 번 하는 정도일 것이라 추측했다.

종교 지도자에 대한 존경이나 숭배에 대한 비판적 태도는 무함마디야의 구성원, 특히 활동가 사이의 관계를 이해하기 위한 실마리를 제공한다. 조직 활동의 선봉에 서 있는 누구도 숭배의 대상이 될 수 없다는 인식은 평등성이 조직 내 인간 관계를 구성하는 핵심 원리로 작동할 수 있는 기반을 제공했다.

개인에 대한 숭배의 부정 그리고 위계화된 조직에서 활동가 사이의 위계화되지 않은 관계는 평등적 이념뿐 아니라 다양한 요인에 의해 형성, 유지, 재생산되는 경향을 보였다. 이 장에서는 조직 구성원 간 대등한 관계가 유지되는 배경을 검토할 것이다. 먼저 평등성과 지도자에 대한 숭배 거부가 어떻게 형성되고 표현되었는가를 아흐마드 다흐란을 통해 알아볼 것이다.

## 기념 공간의 부재: 숭배에 대한 부정

아흐마드 다흐란은 무함마디야와 관련된 모든 사람의 존경을 받는 인물이며, 그의 이념과 행동은 무함마디야에 깊숙이 스며들어 있다. 이러한 위상을 지닌 다흐란에 대한 태도는 무함마디야 내 인간관계를 보여주는 지시계이다.

다흐란의 예배당은 무함마디야에 있어 기념비적인 장소이다. 예배 방향을 바로잡기 위해 바닥에 사선을 그린 일화는 새로운 종교 해석의 예로 자주 거론되었다. 이런 다흐란의 행동은 올바른 종교 해석을 실천하려는 강한 의지를 반영하는 것으로 이해되었다.

다흐란의 예배당은 족자 까움안에 있다. 2010년 방문한 예배당은 보수되지 않은 채 허름한 모습 그대로 존재했다. 이보다 흥미로운 사실은 무함마디야 활동가들이 이를 당연한 것으로 받아들였다는 것이다. 이러한 무관심에 대해 주 지부 활동가는 기념할 대상이 다흐란의 이념과 행동이지 사람이나 물건이 아니라고 말했다. 그의 가르침과 실천을 기억하고 따라 해야 하지만 개성을 가진 인간으로서의 다흐란은 기념해야 할 필요가 없다는 것이다. 이런 식으로 생각하면, 예배당 관련 일화를 알고 실천하는 것이 중요하지 그곳을 방문해서 이를 기념해야 할 이유는 뚜렷하지 않다.

중앙 본부 활동가 삼술Samsul은 다흐란이 물건이나 장소에 대해 경계했음을 지적한 후 아래와 같은 설명을 덧붙였다.

다흐란은 자신의 종교적 견해가 하나의 책으로 완결되어 출판되기를 원하지 않았다. 이럴 경우 그 책이 권위적인 교과서가 되어 경전처럼 사용될 것을 우려했다. 다흐란은 "나를 따르려 하지 말라"고 했다. 대신 그는 이슬람 교리를 따르라고 강조했다.

이 일화를 거론한 후 삼술은 인간이 아닌 이념을 쫓아야 한다고 덧붙이며, 예배당뿐만 아니라 묘지 역시 기념의 대상이 될 수 없음을 지적했다. 그의 말처럼 다흐란과 연결된 가시적 상징에 대한 활동가들의 무관심은 이념적 훈련의 결과였다. 종교 지도자의 신성화 반대라는 이념을 지키기 위해 이들은 신성함을 표상할 상징물에 관한 관심을 극도로 억제했다. 이러한 노력은 다흐란 사망 직후 활동가들에 의해 실천되었다. 사망한 다흐란이 존경, 나아가 숭배의 대상이 될 수 있으리라는 두려움을 경험했기 때문이다.

다흐란이 사망한 후 개최된 총회에서 지부 대표자들은 그의 묘지를 제대로 관리하고, 그의 기일을 무함마디야 학교 공휴일로 지정하고, 그의 사진을 지부에 배포하자고 제안했다. 이러한 요구는 중앙 본부 활동가로 하여금 위기감을 느끼게 했다. 다흐란이 반대하고 변화하고자 했던 종교 지도자에 대한 숭배가 지지자들 사이에서 나타날 가능성을 감지했기 때문이었다. 이들은 망자에 대한 숭배가 이슬람 교리에 어긋난다는 사실을 다시금 상기시킨 후, 계승해야 할 대상은 다흐란이 아니라 그의 의도라고 주장했다.

다흐란과 다흐란의 의도를 구분함으로써 이들은 무함마디야 활동에 녹아 있는 그의 이념과 실천을 중시해야 하지만, 그를 기억하고 기념할 상징물을 금지해야 한다는 점을 전달하고자 했다. 이들이 계승해야 하는 것은 다흐란 개인이 아니라 비인격화된 다흐란의 언행이었다.

이러한 노력에도 다흐란을 기념하려는 태도가 일거에 사라지지는 않았다. 그가 죽고 5년 후에 열린 총회에서 누군가가 그의 초상화를 회의장 벽면에 걸어 놓았다. 이 초상화는 곧바로 제거되었지만 다흐란에 대한 존경이 숭배로 나아갈 가능성은 상존하는 듯했다. 이에 종교 문제를 논의하는 따르지위원회에서는 "다흐란의 초상화가 우상숭배 문제를 야기할 수 있기에 이를 장식용으로 걸어 놓는 것을 금지한다"는 결정을 내렸다. 이 결정은 다흐란에 대한 존경이 감정적으로 이어져 숭배로 나아가리라는 우려에 기반을 두고 있었다.

#### 종교 지도자의 숭배 및 신격화에 대한 희화화

다흐란의 신격화를 막으려는 시도는 계속되었다. 이를 위한 대응방식 중 하나는 전통 이슬람 지도자를 이용하는 것이었다. 이들의 행태를 희화화함으로써 인간이 숭배 대상이 될 수 없음을 강조하고자 했다. 1920년대부터 꾸준히 진행된 노력으로 인해, 이는 무함마디야의 공식, 비공식 담론의 한 요소로 편입되었다.

신성화와 숭배의 대상인 종교 지도자를 비판하는 모습은 SM에서 쉽게 찾을 수 있다. 라마단 기간 중 전통 종교 지도자인 끼야이kiyai의 모습을 희화화한 글을 보면 아래와 같다.

> 금식월 중 꾸란 암송을 요청받은 전통 끼야이 대다수는 아래와 같이 요구한다. "암송하면서 졸리지 않으려면 커피, 진한 차, 빠찌딴Pacitan 지역에서 만든 스낵, 튀김요리 등이 있어야 한다. 암송이 끝난 후 아침 식사로 먹을 음식 역시 준비해야 한다. 라마단이 끝나면, 돈, 사룽sarung, 흰색 수탉 한 마리를 내게 가져와야 한다. 이를 통해 네 몸이 정화되고 네 죄가 사해질 수 있다." [...] 이런 끼야이는 생각을 하지 않는다. 그래서 이들은 우리의 종교를 모독한다. [...] 꾸란과 하디스에서 벗어난 행동과 교리를 단순히 오래된 관습이라는 이유로, 종교 지도자가 말했다는 이유로 받아들여서는 안 된다.

이 글에서 전통 종교 지도자는 지지자로부터 금품을 받아내고 죄를 사해 주겠다고 공언하는 행동을 거리낌 없이 행하는 존재로 그려졌다. 무함마디야의 입장에서 본다면, 이는 생각을 하지 않고 종교를 믿는 것이며, 올바른 종교 교리에 기반하고 있지 않다.

끼야이에 대한 비합리적 태도를 부각하고 이를 비판하는 담론은 무함마디야의 전통으로 확립되었다. 이를 통해 활동가들은 종교 지도자는 복종과 숭배의 대상이 아니며, 무슬림 사이의 평등성이 중시되어야 함을 강조했다. 이러한 담론에는 활동가들이 직접 경험한 이야기가 동원되어 그 사실성을 높이려는 경향이 나타났다. 아래는 주 지부 지도자가 자기 경험을 서술한 내용이다.

> 어릴 적 친구인 끼야이가 학생과 함께 집을 방문한 적이 있었다. 정원으로 나가 이야기하던 중 나무에 매달려 있는 열매를 본 우리는 어릴 때처럼 나무에 올라가 열매를 땄다. 집으로 돌아와 우리가 딴 열매를 학생들에게 주었다. 그런데 그들 중 누구도 손대려 하지 않았다. [...] 왜 그랬을까? 끼야이와 같은 자리에서 음식을 먹는 데에도 익숙하지 않던 이들에게 있어 끼야이가 직접 딴 열매를 먹는 일은 상상할 수조차 없었기 때문이다.

무함마디야 활동가가 보기에 스승에게 보이는 극도로 조심스럽고 예의 바른 행동은 엔우를 대표하는 특징이었다. 이를 예시하는 사례로 거의 빠짐없이 거론되는 행위는 종교 지도자를 만날 때의 의식이다. 의자에 앉아 있는 종교 지도자에게 무릎을 꿇거나 몸을 낮춘 채 다가가 고개를 숙여 손등에 입을 맞추는 행동은 종교 지도자로부터 축복을 구하기 위한 것이었다. 주 지부 활동가는 이런 끼야이의 모습을 "술탄 같네"라고 비꼬아 말했다. 거만하게 앉아 있는 끼야이에게 고개 숙여 인사하는 행위는 낮은 지위를 인정하는 것으로써 이는 봉건 사회에서나 일어날 법한 일이라고 그는 덧붙였다.

종교 강연 방식 역시 두 단체의 차이를 실감하도록 한다고 이야기되었다. 무함마디야 활동가들은 건강해 보이는 끼야이조차 의자

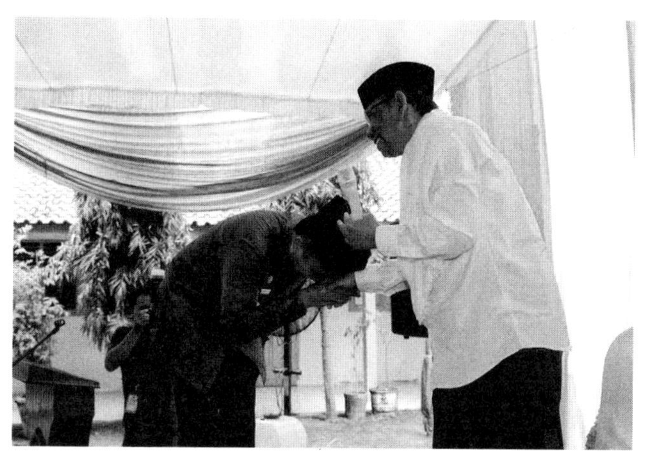

**그림 51** 무함마디야 회원이 비판하는 엔우식 인사법

에 앉아 강연하는 모습, 명망 있는 끼야이에게 특별한 자리와 음식이 제공되는 모습에 자신들이 적응할 수 없다고 말했다. 같은 상황이 엔우 지도자에게도 적용될 수 있는데, 족자 주 지부 지도자 엔당Endang은 이를 자신의 경험에 빗대어 설명했다.

어느 날 엔우 지도자가 찾아와 무함마디야 활동에 참가해 보겠다는 의사를 밝혔다. 이에 엔당은 그를 종교 강연회에 초대했는데, 얼마 후 그는 더는 참여하지 않겠다고 선언했다. 이는 강연회에서 느낀 불편함 때문이었는데, 높은 지위의 참석자에게 특별한 자리가 배정되지 않고, 모두에게 같은 음식이 제공되며, 손을 먼저 든 사람에게 질문할 기회를 제공하는 관행을 받아들일 수 없었다는 이유에서였다.

무함마디야 활동가들은 종교 지도자에 대한 존경과 복종을 냉소적으로 바라보았다. 이들의 시각에서 본다면 엔우의 관행은 단순한 존경을 넘어서서 종교 지도자의 권위를 맹목적으로 받아들이고 나아가 이들을 성스러운 존재로 간주하는 행동이었다. 이는 우상숭배에 해당하는 비이슬람적 관행이라 평가되었다.

무함마디야 활동가들은 종교 지도자에 대한 복종과 신성화가 무함마디야에 존재하지 않음을 강조했다. 자신들 역시 지도자를 존중하고 존경하지만 이는 지도자의 높은 종교적 학식, 사심 없는 행동, 헌신에 바탕을 둔 것으로 신성화 방향으로 나아가지 않는다는 것이다. 종교 지도자에 대한 특별대우나 특권을 인정하지 않는 태도는 이러한 자신들의 성향을 확인해준다고 이야기되었다. 두 단체의 차이를 중앙 본부 지도자는 아래와 같이 설명했다.

> 무함마디야의 특징은 개인의 권위를 일상화하지 않는 것이다. 우리에게 일상화된 권위는 개인이 아닌 조직이다. 반면 엔우의 권위는 개인에 기초한다. 특정 개인을 신성화하지 않는 무함마디야의 태도는 꾸란의 영향을 받아서이다. 신에 가장 가까운 사람이 종교적으로 가장 신실한 사람이다. 그 지위 때문이 아니다. 일반인이라 하더라고 종교적으로 신실하다면 그가 더 신에 가깝다. 이런 태도로 인해 개인에 기반을 둔 권위는 무함마디야에서 매우 약하게 존재한다.

엔우와의 비교를 통해 무함마디야 활동가들은 종교 지도자에 대한 복종과 신성화가 비이슬람적이며, 종교적 활동과 신실함이라는 기준이 모두에게 동일하게 적용되어야 함을 강조했다. 이는 다흐란뿐만 아니라 다른 무함마디야 지도자에게도 적용되었다. 높은 학식과 왕성한 활동으로 유명세를 누리는 지도자라 하더라고 그에 대한 존경이 복종, 숭배와 신격화의 방향으로 나아가서는 안 된다고 이들은 주장했다.

종교적 권위에 대한 거부감은 지도자와 지지자 사이뿐 아니라 활동가 사이에도 적용되었다. 이로 인해 무함마디야 내 인간 관계, 특히 활동가 사이의 상호작용은 평등에 기반하고 형성되었다. 중앙 본부나 상위 지부 지도자처럼 높은 직책을 가진 인물은 감정적 존경의 대상으로 설정되지 않았고, 특정 직책을 한시적으로 맡은 비인격화된 지도자로 취급되었다.

종교 지도자에 대한 숭배 금지, 그리고 활동가들 사이의 평등성은 교리뿐만 아니라 조직 구성과 운영 방식을 통해서도 뒷받침되었다. 특히 주목할 측면은 위계적 관계를 고착화할 파벌이나 후원-피후원patron-client 관계의 형성을 억제할 관행이 만들어졌다는 점이다. 이러한 관행은 교리와 직접 연결되지 않지만, 평등성을 구현하는 방향으로 조직이 운영됨에 따라 자연스럽게 자리를 잡았다. 이러한 관행 중 공사 구분, 중층적 의사결정 방식, 그리고 친밀한 사적 관계의 형성 억제 등이 아래에서 검토될 것이다.

### 공사 구분: 공적 자원의 사적 전유 방지

무함마디야의 담론에서 강조되는 요소 중 하나는 희생이다. 조직을 위해 다흐란이 자신의 열정과 재산을 희생한 사례를 강조하며, 정신적, 육체적, 물질적 희생의 필요성을 부각했다.

무함마디야의 조직 체계가 어느 정도 공고화되자 희생은 더욱 중요한 문제로 부상했다. 조직 활동이 개인적 희생을 거의 필연적으로 수반했던 초기와 달리 금전적 이익을 포함한 다양한 이권을 조직활동을 통해 얻을 수 있게 되었다. 예를 들어 설립 초기 무함마디야 학교의 재정은 열악하지만, 안정화 과정을 거친 학교는 일자리뿐만 아니라 다양한 자원을 제공할 수 있다. 무함마디야가 정치에 참여한 1950년대 초중반은 이를 보다 명확하게 경험하도록 한 시기였다. 정치적 야망을 품은 사람이 대거 유입됨으로써 무함마디야가 정치적 이익을 얻기 위한 곳으로 이용되었기 때문이다.

개인적 이익을 취하려는 활동가가 존재함으로 인해 자기희생 담론 역시 꾸준히 강조되었다. 여기에 더해 조직 활동에 개인적 친분의 개입을 방지하려는 시도가 행해졌다. 이것이 완전히 성공하지는 않았지만, 개인과 조직의 분리를 강조함으로써 사적인 관계가 조직 운영에 공공연하게 개입하기 어려운 환경을 결과했다.

조직 운영에 개입하는 친분 관계의 문제점을 지적한 가장 오래된 자료는 1938년 최고위 의장으로 선임된 마스 만수르Mas Mansur의 일화이다. 수라바야에서 족자로 이사한 그는 기존의 조직 운영 관행을 변화하고자 시도했는데 그 핵심은 공사 구분에 있었다. 이를 위해 그가 변경한 행위 중 하나는 집에서 손님을 맞이하는 관행이었다. 일화에 따르면, 지부에서 온 방문자가 친분이 있는 활동가의 집에 먼저 찾아갔고 그가 이 방문자를 마스 만수르의 집으로 안내했다. 방문 이유가 조직 관련 업무임을 확인한 후 마스 만수르는 이들과 함께 사무실로 가서 일을 처리했다.[1] 조직과 관련된 일을 사적인 공간이 아닌 공적인 공간에서 처리함으로써 그는 개인과 조직의 일을 엄격히 구분할 필요성을 보여주고자 했다. 이 외에도 회의시간 준수, 회의 중 사적 업무 금지와 같은 지침을 통해 개인과 조직을

1 Hadikusumo(2010: 55–62)

분리하고, 개인적 이해 관계가 조직 활동에 미치는 영향을 축소하고자 했다.

마스 만수르 이후에도 조직 운영을 공식화하려는 시도가 지속되었는데, 그중 하나는 지도자의 임무와 조직 운영 절차를 제도화하는 것이었다. 중앙 본부 최고위 위원 간 업무 분담을 규정한 규칙을 예로 들면, 의장의 임무는 6개로, 부의장의 임무는 4~6개로 세분화되어 할당되었다. 같은 이유로 단체 운영 절차를 체계화한 매뉴얼도 만들어졌다. 최고위 회의를 예로 들면 좌장, 비서, 일반 참가자의 역할과 참여방식이 세부적으로 제시되었고, 회의록 작성, 시간 배분과 좌석 배치, 결과보고서 작성 방식이 일일이 규정되었다.

조직 운영의 제도화는 개인적 친분 관계가 공적 자원의 사적 전유를 가능하게 할 수 있다는 우려에 기인했다. 이는 교육, 보건 의료, 사회복지 기관이 안정적으로 성장함에 따라 강해졌다. 아말 우사하에서 자원을 얻어낼 여지가 많아졌기 때문이다. 무함마디야 활동가들 사이에서 자주 이야기되는 "사적인 감정을 조직으로 가져오지 말아라", "무함마디야 내에서 삶(생계)을 찾으려 하지 말아라"와 같은 말은 공적 자원의 사적 전유를 경계하려는 목적을 지녔다.

친분 관계의 개입을 막으려는 시도가 완전히 성공할 수는 없었지만 이러한 노력은 일정한 효과를 가져왔다. 이는 족자 주 지부를 통해 예시될 수 있는데, 아래는 주 지부 지도위 회의에서 벌어진 두 상황이다.

**사례1** 공식 안건에 대한 논의가 끝난 후 주 지부 의장은 다른 위원에게 면 지부 활동가의 방문 이야기를 꺼냈다. 며칠 전 이들이 찾아와 면 지부에서 계획하는 프로그램에 재정적 도움을 주도록 요청했다는 것이다. 면 지부에서 주 지부로 공식문서를 보냈지만 아무런 답을 얻을 수 없었기에 이들이 자신을 직접 찾아 왔다고 설명했다. 이렇게 말하면서 주 지부 의장은 난감한 표정을 보였는데, 이런 식의 방문이 부적절한 것임을 알지만 동시에 이런 행보의 절박함을 이해했기 때문이다.

이 문제에 대해 다른 위원들은 일제히 비판적 의견을 제기했다. 주 지부를 직접 방문하는 행위는 조직 운영 규정을 어긴 것으로, 공식 문서에 대해 답이 없으면 군 지부와 도 지부를 통해 이를 재차 전달해야 했다는 것이 그 이유였다. 이런 식의 요구가 재정 자립을 근간으로 하는 조직 운영 원칙에 부합하지 않는다는 의견 역시 제기되었다. 면 지부 행사에 참여하여 인사말이나 강연을 해달라고 요청할 수는 있지만, 재정 지원을 직접 요청하는 일은 적절하지 않다고 지적되었다.

비판적 입장이 한동안 제기된 후 일탈적 행동을 해야 했던 면 지부를 이해해보자는 의견이 제시되었다. 조직 운영 원칙에 어긋나는 행동을 한 데에는 절박한 이유가 있을 것이며, 자신의 역량을 뛰어넘는 활동을 기획하는 면 지부의 시도를 도와주어야 한다는 주장이 이어졌다. 결론은 도움을 주자는 쪽으로 나아갔다. 이에 위원 중 한 명이 그날 회의에 참석하지 않은 다른 위원에게 전화했다. 다른 행사를 위해 선물 꾸러미를 준비하고 있던 이 위원이 꾸러미 일부를 면 지부에 전달하기로 함으로써 논의가 종결되었다.

**사례 2** 주 지부 산하 따르지위원회가 제출한 세미나 계획이 안건으로 올라왔다. 위원회 위원이 회의에 참석하여 세미나의 목표와 예산을 먼저 설명했다. 그의 말이 끝나자마자 지도위 위원들로부터 거센 비판이 쏟아졌다. 비용이 합리적이지 않다는 주장부터 세미나 주제가 적절하지 않다는 의견, 세미나 개최 시기가 잘못되었다는 의견까지 다양한 비판이 제기되었다. 심지어 한 위원은 세미나 준비위원회에 책정된 20만 루삐아(2만 원)라는 소액 예산까지 문제 삼았다. 따르지 위원회가 주 지부 산하기관이며 참석자 모두가 서로를 알고 있었기에 비판의 정도가 심하다는 느낌을 주었다. 결국, 세미나 계획을 다시 작성하여 제출하기로 결정이 내려졌다.

회의가 끝난 후 이런 비판적 분위기에 대해 질문하자 안드로Andro는 절차상의 문제를 거론했다. 보통 몇 주 전에 계획을 세워 제출해야 하는데, 이번 경우는 회의 직전에 안건에 포함될 정도로 졸속으로 기획되었다는 것이다. 주 지부에서 같이 활동하는 활동가에 대해서도 이런 식으로 비판할 수 있느냐는 질문에 대해 그것이 일상적이라고 답한 안드로는 사적인 친분이 아닌 단체의 이익이 우선시되어야 한다고 덧붙였다.

이렇게 말한 후 그는 따르지 위원과 그를 비판한 지도위 위원의 관계를 설명해 주었다. 따르지 위원은 사소한 비용을 문제 삼던 지도위 위원과 같은 회사 동료이고, 또 다른 위원이 근무하는 학교의 운영위원회 위원이며, 또 다른 위원의 이웃이었다. 이런 관계를 지적함으로써 안드로는 개인적 관계가 조직의 의사결정에 영향을 미쳐서는 안 된다는 점을 강조하고자 했다. 이렇게 비판하고 비판받았지만, 회의가 끝난 후 이들은 곧바로 친한 동료나 이웃으로 되돌아간다고 그는 덧붙였다.

사례 1에서 주 지부 의장은 면 지부의 요청을 개인적으로 처리할 수 있었다. 이 경우 면 지부는 주 지부가 아닌 주 지부 의장 개인에게 고마움을 느낄 수 있었다. 이처럼 쉽게 처리할 수 있었음에도 주 지부 의장은 이를 공식적으로 논의하는 절차를 거쳤고, 주 지부의 이름으로 면 지부에 대한 지원을 결정했다. 이는 조직의 문제를 사유화하지 않으려는 태도, 개인적 관계가 아닌 집합적 절차를 통해 의사결정을 해야 한다는 인식을 이들이 내재화하고 있음을 드러냈다.

사례 2는 개인적 관계가 단체 활동에 미치는 영향이 제한적임을 보여준다. 세미나 개최 비용을 얻기 위해 따르지 위원은 친분 관계가 있는 위원과 비공식적인 접촉을 먼저 할 수 있었고, 이들의 관계가 의사결정 과정에 개입할 수도 있었다. 하지만 개인 간 관계는 이런 식으로 작동하지 않았으며 공적 수준에서 집합적인 논의를 통해 결정이 내려졌다.

두 사례는 조직 운영과 활동에 사적 관계가 개입하는 것을 방지하려는 노력이 어느 정도의 성과를 가져왔음을 시사한다. 이러한 분위기에서 조직의 자원을 이용하고자 하는 활동가는 공적인 수준에서 다른 활동가를 설득할 논리를 제시할 수 있어야 한다. 이는 친분 관계, 나아가 특정 지도자를 중심으로 형성된 충성과 의존의 관계가 조직 운영에 개입할 여지를 축소하고, 공식적이고 비인격적인 관계가 작동할 기반을 공고히 했다.

### 집합적 의사결정과 중층적 운영 구조

설립 역사가 오래된 교육, 복지, 의료 기관 중 상당수는 안정적 운영 기반을 확보했다. 고등교육 기관을 예로 들면, 170여 개 기관 중 종합대학 지위를 확보한 학교는 등록 학생이 수만 명에 이를 정도로 안정적이다. 양질의 일자리와 다양한 자원을 보유한 이런 기관을 중심으로 이권 형성의 가능성이 상존했다. 공적 자원의 사적 전유가 암묵적으로 용인되는 분위기가 형성될 경우, 이를 통해 개인의 영향력을 확대하고 이익 집단을 구성할 수 있다.

공적 자원의 사적 전유를 방지하기 위한 가장 중요한 제도는 집합적 의사결정이다. 공식적 의사결정 절차인 무샤와라가 강조됨으로써 개인의 영향력이 의사결정 과정에 작동하기에 제약이 존재한다. 영향력이 큰 활동가라도 자신의 의사를 관철하기 위해서는 집합적 논의과정을 거쳐야 하며, 이는 다른 활동가를 대상으로 한 협의와 설득이라는 번거로운 절차를 요구한다.

공적 자원의 사적 전유를 방지하기 위해 고안된 또 다른 기제는 앞 장에서 검토한 것처럼 아말 우사하 운영에 복수의 하부 조직이 개입하도록 만든 체계이다. 고등학교 교장 인사 방식은 앞의 표 21에 제시된 바와 같다.

교장 임명의 대원칙은 주 지부 교육위원회에서 추천하고 주 지부 최고위원회에서 결정하는 것이다. 하지만 대다수 고등학교가 하위 지부의 주도로 설립되었기에, 교장 임명은 설립 주체의 개입을 인정되는 방향에서 이루어졌다. 가장 복잡한 절차가 요구되는 면 지부 설립 고등학교의 경우, 면 지부에서 교장 후보를 제안한 후 군 지부, 도 지부, 주 지부 교육회원회를 거쳐 최종적으로 주 지부 최고위에 상정된다. 이는 한 지역에 있는 모든 하위 지부가 교장 선임 절차에 개입함을 의미한다.

여러 수준의 하위 지부가 중층적으로 개입함으로써 교장으로 임명되기를 원하는 사람이 로비하고자 할 때 의사결정에 간여하는 다수를 그 대상으로 설정해야 한다. 이는 개인적 관계가 극히 제한적으로만 작동할 수 있음을 시사한다.

대학총장 선임 역시 중층적 의사결정 구조에 맞추어 진행된다. 대학총장의 선임 권한은 중앙 본부에 있지만, 최고위만이 여기에 개입하는 것이 아니다. 총장후보가 되기 위해서는 먼저 대학 구성원의 선거를 거쳐야 한다. 여기에는 대학감독위원회라는 조직이 중요한 변수로 작용한다. 대학 운영을 관리감독하기 위해 대학조직과 별개로 설립된 이 위원회에는 보통 대학이 소재한 지역의 주 지부와 도 지부 활동가가 위원으로 참여한다.

대학에서 선출된 후보에 대한 의견 개진의 권리가 도 지부와 주 지부, 중앙 본부 고등교육위원회에 부여되어 있다. 규정상 이 단계는 의견 개진을 목적으로 하지만, 이 과정을 거치며 후보에 대한 여러 견해가 표출되고 그것이 상위 단계로 전달됨으로써 최종 후보 선임에 결정적인 영향을 미친다. 이런 상황에서 후보자는 로비 대상을 특정할 수 없을 뿐 아니라 그 효과성을 확신할 수도 없다.

중층적 절차가 작동함으로써 후보자에게 있어 중요한 점은 소수와의 친밀한 관계가 아닌 다수와의 원만한 관계이다. 개인이나 소수 집단이 특정 후보의 선택에 영향력을 행사할 수 없지만, 그 탈락에는 절대적인 영향을 미치기 때문이다. 이를 중앙 본부 활동가는 다음과 같이 설명했다.

> 평소 무함마디야 활동에 적극적으로 참여했는지가 우선적으로 고려된다. 하지만 활발한 참여가 핵심 기준으로 여겨지는 것만은 아니다. 참여하지 못한 상황 역시 논의되기 때문이다. 반면 불관용 원칙이 적용되는 문제가 있는데, 금전적 문제나 스캔들이다. 도덕성과 관련된 문제는 매우 심각하게 받아들여진다. 부패와 관련된 소문이 있다면 즉각적인 배제 사유가 된다. […] 결과적으로 무함마디야 활동에 헌신적인지의 여부와 함께 개인 생활의 여러 측면이 여러 사람에 의해 광범위하게 검증된다.

희소 자원의 분배 과정에 개인이 개입할 여지를 줄이기 위해 고안

된 중층적 의사결정 체계는 계획적으로 만들어지지 않았다. 아말 우사하를 설립한 하위 지부의 권리를 인정해야 한다는 인식, 이들을 대상으로 상위 지부의 관리감독이 이루어져야 한다는 필요, 사익 추구를 경계하고 조직의 자원을 이용한 후원-피후원 관계의 형성을 억제해야 한다는 고민이 상호작용하면서 중층적 구조가 구축되었다. 결과적으로 이러한 구조로 인해 개인적 관계가 조직의 자원을 이용하는 데 개입할 여지가 축소되었다.

중층적 구조가 확립되었다고 해서 특정 개인에 대한 특혜가 완전히 사라진 것은 아니다. 무함마디야 활동에 적극적이며 활동가들 사이에 잘 알려진 인물이 아말 우사하 직원으로 선호되는 모습을 찾을 수 있다. 직원 채용과정에 중앙 본부나 하위 지부 활동가가 면접위원으로 참여하는 경우가 많기에 무함마디야 활동 경력을 갖춘 후보가 선발된 가능성이 컸다. 최근 무함마디야 대학교수로 채용된 아스마Asma에게 최종 인터뷰 과정에 관해 묻자 아래와 같은 이야기를 들을 수 있었다.

> 인터뷰 장소에 들어가자 A씨, B씨, C씨가 앉아 있었다. 모두 잘 아는 사람이었다. 다른 위원 역시 면식이 있었다. 긴장을 하지 않았다고 할 수는 없지만 이들을 보자 안도감이 들었다. [...] 무함마디야에서의 활동은 말할 필요조차 없었다. 앞으로의 계획 특히 박사과정 진학에 대한 계획이 중점적으로 질문되었다. 그런데 박사과정 진학 문제는 이들이 (다른 자리에서 내게) 몇 차례나 이미 제안한 것이었다.

서류 심사를 통과하고 인터뷰 통지를 받았을 때 아스마는 선발될 가능성이 큼을 직감했다. 인터뷰가 끝난 후 이는 확신으로 바뀌었고 얼마 지나지 않아 채용 소식을 들을 수 있었다.

이 사례는 적극적인 활동가에 대한 특별한 혜택이 존재할 수 있음을 보여준다. 하지만, 여기에서 간과할 수 없는 사실은 이러한 대우가 특정 개인에 의해 주어진 것이 아니라 집단적 형식을 취했다는 점이다. 아스마 역시 이를 인식하고 있었다. 면접위원 중 누구에게 고마움을 느꼈냐는 질문에 대해 그는 특정인의 이름을 지목하지 않았다. 면접위원 모두와 함께 활동했기에 그중 누군가에게 특히 고마워해야 한다고 그는 생각하지 않았다. 이는 무함마디야 활동가가 받는 특별대우가 특정인에 대한 부채의식으로 이어지지 않음을, 나아가 조직의 자원에 바탕을 두고 개인을 중심으로 한 후원-피후원 관계나 파벌을 구축하기 쉽지 않음을 시사한다.

조직 활동에서 친분 관계의 개입을 억제하고 공적 자원의 사적 전유를 억제하는 분위기는, 조직 운영에 개인의 영향력이 개입하고 개인을 중심으로 한 파벌이 형성되거나 권위를 축적한 지도자가 출현하는 상황을 저지하는 결과를 가져왔다.

조직적 차원의 기제와 함께 고려될 측면은 지도자의 교육 배경이다. 전통적으로 종교 교육은 특정인을 중심으로 한 파벌, 후원-피후원 관계 형성에 핵심적 역할을 해왔으며 종교 지도자의 권위를 생산, 재생산하는 요소였다. 교육을 매개로 한 무함마디야 활동가의 관계를 알아봄으로써 파벌과 후원-피후원 관계의 형성 가능성을 검토할 수 있다.

### 교육 배경과 파벌 형성 가능성[2]

전통 사회에서 교육은 종교적 파벌 형성의 핵심 기제였다. 전통 교육기관인 뻐산뜨렌에서 선생과 학생, 학생들 사이에는 전면적이고 장기간에 걸친 상호작용이 이루어졌고, 이는 인적 네트워크와 파벌 구축의 기반으로 작동했다. 무함마디야의 초기 활동가들은 뻐산뜨렌에서의 교육 경험을 가졌지만, 개혁주의라는 새로운 이념을 수용함으로써 뻐산뜨렌 네트워크를 중시하지 않았다.

무함마디야 활동가의 교육은 근대적 방식을 차용한 학교에서 주로 이루어졌다. 일반 대학에서 교육을 받는 경우 역시 일반적이었다. 이러한 경향은 무함마디야 활동가들의 교육 배경을 다원화하는 결과를 가져왔다.

교육을 매개로 한 파벌의 형성 가능성이 없었던 것은 아니다. 다흐란에 의해 설립되었고, 까움안 출신 활동가의 학연 형성에 지대한 역할을 한 무알리민Muallimin이 그것이다. 중고등학교 수준의 교육을 제공하는 이 학교는 무함마디야의 핵심 조직원과 전투적 선교사를 양성하려는 목표를 가졌다. 기숙형 학교라는 성격으로 인

---

2 파벌 형성과 활동가들 사이의 관계는 김형준(2019)에 기반을 두고 작성되었다.

해 사제 간, 학생 간 접촉이 뻐산뜨렌과 마찬가지로 집중적으로 이루어졌고, 이는 긴밀한 인적 네트워크 형성을 뒷받침했다. 1950년대 이전까지 무알리민은 무함마디야 활동가의 연결점이었고, 졸업생은 지도부의 핵심 활동가로 활약했다.

무알리민의 중요성은 독립 후 지속적으로 축소되었다. 이는 공립학교에 대한 높은 선호에 의해 촉발되었는데 근대식 교육을 강조한 무함마디야 활동가에게 이러한 정서는 큰 거부감 없이 수용될 수 있었다. 그 결과 무함마디야 활동가로 성장하기 위해서 무알리민을 졸업해야 한다는 식의 태도가 형성되지 않았다. 교육에 대한 개방적 태도는 무함마디야가 설립한 학교에도 적용되었다. 무함마디야 활동가가 되기 위해 무함마디야 학교를 졸업해야 한다는 식의 담론이 형성되지 않았다. 중앙 본부 지도자는 학교 선택 방식을 아래와 같이 설명했다.

> 학교는 각자의 선택에 맡겨야 하며, 무함마디야 활동가들이 할 수 있는 부분은 "우리 학교의 장점은 이렇다"를 설명하는 정도이다. 우리는 무함마디야 학교에 자녀를 교육시켜야 한다는 지침을 만들거나 이를 강제할 권한을 가지고 있지 않다. 우리가 할 수 있는 일은 권유하는 것이다. "이런 장점이 있으니 무함마디야 학교에 학생을 보내주세요" 정도가 우리가 할 수 있는 최선이다. 반드시 무함마디야 학교를 나와야 한다는 식의 강제가 존재할 수 없다.

무함마디아 학교를 강제하지 않는 분위기로 인해 활동가 중 무함마디아 학교에서 수학한 경우는 제한적이었다. 특히 상대적으로 발달이 더뎠던 고등교육의 경우, 무함마디아 소속 대학을 나온 활동가를 찾아보기는 쉽지 않았다. 아래에서는 2010년과 2015년 중앙 본부 최고위 선거 후보자로 선정된 활동가의 고등교육 배경이 검토될 것이다.

55명의 최고위 선거 후보자 중 가장 많은 11명이 가자마다대학Universitas Gadja Mada 출신이었다. 그 뒤를 이어서 족자 이슬람대학IAIN Yogyakarta과 자까르따 이슬람대학IAIN Jakarta 출신이 각각 8명과 7명이었다. 가자마다대학을 졸업한 11명의 출생 시기는 1951년~1965년 사이에 걸쳐 있을 뿐 아니라 이들의 전공 분야 역시 다양했다. 이는 이들 사이에 대학을 매개로 한 네트워크 형성 가능성이 크지 않음을 시사한다.

이슬람을 전문적으로 공부한다는 이유로 인해 이슬람대학을 매개로 한 분파의 형성 가능성은 상대적으로 높았다. 하지만, 이슬람대학의 교육이 빼산뜨렌만큼 강도 높게 이루어지지 않아 학생에 대한 교수의 권위는 제한적이었다. 같은 시기에 대학을 다닌 학생 사이에서 형성되는 유대 관계 역시 느슨했다.

무함마디야에서 활동하는 교수와 제자 사이의 관계를 검토하기 위해 족자 이슬람대학에서 수학하는 학생과 졸업생이 개최한 토론회 사례를 검토할 것이다.

세미나 형식의 토론회에서 발표한 연사는 무함마디야 중앙 본부에서 활동하는 쪽자 이슬람대학 교수였다. 그는 일반 무슬림에게서 나타나는 다양한 종교적 표현 방식에 관해 설명함으로써, 교조적 해석에 대한 비판적 시각을 제시했다. 발표가 끝나고 이어진 토론 과정 중 논의가 교회에서의 예배 문제로 흘러갔을 때였다. 무슬림이 교회에서 그리스도교도와 함께 예배하는 행동이 용인될 수 있다는 주장을 어떤 참가자가 제기한 후 그에 대한 발표자의 견해를 물었다. 발표자가 명시적인 동의를 표하지 않자 날 선 대화가 오고 갔다. 토론회 자리에 있던 다른 참가자들이 전자에 동조함으로써 발표자가 소수 입장에 내몰린 후 토론이 종결되었다. 토론회가 끝나고 다과 시간이 되자 논쟁을 벌인 발표자와 참가자는 화기애애한 분위기를 이어갔다. 발표자가 문제를 제기한 참가자에게 "(말하는 방식이) 신부 같네"라는 농담을 던지자, 그 참가자는 발표자에게 "끼야이 같네"라고 답함으로써 커다란 웃음을 끌어냈다.

발표자를 통해 모임에 참석한 참가자 대다수가 자신의 강의를 들었거나 자신의 학과에서 공부한 학생임을 알게 되었다. 토론 과정에서 이들이 발표자에게 보인 비판적 자세, 다과 시간에 나타난 허물없는 태도가 이슬람대학 사제 관계의 모습이냐는 질문에 대해 그는 긍정적으로 답했다. 곧이어 그는 활동가들의 선호 담론을 꺼냈다. 엔우와 달리 무함마디야에서는 지도자를 숭배하거나 권위에 복종하는 관행이 존재하지 않는다는 것이다. 회원 사이의 평등성이 중시되기에 자바 문화에서 강조되는 연장자에 대한 예절 역시 교수와 학생 사이에 적용되지 않는다고 그는 덧붙였다.

이 사례는 사제 관계로 맺어진 무함마디야 활동가 사이에서 위계화된 관계가 구축될 환경이 조성되어 있지 않음을 시사한다. 뻐산뜨렌과 달리 대학의 사제 관계는 위계 구조가 형성될 정도로 집중적인 상호작용에 기반하고 있지 않다. 또한, 대학에서 이슬람을 가르치는 행위에 절대적인 권위가 부여되지 않음으로써 특정 교수에게 교육받았다는 사실이 배타적인 동질감을 가져오기에 한계가 있었다. 이를 고려해보면, 대학에서의 사제 관계나 동료 관계를 기반으로 파벌이 형성되기에는 상당한 제약이 존재했다.

무함마디야 활동가들이 엔우 지도자를 희화화하면서 이용하는 표현 중 하나는 '파란색 피'였다. 이는 끼야이 집안 출신에게 부여되는 성스러운 지위와 특권을 빗대어 표현한 것으로, 일반인과 다른 색의 피를 가진 특권적 존재를 일컬었다. 무함마디야에는 '태어나기 전부터 무함마디야'라는 표현이 존재했다. 일견 '파란색 피'와 비교될 수 있어 보이지만, 이 말은 부모가 무함마디야 지지자인 집안에서 태어난 사람을 지시하기 때문에 훨씬 포괄적이다. 이 표현이 배타적으로 적용되기 위해서는 교육 배경이 추가되어야 하지만, 무함마디야 소속 학교는 이 역할을 하지 못했다. 이는 중앙 본부 최고위 위원의 교육 배경을 통해서도 확인할 수 있다. 2015년에 선출된 13명의 최고위 위원 중 4명만이 무함마디야 학교에서 수학했고, 이 역시 초중고등학교 중 하나에만 해당했다. 이는 대학교육과 마찬

가지로 초중등 교육 역시 특권적 지위를 가져오지 않는 요소임을 의미한다.

활동가들의 교육 배경이 분파 형성을 억제하는 또 다른 이유는 높은 학력으로 인해 이들 중 상당수가 대학에서 일한다는 점이다. 이는 도 지부 이하의 활동가에게도 적용되어서, 이들 중 상당수는 초중고등학교에서 일했다. 교수와 선생 같은 직업의 특징 중 하나는 직책을 이용하여 동원할 자원이 많지 않다는 점이다. 정치인이나 경제인, 심지어 공무원과 비교할 때에도, 이들이 동원할 수 있는 물질적, 비물질적 자원과 권한은 제한적이다. 이는 직업을 매개로 한 후원-피후원 관계의 형성 기반 역시 굳건하지 않음을 의미한다. 교육기관에서 일하는 활동가의 경우 같은 기관에서 일하는 사람에게 의존적일 필요가 많지 않으며, 이들 사이에서는 상하 관계보다 수평적인 동료 관계가 주도적으로 나타난다.

### 자치단체 경력과 파벌 형성 가능성

무함마디야 산하 자치단체는 성, 나이, 활동에 기반을 두고 결성되었다. 청소년 조직, 대학생 조직, 청년 조직이 연령에 기반을 두는데, 이 단체 활동가들은 나이가 들면서 무함마디야로 점차 활동 영역을 옮긴다.

자치단체에는 비슷한 연령대의 활동가가 참여하여 활동하기 때문에 배타적인 네트워크를 형성할 잠재력을 가졌다. 대학생 단체나 청년 단체에서 같이 활동한 젊은이들이 중년에 접어들어 무함마디야 최고위 위원으로 활동한 이야기가 회자되기도 했다.

2015년에 선출된 최고위 위원의 경력을 보면 자치단체 활동 경험의 중요성을 찾을 수 있다. 13명 중 5명이 자치단체에서 활동했는데, 3명이 학생단체의 의장을, 2명이 청년단체의 의장을 역임했다. 이런 배경은 이들이 최고위 지도자로 성장하는 데 중요한 역할을 했다.

하지만 자치단체 활동의 개방적 성격, 즉, 자치단체 최고위 위원으로의 선임이 적극적인 참여를 통해서만 가능하다는 사실이 간과되어서는 안 된다. 또한 자치단체에서의 직책이 무함마디야의 직책으로 전환되지 않고, 꾸준한 활동을 필요로 한다는 점 역시 고려되어야 한다. 자치단체 직책의 성취지위적 성격을 예시하는 자료는 자치단체에서 의장을 한 활동가가 자동으로 무함마디야 최고위 위원으로 선출되지 않는다는 점이다.

이를 보여줄 사례로 청년 단체를 살펴보도록 한다. 1989~1993년 청년단체 의장이던 딘 삼수딘은 무함마디야로 활동을 옮긴 후 몇 년 지나지 않아 최고위 위원이 되었고, 2005년 의장으로 선출되었다. 반면, 딘 삼수딘 직전에 청년단체 의장을 맡았던 하빕 치르진 Habib Chirzin은 최고위 위원에 선출될 정도의 득표를 얻지 못했다.

총회 선거를 설명하던 주 지부 지도자의 이야기는 자치단체의 직책이 귀속지위가 아님을 잘 표현했다.

> 최고위 선거의 최종 후보자로 뽑혔지만 높은 득표를 하지 못한 라하유Rahayu 이야기가 화제가 되었다. 조직에 대한 헌신, 뚜렷한 무함마디야 정체성을 지니고 있음에도 라하유의 득표가 높지 않음을 의아해하자, 그 자리에 있던 한 활동가는 라하유의 경력에 대해 말해주었다. 그가 무함마디야 대학생 단체와 청년 단체 최고위 위원을 역임했다는 것이다. 그럼에도 그가 많은 지지를 얻지 못한 이유를 묻자 나름의 분석을 제시했다. 화려한 경력을 지녔지만, 최근 들어 라하유가 개인적 활동에 더 많이 신경을 쓰면서 조직 활동을 등한시했다는 것이다. 이는 위원회 모임이나 강연 같은 활동에 라하유가 활발하게 참여하는 모습이 나타나지 않음으로써 주변에 알려지게 된다고 했다. 소문을 통해 그의 활동에 대한 정보가 퍼지고, 그것이 높은 득표를 가로막았다고 그는 평가했다.

이 설명에서처럼 자치단체 활동을 통해 축적된 명성은 영속적 성격을 띠지 못했다. 조직 활동이 꾸준히 이어지지 않을 때 과거 경력은 귀속지위로 작동하지 못하며, 말 그대로 경력으로만 남게 된다. 이는 현재적 활동의 중요성을, 그리고 산하조직에서 구축한 인적 네트워크가 배타적 네트워크나 파벌로 기능하지 않음을 확인할 수 있도록 한다.

## 활동가 간의 관계

무함마디야에서의 활동을 바탕으로 활동가들 사이에서는 긴밀한 친분 관계가 형성될 수 있다. 이러한 가능성은 상존하지만 그 실현은 쉽지 않았다. 앞에서 지적한 것처럼 공사 구분, 공적 자원의 사적 전유 금지, 중층적 의사결정 과정 등은 파벌과 후원-피후원 관계 형성을 억제했다. 또한, 실제 조직 활동 과정에서도 사적 관계의 형성을 억제하려는 분위기가 팽배했다. 이를 중앙 본부 의장 하에다르Haedar는 회원, 활동가, 지도자 사이에서 "개인적 접촉이 사라졌다"고 설명했고, 그 이유를 조직의 메커니즘이 개인의 영향력을 넘어설 정도로 강해졌기 때문이라고 지적했다.

하에다르가 언급한 개인적 접촉의 상실, 즉 활동가 사이 밀접한 관계 형성의 억제를 주 지부 지도자는 '건조한'이라는 형용사로 표현했다. 활동가 사이에 친밀한 관계 형성이 저지됨으로써 그들의 관계가 형식적, 비인격적 성격을 띠게 되었다는 것이다. '개인적 접촉이 사라진' '건조한' 관계를 중앙 본부 최고위 위원 로샤드 솔레Rosyad Sholeh는 아래와 같이 설명했다.[3]

> 조직 내 삶을 관찰해보면, 서로 방문하는 관행, 서로 사랑하는 관계, 가족적 관계가 실현되지 않는다는 인상을 받게 된다. 우리 사이에서

3 Sholeh(2005: 191)

> 만들어진 관계, 수직적이고 수평적인 관계 모두는 형식적 관계에 국한됨을 알 수 있다.

로샤드가 형식적 관계라 언급한 것은 무함마디야의 정관, 총회, 탄위르, 지도위 회의의 결정과 같은 규정과 업무에 따라 확립된 관계였다. 여기에 더해 그는 비공식적 관계의 필요성을 역설했다. 비공식적 관계란 공식적 규정에 얽매이지 않는 개인적 관계의 망인데, 이를 통해 가족과 같은 느낌, 서로에 대한 존경, 의견 일치를 위해 서로 도와주고 도움을 받으려는 태도가 충만한 분위기를 형성할 수 있고, 이것이 조직 활동을 원활하게 만든다는 것이다. 이처럼 사적인 관계를 강조했지만, 그는 아래와 같이 글을 끝맺었다.

> 비공식적 관계가 매우 필요함에도 중요한 점은 그것이 과도해서는 안 된다는 것이다. 왜냐하면 과도한 비공식적 관계는 조직의 규정을 파괴하기 때문이다.

로샤드는 1960년대 중반 대학생 자치단체 설립에 앞장섰고, 1970년대 청년 단체를 거쳐 중앙 본부 최고위에서 30여 년 동안 활동한 지도자였다. 그가 비공식적 관계의 필요성을 제안했다는 사실은 형식적이고 비인격적인 관계 맺음이 무함마디야 활동가 사이의 관계를 주도하는 특징임을 보여준다. 동시에 그가 비공식적 관계에 대한 우려의 말을 마지막에 덧붙였다는 사실은 시사점을 던져준다. 그의 우려는 가족과 같은 관계 형성을 배제하려 했던 이유였기 때문이다. 사적인 관계가 특정 지도자를 중심으로 한 파벌 형성을 유도할 수 있고 파벌이 집단적 리더십의 근간을 훼손할 수 있음을 활동가들은 인식하고 있었고, 공식적이고 비인격적인 방식의 조직 활동을 끊임없이 강조했다. 이러한 노력의 의도하지 못했던 결과는 '개인적 접촉이 상실'된 '건조한' 관계였다.

활동가들의 관계에 대한 로샤드의 견해는 다른 활동가에 의해서도 공감되었다. 주 지부 지도자 회의에 결석한 위원과 우연히 나누었던 대화는 이를 예시한다. 몸이 좋지 않아서 참석하지 못했다고 말한 그는 이를 걱정하는 내게 이야기를 이어갔다. 자신이 오늘 병원에 입원하더라도 몇몇 사람을 제외하고는 무함마디야 활동가들이 문병하러 오리라 확신할 수 없다는 것이다. 잠시 말을 멈춘 뒤 그는 문병 올 사람이 많지 않다고 확신에 찬 듯 말했다. 회원들의 성향이 개인적이기 때문에 그러한지를 묻는 질문에 대해 그는 긍정적인 표현을 함과 동시에 "(무함마디야 활동가들이) 타인에게 의존하지 않으려는 성향이 강하기 때문"이라고 설명했다.

의존적이지 않다는 설명은 무함마디야의 비인격적이고 형식적인 인간 관계를 설명하는 또 다른 표현이었다. 평등성을 강조하는 이념, 집단지도체제와 집합적 의사결정에 기반을 둔 조직 운영, 지부와 아말 우사하의 자율성을 강조하는 경향은 의존적이지 않으려는 성향, 개인적 친분 대신 형식적 관계를 중시하는 성향, 사적인 것과 공적인 것을 구분하려는 성향, 규정에 맞추어 공적으로 일을 처리하려는 성향에 의해 뒷받침되었다.

활동가들 사이의 평등성을 유지하고, 공적 자원의 독점이나 사적 전유를 막기 위한 이념적, 제도적, 관습적 기제들은 파벌 형성의 가능성과 후원-피후원 관계의 작동을 저지함으로써 조직 활동을 통해 종교적 권위를 축적하고 이를 바탕으로 조직을 운영할 지도자의 출현을 억제할 수 있었다.

권위적 지도자가 쉽게 출현할 수 없기에 집단지도체제가 적절하게 작동할 수 있었고, 설득과 협상이 의사결정의 수단으로 자리 잡을 수 있었다. 이런 의미에서 무함마디야 지도자는 특정 직책을 한시적으로 부여받고, 그에 부합하는 역할을 행하는 무정형적 성격을 갖게 되며, 개인적 특성이 조직 운영에 개입하지 않음으로써 민주적인 조직 운영을 뒷받침할 기반이 공고화될 수 있었다.

# 조직 통합

느슨한 연대,
광신의 부정

### 조직 통합의 문제: 지부 소멸과 내적 분화

설립 후 상당 기간 동안 무함마디야는 전통 이슬람으로 대표되는 세력으로부터 강한 비판을 받았다. 다흐란은 가짜 이슬람 지도자, 그리스도교 지도자라고, 무함마디야는 이교도 단체라고 비난받기까지 했다. 단체의 존립 자체가 불확실한 상황에서 외부 비판은 활동가 사이의 결속력을 높이고 동류의식을 강화하는 방향으로 작용했다.

무함마디야의 입지가 확고해진 1920년대 중반 이후 외부 비판이 축소되자 활동가의 관심은 지부 확산에 놓였다. 지부가 폭발적으로 늘어나자, 이들은 과거에 고민하지 못한 문제에 직면했다. 중앙 본부와 긴밀한 접촉을 갖지 않은 곳에 지부나 그룹이 설립됨으로써 단체 내 이질감이 확대한 것이다.

중앙 본부와 적절한 의사소통을 하지 않거나 중앙에 대해 불만을 가질 때, 그리고 내부적으로 분열될 때 지부 활동이 멈추거나 소멸했다. 신설 지부와 비교하여 소멸 지부의 수가 많았던 것은 아니다. 1931~1932년 사이를 보면, 매년 십여 개의 지부가 소멸하고 수십 개의 지부가 신설되었다. 그럼에도 활동가들에게 있어 지부 소멸은 심각한 문제로 여겨졌다. 개혁주의의 확산을 가로막을 뿐 아니라, 주변 지부에도 좋지 않은 영향을 미칠 수 있었기 때문이다. 지부 소멸의 이유를 활동가들은 아래와 같이 분석했다.

> 많은 지부가 사라질 위험에 놓여 있다. 이유는 각양각색이다: 활동하고 싶지 않음, 회원이 다른 장소로 이사해서 감소함, 활동가가 충분하지 않음 등. 가장 심각한 이유는 [...] 알라를 기억하고 종교적 의무를 행하기 위해서가 아니라 시대적 분위기에 편승해서 지부 설립이 이루어진 것이다.

지부 소멸의 핵심 원인은 활동가의 자발성 부족이었다. 하지만 지부가 자율적으로 설립·운영되는 상황에서 소멸을 막을 뾰족한 방법은 없었고, 이는 조직 통합 문제의 심각성을 실감하도록 했다.

독립 후 무함마디야의 위상이 확고해지자 지부 소멸의 위기감은 사라졌지만, 통합을 위협하는 새로운 요소가 부상했다. 무함마디야 활동가 사이의 차이, 특히 자바를 대표하는 쪽자 활동가와 서부 수마뜨라 활동가 사이의 차이가 부각되었다. 개혁-근대주의를 받아들였음에도, 쪽자 활동가는 근대주의적 차원에 강조점을 둔 반면, 수마뜨라 활동가는 개혁주의적 차원, 즉 꾸란과 하디스에 부합하는 종교적 믿음과 관행의 정화purification를 강조했다.

문화적 차이 역시 나타나서, 자바 출신자의 온건하고 점진적인 성향과 달리 수마뜨라 출신자에게서는 직설적이고 급진적인 경향이 우세했다. 정치적 문제에 대한 견해 차이도 뚜렷했다. 수마뜨라 출신은 적극적인 정치적 행보를 선호해서, 독립 이전에는 식민지 정부를 대상으로 한 투쟁, 독립 이후에는 이슬람 국가 설립을 위한 투쟁을 지지했다. 무함마디야의 조직 확대가 가져온 내적 차이를 알

피안Alfian은 다음과 같이 정리했다.[1]

> 미낭까바우와 유사한 특성이 […] (수마뜨라) 벙꿀루에서 나타났다. 자바와 유사한 모습이 (수마뜨라) 아쩨에 존재했다. […] 여러 이유로 인해 남 술라웨시, 남 깔리만딴, 동 수마뜨라와 다른 지역 무함마디야의 성향은 미낭까바우와 벙꿀루보다 덜 급진적이고 덜 공격적이다. 이들 중 일부는 자바나 아쩨보다 더 급진적이며, 일부는 덜 급진적이다. 전체적으로 한 지역과 다른 지역에서 전개되는 행동 양식에 뚜렷한 다양성이 존재하고 있음은 매우 명확하다.

독립 후 자바 외부 지역 출신자가 무함마디야 중앙 본부에서 대거 활동하기 시작했다. 정치 참여가 용인되는 상황에서 정치적 행보를 둘러싼 논쟁이 무함마디야 내부에서 발생했다. 이러한 논쟁이 드라마틱하게 표출되지 않고 집단 간 첨예한 대립으로 나아가지는 않았지만, 활동가들은 정치 문제를 중심으로 한 내부 분열의 가능성을 경험할 수 있었다.

이러한 상황은 무함마디야 활동가로 하여금 조직 통합의 필요성을 다시금 강조하도록 했다. 이에 대한 문제의식은 빨렘방에서 개최된 1956년 총회에서 표현되었는데, 여기에서 발표된 "한 번 무함마디야라면, 영원히 무함마디야이다"라는 표현이 이를 함축적으

---

1 Alfian(1989: 354)

로 드러낸다. 무함마디야와 한 번 인연을 맺은 사람은 차이와 이견에도 불구하고 무함마디야 회원이라는 것이다. 통합에 대한 강조는 당시 총회 결정을 통해서도 표현되었다.[2]

A. 무함마디야는 단일한 조직을 구성한다.
   1. 수직적 구성의 단일성: 무함마디야의 활동은 중앙집권적이며, 중앙 본부 지도자로 구성된 단일 지도체제에 의해 지도된다.
   2. 수평적 구성의 단일성: 무함마디야는 개별적으로 형성된 조직들의 연합체가 아니다. 조직을 구성하는 모든 부분은 하나이다.

이 결정은 조직 통합의 두 차원을 강조했다. 수평적 구성이라 불리는 차원은 무함마디야에 소속된 모든 하위 지부와 아말 우사하가 통합체의 일부임을 지적했다. 수직적 구성의 단일성은 이러한 통합체가 중앙 본부에 의해 지도되어야 함을 밝힘으로써, 무함마디야의 통합성과 그 중심을 명확하게 했다.

앞 장에서 지적한 것처럼, 1950년대를 거치며 집단지도체제가 강화되었다. 이는 일인지도체제의 문제점에 대한 인식에 기인했는데, 그것이 통합을 일시적으로 촉진하더라도 지도자와 다른 입장을 가진 활동가의 불만을 고조시킴으로써 장기적으로 그것이 분열 가능

---

2 Muhammadiyah(1956: 12)

성을 높일 수 있다는 것이다. 반면 집단지도체제는 다양한 목소리의 공존과 경쟁을 인정하되, 합의에 기반을 둔 통일성을 강조함으로써 조직의 결정을 중심으로 한 갈등과 분열의 가능성을 상당 부분 해소할 수 있었다.

활동가들이 희망하던 통합적 상황은 꾸준히 유지될 수 있었다. 설립 후 100여 년 동안, 가시적인 분열을 단 한 차례도 경험하지 않았기 때문이다. 이를 중앙 본부 활동가는 아래와 같이 설명했다.

> 무함마디야 내에서도 날카로운 의견 대립, 사상 대립이 있어 왔다. 하지만 무함마디야에 대적할 또 다른 단체, 아류 무함마디야가 내부 분열을 통해 출현하지 않았다. 지금까지 무함마디야는 상대적으로 완전한 단일체로 존속할 수 있었다.

집단지도체제와 무샤와라는 조직의 균열을 막고 통합을 가져오는데 중요한 역할을 했다. 여기에 더해 동일한 효과를 가진 전통과 관행이 조직 운영 과정에서 발전할 수 있었다. 아래에서는 이념적 포괄성, 따르지위원회, 정치적 중립 등을 중심으로 이 문제를 검토할 것이다. 이후 통합을 훼손하는 움직임에 대한 대응을 알아봄으로써 통합이 강제되는 분위기의 효과성을 알아볼 것이다.

## 조직 통합을 위한 노력: 느슨한 연대

조직 통합과 관련되어 대비되는 두 모델을 생각해볼 수 있다. 하나는 조직의 이념과 활동의 통일성을 명확하게 하는 것으로, 집단 내 동질성을 강화하고 뚜렷한 정체성을 확립하여 조직 통합 정도를 높일 수 있다. 다른 하나는 핵심 이념과 활동을 최소화함으로써 갈등의 가능성을 낮추고 느슨한 연대를 지향하는 것이다. 무함마디야는 후자를 택했다.

새로운 종교해석에 기반을 두고 무함마디야가 시작했음을 고려해보면, 그 이념적 지향은 뚜렷했다고 할 수 있다. 다흐란을 중심으로 한 활동가들의 긴밀한 상호작용으로 인해 조직의 이념과 활동에 대한 공감대 역시 강력하게 형성되었다. 이러한 배타적 성격은 조직 확대 과정에서 유지되지 않았다. 무함마디야의 이념을 내재화한 집단을 중심으로 조직이 확대되지 않았고, 원하는 사람 모두가 참여할 수 있었기 때문이다.

지부 설립을 추동한 집단에게 있어 무함마디야의 핵심은 경전에 기반을 둔 종교해석, 실천, 근대식 학교였다. 무함마디야를 전파하는 과정에서는 보다 더 포괄적인 접근이 이루어졌다. 이는 무함마디야를 어떻게 소개해야 하는가를 묻는 질문에 대한 파흐루딘 Fachruddin의 답변을 통해 알 수 있는데, 그는 무함마디야 정관을 지목했다. 정관에 제시된 무함마디야의 활동 목표는 아래와 같았다.[3]

- 이슬람 관련 교육이 제공되는 학교의 설립과 관리
- 자발적으로 모인 사람에게 이슬람 교리를 가르칠 모임 개최
- 예배 장소의 설립과 관리
- 종교 관련 서적의 출판.

정관에 제시된 목표에는 무함마디야만의 독자적인 이념적 지향이 포함되어 있지 않다. 학교와 종교 강연회, 종교 서적은 무함마디야의 이념을 반영하고 정체성을 드러냈지만, 이를 무함마디야만의 배타적이고 독점적인 것이라 할 수 없었다.

정관에 드러난 포괄적 이념과 활동 방향은 이후에도 큰 변화를 겪지 않았다. 활동가 사이, 활동가와 외부인 사이의 논쟁을 거치며 무함마디야의 이념적, 활동상의 특징이 구체화되었지만, 이를 정리하고 체계화하려는 시도가 전개되지 않았다.

1970년대 초 단체의 공식 문건으로 발표된 '무함마디야적 삶의 신념과 이상'은 무함마디야의 목표를 네 분야로 나누어 설명했다.[4]

- 무함마디야는 비이슬람적인 요소가 제거된 순수하고 깨끗한 종교적 믿음을 확립하고자 하며, 이 과정에서 관용의 원칙을 무시하지 않는다.
- 무함마디야는 이슬람의 가르침에 기반을 둔 고귀한 행동 원칙을

3 Jaldan(1998: 2)

4 Pasha & Darban(2002: 247)

확립하고자 노력한다.

- 무함마디야는 인간에 의해 추가되거나 변화한 것 없이 선지자에 의해 인도된 예배 방식을 확립하고자 노력한다.
- 무함마디야는 이슬람 교리에 기초하여 현세의 일을 실천하고자 노력하며, 이는 알라에 대한 경배의 일환이다.

'무함마디야적 삶의 신념과 이상'에는 무함마디야가 지지하는 개혁주의적 시각이 강하게 투영되어, 비이슬람적인 요소를 정화하고 순수한 교리를 확립하자는 주장이 제기되었다. 정화는 무함마디야를 라이벌 단체 엔우와 구분해주는 핵심 요소로서 이 문건은 무함마디야의 종교적 정체성을 드러내 주었다. 하지만 비이슬람적 요소의 정화는 무함마디야만의 주장이 아니며, 인도네시아에서 활동하는 많은 이슬람 단체 역시 이를 지지했다. 정관을 포함한 이전 문서와 비교할 때 배타성의 정도는 높아졌지만, 그렇다고 해서 이 문건이 회원 가입을 제약하거나 기존 회원의 활동을 제한한다고 말할 수는 없다.

이 문건이 배타적이지 않음을 보여주는 또 다른 측면은 첫 항목에 제시된 '관용의 원칙을 무시하지 않는다'이다. 이는 오염되지 않고 순수한 교리 확산이 권유의 방식을 통해 이루어져야 함을 의미한다. 주변에 존재하는 비이슬람적인 관행에 공격적으로 대응할 것을 요구하지 않음으로써, 변화에 대한 희망만으로도 회원 자격을 충족할 수 있었다.

이념적 차원의 포괄성은 조직 내 갈등, 불화, 차이가 조직 통합을 훼손하는 방향으로 나아가지 않도록 억제할 수 있었다. 자율성에 기반을 둔 조직 운영은 이러한 포괄성이 뒷받침되는 제도적 환경을 구축했다. 단체의 이념이 강제되지 않기에, 활동가와 지지자는 자신의 이념적 색채를 유지할 수 있었고, 자율성 하에서 이런 이념적 차이가 용인될 수 있었다.

무함마디야 활동가에게 조직의 핵심 목표를 질문했을 때에도 포괄적인 태도가 나타났다. 이들이 자주 이용했던 표현은 "올바른 것을 정립하고 잘못된 것을 금한다amar makruf nahi munkar"이며, 여기에 동조하는 누구라도 무함마디야에서 활동할 수 있다고 인정되었다. 이처럼 배타적이지 않은 태도가 지배적인 이유로는 몇 가지 측면이 지적되었다. 포괄적인 목표를 상정함으로써 보다 많은 무슬림에게 호소력 있게 다가갈 수 있다는 점, 다양한 성향을 지닌 무슬림을 하나의 조직으로 통합해야 한다는 점이 거론되었다.

현실적 차원을 지적한 활동가도 있었다. 체계적이고 구체적인 이념과 목표를 제시하더라도 이를 관철시킬 방법이 없다는 것이다. 특정 이념을 지지자에게 강제할 수 없음을 족자 주 지부 지도자는 아래와 같이 설명했다.

> (지지자에게) 우리가 줄 수 있는 것이 없는데 계속 요구만 하면 (받아들여질 수 없다). 중요한 것은 사심 없는 태도로, 우리가 사심 없이 활동하고, 이런 모습이 전달될 수 있다면, 우리의 이념 역시 전파될 수 있

다. 우리는 (특정한 이념을) 요구할 수 없고, 당연히 강제할 수 없다.

무함마디야가 포괄적 이념을 제시한다고 해서 활동가들의 종교 담론 역시 그런 것은 아니다. 이들 다수는 이슬람과 관련된 깊은 지식을 갖추고 있다. 하지만 이들은 저술이나 강연을 통해 표현하는 종교적 입장을 개인적인 것이라고 규정했다. 자신의 견해가 무함마디야의 이념을 반영할 수도 있고 이를 풍부히 하는 데 도움을 줄 수 있지만, 그것이 조직의 공식적 입장으로 받아들여지기 전까지는 개인적 입장일 뿐이라는 것이다.

무함마디야 활동가들은 조직 내 다양성을 수용하면서도 통합된 조직을 운영할 방식에 대해 고민했다. 이에 대한 답으로 선택된 전략은 공통분모의 최소화이다. "올바른 것을 정립하고 잘못된 것을 금한다"라는 목표에 동의하는 사람 모두가 무함마디야의 활동에 참여할 수 있다는 것이다.

그럼에도 종교적, 비종교적 문제를 둘러싼 활동가들 사이의 차이는 대립과 분열을 일으킬 수 있다. 아래에서는 이를 축소하기 위한 노력의 전개 과정을 알아볼 것이다.

### 이념적 포괄성: 전통에 대한 유연한 태도

공통의 이념을 최소화함으로써 서로 다른 시각을 지닌 활동가와 지지자들이 무함마디야라는 깃발 아래 공존할 수 있었다. 조직 내 이념적 차이를 묻는 질문에 대해 중앙 본부 따르지위원회 위원 슬라맛Slamat은 본질적인 문제가 아닐 경우 상이한 종교 해석이 용인된다고 말했다. 타협될 수 없는 교리가 무엇인가를 묻자 그는 따르지위원회에서 발행하는 종교적 결정fatwa을 묶은 책자를 지적했다. 이것이 무함마디야 회원이라면 따라야 하는 최소한의 합의라는 것이다.

이렇게 말한 후 슬라맛은 자신의 견해를 부정하는 것처럼 들릴 만한 주장을 곧바로 덧붙였다. 따르지위원회의 결정이라도 회원에게 강제되지 않는다는 것이다. 그가 제시한 두 의견이 모순됨을 지적하자 그는 무함마디야의 설립 배경을 언급했다. 종교 지도자에 대한 무조건적인 복종을 무함마디야가 거부했다는 것이다. 따라서 단체를 대표하는 따르지위원회의 결정이라도 그것을 무조건적으로 따르는 행위는 적절하지 않으며, 결정의 근거를 검토한 후 수용 여부를 판단해야 한다는 것이다. 다른 식으로 말하면, 따르지위원회는 가장 적절하다고 합의된 결정을 제시하지만, 그렇다고 해서 그것이 가장 올바른 것은 아니라는 것이다.

이러한 다원적 태도가 개인적 입장인가를 묻는 질문에 대해 슬라맛은 동의했지만, 동시에 자신의 견해를 다른 따르지 위원 역시 받아들일 것이라 말했다. 이어 그는 공동예배 방식과 관련된 서부자바 주 지부 사례를 소개했다.

일상의 예배와 공동예배를 어떤 방식으로 행할지는 무함마디야 설립 후 가장 중요한 종교적 이슈였다. 이전까지 경전에 근거를 두지 않은 방식이 이용되었다는 문제의식 하에, 따르지위원회는 새로운 예배 방식을 결정해 발표했다. 예배 방식이 차지하는 중요성에 비추어 볼 때 슬라맛이 제시한 사례는 놀라웠다.

따르지위원회는 공동예배의 첫 라카앗에서 '알라후 악바르' 기도문을 7회, 두번째 라카앗에서는 5회 암송하도록 결정했다. 반면, 서부자바에서는 이를 각각 1회씩만 수행했다. 그 이유로 서부자바 따르지위원회는 중앙 본부의 결정이 근거가 부족한 하디스에 기반하고 있기 때문이라고 주장했다.

슬라맛은 서부자바의 결정이 나름의 근거를 가지고 있기에 수용할 수 있다고 평가했다. "이들 역시 꾸란과 하디스에 기반을 두고 있기 때문에, 중앙 본부 따르지위원회의 결정과 달라도 문제없다"는 것이다. 동시에 그는 이 사례가 맹목적 복종을 거부하는 무함마디야의 기본 입장에 부합한다고 설명했다. 그가 보여준 개방적 태도는 조직 분열 가능성을 축소하는 방향으로 작용했다. 단일한 종교해석만을 고집할 경우, 이를 둘러싼 갈등이 고조될 가능성이 크기 때문이다.

핵심적 종교 이념을 최소화함으로써 서로 다른 시각을 지닌 활동가의 참여를 가능하게 만드는 전략은 갈등을 줄이고 조직 통합을 용이하게 했다. 이러한 분위기가 주도함으로써, 종교 문제에 대한 이견을 인정하고 이를 크게 문제 삼지 않는 경향이 확립될 수 있었다. 이는 전통의례에도 일부 적용되었다.

무함마디야의 정체성이라고까지 규정될 이념은 비이슬람적 종교 전통과 관행에 대한 반대이다. 무함마디야에서 이러한 종교 전통은 타하율tahayul, 비다bidah, 쿠라퐛churafat의 약자인 TBC라 불리며, TBC에 대한 반대는 외부인이 이해하는 무함마디야의 정체성으로 자리 잡았다. 무함마디야 담론에서도 동일한 양상을 찾을 수 있다. 무함마디야 활동가라면 모두 TBC를 배제한 종교적 믿음과 실천의 필요성을 인식하고 있었다. TBC 문제는 앞서 살펴본 '무함마디야적 삶의 신념과 이상'에도 반영되어 있다. 따라서 무함마디야의 최소공배수를 TBC에서 찾아도 큰 무리가 없다.

담론의 차원에서 TBC의 중요성은 부정될 수 없다. 하지만, 같은 태도가 현실에서 항상 적용되지는 않았다. TBC에 이념적으로 반대하지만, 활동가들이 이를 실천하는 방식에서는 차이가 나타났다.

비이슬람적 전통을 대표하는 관행은 슬라마딴Slamatan이라 불리는 통과의례이다. 가까운 이웃과 친척이 이 의례에 초대되기에, 마을을 단위로 본다면 주민들은 매달 몇 차례씩 이 의례에 참석한다. 슬라마딴에 참여하는지를 묻는 질문에 대해 중앙 본부 활동가인 우또모Utomo는 그렇지 않다고 명확하게 답했다. 그런데 그 이유는 그가 사는 까움안에서 이 의례가 사라졌기 때문이다. 이는 TBC에 대한 반대가 무함마디야의 탄생지에서 철저하게 실천되었음을 의미한다.

까움안이 아닌 다른 지역에 사는 무함마디야 활동가로 화제를 돌리자, 우또모의 답변에서는 차이가 나타났다. 자신의 상황을 말할 때와 달리 자신감 없는 목소리로 그는 타지역 활동가들이 다양한 선택을 한다고 지적했다. 이러한 선택 중 하나는 슬라마딴에 참여하는 것이었다. 이를 거론한 후 그는 추가적인 설명을 덧붙였다.

> 문제가 있는 일반 주민의 시스템 안으로 우리가 단순히 편입되는 것이라면 슬라마딴에 참가해서는 안 된다. 하지만 그 시스템으로 들어가서 그것에 영향을 미치고자 한다면 그 안으로 들어가야 한다.

곧이어 그는 자신의 견해를 뒷받침할 몇 가지 측면을 언급했다. 하나는 비이슬람적인 요소가 유지된 배경이다. 이슬람을 처음 전파한 선구자들은 이슬람이 쉽게 받아들여지도록 하기 위해 비이슬람적 요소를 강제적으로 제거하지 않았다는 것이다. 이러한 현명한 전략을 좇아가기 위해서는, 슬라마딴을 무조건적으로 거부하기보다는 비이슬람적 요소를 이슬람적 요소로 변환하고, 의례의 목적을 올바르게 정립하는 과정이 필요하다고 말했다.

다음으로 우또모는 선교의 차원을 지적했다. 그에 따르면 무함마디야 활동에서 요구되는 행위 중 하나는 친구를 늘리는 것이다. 그는 "천 명의 친구라도 여전히 충분하지 않지만, 한 명의 원수는 이미 너무나도 많은 것이다"라는 속담을 거론했다. 강한 태도만을 고집할 때 무함마디야 활동에 반대하는 사람이 생길 수 있고, 이는 이슬람 선교라는 궁극적인 목표 성취에 장애물로 작용할 것이라고 그는 설명했다.

전통 의례에의 참여 여부를 묻는 질문에 대해 상당수 활동가들은 우또모와 유사한 입장을 개진했다. 이들 중 일부는 비타협적인 태도를 고수하는 활동가가 무함마디야의 특성을 제대로 이해하지 못하고 있다는 주장을 제기하기까지 했다. 전통 의례에 참여한다는 중앙 본부 지도자는 자신의 견해를 아래와 같이 말했다.

> 이웃과 조화로운 관계를 유지하고 이들에게 우리의 활동을 선교하기 위해서라면 (전통 의례 참여가) 문제시되지 않는다. 예를 들어 이웃에 돌아가신 분이 있다고 하자. 사망 후 기도회가 열린다. 그러면 가서 조용히 앉아 있으면 된다. 기도회가 끝나고 종교 강연을 할 시간이 주어질 때, 죽은 이에 대한 기도의 종교적 의미를 설명해줄 수 있다.

공적 담론과 달리, 무함마디야 활동가들은 전통 의례에 대해 유연한 태도를 드러냈다. 참여 자체의 거부는 공동체 내에서 자신을 고립시키는 행동으로, 무함마디야의 확산을 어렵게 할 수 있다는 것이다. 이는 전통 의례에 대한 반대라는 핵심 이념을 적용하는 데에 있어서조차 이들이 개방적이고 타협적인 자세를 취하고 있음을 시사했다. 이는 선교라는 보다 중요한 목표를 통해 정당화되었지만, 결과적으로 이들은 유연한 태도를 지지하는 모습을 드러냈다.

무함마디야 활동가에게서 나타나는 관용적인 태도는 오랜 전통을 가졌다. 이를 뒷받침할 자료는 족자 술탄이 개최하는 의례에 대한 무함마디야 설립 초기의 태도이다. 무함마드의 탄생일을 기념하기 위한 왕국의 의례에는 비이슬람적 요소가 광범위하게 포함되어 있었다. 이 의례는 까움안에 인접한 술탄 왕궁 앞에서 열렸기에 무함마디야 활동가들을 곤란한 상황에 빠뜨릴 수 있었다. 하지만 이들은 이 의례를 비이슬람적인 것으로 규정하며 참여를 거부하는 행보를 취하지 않았다. 대신 이들은 많은 대중이 이 의례에 모인다는 면에 초점을 맞추었고 이를 선교의 장으로 규정할 수 있었다.

### 이념적 포괄성: 종교적 관행에 대한 유연한 태도

예배 과정에서 무함마디야는 엔우와 차이나는 방식을 일부 고집했다. 그 중 대표적인 것이 쿠눗qunut이라 불리는 기도문이다. 이 기도문은 새벽 예배 때 암송되는데, 무함마디야는 이를 뒷받침하는 데 이용된 하디스가 신뢰할 수 없다고 주장하며 쿠눗 없는 예배 방식을 택했다. 이로 인해 쿠눗은 무함마디야와 엔우의 차이를 드러내는 핵심 요소로 여겨졌다. 하지만 무함마디야의 정체성을 보여주는 쿠눗과 관련해서 무함마디야 활동가 사이에서는 유연한 태도가 나타났다. 중앙 본부 의장이었던 아민 라이스는 자신의 경험을 아래와 같이 설명했다.

> 우리는 쿠눗 기도가 이슬람 교리에 부합하지 않고 이후 세대에 의해 첨가된 관행이라 평가한다. 쿠눗 기도가 포함된 예배는 유효한 예배

> 로 인정되지 않는다. 반면 엔우 지지자들은 이 기도문을 항상 암송하며, 여기에 1~2분을 사용한다. [...] 예전에 무함마디야 지도자 하디꾸수모Hadikusumo가 술라웨시를 방문했을 때였다. 새벽 기도에서 참가자들이 그에게 이맘 역할을 하도록 요청했다. 그는 참가자 다수가 엔우 지지자임을 알고 있었고, 이에 쿠눗 기도문을 암송했다. 나 역시 그런 적이 있었다. 이맘 역할을 제안받았을 때였다. 나는 예배 참가자들에게 쿠눗 암송을 할 수 있는 시간을 주었다. 이런 나를 보고 모스크에 있던 사람 모두가 충격을 받았다. 예배가 끝난 후 이들은 나를 껴안고 손에 키스를 했다. 자신들의 생각과 달리 무함마디야가 융통성 없는 단체가 아님을 알게 되었다고 이들은 말했다.

이 사례는 일상적 상황에서 발생한 것이 아니다. 그럼에도 예배라는 가장 핵심적인 의식을 대상으로 한다는 점에서 무함마디야 활동가들의 유연한 종교적 실천을 드러낸다고 해석될 수 있다. 이들은 주변 상황에 맞추어 자신의 종교적 신념을 표현하려는 모습을 보였다. 이 이야기를 들은 후 아민 라이스에게 반대의 상황에 관해 물었다. 잠시 생각한 후 그는 무함마디야 지지자와 함께 예배하는 엔우 지도자들은 자신과 같이 행동하지 않으리라고 답했다. 이를 통해 그는 무함마디야 활동가의 종교적 해석과 실천에 있어 맥락적 상황이 더 많이 고려됨을 부각하고자 했다.

유연한 종교해석 방식은 일반 교리에도 적용되었다. 수염이 이를 예시할 수 있다. 급진주의자들이 고수하는 수염에 관해 이야기할 때였다. 주 지부 활동가는 이 문제가 개인의 신념, 경험, 지식과 관련된다고 전제했다. 선지자 무함마드가 수염을 통해 무슬림과 이교도 간의 차이를 표현하려 했다는 점을 받아들일 수 있다고 그는 설명했다. 하지만 그에 따르면 교리의 역사적 맥락을 살펴봐야 하는데, 과거와 달리 지금은 이교도와의 차이를 수염으로 나타낼 필요가 있지 않다. 따라서 수염 기르기는 개인의 판단에 맡겨져야 하는 관행으로서, 수염을 통해 집단 정체성을 강제하려는 급진주의자들의 행동은 이슬람 교리를 제대로 이해하지 못한 것이다.

수염과 비교할 때 히잡은 더욱 엄중한 문제이다. 히잡 착용의 의무화 교리가 꾸란에 제시되어 있기 때문이다. 따르지위원회 역시 히잡 착용을 의무화하는 결정을 내렸다. 이와 동시에 따르지위원회는 히잡 교리가 특정 지역에서 통용되는 정숙함에 대한 가르침이라는 측면을 부각함으로써 유연한 해석 가능성을 제시했다.

무함마디야 활동가들은 히잡이 여성에게 의무로서 주어진다는 점에 동의했다. 하지만 개인적으로 이를 이야기할 때에는 보다 유연한 경향이 나타났다. 이들은 가족원을 대상으로 한 히잡 착용 요구가 강제가 아닌 제안의 성격을 취해야 한다고 주장했다. 즉, 히잡을 착용하지 않는 가족원이 있을 때 히잡을 무조건적으로 강요하기보다는 권유해야 한다는 것이다. 이보다 한발 더 나아간 의견을 주 지부 활동가 마르다[Marda]가 제시했다. 그는 중앙 본부 의장이던 파흐루딘의 입장을 통해 자신의 견해를 밝혔다.

파흐루딘이 텔레비전 교리문답 코너에 출현했을 때였다. 그는 행동이 뛰어나고 자기 일을 잘하며, 현명한 삶을 살아가는 여성이라도 히잡을 쓰지 않으면 지옥에 가게 될 것이냐는 질문을 받았다. 그는 "아니, (이런 질문을 하는) 당신은 참 무자비한 이슬람을 믿고 있네요"라고 답했다. 그러고 나서 [...] 그는 이슬람이 관용의 종교로서, 많은 다양한 문화와 전통을 받아들일 수 있으며, 과도하게 율법주의적일 필요가 없다고 말했다.

파흐루딘의 일화를 통해 무함마디야가 문자 그대로의 해석에 집착하지 않음을 드러내려 했던 마르디는 히잡을 써도, 서양식 옷을 적절하게 입어도 큰 문제가 없다고 말했다. 무함마디야 활동가들이 항상 열린 태도를 취하고 있다는 말을 덧붙이며, 그는 이에 대한 답변을 마무리했다.

교리 해석과 관련하여 공적 영역과 사적 영역에서는 일정한 차이가 나타났다. 공적으로 무함마디야 활동가들은 명확하게 규정된 교리 해석을 선호하는 반면, 사적인 인터뷰에서는 보다 유연한 해석을 제기했다. 이런 모습이 비일관된 태도로 비추어질 수도 있지만, 이들은 이를 맥락을 고려한 것이라 설명했다. 두 입장 사이에 본질적인 차이는 없으며, 자신의 이야기를 듣는 사람의 수준과 상황을 고려하여 그에 부합하는 방식으로 설명한다는 것이다. 농촌 마을에서 강연하는 상황이 활동가들끼리 토론하는 상황과 같을 수 없다는 것이다.

교리 해석의 유연성이 나타난다고 해서 이것이 무함마디야 담론 전체를 포괄할 수는 없었다. 활동가 중에는 극단적으로 유연한 종교 해석을 제시하는 경우도 있었고, 문자 그대로의 경전 해석을 지지하는 경우도 있었다. 대다수 활동가들은 이러한 극단적 입장이 공존함을 인정함과 동시에 중도적 입장의 우세함을 이야기했다. 중도와 극단, 그리고 양자의 상호작용에 대해 중앙 본부 최고위 위원은 아래와 같이 이야기했다.

> 두 입장의 공존은 자연스러운 모습이다. […] 근본주의와 자유주의 모두 이슬람을 보호하는 역할을 한다. 근본주의는 우리가 이슬람의 기본 원칙을 잊거나 나태하게 실천하고 있음을 상기시켜준다. […] 자유주의는 우리가 편협하고 편향된 시각을 가질 수 있음을 상기시켜준다. 결과적으로 두 극단 사이의 끌고 잡아당기는 힘은 무함마디야 활동가 다수를 멋진 위치, 즉 중도에 놓이도록 한다.

그는 근본주의와 자유주의라는 극단적 경향이 조직 내에 공존함을 지적함으로써 무함마디야가 가진 통합의 힘을 강조하고자 했다. 어떤 성향을 지닌 무슬림도 무함마디야에서 활동할 수 있다는 것이다. 중도적 입장이 주도적인 이유는 극단적 경향의 장점을 역으로 생각하면 밝혀질 수 있다. 즉, 중도적 입장은 편협하고 편향되지 않으며 기본 원칙을 좇으면서도 나태하지 않을 수 있다는 것이다. 중도적 입장은 유연하고 상황을 중시하는 태도를 일컫는 표현이라

할 수 있다. 이는 이념적으로 포괄적이고 관용적인 태도를 가능하게 함으로써, 조직 통합을 뒷받침할 수 있다.

이념적 포괄성을 논의하는 데 빠질 수 없는 문제는 따르지위원회이다. 이 위원회가 무함마디야의 공식적인 종교적 입장을 결정하는 유일한 기관이기 때문이다. 이 위원회의 활동이 조직 통합에 어떤 영향을 미쳤는지 아래 절에서 검토할 것이다.

### 이념적 통합과 따르지위원회

따르지위원회는 종교 문제에 대해 논의한 후 파트와fatwa라 불리는 종교적 결정을 내리는 역할을 맡는다. 전통 방식과 비교할 때 위원회의 운영 방식은 몇몇 차별성을 지닌다. 먼저 종교적 결정을 내릴 때, 위원회는 한두 명 위원의 견해가 아닌 위원들 사이의 합의를 중시했다. 이는 교리 해석에 미치는 개인의 영향력을 축소할 수 있었다.

다음으로 따르지위원회는 기존의 이슬람 학파와 구별되는 새로운 학파를 설립하려 하지 않았다. 대신 주요 목표는 기존의 교리 해석을 시대적 상황에 맞추어 재해석하는 것으로 설정되었다. 이는 이슬람 학파의 보수화에 따라 특정 교리 해석이 절대화되는 문제를 회피할 수 있도록 했다.

설립 초기 위원회에서 많이 논의된 문제는 가장 기본적인 수준의 의례와 교리였다. 예배 방식, 예배 준비 절차, 망자를 위한 의례,

금식, 종교세인 자캇zakat, 기도문 사용, 증여, 순례 등에 대한 방식을 결정했다. 종교외적 문제와 관련해서는 은행, 보험, 복권 등에 대한 종교적 결정이 제시되었다.

위원회는 조직 분열을 막고 단일한 이념적 지향을 유지할 수 있도록 했다. 하지만 이러한 기능이 종교적 결정 제시라는 본연의 임무를 통해서만 충족된 것은 아니었다. 위원회를 만들 당시 의도하지 않던 상황이 전개됨으로써, 통합 기능을 더욱 효과적으로 수행할 수 있게 되었다.

무함마디야 활동가 다수는 종교와 관련된 높은 이해도를 가지고 있었다. 그런데 종교 문제를 논의할 독점권이 따르지위원회에 부여되자 종교 문제에 대한 활동가들의 목소리가 공론화될 여지가 축소했다. 논쟁적인 종교 문제가 부상할 때, 이를 위원회에 맡기고 그 결정에 따르자는 식의 절충론이 제기될 수 있었다.

위원회의 독점은 다른 문제를 야기할 수 있었다. 종교적 결정에 대한 배타적 권한을 바탕으로 위원회와 위원이 종교적 권위를 축적하고 영향력을 확대할 수 있기 때문이다. 하지만, 이러한 가능성은 위원회의 위상과 작동 방식으로 인해 현실화하지 못했다.

위원회의 독점이 종교적 권위의 축적을 결과하지 못한 이유 중 하나는 파트와의 성격 때문이었다. 그것은 무함마디야 지지자에 의해 반드시 준수되어야 하는 권위적이고 강제적인 규정으로 이해되지 않았다. 앞서 지적된 서부 자바의 사례처럼, 위원회의 결정에서 벗어나는 주장을 설득력 있게 제시할 경우 그것을 인정하는 분위기가 형성되었다.

무함마디야 활동가들은 따르지위원회의 결정을 윤리적, 도덕적 차원에서 이해하려고 했다. 무함마디야의 회원이기에, 위원회의 결정을 좇는 것이 권장되지만, 그렇다고 해서 그것에 복종할 필요는 없다는 것이다. 위원회 위원들 역시 이 입장에 동의했다. 위원회는 특정 문제에 대해 이슬람 교리에 가장 부합한다고 생각되는 결정을 제시할 뿐이지 그것을 절대적인 진리라 여길 수 없다는 것이다. 위원회의 결정을 최종적인 것으로 받아들이지 않는 경향으로 인해 위원회는 절대적인 권위를 행사하는 기관으로 작동하기 힘들었다.

종교 문제에 있어 권위의 독점이 불가능한 또 다른 이유는 중층적 의사결정 구조였다. 조직 운영과 마찬가지로 위원회의 활동 역시 다양한 활동가의 참여를 용인하는 방식으로 진행되었고, 이는 권위의 집중을 억제했다.

무함마디야에서 종교적 결정을 내리는 최종 권한은 중앙 본부 산하 따르지위원회에 부여되어 있다. 하지만 따르지위원회는 중앙 본부뿐 아니라 주와 도에도 설립되어 있다. 다른 식으로 표현하면, 무함마디야 내에 수백 개의 따르지위원회가 활동했다. 하위조직의 자율성에 기반을 두고 무함마디야가 운영되는 것처럼, 따르지위원회 역시 형식적인 위계화에도 불구하고 자체적인 활동을 이어갔다. 중앙 본부 위원회가 주도 수준의 위원회를 중앙집권적으로 통제할 체계가 구축되지 않았다.

이 수많은 위원회의 의사소통은 따르지위원회 총회를 통해 이루어졌다. 중앙 본부 위원회의 논의 결과가 주도 위원회와 함께 논의되며, 여기에서 최종 합의가 이루어질 때 비로소 공식 파트와로 추인하기 위한 절차가 시작되었다. 합의가 이루어지지 못할 때 결정은 다음 총회로 연기되었다. 이런 절차가 적용됨으로써 중앙 본부 위원회의 견해가 일방적으로 받아들여질 환경이 형성될 수 없었다.

따르지위원회의 활동은 또한 비공식적 견제와 검열에 놓여 있었다. 이를 보여줄 사건이 2000년대 초반에 발생했다. 중앙 본부 따르지위원회에서는 위원들의 논의 결과를 때로 출판물로 발행했다. 하지만 이 출판물은 무함마디야의 공식 의견이 아니며, 새로운 시각 제시를 주요 목적으로 했다. 중앙 본부 따르지위원회는 『몇몇 종교 문제에 대한 해석』이라는 책을 2000년에 발간했다. 서문에는 이 책이 무함마디야의 입장을 반영하지 않으며, 새로운 종교적 시각 제시를 주요 목적으로 하고 있다는 점이 명시되어 있었다.

책 발간 후 '아흘룰 키탑ahlul kitab'이라는 개념을 중심으로 논란이 벌어졌다. 이 개념은 이슬람 이전에 신으로부터 경전을 계시받은 집단을 일컫는다. 유대교인과 그리스도교도가 포함된 이 집단은 다른 종교집단에 비해 특별대우를 받을 수 있다고 인정되어 왔다. 그런데, 위원회의 책에는 이 개념의 범위를 현대적 상황에 맞게 확대해서 불교도, 유교도 등을 포함하는 것으로 이해해보자는 내용이 포함되어 있었다.[5]

---

5 Majelis Tarjih dan Pengembangan Pemikiran Islam(2000)

조직의 공식 의견이 아니며 새로운 종교해석의 가능성을 모색하는 실험 정도라는 따르지위원회의 주장에도 불구하고, 아흐룰 키탑에 대한 새로운 해석은 강한 반발을 불러일으켰다. 한 활동가에 따르면 "모두가 여기에 대해 반대 입장을 표명하는 떠들썩한 상황"이 전개되었다. 동부자바에서는 주 지부 수준에서 반대 입장을 발표했고, 아흐룰 키탑의 범위를 더욱더 제한해야 한다는 주장이 제기되기까지 했다.

책 출판의 여파는 2005년 총회로 이어졌다. 따르지위원회의 이름을 변경하자는 주장이 제기된 것이다. 설립 초 부여된 '따르지위원회'라는 명칭은 1992년 '따르지 및 이슬람 사상 발전위원회'로 변화했다. 이는 새로운 종교적 시각 제시라는 기능을 따르지위원회에 추가하고자 했던 노력의 반영이었다. 하지만 위원회에 대한 비판이 '이슬람 사상 발전'을 문제 삼는 방향으로 흐르자, 총회 후 그 명칭이 '따르지 및 혁신tajdid 위원회'로 전환되었다. '혁신'은 활동가 대다수가 공감하는 중립적 표현이었다.

명칭 변화는 위원회의 활동이 위원회 외부 집단과의 상호작용 속에서 이루어지고 있음을 시사했다. 위원회 위원은 이를 엔우와의 비교를 통해 설명했다. 엔우 역시 종교적 결정을 내리는 조직과 단체를 운영하는 조직이 분리되어 있는데, 전자의 권위가 강력해서 조직 내 다른 기관과의 의견 조율 없이 독자적으로 활동할 수 있다는 것이다. 반면 무함마디야 중앙 본부 따르지위원회는 제도상의 독점적 권한에도 불구하고 하위 지부 따르지위원회뿐만 아니라 다양한 기관의 견제를 받아 독자적 활동을 펼칠 수 없다는 것이다.

위원회의 의사결정 과정 역시 독점적 권한을 적절하게 행사하지 못하는 방향으로 작용했다. 무샤와라에 기반을 둠으로써 따르지위원회의 논의는 비효율적이었다. 이견이 있고 민감한 문제에 대해서는 애매모호하고 타협적인 결정을 내리거나 결정 자체를 연기하는 경향을 보였다.

이즈티하드에 대한 강조로 인해 따르지위원회의 독점적 권한은 권위적 지위로 이어지지 않았다. 합의에 기반을 둔 의사결정이 중시되고, 중앙 본부, 주, 도 수준의 위원회가 중층적으로 작동하며, 여기에 외부로부터의 비공식적 견제가 부가됨으로써, 위원회는 강력한 영향력을 행사할 수 없었다. 결과적으로 따르지위원회는 조직 내 종교 문제를 독점함으로써 종교적 논쟁을 잠재우고 통합을 높이는 기능을 수행했지만, 스스로를 권위적인 집단으로 확립하지 못했다. 이러한 위원회의 역할과 위상은 조직통합을 가능하게 한 신의 한 수였다고 평가될 수 있다.

### 정치적 중립과 조직 통합

설립 이후 무함마디야는 정치적 중립을 고수해왔다. 조직 내외부로부터 강한 비판을 받았음에도 탈정치 전통은 전체적으로 유지되었다. 예외적인 경우는 두 차례였다. 첫번째는 독립 후 마슈미Masyumi

의 특별회원으로 활동하던 8년 남짓한 기간이었으며 두번째는 2004년 대선에서였다.

두 차례에 불과하지만 이러한 예외는 정치적 중립의 진정성에 대해 의문을 품도록 한다. 무함마디야 활동가들이 정치 활동의 중요성을 인식하고 그것에 깊은 관심을 가졌다는 사실 역시 정치적 중립을 상황에 따라 변화하는 전략으로 해석할 수 있도록 한다. 자유로운 정치적 분위기 속에서는 정치 참여 욕구가 표출된 반면, 억압적 조건 하에서는 정치 중립이 강조되었다는 것이다. 이런 식의 해석에 따르면 무함마디야의 정치적 입장은 기회주의적이고 타협적이다. 무함마디야가 정치권력과 심각한 대립 상태에 놓인 적이 없었다는 사실 역시 기회주의적 태도를 보여주는 사례로 해석되었다.

기회주의적 태도를 설명하기 위해서는 무함마디야 내에 서로 다른 정치관이 공존하고 있음이 고려되어야 한다. 즉, 정치 활동을 지지하는 활동가와 그렇지 않은 활동가가 공존함으로써 정치적으로 활성화된 환경에서는 전자, 억압적 환경에서는 후자의 목소리가 강하게 제기되는 경향을 보였다. 이런 의미에서 기회주의적 태도는 두 집단의 균형과 견제가 작동한 결과라 평가할 수 있다.

정치활동에 대한 두 집단의 균형과 견제를 찾아볼 수 있는 첫 상황이 1930년대 후반에 발생했다. 1937년 의장이 된 마스 만수르Mas Mansur는 재임 중 인도네시아 이슬람당을 창립했고, 최고위 위원 과반수를 무함마디야 활동가로 채웠다. 하지만 그의 행보는 내부 비판을 불러왔고, 그로 하여금 두 단체 중 하나를 선택하도록 하는 압력이 가해졌다. 결국 그는 정당 탈퇴 결정을 내려야 했다.

정치와 관련된 내부 견제 메커니즘은 1960년대 중반 정치적 혼란기에서도 작동했다. 1959년 마슈미의 해체와 함께 정치에서 퇴출당한 무함마디야 활동가들의 정치적 욕구는 1965년 쿠데타를 기점으로 표출되었고, 1965년 무함마디야 총회에서 현실정치 참여 결정이 내려졌다. 하지만 이 결정은 지속하지 못했고 이듬해 탈정치 선언으로 대체되었다.

1965년의 상황은 수하르또 대통령이 퇴진한 1998년 이후 반복되었다. 무함마디야 의장직을 사임한 아민 라이스가 정치에 뛰어들자 무함마디야 활동가들의 정치 활동 역시 가속화했다. 하지만 이후 개최된 일련의 탄위르 회의에서 이러한 정치적 분위기에 부합하지 않는 결정이 내려졌다. 무함마디야가 정당을 설립하거나 특정 정당을 지지하지 않으리라는 정치적 불간섭 원칙이 재천명되었다.

이 결정은 정치 참여를 주장하는 집단과 정치적 중립을 주장하는 집단 사이의 상호 견제의 틀 내에서 이해되어야 한다. 정치적 활성화 분위기가 도래할 때, 무함마디야의 힘을 빌려 정치를 하려는 활동가의 욕구가 강하게 표출되지만, 이를 경계하는 활동가의 목소리 역시 점진적으로 표현되어 완충재로 기능하게 된다.

정치적 중립 유지에 중요한 역할을 했던 요인은 조직 통합이었다. 정치가 가진 분열적 속성이 공감되었고, 조직 통합을 유지하기 위해 정치와의 거리 두기가 강조되었다. 가장 활발한 정치 활동을 벌인 아민 라이스조차 이를 아래와 같이 인정했다.

> 정치와 관련하여 딜레마가 존재한다. 나는 모든 무함마디야 활동가들이 위험을 무릅쓰려 하지 않았다고, 그 위험이 조직의 분열 […] 나아가 해체를 야기할 수 있으리라 생각했다고 확신한다. 이것이 바로 무함마디야가 결코 정치에 간여하지 않았던 이유이다.

정치의 분열적 힘이 고려되었음을 지적한 후 그는 정치적 중립의 효과를 아래와 같이 설명했다.

> 무함마디야 활동가들은 정치적 경쟁에서 조직이 보호되어야 한다고 항상 말했다. 이들은 무함마디야가 보수적이고 반혁명적 조직이라 비난받아도 아무 문제가 없다고 생각했다. 우리가 (정치 이외의 영역에서) 혁명적인 열정을 실현할 수 있음을 알고 있었기 때문이다. […] 그 결과가 어떠했나? 무함마디야는 여전히 굳건한 채로 남아 있다, 탄생 후 백 년이 지난 현재까지도.

조직 통합의 측면에 더해 선교 단체라는 무함마디야의 정체성 역시 정치적 중립을 뒷받침하기 위해 강조되었다. 주 지부 활동가에 따르면, 무함마디야의 활동 대상이 "다문화적이고 다정당적이기에" 한 정당에 대한 지지는 무함마디야 활동을 제약할 수밖에 없다. 또 다른 이유로는 시민단체로서의 성격이 강조되었다. 시민단체의 목적 중 하나가 정부 정책을 감시하고 비판하는 것인데, 정치적 중립 없이 이 역할을 수행할 수 없다는 것이다.

정치적 중립과 조직 통합의 연관성은 2004년 정치에 참여하는 과정을 통해서 더욱 명확하게 인식되고 경험되었다. 그 결과, 선거가 끝난 후 정치적 중립을 외치는 목소리가 뚜렷해졌고 일상으로의 전환을 가속화했다.

2004년 선거에서 무함마디야는 가용한 인적, 물적 자원을 최대로 동원했다. 정치적 지하드에 참여하면서 활동가들은 일상적으로 느낄 수 없던 상황을 경험했다. 가장 먼저 언급할 측면은 이분법적 구도이다. 선거 캠페인에서 아민 라이스를 최고의 무슬림으로 규정하고, 이 이미지를 자신에게 적용하는 과정을 통해 타후보 지지자를 비이성적이고, 사리사욕에 가득 차 있으며, 도덕성을 갖추지 못한 집단으로 규정하게 되었다.

이러한 이분법적 구분은 무함마디야 활동가의 일상적 태도와 차이를 보였다. 이전까지 이들은 무함마디야에 동조하지 않는 무슬림에 대해 포용적인 모습을 보였다. 기회가 주어지지 않았기 때문에 이들이 무함마디야에 동조하지 않는다는 것이다. 반면 이분법적 구도가 선거 과정에서 강조되자, 무함마디야 지지자의 우월성이 강조될 수밖에 없었다.

두번째로 지적할 측면은 무함마디야가 금기시했던 요소를 선거 과정에서 다수 이용했다는 점이다. 선거 홍보물에서 아민 라이스는 자바 왕실과 혈연 관계를 맺고 있으며 높은 정신적·신비적 힘을 축적한 인물로 묘사되었다. 대중적 영향력을 지닌 인물을 포섭하기 위해, 무함마디야 활동가들은 신비주의 집단의 지도자를 방문했다. 아민 라이스가 자바의 전통 문화에 반대하지 않는다는 현수막이 걸리기까지 했다. 이처럼 선거의 절박성으로 인해 활동가들은 비이슬람적인 것으로 간주되어 온 관행과 타협하는 행보를 취할 수밖에 없었다.

세번째는 캠페인 활동을 하면서 느꼈던 무함마디야에 대한 충성심과 자긍심이었다. 이런 감정은 배타적 태도에 기반을 두고 있었다. 다른 집단을 깨어 있지 않고, 우매하고, 비이성적인 집단으로 규정함으로써 무함마디야 활동가 사이의 동류의식을 강화할 수 있었다. 이러한 감정적 유대는 내적 결속력을 높였지만, 평소 무함마디야가 강조하던 이성적 접근과는 다른 성격의 것이었다.

대선 과정에서 전개된 일탈적 상황은 선거 후 급속히 변했다. 활동가들은 선거에 참여한 사실을 잊은 듯 일상 활동을 영위했다. 이들 중 일부는 정치 참여를 상황에 의해 강제된 일탈로 치부하는 경향을 보였다. 정치적 중립 담론이 재등장했고, 선거 참여로 인해 이 원칙이 훼손된 것이 아니라는 주장 역시 제기되었다.

짧은 기간이었지만 정치 참여는 무함마디야 활동가들로 하여금 정치의 분열적 효과를 실감하게 했다. 정치 활동이 집단 간 갈등을 유발하고, 목적을 위해 수단을 가리지 않도록 하며, 배타적 성향을 강화함으로써, 조직 운영에 부정적인 효과를 가져올 수 있다는 것이다. 이는 궁극적으로 조직 통합을 훼손하는 방향으로 작동할 수 있다고 이해되었다. 요약하면, 정치적 중립이 강조됨으로써 유력 지도자를 중심으로 한 분파나 후견인-피후견인 관계 형성이 억제되고, 배타적 감정 대신 이성적 판단이, 대립 대신 협력이, 희소자원을 얻으려는 투쟁 대신 헌신과 의도의 순수성이 강조되는 환경이 유지될 수 있었다.

### 통합을 위협하는 집단에 대한 대응

무샤와라나 지부의 자율성과 같은 제도적 기제, 느슨한 이념적 연대, 따르지위원회, 정치적 중립과 같은 관행적 차원은 무함마디야가 통합을 유지할 수 있는 환경 조성에 일조했다. 이러한 메커니즘이 서로 얽혀 작동함으로써, 통합을 훼손할 상황이 표면화되는 상황을 찾기는 쉽지 않다. 그렇다고 해서 조직 내 갈등이 발생하지 않은 것은 아니다. 보통 갈등은 외적으로 잘 표출되지 않으며, 시간이 흐르기를 기다리는 식으로 해결된 경우가 대다수였다.

이와 대비되는 상황이 간헐적으로 표출되었는데, 그중 하나가 2003년 결성된 '무함마디야 젊은 지식인연대Jaringam Intelektual Muda Muhammadiyah, JIMM'를 중심으로 발생했다. 20대 중반부터 30대 중반의 청년들로 구성된 JIMM은 형식이 아닌 의미와 맥락을 중시하는 종교해석을 지지했고, 이를 무함마디야에 확산하고자 했다.

회원 규모는 크지 않았지만, JIMM은 커다란 반향을 불러일으켰다. "JIMM 회원의 칼럼이 한 주 동안 언론에 출판되지 않은 적이 없었다"라는 활동가의 주장처럼 이들이 적극적인 미디어 활동을 펼쳤기 때문이다. JIMM의 유명세에 대해 무함마디야 활동가들은 별다른 반응을 보이지 않았다. 이들의 종교 해석이 기존의 것과 차이를 보였지만, 무함마디야를 선전하는 데 있어 이들의 역할을 인정했기 때문이다. 하지만 2004년 대통령 선거를 앞두고 상황이 변화했다.

아민 라이스에 대한 지지가 공식화되었을 때 무함마디야와 관련된 두 집단이 반대의사를 표명했다. 하나는 대학생 자치단체였고, 다른 하나는 JIMM이었다. 문제가 된 대상은 두 집단이었지만, 비판은 JIMM에 집중되었다. 대학생 자치단체가 회장 명의의 성명서를 조직 내부에 돌리는 형식을 취한 반면 JIMM은 성명서를 언론에 배포함으로써 조직 내부의 문제를 외부로 확산시키는 모양새를 취했기 때문이다.

JIMM에 대해 불만을 표명한 활동가들은 정치참여와 관련된 입장 차이를 문제 삼지 않았다. 의견 차이는 용인될 수 있다는 것이다. 대신 이들은 절차상의 문제를 지적했다. 아민 라이스에 대한 지지는 탄위르의 합의를 통해 결정된 것으로서, 단체의 집합적 결정에 대한 공식적 반대가 적절하지 않다는 것이다. 평소 JIMM에 호의적이던 중앙 본부 활동가는 자신의 견해를 아래와 같이 표현했다.

> 시작부터 무함마디야 내부에는 항상 상이한 견해가 존재했고, 이는 당연한 모습으로 여겨졌다. 하지만 JIMM의 행보는 결정된 의견을 존중하는 전통과 불문율에 어긋난다. 이들은 (조직 생활을 위한) 에티

켓을 가지고 있지 않으며, 그렇기 때문에 이들과 함께 조직 생활을 하는 것은 사실상 불가능하다.

JIMM에 대해 평소 불만을 느끼고 있던 활동가를 중심으로 하여 JIMM에 대한 비판이 무함마디야 담론의 전면에 등장했다. 선거가 끝나고 정치적 열기가 가라앉은 후, 심지어 정치참여 결정에 대한 부정적 태도가 제기된 후에도 JIMM에 대한 비판은 수그러들지 않았다.

JIMM에 대한 첫번째 비판 대상은 명칭이었다. 무함마디야 산하 하위 조직으로 인가받지 않았음에도 무함마디야라는 이름을 사용했다는 점이다. JIMM 활동가 모두 무함마디야에서 활동하는 인물임을 고려해보면 이는 비판을 위한 비판처럼 비추어질 수 있었다.

중앙 본부나 하위 지부에 통보하지 않은 채 무함마디야라는 이름으로 아말 우사하를 시작하는 경우는 흔했다. 활동이 어느 정도 자리를 잡은 후 하위 지부에 등록하는 것이 보통이었다. 이와 유사한 방식이라고도 평가할 수 있지만, JIMM의 상황은 달랐다. JIMM 활동이 언론의 관심을 집중적으로 받았기 때문이다. 조직 운영 원칙에서 본다면, 이는 단체를 대표할 수 없는 집단이 무함마디야를 사칭하는 행동으로서, 쉽게 용납될 수 없었다.

두번째 비판은 JIMM의 종교적 이념인 자유주의에 집중되었고, 무함마디야의 이념에 어긋난 것으로 평가되었다. JIMM을 무함마디야의 바이러스라고 규정한 출판물이 등장할 정도로 그에 대한 감정적 대응이 격화되었다.

JIMM을 성토하는 분위기가 형성되자 자유주의를 지지하는 다른 활동가에게 그 불똥이 튀었다. 이런 분위기는 2005년 총회에서 정점에 달해서, 자유주의적 성향의 활동가들을 최고위 위원 선거에서 배제하려는 움직임이 전개될 정도였다.

JIMM에 대한 압력 역시 가중되었다. 2008년 JIMM이 개최한 세미나를 청년단체 활동가들이 몰려가 방해하는 사건이 벌어졌다. 물리력을 통한 조직 내 갈등 표현에 익숙하지 않았기에 이는 커다란 충격으로 받아들여졌고, 결국 JIMM은 공식 해산을 선언했다.

갈등이 외부로 표출된 흔치 않은 사례로서 JIMM은 무함마디야를 연구하는 연구자들의 주목을 받았다.[6] 이들이 갈등의 원인으로 지적한 측면은 이념이었다. JIMM을 둘러싸고 전개된 상황을 보면, 이념이 갈등의 근원이라는 점에는 의문의 여지가 없다. 하지만 이것만으로 충분한 설명이 이루어졌다고 할 수 없다. 다른 무함마디야 활동가 역시 자유주의적 시각을 제기해왔지만, JIMM의 등장 이후에야 그에 대한 비판이 공적 담론에 대두되었기 때문이다. 자유주의를 상징하는 집단으로서의 JIMM의 위상은 중시되어야 하지만, 통합의 측면이 갈등의 주요 원인이었음을 추정하도록 하는 근거 역시 존재한다.

이 중 가장 중요한 자료는 JIMM 해산 후 활동가들의 행보이다.

---

6 Asyari(2007), Boy(2009)를 참조할 것.

해산 후 십여 년 동안 이들 중 집단적 압력을 받거나 단체 활동에서 소외된 경우를 찾기는 쉽지 않으며, 이들 대다수가 무함마디야에서 계속 활동했다. 이 중 한 명은 청년 단체의 주 지부 의장을 역임했다. 이 사례가 중요한 이유는 JIMM에 대한 물리적 공세를 가한 단체가 청년 단체였고, 이 단체의 주 지부 의장이 투표를 통해 선임되기 때문이다. 무함마디야의 바이러스라는 비판까지 들었던 JIMM 활동가가 청년 단체 주 지부 의장으로 선출되었음은 JIMM 활동가에 대한 낙인이 조직 해산 후 작동하지 않았음을 시사한다.

JIMM 활동가들이 조직에 남아 계속 활동하는 상황은 갈등에 개입된 조직 통합의 문제를 검토하도록 한다. 처음 생각해볼 문제는 JIMM에 대한 비판의 이유 중 하나가 명칭이었다는 점이다. 이는 무함마디야의 통합성을 훼손하고 내부 분열의 메시지를 외부로 표현하는 것으로 이해되었다. 두번째로 고려할 점은 JIMM이 무함마디야 내 파벌로 비추어졌다는 것이다. 젊은 활동가들이 기성 활동가와 이념적 네트워크를 구축했기 때문에 JIMM은 청년들만의 모임이 아니라 이념에 기반을 둔 파벌로 간주될 수 있었다.

이러한 점을 고려해보면 JIMM에 대한 비판을 단순히 이념적인 차원으로 제한할 수는 없으며, 조직 분열에 대한 우려와 연결해야 한다. 바로 이러한 이유로 인해 단체 해산을 통해 분파적 행동을 포기하고 조직으로의 통합을 인정하는 순간, JIMM 활동가들은 무함마디야의 일원으로 다시 받아들여질 수 있었다.

2005년 총회 선거에 대한 회고적 평가를 통해서도 통합의 중요성을 찾을 수 있다. 총회 선거에서는 자유주의를 지지하는 인물로 낙인찍힌 지도자 다수가 탈락했으며, 이는 이념적 차이에 기인한 것으로 설명되었다. 하지만 몇 년이 흐른 후 그에 대한 상이한 평가가 제기되었다. 자유주의적 성향의 지도자가 총회 선거에서 탈락한 이유에 대해 중앙 본부 지도자 위디아Widya는 아래와 같이 이야기했다.

> 이들이 뽑히지 않은 이유는 이전 임기 동안 열심히 활동하지 않았기 때문이다. 야흐야 무하이민Yahya Muhaimin도 선출되지 못했는데, 그는 자신이 적극적으로 활동하지 않았음을 그 이유로 지목했다. 왜 딘 삼수딘이 가장 높은 득표를 할 수 있었나? 그가 임기 동안 열심히 활동했기 때문이다. [...] 자유주의적 이념을 제안했기 때문이 아니라 자신의 임무를 성실하게 수행하지 않은 것이 가장 중요한 이유라고 생각한다.

이 설명은 2005년 총회의 현실을 제대로 반영하지 못한 것일 수도 있다. 하지만, 간과할 수 없는 사실은 위디아가 이념에 따른 갈등을 부각하지 않으려는 방식으로 상황을 설명하고자 했다는 점이다. 이렇게 말한 후 그는 탈락한 위원의 활동에 대해 거론했다. 총회 선거에서 당선되지 않은 누구도 무함마디야 활동에서 배제되지 않았고, 이들에게 조직 내 직책이 부여되었다는 것이다.

조직 운영의 자율성을 고려할 때 JIMM 사례는 이례적이라 평가할 수 있다. 조직 내 갈등을 외부로 드러내지 않는 방식으로 해결하려는 모습이 일반적이었기 때문이다. 이러한 이례적 행보가 가능한 이유는 JIMM의 집합적 활동이었다. 집단적으로 자유주의를 지지하고 합의된 결정에 반대함으로써 JIMM은 분파적 속성의 집단으로 비추어졌고, 조직 통합을 위협하는 요소로 받아들여졌다. JIMM 해산 이후의 상황 역시 같은 방식으로 해석될 수 있다. JIMM의 해산은 통합체로서의 무함마디야를 수용한 것으로 인정되었고, 이들에 대한 제재의 근거 역시 사라진 것으로 이해될 수 있었다.

### 통합과 느슨한 연대

활동가들 사이에 논란과 갈등을 최소화함으로써 무함마디야의 조직적 통합이 유지될 수 있었다. 포괄적 이념, 따르지위원회로의 종교적 논의 독점, 정치적 중립 등은 활동가 간 갈등의 소지를 줄이기 위한 노력의 결과였다. 정치나 종교 같은 폭발성 있는 문제가 부각되지 않음으로써, 활동가들이 서로에 반대하고 서로를 배제하는 상황에 놓일 가능성이 축소했다.

통합에 대한 욕구는 활동가와 지지자의 관계를 인식하는 방식에도 영향을 미쳤다. 무함마디야와 강한 동질감을 표현하고, 무함마디야를 우선시하며, 나아가 무함마디야를 맹신하는 지지자들의 태도를 경계하는 경향이 활동가 사이에서 나타났다. 이러한 모습은 조직과 지지자 사이의 연대감과 일체감을 강조하는 일반적인 종교 단체와 차이를 보였다.

조직과의 강한 일체감을 경계하는 태도로 인해 조직에 대한 지지자의 애착은 부정적인 평가를 받기도 했다. 주 지부 지도자 이르완Irwan은 충성과 광신의 구분을 통해 이를 설명했다.

> 충성은 조직의 활동에 공감하고 책임감을 느끼는 것이다. 더 좋아 보이고 유혹적인 다른 조직이 있어도 충성심이 있다면 우리는 흔들리지 않고 확고하게 조직 활동을 전개할 수 있다. [...] 열광은 맹목적 사랑과 같다. [...] 광신하는 사람은 자기만이 옳고, 다른 사람은 잘못되었다고 여긴다. 이들은 다른 사람에게서 배우지 못하고, 다른 사람을 깔본다. 이런 사람은 높이 평가될 수 없다.

자주 이용되지는 않았지만, 무함마디야 활동가와의 인터뷰 과정에서 조직에 대한 충성이 거론되기도 했다. 조직에 대한 충성심이 있어야 조직 활동에 적극적으로 참여할 수 있다는 것이다. 하지만, 이르완의 주장처럼, 이들이 거론하는 충성심은 이성적 차원을 강조했다. 무함마디야 활동이 이슬람의 가르침에 부합하며, 그것에 참여함으로써 무슬림으로서의 의무를 충족시킬 수 있다는 확신을 갖는 것이 충성의 기반이라는 것이다.

이성적 차원이 강조됨으로써 조직과의 감정적 연대는 부차적인 것으로, 때로 부정적인 것으로 이해되었다. 앞의 인용문에서 이르완은 '광신'을 의미하는 영어 차용어 'fanatik'을 이용하여 강한 연대감을 부정적으로 평가했다. 그것이 자기 조직만을 올바르다고 여기는 이분법을 만들어내고, 조직 외부에 대한 우월감과 배타성을 강화한다는 것이다. 이러한 태도는 맹목적 추종에 반대하며 이성적 접근을 주장한 개혁주의를 후퇴시킬 수 있다고 이해되었다.

충성과 광신을 구분하거나, 둘 사이의 균형점을 찾기가 쉽지 않은 상황에서 활동가들은 조직에 대한 지지자들의 감정적 연대를 중시하지 않는 경향을 보였다. 여기에는 지지자들에 대한 이들의 인식 역시 한몫했다. 이들은 지지자들을 이성적이고 합리적인 존재로 바라보았다. 예를 들어 중앙 본부 지도자는 '무함마디야 사람'이라 칭한 집단을 아래와 같이 설명했다.

> 이들은 이미 성인으로 스스로 생각할 수 있고, 자신의 진정한 마음에 부합하는 결정을 내릴 수 있다. 물론 무함마디야 사람으로서 이들은 조직 활동에 중요한 것이 무엇인가를 스스로 생각할 수 있다.

지지자들을 합리적으로 사고하는 성인으로 간주함으로써, 활동가들은 조직에 대한 감정적 연대를 강화할 필요성을 강조하지 않을 수 있었다. 같은 이유로, 이들은 자신의 역할을 지지자를 규합하고 조직과의 일체감, 정체성을 강화하도록 하는 것으로 규정하지 않았다. 자기 판단에 맞추어 조직 활동을 하는 지지자들을 감정에 휘둘

리게 할 필요가 없고, 동시에 이들이 감정에 휘둘릴 이유도 없다는 것이다. 따라서 이들은 자신의 역할을 좋은 사례를 제시함으로써 조직 활동에의 참여 동기를 강화하는 것이라 생각했다. 이들 중 상당수는 이런 역할을 시장 상인에 비유했다. 자신은 좋은 물건을 소개할 뿐이지, 그 물건을 구매하도록 요구할 수 없다는 것이다.

무함마디야의 담론에서는 무함마디야만이 올바르고, 무함마디야를 우선시해야 하며, 무함마디야의 정체성을 강조해야 한다는 측면이 부각되지 않았다. 이로 인해 활동가와 지지자의 관계는 느슨하게 연결된 네트워크에 놓이게 되었다. 활동가는 좋은 예를 제시하고 지지자는 자신의 판단에 따라 참여 여부를 결정한다는 것이다. 이로 인해 무함마디야를 지지하기 때문에 그 활동가를 쫓아야 한다는 식의 인식이 형성되기 어려웠다.

지지자에 대한 활동가의 태도, 지지자와 활동가 사이의 느슨한 연대는 무함마디야의 조직 운영과 관련하여 중요한 의미를 지녔다. 조직 활동을 중심으로 지지자를 충원하고 동원하기에 한계가 있는 것이다. 이를 다른 식으로 표현하면, 조직 내 활동을 바탕으로 종교적 권위를 획득하고, 이를 통해 대중적 위상과 영향력을 강화하기에는 한계가 있다.

분파나 후원-피후원 관계를 구축하고, 이를 통해 종교적 권위를 축적한 지도자가 무함마디야 내에서 쉽게 등장할 수 없음이 앞 장에서 논의되었다. 조직에 대한 지지자의 충성심, 동질감, 정체성 형성이 중시되지 않음으로써 유사한 효과가 발생할 수 있다. 지지자에게 광범위한 영향력을 행사하는 활동가의 출현이 쉽지 않을 뿐 아니라, 개인적으로 축적한 권위를 조직 활동을 통해 확대재생산하기도 쉽지 않다. 여기에 통합을 강조하는 분위기가 추가됨으로써, "나를 따르지 말고 이슬람을 따르라"라는 다흐란의 말이 현실에서 적용될 개연성이 높아졌다. 결과적으로 개인이 아닌 조직이 유일한 권위를 가진 실체로 자리 잡게 됨에 따라, 집합적 의사결정과 활동에 기반을 둔 민주적 조직 운영이 유지될 기반을 확고하게 할 수 있었다.

# 맺음말

초고 집필이 막바지에 이르렀을 때 'seamless whole'이라는 영어 표현이 떠올랐다. 'Seamless'는 '(천을 맞대어) 꿰맨 자국이 없는 상태'를, 'whole'은 '전체'를 일컫는다. 두 단어가 합쳐져 이 말은 '꿰맨 자국이 없는, 이음선이 없는, 균열이 없는 전체'를 뜻한다.

이 개념은 과거 인류학 연구에서 나타난 문제점을 비판하기 위해 이용되었다. 문화를 구성하는 제 요소가 서로 조화롭게 연결되어 하나의 통합된integrated 전체를 구성한다고 가정하면서 문화인류학자가 연구했다는 것이다. 이런 식의 가정은 현실에 내재한 불평등과 갈등, 지배와 저항, 분열과 불균형의 차원을 무시하고, 현실을 잘 짜인 구성물로 바라보려 한다고 비판되었다. 균열 없는 통합이라는 관점은 현실 유지의 차원을 강조함으로써 삶의 변화와 변혁 가능성을 간과했다고 할 수 있다.[1]

이러한 비판에 공감했지만 이 개념이 색다르게 다가왔던 이유는

1 이러한 비판에 관해서는 Ong(1996: 63), Ortner(1984: 148–140)를 참조할 것.

내가 그려내고 있는 무함마디야의 모습이 통합된 전체라는 성격을 띠고 있기 때문이다. 무함마디야의 민주적 조직 운영을 뒷받침하는 이념적, 제도적, 관습적 메커니즘은 서로 조화를 이루고 긴밀하게 연결되어 균열 없이 작동하고 있었다.

평등 이념은 조직 내 위계적 직책을 기능적 차원으로 제한시켰다. 블록 투표를 통한 선거는 지도자 간 차이를 축소함으로써 평등성을 확인했다. 평등과 이성에 대한 강조는 협의와 합의에 기반을 둔 의사결정 체계를 있는 그대로 적용할 수 있게 했다. 하위 지부와 아말 우사하에 부여된 자치와 자율은 공적 자원의 사적 전유를 막고, 공적 자원에 기댄 개인의 영향력 확대를 저지했다. 집단지도체제와 선거, 무샤와라, 분권이 통합적으로 작동하여 권위적 지도자의 부상을 저지했고, 집합적 리더십과 조직 운영이 부드럽게 진행될 수 있도록 했다.

종교 지도자의 신성화에 대한 거부, 파벌 형성에 대한 부정적 태도, 조직 통합을 위한 느슨한 이념과 탈정치, 조직과 지도자에 대한 감정적 연대 형성의 억제 등은 제도와 규정에 따라 조직이 민주적으로 운영될 수 있도록 했다. 이러한 환경에서 개인이 아닌 조직이 유일한 권위를 가진 통합적 실체로 자리 잡을 수 있었다.

조직 운영의 이념적, 제도적, 관습적 메커니즘은 무함마디야가 지지하는 이슬람 교리를 통해 정당화되었다. 집단지도체제는 집합적 이마마, 무샤와라는 슈라에 상응하는 것으로 개념화되었고, 평등성과 이성은 꾸란에 기반을 둔 개념으로 이해되었다. 자치와 자율, 파벌 형성 억제, 탈정치, 감정적 유대에 대한 부정적 태도와 같은 관행은 특정한 이슬람 교리와 연결되지 않았지만, 이슬람의 정신을 구현한 것으로 받아들여졌다.

무함마디야의 조직 운영을 뒷받침하는 이념적, 제도적, 관습적 특성은 톱니바퀴처럼 잘 맞아 돌아갔다. 이러한 통합적 상태는 다흐란 사후 100여 년 동안 큰 변화 없이 지속되었다. 무함마디야에 대한 이런 식의 분석은 '균열 없는 전체' 개념을 떠올리게 했으며, 통합에 초점 맞추어 그에 부합하는 특징만을 선택적으로 기술했다는 듯한 인상을 주었다.

무함마디야가 인도네시아의 한 부분을 차지한다는 사실은 이 문제를 더욱 심각하게 고민하도록 했다. 권력과 부를 축적한 집단에 의한 과두적 정치 체계, 부정부패가 판을 치고 경제적 불평등이 극단화된 경제체제, 평등과 공정이 사회적 담론의 중심부에 놓여 있지 못한 현실, 극단적 무슬림이 소수 집단에 대해 폭력과 억압을 자행하는 상황 등을 고려할 때, 무함마디야의 민주적 조직 운영에 대한 분석은 이념형적인 통합의 차원만을 부각한 것처럼 느껴졌다.

몇몇 무함마디야 활동가에게 이런 고민을 털어놓은 적이 있었다. 이념적, 제도적, 관습적 차원에서 나타나는 민주적 운영방식이 비민주적 사회에서 유지될 수 있음을 쉽게 납득할 수 없다고 물었다. 이들의 답은 원론적이었다. 이슬람의 본질적 성격을 구현하려고 노력한 결과가 현재의 모습이라는 것이다. 이슬람 단체 대부분이 민주적 전통을 구축하는 데 실패하지 않았느냐는 추가적 질문에 대해서도 동일한 답변이 나왔다. 이슬람의 가르침을 제대로 구현하지 못했기 때문이라는 것이다.

이러한 원론적 대답보다 와닿은 것은 개인적 차원의 설명이었다. 만족스럽지 못한 현실에서 무함마디야는 피난처와 같은 곳이었고, 이를 지켜내기 위한 끊임없는 노력이 무함마디야의 현재를 결과했다는 것이다. 이 설명 역시 완전히 만족스럽지는 않았지만, 이들 역시 조직 내 삶과 사회적 삶의 불일치를 인식하고 있음을 보여준다는 점에서 설득력이 있었다.

민주적 관행과 전통의 통합적 측면만을 강조하지 않았을까 하는 의구심에서 부분적으로나마 벗어날 수 있었던 이유는 본문에서 이용한 사례 덕분이었다. 이 사례는 참여관찰을 통해 얻은 자료였다. 음식 먹기에 스며들어 있는 평등성, 선거 캠페인 과정, 총회 선거 상황, 무샤와라를 통한 분쟁 해결 과정, 방송국을 만들기 위한 노력, 중앙 본부의 지침을 회피하는 주 지부의 대응, 친분이 있는 활동가를 비판하며 공적 자원의 사적 전유를 경계하는 모습, 중앙 본부 지도자인 자신의 교수를 대하는 청년 활동가의 허물없는 태도 등은 현지조사 과정에서 얻어진 자료였다.

이러한 사례는 통합된 전체로서의 민주적 전통이 현실에 기반을 두고 있음을 보여주었다. 본문에 제시된 무함마디야 활동가의 이야기 중 상당수가 이들의 삶에 대한 맥락적 이해에 기초하여 해석되었다는 점 역시 이 글의 분석이 가진 사실성을 확인해 주었다.

연구 과정에서 자료 수집이 선택적일 수밖에 없음은 부정할 수 없다. 연구자의 관심과 시각에 부합하는 자료가 더 많이 수집되고 이를 중심으로 분석이 진행될 수밖에 없다. 이로 인해 민주적 제도와 이념, 전통을 유기적으로 연결시켜 분석하는 작업에 더 많은 강조점이 주어지게 되었다. 이러한 한계를 인정함과 동시에 이 글에서 서술한 통합된 전체와 차이나는 역동적이고 균열적인 모습을 밝힐 연구가 추후 진행되기를 기대한다.

* * *

우리에게 잘 알려진 이슬람 단체는 알카에다, 텔레반, IS이슬람 국가 정도이다. 이들 모두 테러리즘과 극단주의적 행동으로 인해 유명세를 탔고 그에 대한 평가는 지극히 부정적이다. 우리에게 알려진 이슬람 단체의 모습이 그렇다고 해서 이슬람에 기반을 둔 단체를 같은 식으로 이해할 수 있을까?

질문을 다른 방식으로 제기할 수 있다. 이 글에서 분석된 무함마디야가 민주적 전통을 확립했다고 해서, 이슬람에 기반을 둔 단체가 민주적이라고 말할 수 있을까? 이에 대한 답은 명확하다. 그렇다면 처음 질문에 대한 답은 어떠할까? 알카에다가 폭력적이기에 이슬람 단체 일반을 폭력적이라고 규정할 수 있을까? 이런 식으로 질문을 단순화하면 그에 대한 대답 역시 상대적으로 명확하다.

우리는 현실의 다양성을 인정한다. 알카에다가 비민주적이라고 해서 다른 이슬람 단체가 비민주적일 이유는 없으며, 무함마디야가 민주적이라고 해서 다른 이슬람 단체가 민주적일 이유는 없다. 이 연구가 추구하는 목표는 현실의 다양성을 밝히는 것이지, 이를 통해 또 다른 유형화나 일반화를 시도하는 것이 아니다. 무함마디야 이후 내가 연구하려고 계획한 대상은 비민주적으로 운영되는 이슬람 단체였다. 그것은 본문에서 거론한 엔우일 수도 있고, 폭력적 성격의 집단일 수도 있다. 간과될 수 없는 사실은 이슬람을 기반으로 한 집단이 특정한 역사적, 사회문화적 조건에서 민주적 조직 운영을 지향하고 구현할 수도, 비민주적인 모습을 취할 수도 있다는 점이다.

다양성에 대한 인식은 자연스럽게 형성되지 않는다. 특히 그 대상이 부정적인 평가를 받을 때, 정형화된 이미지를 부여하기가 훨씬 쉽다. 따라서 다양성의 인정은 부단한 노력을 요구한다. 이를 통해 다양성에 대한 인식의 지평이 확장될 때, 현실을 바라볼 보다 균형적인 관점을 얻을 것이며, 이는 우리의 삶을 풍요롭게 만들 것이다. 이 책이 이런 목적에 부합하게 읽힐 수 있기를 기대한다.

김형준. 2014a. "인도네시아 이슬람 조직 무함마디야의 민주주의적 전통: 지도체제와 선거를 중심으로." 『한국이슬람학회논총』 24(2): 205-236.

______. 2014b. "무샤와라: 인도네시아 자바의 분쟁해결방식." 『한국문화인류학』 47(2): 3-44.

______. 2018. 『히잡은 패션이다: 인도네시아 무슬림 여성의 미에 대한 생각과 실천』. 파주: 서해문집.

______. 2019. "까움안 공동체에서 느슨하게 연결된 개인으로: 인도네시아 이슬람 단체 무함마디야의 리더십 변화와 그 영향." 『동남아시아연구』29(4): 1-52.

______. 2021. "이슬람식 근대주의: 인도네시아 무함마디야의 사례." 『동아연구』 40(1): 135-170.

최영길. 1988. 『성 꾸란: 의미의 한국어 번역』. 파하드 국왕 꾸란 출판청.

Abror, Robby. 2015. *Amien Rais: Filosofi Aksi dan Pemikiran Kritis Reformis Muslim Indonesia*. Yogyakarta: Suara Muhammadiyah.

Adhy, Soeparno. 2010. *Bersama Empat Tokoh Muhammadiyah*. Yogyakarta: Pustaka Pelajar.

Ahmad, Irfan. 2009. *Islamism and Democracy in India: The Transformation of Jamaat-e-Islami*. Princeton: Princeton University Press.

Ahmed, Manzooruddin. 1963. "The Classical Muslim State." *Islamic Studies* 1(3): 83-104.

Alfian. 1989 *Muhammadiyah: The Political Behavior of a Muslim Modernist Organization under Dutch Colonialism*. Yogyakarta: Gadjah Mada University Press.

Aqsha, Darul. 2005. *K.H. Mas Mansur: Perjuangan dan Pemikiran*. Jakarta: Penerbit

Erlangga.

Arifin. 1987. *Gagasan Pembaharuan Muhammadiyah Dalam Pendidikan*. Jakarta: Pustaka Jaya.

Arjomand, Said Amir. 2013. "The Islam and Democracy Debate after 2011." *Constellations* 20(2): 297-311.

Asyari, Suaidi. 2007. "A Real Threat From Within: Muhammadiyah's Identity Metamorphosis and the Dilemma of Democracy." *Journal of Indonesian Islam* 1(1): 18-41.

Bayat, Asef. 2007. *Making Islam Democratic: Social Movements and the Post-Islamist Turn*. Stanford: Stanford University Press.

BHP UMY. 2018. "Rakornas Ponpes Muhammadiyah Bahas Standarisasi Nasional." 8월 11일. http://www.umy.ac.id/rakornas-ponpes-muhammadiyah-bahas-standarisasi-nasional.html

Boy, Pradana. 2009. *Para Pembela Islam: Pertarungan Konservatif dan Progresif di Tubuh Muhammadiyah*. Depok: Gramata Publishing.

Brown, Carl. 2000. *Religion and State: The Muslim Approach to Politics*. Columbia University Press.

Buehler, Michael. 2009. "Islam and Democracy in Indonesia." *Insight Turkey* 11(4): 51-63.

Collins, Elizabeth Fuller. 2004. "Islam and the Habits of Democracy: Islamic Organizations in Post-New Order South Sumatra." *Indonesia* 78: 93-120.

Cornell, Vincent. 1998. *Realm of the Saint: Power and Authority in Moroccan Sufism*. Austin: University of Texas Press.

Economist Intelligence Unit. 2019. *Democracy Index 2019: A Year of Democratic Setbacks and Popular Protest*. The Economist.

Eickelman, Dale. 1978. "The Art of Memory: Islamic Education and Its Social Reproduction." *Comparative Studies in Society and History* 20: 485-516.

_______. 1992. "Mass Higher Education and the Religious Imagination in Contemporary Arab Societies." *American Ethnologist* 19(4): 643-655.

Esposito, John & Voll, John. 1996. *Islam and Democracy*. New York & Oxford, Oxford University Press.

Fachruddin, A. R. 2010. "Siapa Calon Anggota PP Muhammadiyah." Imron Nasri (ed.), *Meremajakan Pimpinan Muhammadiyah*. Yogyakarta: Suara Muhammadiyah. 79-84.

Federspiel, Howard. 1970. "The Muhammadiyah: A Study of an Orthodox Islamic Movement in Indonesia." *Indonesia* 10: 57-79.

Filali-Ansary, Abdou. 2003. "Muslims and Democracy." Larry Diamond et al. (eds.) *Islam and Democracy in the Middle East*. Baltimore and London: The Johns Hopkins University Press. 193-207.

Fuad, Muhammad. 2002. "Civil Society in Indonesia: The Potential and Limits of Muhammadiyah." *Sojourn* 17(2): 133-163.

Fukuyama, Francis. 1992. *The End of History and the Last Man*. New York: Avon.

Geertz, Clifford. 1968. *The Religion of Java*. Chicago & London: The University of Chicago Press.

_______. 1980. *Negara: The Theatre State in Nineteenth-Century Bali: The Theatre State in 19th Century Bali*. Princeton University Press.

Gilsenan. Michael. 1982. *Recognizing Islam: An Anthropologist's Introduction*. Londond & Canberra: Croom Helm.

Goddard, Hugh. 2002. "Islam and Democracy." *The Political Quarterly* 73(1): 3-9.

Hadikusuma Djarnawi. 2010 *Matahari-Matahari Muhammadiyah*. Yogyakarta: Suara Muhammadiyah.

Hajid. n.d. Falsafah Pelajaran K.H. Ahmad Dahlan. Yogyakarta: Penerbitan Siaran.

HAMKA (Haji Abdul Malik Karim Amrullah). 1953. "Pimpinan dan Imamah." *Suara Muhammadiyah* 29(36A): 2-6.

Hefner, Robert. 2007. "Introduction: The Culture, Politics, and Future of Muslim Education." R. Hefner & M Zaman (eds.) *Schooling Islam: The Culture and Politics of Modern Muslim Education*. Princeton and Oxford: Princeton University Press.

Horikoshi, H. 1976. "A Traditional Leader in a Time of Change." Ph.D.

Dissertation. Urbana-Champaign: University of Illinois.

Hughes, Thomas Patrick. 1994. *Dictionary of Islam*. KAZI Publications.

Huntington, Samuel. 1996. *The Clash of Civilizations and the Remaking of World Order*. New York: Simon & Schuster.

Jainuri, Achmad. 1997. *Ideologi Kaum Reformis: Melacak Pandangan Keagamaan Muhammadiyah Periode Awal*. Surabaya: Lembaga Pengkajian Agama dan Masyarakat.

Jaldan, Badawi (ed.), 1998, *Anggaran Dasar dan Anggaran Rumah Tangga Muhammadiyah 1912-1985*. Yogyakarta: Pimpinan Pusat Muhammadiyah.

Jawa Pos. 2010. "Apa Yang Kau Cari, Pak Amien?" *Jawa Pos* 3월 9일.

Junus, Salam. 1968. *Riwayat Hidup K.H.A. Dahlan: Amal dan Perdjoangannja*. Djakarta: Depot Pengadjaran Muhammadijah.

Kadioglu, Ayse. 2005. "Civil Soceity, Islam and Democracy in Turkey: A Study of Three Islamic Non-Governmental Organizations." *The Muslim World* 95(1): 23-41.

Kano et al. 1996. *Di bawah Asap Pabrik Gula: Masyarakat Desa di Pesisir Jawa Sepanjang Abad ke-20*. Yogyakarta: Gadjah Mada University.

Karim Rusli. 1985. *Dinamika Islam di Indonesia. Suatu Tinjauan Sosial dan Politik*. Yogyakarta: Hanindita.

Khatab, Sayed & Bourma Gary. 2007. *Democracy in Islam*. London & New York: Routledge.

Kim, Hyung-Jun. 2010. "Praxis and Religious Authority in Islam: The Case of Ahmad Dahlan, Founder of Muhammadiyah." *Studia Islamika* 17(1): 69-92.

Kompas. 1985. "H.A.R. Fachruddin Terpilih sebagai Ketua Pimpinan Pusat Muhammadiyah." Kompas 12월 12일.

_______. 2010a. "Mari Menduga-duga Langkah Amien Rais." *Kompas* 3월 10일.

_______. 2010b. "Kans Amien Rais Kecil 150 Nama Calon Ketua Umum Muhammadiyah." *Kompas* 3월 10일.

_______. 2014. "Dinilai Jadi Sengkuni, Amien Rais "Diruwat" Warga Yogya."

Kompas 10월 16일.

KRjogja. 2010. "Amien Batal Nyalon, Muhammadiyah Aman." *KRjogja.com* 3월 30일.

Kumar, A. 1985. *The Diary of a Javanese Muslim: Religion, Politics and the Pesantren Tradition 1883-1886*. Canberra: Faculty of Asian Studies, Australian National University.

Lewis, Bernard (ed.). 1987. *The World of Islam: Faith, People, Culture*. Thames & Hudson.

______. 2003. "A Historical Overview." Larry Diamond et al. (eds.) *Islam and Democracy in the Middle East*. Baltimore and London: The Johns Hopkins University Press. 208-219.

Majelis Tarjih dan Pengembangan Pemikiran Islam. 2000. *Tafsir Tematik al-Quran*. Yogyakarta: Suara Muhammadiyah.

Majelis Pendidikan Tinggi Penelitian dan Pengembangan. 2010. *1 Abad Muhammadiyah: Gagasan Pembaruan Sosial Keagamaan*. Jakarta: Kompas Media Nusantara.

Mawardi, Mh. 2010. "Kepemimpinan." Imron Nasri (ed.), *Meremajakan Pimpinan Muhammadiyah*. Yogyakarta: Suara Muhammadiyah. 31-42.

Moertono, S. 1963. *State and Statecraft in Old Java: A Study of the Later Mataram Period, 16th to 19th Century*. Ithaca: Cornell Modern Indonesian Project Monograph Series.

Mulkhan, Abdul Munir. 1990. *Warisan Intelektual K.H. Ahmad Dahlan dan Amal Muhammadiyah*. Yogyakarta: Percetakan Persatuan.

Nagazumi, Akira. 1989. *Bangkitnya Nasionalisme Indonesia: Budi Utomo 1908-1918*. Jakarta: Pt. Pustaka Utama Grafiti.

Nakamura, Mitsuo. 2012. *The Crescent Arises Over the Banyan Tree: A Study of the Muhammadiyah Movement in a Central Javanese Town*, c. 1910-2010. Singapore: Institute of Southeast Asian Studies.

Okezone News. 2010a. "Pemuda Muhammadiyah Tolak Amien Rais." *Okezone*

*News* 3월 5일.

_______. 2010b. "Amien Rais Dituding Lakukan Money Politics." *Okezone News*. 3월 5일.

Ong, Aihwa. 1996. "Anthropology, China and Modernities: The Geopolitics of Cultural Knowledge." Henrietta Moore (eds.) *The Future of Anthropological Knowledge*. London: Routledge. 60-92.

Ortner, Sherry. 1984. "Theory in Anthropology since the Sixties." *Comparative Studies in Soceity and History* 26(1): 126-166.

Pasha, Musthafa Kamal & Darban, Ahmad Adaby. 2000. *Muhammadiyah sebagai Gerakan Islam: Dalam Perspektif Historis dan Ideologis*. Yogyakarta: LPPI, Universitas Muhammadiyah Yogyakarta.

Peacock, James. 1978. *Purifying the Faith: The Muhammadijah Movement in Indonesian Islam*. California: The Benjamin/Cummings Publishing Company.

Radar Jogja. 2010. "Din Unggul Networking Haedar Ideologi." *Radar Jogja* 6월 6일.

Rakyat Merdeka. 2010. "Batal Maju, Sikap Amien Masih Mungkin Berubah." *Rakyat Merdeka* 3월 28일.

Republika. 2010. "Amien Batal Mundur dari MPP PAN." Republika 3월 29일.

Selosoemardjan. 1962. *Social Changes in Jogjakarta*. Ithaca: Cornell University Press.

Shehabuddin, Elora. 2008. "Jamaat-i-Islami in Bangladesh: Women, Democracy and the Transformation of Islamist Politics." *Modern Asian Studies* 42(2-3): 577-603.

Sholeh, Rosyad. 2005. *Manajemen Dakwah Muhammadiyah: Mengimplementasikan Prinsip Manjerial Dalam Meraih Kesuksesan Dakwah*. Yogyakarta: Suara Muhammadiyah.

Slaats, Herman & Portier, Karen. 1985 "The Implementation of State Law through Folk Law: Karo Batak Village Elections." *Journal of Legal Pluralism* 23: 153-176.

SM(Suara Muhammadiyah). 각년호. Yogyakarta: Suara Muhammadiyah.

Solichin, Salam. 1963. *K.H. Ahmad Dahlan: Reformer Islam Indonesia*. Jakarta: Penerbit Djajamurni.

Suara Umma. 1956. "Dari Mu'tamar Muhammadijah: A.R. St. Mansur Dapat Suara Terbanjak." *Suara Ummat* 31 July.

Surya, 2010. "Din Terpilih Aklamasi: SMS Amien Rugikan Haedar." *Surya* 7월 8일.

Sutan, Mansur. 1954. "Pesan dan Wasiat." *Suara Muhammadijah* 30(42):2-5.

Tibi, Bassam. 2008. "Why They Can't be Democratic." *Journal of Democracy* 19(3): 43-48.

Tribun Timur. 2010. "Amien Rais Akan Tablig Akbar di Unismuh." *Tribun Timur* 3월 21일.

Vivanews. 2010. "Haedar Nashir Calon Kuat Ketua Muhammadiyah." *Vivanews* 2월 2일.

Wright, Robin. 2003. "Two Visions of Reformation." Larry Diamond et al. (eds.) *Islam and Democracy in the Middle East*. Baltimore and London: The Johns Hopkins University Press. 220-231.

Yusron, Asrofie. 2005. *Kyai Haji Ahmad Dahlan: Pemikiran & kepemimpinannya*. Yogyakarta: MPKSDI PP. Muhammadiyah.

### Muhammadiyah 발행 문서

1927. *Berita Tahoenan Moehammadijah Hindia Timoer*. Djokjakarta: Pengoeroes Besar Moehammadijah.

1927-8. *Almanak Moehammadijah* (Kitab Almanak Jang ke IV). Djokjakarta: Moehammadijah Bg. Taman Poestaka.

1950. *Mu'tamar Muhammadijah*. Jogyakarta: P.B. Muhammadijah.

1956a *Buah Keputusan: Muktamar Muhammadijah Ke 33*. Yogyakarta: Pimpinan Pusat Muhammadiyah.

1956b. *Laporan Muktamar*. Yoygakarta: Pimpinan Pusat Muhammadiyah.

1980. "Pembina Perguruan Muhammadiyah Seluruh Indonesia." Yogyakarta: Majlis Pendidikan Pengajaran dan Kebudayaan, Pimpinan Pusat Muhammadiyah.

1991. *Keputusan Muktamar Muhammadiyah ke 42*. Yogyakarta: Pimpinan Pusat Muhammadiyah.

1995. "Tanfidz keputusan Muktamar Muhammadiyah ke-32." *Berita Resmi Muhammadiyah*. Edisi khusus: pp. 4-44. Yogyakarta: Pimpinan Pusat Muhammadiyah.

2000a. *Laporan Pimpinan Pusat pada Muktamar Muhammadiyah ke-44 di Jakarta*. Yogyakarta: Pimpinan Pusat Muhammadiyah.

2000b. *Profil Muhammadiyah 2000*. Yogyakarta: Pimpinan Pusat Muhammadiyah.

2007. 95 *Tahun Langkah Perjuangan Muhammadiyah: Himpunan Keputusan Muktamar*. Yogyakarta: Pimpinan Pusat Muhammadiyah.

2009. *Anggaran Dasar dan Anggaran Rumah Tangga Muhammadiyah*. Yogyakarta: Pimpinan Pusat Muhammadiyah.

2010a. "Berita Acara: Pemilihan Anggota Pimpinan Pusat Muhammadiyah Masa Jabatan 2010-2015." Yogyakarta: Panitia Pemilihan.

2010b. *Laporan Pimpinan Pusat Muhammadiyah Periode 2005-2010*. Yogyakarta: Pimpinan Pusat Muhammadiyah.

2015a. "Berita Acara: Pemilihan Anggota Pimpinan Pusat Muhammadiyah Masa Jabatan 2015-2020." Makassar: Panitia Pemilihan.

2015b. *Laporan Pimpinan Pusat Muhammadiyah Disampaikan Muktamar Muhammadiyah ke-47, Makassar*. Yogyakarta: Pimpinan Pusat Muhammadiyah.

그림 1 필자

그림 2 필자

그림 3 필자

그림 4 필자

그림 5 필자

그림 6 필자

그림 7 필자

그림 8 http://www.jejakpendidikan.com/2016/12/metode-pembelajaran-di-pesantren.html

그림 9 https://lokadata.id/artikel/islamisasi-ala-sunan-gunung-jati

그림 10 필자

그림 11 https://paketwisata.id/keraton-yogyakarta/

그림 12 필자

그림 13 https://kebudayaan.kemdikbud.go.id/bpcbyogyakarta/sumbu-filosofi-yogyakarta/

그림 14 https://id.wikipedia.org/wiki/Berkas:Qibla_from_Yogyakarta_on_globe,_Indonesian_labels.svg

그림 15 필자

그림 16 https://labschoolfipumj.sch.id/sekolah-dasar-islam-berkemajuan/

그림 17 https://www.tribunnews.com/images/editorial/view/1659823/sri-sultan-hb-x-adak

그림 18 https://historia.id/politik/articles/menentukan-arah-kemudi -boedi-oetomo-PzM4R

그림 19 SM 아카이브

그림 20 SM 아카이브

그림 21 필자

그림 22 필자

그림 23 http://tampubolon-karolina.blogspot.com/2009/07/masjid-agung-purwokerto.html

그림 24 SM 아카이브

그림 25 SM 아카이브

그림 26 SM 아카이브

그림 27 SM 아카이브

그림 28 필자

그림 29 https://commons.wikimedia.org/wiki/File:Muhammadiyah_Central_Executive,_1937-1943.jpg

그림 30 필자

그림 31 https://www.antarafoto.com/peristiwa/v1278415805/masa-depan-muhammadiyah

그림 32 필자

그림 33 필자

그림 34 필자

그림 35 필자

그림 36 필자

그림 37 필자

그림 38 필자

그림 39 필자

그림 40 필자

그림 41 https://regional.kompas.com/read/2014/10/16/13232971/Dinilai.Jadi.Sengkuni.Amien.Rais.Diruwat.Warga.Yogya

그림 42 필자

그림 43 필자

그림 44 https://kemuhammadiyahan.com/perkaderan-ortom-muhammadiyah-bagian-1/

그림 45 필자

그림 46 필자

그림 47 필자

그림 48 필자

그림 49 필자

그림 50 필자

그림 51 http://www.jejamo.com/kh-hasyim-muzadi-dimakamkan-secara-militer.html

# ㄱ



# ㄷ



# ㄹ



# ㅁ



# ㅂ

**김형준**

호주국립대학Australian National University에서 인류학 박사학위를 받았으며, 강원대학교 문화인류학과 교수로 재직 중이다. 인도네시아의 이슬람, 사회문화 변동이 주요 연구 분야이며, 최근 인도네시아 이슬람 조직의 민주적 전통에 대해 연구하고 있다. 주요 논문으로는 "할랄과 현대적 소비: 인도네시아 할랄제품보장법을 둘러싼 논쟁을 중심으로", "까움안 공동체에서 느슨하게 연결된 개인으로: 인도네시아 이슬람 단체 무함마디야의 리더십 변화와 그 영향" 등이 있으며, 주요 저서로는 『적도를 달리는 남자: 어느 문화인류학자의 인도네시아 깊이 읽기』, 『히잡은 패션이다: 인도네시아 무슬림 여성의 미에 대한 생각과 실천』 등이 있다

**이슬람과 민주주의**

1판 1쇄 찍음 2021년 5월 7일
1판 1쇄 펴냄 2021년 5월 14일

지은이 김형준
펴낸이 정성원·심민규
펴낸곳 도서출판 눌민

출판등록 2013. 2. 28 제25100-2017-000028호
주소 서울시 은평구 가좌로11가길 30, 301호 (03439)
전화 (02) 332-2486 팩스 (02) 332-2487
이메일 nulminbooks@gmail.com
인스타그램·페이스북 nulminbooks



Printed in Seoul, Korea

ISBN 979-11-87750-42-0 93300

• 이 저서는 2016년 정부(교육부)의 재원으로 한국연구재단의 지원을 받아 수행된 연구임 (NRF-2016S1A6A4A01019480).